브로토피아

브로토피아

BRO CULTURE + UTOPIA

에밀리 창 지음 | 김정혜 옮김

실리콘밸리에 만연한 성차별과 섹스 파티를 폭로하다

Breaking Up the Boys' Club
of Silicon Valley by Emily Chang

와이즈베리
WISEBERRY

BROTOPIA는 브로 문화Bro culture와 유토피아Utopia의 합성어다. 브로 문화는 테크놀로지 산업과 실리콘밸리를 특징짓는 표현으로, 남성 우월주의와 남성 중심 문화를 가리킨다.

나의 아들 세 명에게 이 책을 바친다.

그들은 부디 차별 없는

포용적인 미래에서 풍요로운 삶을 살길 바란다.

한국 독자에게,

 2018년 3월 4일, 저는 서울에 있는 수천 명의 여성과 남성이 '#미투, #위드유'라고 적힌 플래카드를 들고 있는 모습을 보고 가슴이 벅차올랐습니다. 성적 학대 및 성희롱에 대해 용기 내서 말하는 여성들, 이런 이야기들을 더 알리기 위해 노력하는 기자들, 그리고 이런 전국적인 움직임을 지지하는 여성과 남성 모두 자랑스러웠습니다.

 지난 30년간 대한민국은 세계에서 빈곤이 심한 나라 중 하나에서 부유한 국가들 중 하나로 현대사에 위대한 업적을 남겼지만, 안타깝게도 비슷한 맥락에서 문화적 변화는 따르지 않았습니다. 한국 여성 중 반 이상은 직업을 가졌지만, 이 나라가 아직도 세계에서 임금 격차가 가장 크다는 걸 알았을 때 저는 놀라움을 감출 수 없었습니다. (2018년 3월, 글로벌 회계 컨설팅업체 프라이스워터하우스쿠퍼스PwC가 OECD 회원국 성별 임금 격차를 조사한 결과에 따르면 -편집자) 남성 동료들에 비해 여성 임금이 무려 37퍼센트나 적고, 한국 500대 기업에서 임원직 여성 비율은 3퍼센트에도 채 미치지 못한다고 합니다.

지난 몇 년간 한국 사법 당국에 접수된 성폭력 신고 건수가 수천을 넘지만, 실제로 기소된 경우는 그에 비해 너무나도 적습니다. 수많은 다른 국가와 비슷하게, 오래된 남성 위주의 네트워커networker 및 행동 방식이 아직도 이 사회 곳곳에 스며들어 있으며, 계속해서 여성을 열등한 계층으로 분리하고 그들의 목소리를 묵살하며 재능을 개발하지 못한 채 낭비하고 있습니다.

그래도 한국 사회는 희망이 있습니다. 서지현 검사와 같이 부적절한 성적 행동에 대해 공개적으로 폭로할 뿐 아니라 영원히 침묵했을 수많은 여성이 자신의 경험을 당당히 밝힐 기회의 문을 열어주는 많은 여성이 있기 때문입니다. 나는 그들에게서 무한한 힘과 용기를 얻습니다. 정계, 학계, 재계, 연예계에서 유명한 많은 리더가 자신의 잘못된 행동으로 평생 쌓아온 경력을 망쳤습니다. 파렴치한 몇몇 가해자들을 사회적으로 매장시키는 것은 단지 시작에 불과합니다. 한국은 물론 전 세계가 일회성으로 끝나는 게 아니라 여성의 미래를 더 좋은 방향으로 영원히 변화시킬 수 있는 진정한 운동을 목도하려면 아직 해야 할 일이 많습니다. 그저 법을 바꾸는 것이 아니라 일터를 변화시키고, 수십 년간 정착된 제도적인 차별을 바꾸는 것이며, 기회가 균등하게 배분되고, 여성의 특별한 힘을 미래의 경제성장에 기여할 수 있도록 활용하는 사회로 변화되어야 합니다.

기술 산업은 세상에 가장 강력한 영향을 미친다고 할 수 있습니다. 동시에 여성들이 수적으로나 영향력 면에서 절대 소수인 세상입니다. 나는 이 책을 통해 그런 양면적인 기술 산업에서 전개되는 #미투 문제를 집중 조명합니다. 애플, 삼성, 구글, 페이스북 같은 기술 기업들이 생산하는 제품과 서비스는 전 세계 수십억 명이 사용합니다. 당연한 말이지만 남성만이 아니라 여성도 그런 제품과 서비스의 소비자입니다. 그런데도 그들 기업에서 결정권을 갖는 사람들은 대부분 남성의 몫입니다. 이는 무슨 뜻일까요? 기술 산업의 당당한 고객인 여성의 니즈와 욕구가 충분히 충족되지 못한다는 뜻입니다. 기술 산업이 변하지 않는다면, 기술이 우리의 미래를 지배함에 따라 그런 문제는 점점 심화될 것입니다. 가끔 나는 이런 부질없는 생각을 합니다. '만약 실리콘밸리에서 기술 산업이 태동할 때부터 여성들이 더 많이 참여했더라면 세상과 인터넷이 지금과 얼마나 달라졌을까' 하고 말입니다. 이제는 고리를 끊을 시간입니다. 앞으로 수십 년간 여성들이 나와 같은 질문을 스스로에게 하게 해서는 안 됩니다. 부디 그런 일이 없기를 희망합니다. 지금 당신의 손에 들려 있는 이 책이 밀알이 되어 그리고 한국을 비롯해 전 세계 수백만 사람들의 용기 있는 노력 덕분에 헛된 희망만은 아니라고 생각합니다.

진심을 담아
에밀리 창 드림

*이 서문은 에밀리 창의 동료인 블룸버그 서울 지국 이지혜 기자 그리고 김정혜 역자가 각각 번역한 글을 바탕으로 편집했습니다.

차례

보이는 것이 다가 아니다
: 실리콘밸리의 원죄

45년 전 레나 쇠데르베리Lena Söderberg라는 스물두 살의 신인 누드 모델이 있었다. 그녀는 〈플레이보이〉 센터폴드(centerfold, 잡지 중앙에 접혀 있는 큰 사진 ‑옮긴이)의 누드 화보를 통해 모델로 데뷔했고, 그저 평범한 플레이메이트playmate에 지나지 않았다. 스웨덴 출신인 쇠데르베리는 〈플레이보이〉와의 인터뷰에서 '미국병America Fever'에 걸려 고향인 스톡홀름을 떠나 시카고로 이주했다고 말했다. 1972년 11월 〈플레이보이〉는 자사의 상징인 센터폴드에서 렌나 셰외블롬Lenna Sjööblom이라는 가명으로 쇠데르베리를 등장시킴으로써 그녀의 미국병에 다시 불을 지폈다. 그녀가 선배 플레이메이트들의 전철을 밟았다면 그녀의 사진은 잠깐 유행하다가 10대 소년들의 침대 아래에서 먼지를 뒤집어쓰고 말았을 것이다. 그러나 레나 쇠데르베리의 사진 한 장은 망각 속으로 사라지지 않았다. 오히려 그녀의 얼굴은 모나리자만큼이나 유명해져 어떤 세상에서는 모르면 간첩 소리를 들을 정도였다. 아마 대부분의 평범한 미국인은 그녀를 모를 가능성이 크다. 하지만 특정 부류의 사람들 사이에서는 거의 반세기에 이르는 오랜 세월 동안 레나가 최고의 유명인이었다. 그들이 누구냐고? 바로 컴퓨터과학을 공부하는 사람들이었다.

공학 세상에서는 레나를 '인터넷의 영부인first lady of the internet'이라고 부르는 사람들도 있다. 하지만 한편에서는 그녀를 기술 세상의 원죄라고 부른다. 말인즉 그녀는 실리콘밸리에서 여성들을 배척하는 문화의 시작점이었다. 이처럼 극과 극인 두 관점 모두 발원지는 동일하다. 1973년 서던 캘리포니아 대학교University of Southern California, USC의 한 컴퓨터연구실이었다. 당시 윌리엄 프랫William Pratt 교수가 이끄는 일단의 연구가 집단은 사진을 디지털 비트로 전환하는 기술을 연구하고 있었다. 그 연구는 대형 이미지 파일을 압축해 다수의 기기들 간에 효율적으로 전달되게끔 해주는 압축 기술인 제이페그JPEG의 개발로 이어지는 토대가 되었다. 그러나 제이페그는 아주 먼 훗날의 일이었다. 1973년 당시 연구가들에게 필요한 것은 적절한 사진을 대상으로 자신들이 개발한 알고리즘을 시험하는 것이었다. 이를 위해 그들은 세부적인 표현이 매우 섬세하고 질감이 풍부한 사진이 필요했다. 그렇게 해서 그들이 이상적인 시험 대상으로 낙점한 것이 바로 레나의 사진이었다.

오늘날까지도 윌리엄 프랫 박사가 레나의 사진을 선택하는 데서 어떤 역할을 했는지 알려진 내용이 전혀 없다. 나는 그를 만나 직접 물어봐야 했다. 다행히도 옛날 인터넷 게시판에서 단서 하나를 우연히 발견한 덕분에 프랫을 찾아낼 수 있었다. 그는 USC를 떠나 한때 IT업계를 제패하던 선 마이크로 시스템즈Sun Microsystems로 옮겼고, 내가 연락했을 때는 스탠퍼드 대학교 부설 병원에서 MRI와 CT를 점검하는 자원봉사를 하고 있었다.

나는 프랫과 전화로 인터뷰를 했다. 프랫은 자신과 자신의 연구 팀은, 미국 국방부 산하 기관으로 인터넷 발명에 토대를 닦은 아르파(ARPA, Advanced Research Projects Agency, 오늘날에는 아르파 앞에 Defense를 추가해 다르파DARPA로 불린다)에서 상당한 액수의 보조금을 받았다고 했다. 대학원생들은 자신들이 개발하는 알고리즘을 시험할 좋은 대상을 찾기 위해 사진들을 수집하고 있었다. 그런데 때마침 한 학생이 최근에 발행된 〈플레이보이〉 잡지를 가져왔다. 그것이 바로 레나의 센터폴드 누드 사진이 실린 1972년 11월호였다. "당시 학생들이 그 잡지를 즐겨 보았습니다. 그것이 내 눈에 띈 것은 순전히 우연이었습니다"라고 프랫이 내게 말했다. 프랫은 그 잡지를 가져온 학생이나 연구실의 다른 학생들에게 혹시 〈플레이보이〉에 나온 사진들을 그들의 연구에 사용하면 불쾌감을 느낄 사람이 있을지 물었고, 당시에는 아무도 그것이 문제 될 거라고 생각하지 못했다고 했다.

프랫의 팀은 시험용으로 적당한 사진들을 찾아 반짝이는 광택 용지에 인쇄된 그 잡지를 획획 넘겨보았다. "나는 쓸 만한 사진들이 꽤 있다고 말했습니다"라고 그가 당시를 기억했다. "그리고 대학원생들이 센터폴드에 있던 사진을 선택했습니다." 세 쪽짜리 사진에서 레나는 부츠와 헐렁한 깃털 모자 그리고 손에 든 기다란 깃털 목도리를 제외하면 전라의 모습이었고, 벌거벗은 등과 한쪽 가슴을 다 드러낸 채 비스듬한 자세로 전면을 응시했다. 그러나 당시는 1970년대로 그들이 사용했던 스캐너는 요즘 스캐너보다 크기가 작았고, 그래서 레나의 사진이 얼굴을 중심으로 일부분만 스캔되었다. 사진 원본과는 달리 맨살이 드러난 어깨 윗부분만 스캔된 정사각형 사진 속 레나의 모습은 너무나 순진해 보였다.

프랫은 오직 기술적인 관점에서 보면 레나의 사진은 이상적인 시험감이었다고 말했다. 사진의 다채로운 색상과 풍부한 질감을 제대로 처리하기가 매우 까다로웠기 때문이다. "그녀는 커다란 깃털이 달린 모자를 쓰고 있었는데, 깃털이 아주 섬세하고 음영이 다채로워서 코딩하기가 어려웠습니다"라고 그가 말했다.

이후 몇 년에 걸쳐 프랫의 팀은 〈플레이보이〉가 아닌 다른 출처들에서 찾은 사진들로 방대한 디지털 이미지 라이브러리를 구축했다. 최초의 데이터 세트(data set, 컴퓨터상의 데이터 처리에서 한 개의 단위로 취급하는 데이터의 집합 -옮긴이)는 화려한 색깔의 개코원숭이 사진, 무지개 빛깔의 피망들을 찍은 사진, '옷을 다 입은' 여성들이 등장하는 사진 몇 장을 포함했다. 특히 여성들의 사진에는 '소녀Girl'라는 제목을 붙여 저장했다. 당시에는 스캐너가 꽤 귀한 시절이라 프랫 팀은 이미지를 연구하는 다른 과학자들이 자신들의 알고리즘을 시험하는 데에 라이브러리에 포함된 일부 이미지를 사용할 수 있게 해주었다. "우리 분야에서 사람들이 하고 싶어 하는 일 중 하나는 자신의 작업과 다른 사람들의 작업을 비교하는 것입니다"라고 프랫이 말했다. "그렇게 하려면 모두가 동일한 원본을 사용해야 합니다. 우리는 각자는 서로 더 좋은 알고리즘을 코딩하기 위해 서로 경쟁했습니다."

레나의 사진을 포함해 이런 모든 사진은 지금도 USC 웹사이트에서 무료로 다운로드할 수 있다. 그러나 수십 년간 레나의 사진이 단연 독보적인 인기를 끌었다. 그녀의 이미지는 프로젝트, 슬라이드-쇼 프레젠테이션, 학술지, 도서, 콘퍼런스 자료 등에 수없이 등장했다. 그뿐만이 아니라 레나의 사진은 색상 보정과 자동 초점 조절 같은 수많은 편집 기법에서 탁월한 시험 대상이 되었다. 심지어 오늘날에도 그녀의 사진이 포함된 새로운 연구 결과가 매달 발표되고 있다.

저작권 침해와 관련해 깐깐하기로 악명 높은 〈플레이보이〉가 웬일인지 급성장하는 이미지 처리 산업이 레나의 사진을 일종의 '공공재'로 사용하도록 허용했다. 물론 여기에는 나름의 계산속이 있었다. 〈플레이보이〉의 경영진은 레나의 사진이 널리 사용되는 것을 상대적으로 덜 선정적인 잡지 산업에 심각한 피해를 안겨줄 인터넷 섹스 산업의 전조라기보다, 오히려 공짜 홍보로 판단했던 것이다. 2013년 〈플레이보이〉는 한 기사에서 초기의 컴퓨터과학자들에게는 레나가 제2차 세계대전에 참전한 병사들에게 리타 헤이워스(Rita Hayworth, 1940년대에 명성을 떨쳤던 미국의 영화배우이자 무용가 -옮긴이) 같은 존재라고 주장하는 업계 소식지를 대서특필했다. 즉 최고 인기 스타라는 것이었다.

거의 반세기 동안 레나의 얼굴과 벗은 어깨는 애플의 아이폰 카메라 담당 팀부터 구글의 이미지 검색 기능 담당 팀까지 이미지 처리 품질의 기준으로 사용되었다. 엔지니어들 사이에서는 만약 당신의 알고리즘이 제대로 기능하는지 알고 싶다면 레나를 대상으로 성능 시험을 하는 것이 좋다는 우스갯소리가 있을 정도다. 그뿐만 아니라 개중에는 레나의 사진을 너무 잘 알아서 슬쩍 쳐다보기만 해도 그녀를 대상으로 시험한 알고리즘인지 아닌지를 쉽게 알아낼 수 있는 사람들도 있다.

레나와 만나다

디애나 니델Deanna Needell은 레나를 처음 만났던 순간을 지금도 어제 일처럼 생생히 기억한다. 네바다주 르노Reno에 있는 네바다 대학교 University of Nevada에서 컴퓨터과학을 공부하던 학생 때였다. 어느 날 수업 중에 한 교재에서 레나를 처음 보았다. "수업 중이었는데 남학생 몇몇이 낄낄거렸어요. 영문을 몰랐던 나는 '쟤들이 뭘 보고 저렇게 낄낄대지?'라고 생각했던 기억이 나요. 알고 보니 그들은 레나의 사진을 보고 있었던 거였어요"라고 니델이 과거를 회상하며 말했다. 얼마 지나지 않아 니델도 사진 속에서 수줍은 미소를 짓던 소녀가 원본 사진에서는 전라 상태라는 것을 알게 되었다. "그 일을 계기로 나는 불현듯 깨달았어요. '아, 우리 과에 여학생은 나 혼자구나. 나는 다르구나.' 그런 생각이 들자, 예전에는 아무렇지 않았는데 갑자기 성별이 자꾸 의식되기 시작했어요." 또 다른 여성 엔지니어도 컴퓨터과학을 공부하던 학생 때 레나를 처음 알게 되었고 그저 예쁜 얼굴이라고만 생각했었다고 말했다. 하지만 그 순진한 생각도 얼마 지나지 않아 깨졌다. 남자 동기생의 기숙사 방문에 붙어 있던 레나의 전신 누드 사진을 본 것이다.

대학을 과 수석으로 졸업했고 현재는 캘리포니아 대학교 LA캠퍼스 UCLA에서 수학과 교수로 재직 중인 니델은 여성들이 IT 분야에서 뒤처지는 이유 중 하나가 레나의 사진 때문이라고 굳게 믿는다. 2013년 니델은 업계 사람들과 다른 독자적인 노선을 걷게 되는데, 그것이 나중에는 레나의 사진을 업계에서 영원히 퇴출시키자는 일종의 운동으로 발전했다. 솔직히 처음에는 거창하고 심각하기보다 약간 재미있는 관점에서 그

노선을 선택했다. 니델이 레이철 워드Rachel Ward와 공동으로 이미지 처리 기법에 관한 논문을 준비하던 때의 일이다. 그들은 업계의 표준이라고 할 수 있는 레나의 사진이 아니라 이탈리아 출신 남성 모델 파비오Fabio의 사진으로 그 기법을 시험했다. 그게 어떤 사태를 불러올지 꿈에도 모른 채 말이다. 시험 대상 문제만 아니었다면 아마도 니델과 워드의 연구는 특정한 이미지 처리 기법에 관한 유의미한 성과로 인정받았을 것이다. 어떻게 된 일일까? "우리는 저작권 때문에 파비오의 에이전시에 연락을 취했어요. 파비오도 분명 굉장히 좋아했어요"라고 니델이 자초지종을 설명하기 시작했다. 그녀도 레나의 사진처럼 파비오의 긴 금발부터 배경의 벽돌까지 섬세한 세부 표현이 담기고 질감이 풍부한 사진을 선택했다. 니델과 워드의 논문은 산업응용수학학회Society for Industrial and Applied Mathematics, SIAM에서 펴낸 〈SIAM 이미지 과학 저널SIAM Journal on Imaging Sciences〉에 실렸다. 니델이 보기에 업계 남성들은 동료 여성들에게 과도하게 이상화된 여성 이미지를 보여주는 것에 신경 쓰지 않는 듯했고, 그래서 그녀는 그 반대도 마찬가지일 거라고 단순하게 생각했다.

니델은 남성 모델의 사진을 논문에 싣는 것으로 그치지 않았다. 그녀의 연구에 대해 토론할 때면 파비오의 사진을 슬라이드 쇼로 보여주었고, 대개는 청중 속에서 가벼운 낄낄거림이 들려왔다. 그러던 중 다른 연구가들이 그 이미지를 사용해도 되는지 묻는 이메일을 보내왔고, 니델은 파비오의 허락을 받아 다른 연구가들과 그 사진을 공유했다. "그 사진은 분명 IT업계 종사자들 사이에서 새로운 대화를 만들어냈어요"라고 니델이 말했다. "이제까지 한 번도 시도조차 없었던 대화가 시작된 거예요."

니델은 IT 분야의 많은 여성이 레나의 이미지에 대해 자신과 똑같이 반응한다고 확신한다. "내가 얘기해본 여성 중에 '오, 좋아요. 레나의 사진을 계속 사용해야 해요'라고 말하는 사람은 단 한 명도 없었던 것 같아요"라고 니델이 말했다. "오늘날에는 레나의 사진이 나오면 사람들의 고개가 일제히 내게로 향해요. 그러나 분명히 말하지만, 레나의 사진은 내가 자리를 박차고 일어나 소리를 지를 만한 대단한 일이 아니에요. 그저 조금 불쾌할 뿐이에요."

1990년대 중반 미국 전기전자학회Institute of Electrical and Electronics Engineers, IEEE의 편집장이었던 데이비드 먼슨David Munson은 레나의 사진을 출판 금지해달라는 요청을 많이 받았다. 그러나 먼슨은 레나의 사진을 금지하는 대신에 엔지니어들에게 다른 사진을 사용하라고 촉구하는 사설을 썼다. 또한 업계의 또 다른 리더인 제프 사이드먼Jeff Seideman은 레나의 사진을 계속 사용하자는 캠페인을 벌였다. 레나의 사진은 성차별과는 거의 무관하고 오히려 전자적 이미지electronic imaging의 역사에서 중요한 사건 중 하나를 기념하는 것이라고 주장했다. "그런 사진을 아주 오랫동안 사용하면 피사체는 더 이상 사람이 아니라 그저 픽셀(pixel, 화소라고도 하며 이미지를 구성하는 최소 단위 -옮긴이)일 뿐이다"라고 사이드먼이 2016년 미국의 종합 시사지 〈애틀랜틱Atlantic〉과의 인터뷰에서 말했다. 그런데 그의 발언이 의도치 않게 니델과 다른 사람들이 지적하려고 애써오던 문제를 되레 부각시키는 결과를 낳았다. 그것은 컴퓨터 네트워크상에서 널리 퍼질 수 있는 지나치게 선정적인 디지털 이미지들을 통해 여성들을 비인간화dehumanization하는 행위는 위험하다는 것이었다.

나는 프랫에게 이제까지 레나의 사진을 선택하는 데서 본인이 어떤 역할을 했는지에 대해 어째서 공개적으로 밝히지 않았는지 물었다. 뜻밖에도 프랫은 이제까지 그것을 묻는 기자가 단 한 명도 없었고 내가 처음이라고 대답해 나를 머쓱하게 했다. 내가 레나를 시험용 사진으로 선택한 것과 관련해 지금까지도 갑론을박이 오가는 논란이 벌어진다며 따지듯 묻자 프랫은 당황한 기색이 역력했다. "뭐가 문제라는 건지 전혀 모르겠습니다"라고 그가 말했다. "나는 그것이 왜 논란이 되는지 도무지 이해가 되지 않았습니다. 우리 팀이 그 사진을 선택했을 때 우리 중 누구도 그런 것들에 대해 생각조차 하지 못했습니다. 그저 연구를 위해 품질 좋은 사진을 선택하는 것이 당연했을 뿐이었고, 우연히도 품질이 가장 좋은 사진 일부가 〈플레이보이〉에 실려 있었습니다. 그건 절대로 성차별적인 것이 아니었습니다."

게다가 당시에는 레나의 사진 때문에 불쾌감을 느낄 만한 사람도 없었다고 그가 덧붙였다. 그도 그럴 것이 그의 학생 중에 여학생이 한 명도 없었던 것이다.

개별적인 사건으로만 생각하면 프랫의 연구 팀이 〈플레이보이〉 센터폴드 이미지를 사용한 것이 딱히 불쾌하지도 큰 문제가 되지도 않는다. 원본 사진과는 달리 연구가들이 사용했던 조그마한 사진에는 적나라한 노출이 전혀 없다. 예쁘장한 얼굴과 벗은 어깨 그리고 우스꽝스러운 모자만 있다. 프랫의 학생들이 저지른 잘못이라면 기껏해야 무지하고 유치한 결정을 했다는 것 정도다. 하지만 처음으로 사용된 후 강산이 네 번하고도 반이 변하도록 레나의 사진이 광범위하게 사용되는 것은 이야기가 다르다. IT 산업 내부에서 절대로 순수하게 보이지 않는 어떤 행동이 나타날 전조로 볼 여지가 충분하다. 오늘날 실리콘밸리에서 여성들은 2등 시민이고, 대부분의 남성은 적어도 그것에 대해서는 눈뜬 장님이다. 비극적인 사실은 굳이 이렇게까지 될 필요가 없었다는 점이다. 정말로 이렇게 되지 않을 수도 있었다. 단언컨대 미래를 주도할 거라는 중대한 IT 산업에서 여성을 배척하는 현상은 불가피한 것이 아니었다. 충분히 피할 수 있는 기회가 많았다. 그러나 IT 산업은 이른바 '자폭'했고 뛰어난 여성 인재들을 원활히 공급해줄 '파이프라인pipeline'까지 제 손으로 파괴했다.

프랫의 해명대로 레나의 사진을 선택했던 그날 프랫의 실험실에는 여학생이 없었을지도 모른다. 그러나 많은 사람이 모르는 사실이 있다. 새로운 산업으로서 컴퓨터 분야가 급성장하던 시기에는 여성이 중대한 역할을 수행하고 지대한 공헌을 했다는 사실이다. 1840년대에 에이다 러브레이스Ada Lovelace라는 총명한 여성 수학자가 아직 발명되지도 않은 컴퓨터에 사용할 프로그램을 인류 역사상 최초로 작성했다. 그러니까 인류 최초의 프로그래머가 여성이었던 것이다. 그로부터 1세기가 흐른 후 제2차 세계대전 중에 여성들은 군사적인 목적을 위한 최초 컴퓨팅 장치들을 개발하는 개척자 집단에 당당히 이름을 올렸다. 그런데 세상에 평화가 다시 찾아오자 여성들은 토사구팽 당했다. 하지만 그런 홀대에도 컴퓨터과학으로 학사 학위를 취득하는 여성의 비율이 꾸준히 증가했다. 한동안은 여성들이 의학과 법학을 포함해 전통적으로 남성들의 전유물이었던 영역들에 진입하는 것과 거의 똑같은 속도로 컴퓨터 분야에도 여성들의 발길이 이어졌다.

　1980년 미국에서 전국 평균으로 볼 때 남녀 대학생의 비율이 거의 5대 5에 이르렀고, 오늘날에는 여성 대학 졸업자 수가 남성을 앞질렀다. 1970년을 시작으로 법학대학원과 의과대학에서 여학생의 수가 지속적으로 증가하다가 마침내는 남녀 졸업자 수가 동등한 수준까지 되었다. 애플이 매킨토시를 출시한 1984년 기술 산업의 여성 종사자 수가 최고점을 찍었고, 대학에서도 컴퓨터과학 학위자의 10명 중 4명이 여학생이었다. 하지만 안타깝게도 1984년은 IT업계와 여성의 관계에서는 영욕의 해였다. 이제까지 거침없이 IT 분야로 진출했던 여성들의 행렬이 1984년부터 갑자기 삐걱거리기 시작한 것이다.

　그 즈음 여성들이 노동시장에 대거 진입했다. 그리고 급성장하던 기술 산업에서는 일자리가 폭발적으로 증가했다. 그 두 가지 현상을 조합해보면, 기술 산업이 어떻게 해야 할지 답이 나온다. 늘어난 일자리를 명석하고 야심 찬 여성 인력으로 채우는 것이 누가 보더라도 타당했다. 하지만 기술 산업은 오히려 여성 인력을 외면하는 길을 선택했다. 컴퓨터업계가 주류 산업으로 부상하기 시작했을 때와 맞물려 그 분야에 대한 여성들의 참여는 급감했다. 오늘날 컴퓨터과학 학위 취득자 중에서 여학생은 겨우 22퍼센트에 불과하고, 이 수치는 지난 10여 년간 사실상 제자리걸음이었다. 좌익 성향이 강한 미국 서부의 중심에 근거지를 두는 기술 산업은 포용성과 다양성의 대명사가 될 가능성이 충분했었다. 그러나 현실은 그렇지 않았다. 아니, 그렇게 되지 않았다고 말하는 것조차 지나치게 절제된 표현이다.

최근 데이터에 따르면 미국에서 여성은 컴퓨팅 관련 전체 종사자의 25퍼센트에 불과하고, 이는 1991년의 36퍼센트에서 10퍼센트 이상 감소한 수치다. 심지어 구글과 페이스북 같은 거대 IT기업들에서는 여성 엔지니어의 수가 실망스럽기 그지없다. 2017년 구글의 전체 직원 중에서 여성의 비율이 31퍼센트였지만, 핵심적인 기술직에서는 간신히 20퍼센트에 턱걸이했다. 페이스북도 사정이 별반 다르지 않다. 전체 직원 중 35퍼센트가 여성이지만, 기술직 여성은 19퍼센트에 불과하다. 특히 유색 인종의 여성만 놓고 보면 통계 수치가 그야말로 참담한 수준이다. 컴퓨팅 관련 종사자 중 흑인 여성의 비율은 3퍼센트이고, 라틴계 여성은 더 떨어져서 100명 중 1명꼴이다. 게다가 컴퓨팅 분야에서 일하는 극소수의 이런 여성들마저 직업 충성도가 반드시 높은 것도 아니다. IT와 엔지니어링 분야를 떠나는 여성의 이탈 속도가 남성 동료보다 곱절 이상이다.

그렇다면 실리콘밸리라는 '소왕국'의 왕족인 IT 스타트업 기업가들의 상황은 어떨까? 남녀의 격차가 얼마나 심한지 입이 다물어지지 않을 정도다. 미국 전체의 노동시장에서 여성은 모든 고용인의 약 절반을 차지하고, 여성이 소유하거나 공동으로 소유하는 기업의 비율은 전체의 약 40퍼센트에 달한다. 그러나 여성이 경영하는 기업들이 2016년 한 해에 끌어온 벤처 자금은 전체 벤처 투자 중에서 2퍼센트에 불과하다. 벤처캐피털리스트venture capitalist의 절대다수가 남성이고, 그들은 남성이 경영하는 기업에 주로 투자한다. 2016년 최고의 벤처펀드들에서 활동하는 전체 벤처캐피털 파트너 중 여성은 고작 7퍼센트, 100명에 7명꼴이었다. 미국 매사추세츠주에 위치한 사립 경영대학 뱁슨 칼리지Babson College가 벤처캐피털리스트들에게서 투자를 받은 약 7000곳의 기업들을 대상으로 실시한 설문조사에 따르면, 그들 기업의 CEO 중에서 여성은 2.7퍼센트로 존재감이 극히 미미했다. 이 모든 상황이 정말로 안타까운 것은, 여성이 이끄는 기업의 실적이 남성 CEO가 있는 기업들보다 뛰어나다는 연구 결과가 있기 때문이다.

  내가 이 책을 쓰는 목적은 몇몇 중요한 질문을 제기하고, 동시에 그런 질문에 대한 답을 들려주기 위함이다. 무엇이 잘못되었을까? 여성은 어떻게 IT라는 경기장 바깥으로 밀려나 구경꾼 신세가 되었을까? 다시 경기장 안으로 들어갈 방법은 없을까? 실리콘밸리에서 열리는 콘퍼런스나 칵테일파티 어디라도 좋다. 그런 곳에 가보면 사람들이 이와 비슷한 질문을 진지하게 하는 것을 들을 수 있다. 그리고 그런 질문에 대한 모범 대답도 듣게 될 것이다. 그런 모범 대답을 하도 자주 하다 보니 이제는 '능력주의meritocracy'처럼 알쏭달쏭한 암호 같은 용어가 생겼을 정도다. 능력주의라는 말에는 커다란 두 가지 함의가 있다. 모두가 동등하게 경쟁할 수 있는 공평한 경쟁의 장level playing field이 존재한다는 것과, 남성이 여성과의 경쟁에서 이겼으므로 혹은 특별한 유형의 지능을 소유하므로 남성이 명예와 권력을 차지할 자격이 충분하다는 것이다. 능력주의 외에 이런 말도 들을지 모르겠다. 그건 '파이프라인 문제(pipeline problem, 인력 공급 자체에 문제가 있다는 의미 -옮긴이)'거나 '밑 빠진 독 문제leaky bucket problem'이고 혹은 '여성들이 너드들을 좋아하지 않아' 생기는 문제라고 말이다. 이런 주장은 남녀 격차에 대한 책임을 사회나 학교나 부모 혹은 여학생이나 여성 자체에 돌리는 면피성 핑계에 불과하다. 입에서 나오는 대로 내뱉는 이런 모든 대답은 물론이고 그런 대답에 담겨 있는 사회 통념과 절반의 진실은 철저히 분해해서 면밀하게 살펴볼 필요가 있다. 이것은 비단 IT가 우리의 현대 경제에서 중요한 한 축을 이루기 때문만은 아니다. 실리콘밸리가 인류의 미래를 형성하는 데 주도적이고 지대한 역할을 하기 때문이기도 하다.

"코드 한 줄이 많은 사람의 삶에 영향을 미칠 수 있어요"라고 페이스북의 최고운영책임자COO, Chief Operating Officer 셰릴 샌드버그Sheryl Sandberg가 내게 말했다. 나는 캘리포니아 멘로 파크Menlo Park에 위치한 세계 최대 소셜 네트워크 본사에서 샌드버그를 만났고, 그녀는 '오직 좋은 소식만Only Good News'이라고 명명된 회의실로 나를 안내했다. "IT업계와 관련한 문제가 첩첩산중이에요. 컴퓨터과학 분야에 여성이 많지 않다는 것이 문제예요. 엔지니어링 분야에 여성이 많지 않은 것도 문제고요. IT기업의 여성 CEO가 적다는 점도 역시 문제죠. 뿐만 아니라 여성 벤처캐피털리스트들이 많지 않은 것도 문제가 돼요. 마지막으로, 여성 기업가들의 성공적인 투자 사례가 많지 않은 것이 문제예요"라고 그녀가 내게 말했다. "모두가 제2의 빌 게이츠와 스티브 잡스와 마크 저커버그만 찾아요. IT업계에서는 패턴 매칭(pattern matching, 두 패턴 혹은 특징을 비교해 둘이 동일한지 여부를 가늠하는 것이나 방법 -옮긴이)이 이뤄지고 있어요. 확실한 건 그들이 당신과 비슷하게 생기지도 나와 비슷하게 생기지도 않았다는 점이에요."

IT업계에 여성이 부족한 사태는 현실적인 결과를 가져온다. "최고의 기술과 최고의 제품은 아주 다양한 관점을 가진 사람들이 만들어요"라고 야후의 전 CEO 마리사 메이어Marissa Mayer가 내게 말했다. "나는 남성과 여성 모두 다양한 관점을 가졌다고 확신해요."

불행한 진실은 지금 이 순간 남성의 목소리가 지배하고 우리 눈앞에 그 결과물이 펼쳐져 있다는 것이다. 2000년대 초반 IT 붐 시절에 만들어진 인기 제품들은 여성의 목소리가 거의 배제되었다. 오늘날 어린이 세대가 중독된 폭력적이고 성차별적인 비디오게임이 대표적이다. 또한 애플이 대대적으로 광고했던 초기 버전의 건강관리 애플리케이션은 혈중 알코올 농도는 추적할 수 있어도 여성의 생리 주기는 관리하지 못한다. 대형 화면을 장착한 스마트폰부터 인공심장에 이르기까지 모든 것이 남성의 신체에 더욱 적합한 크기로 만들어졌다. 2016년 즈음에 만약 애플의 시리Siri, 삼성의 S보이스S Voice, 구글 나우Google Now 같은 가상 비서에게 "심장 발작이 왔어"라고 말했다면 대처 요령과 응급처치 등에 관한 즉각적인 정보를 얻을 수 있었을 것이다. 그러나 "강간당했어"라거나 "남편한테 맞았어"라고 말했다면 매력적인 여성 목소리가 (대개는 여성 목소리다) "무슨 말인지 이해하지 못하겠습니다"라고 대답했을 것이다. 레나의 사진 같은 이미지와 영상물을 스트리밍 방식의 픽셀로 손쉽게 전환하는 기술은 고화질 음란물의 폭발적인 증가를 가져왔다. 온라인 성희롱과 사이버 증오 행위를 양산하는 아지트로 변질된 소셜 미디어 플랫폼은 단일로는 인터넷의 가장 큰 문제일지도 모른다. 물론 개중에는 순 악질인 사람들도 있지만, 그것 때문은 아니다. 오히려 남성들이 이런 증오가 널리 퍼질 수 있는 시스템을 고안한 방식 때문이다. 여성을 배제하는 것은 중요한 문제다. IT 산업에서 일자리를 구하는 여성만이 아니라 모든 여성에게 중요한 사안이다.

지난 몇 년간은 충격의 연속이었다. 미국 사회 곳곳에서 오랫동안 속으로 곪고 곪던 것이 마침내 터진 것이다. 명백한 성차별과 성추행은 물론이고 성폭행까지 포함해 여성을 노리갯감으로 삼기 위해 자신의 힘을 남용하는 남성들에 대한 충격적인 증거가 속속 드러났다. 이른바 갑을 관계를 악용하는 권력형 성범죄다. 그리고 여성은 자신의 피해를 알리기 위해 용기를 내어 세상에 나왔다. 실리콘밸리 외부에서는 부적절한 성적인 행위에 대한 의혹이 할리우드의 유명 제작자 하비 와인스틴Harvey Weinstein, 코미디언 빌 코스비Bill Cosby와 루이스 C. K.Louis C. K., TV 앵커 매트 라우어Matt Lauer, 찰리 로즈Charlie Rose와 빌 오라일리Bill O'Reilly, 언론 재벌 로저 에일리스Roger Ailes 등 평생에 걸친 경력을 한 방에 보내버렸다. 정치인들도 성추행 의혹에서 자유롭지 못했다. 민주당 하원의원 존 코니어스John Conyers, 민주당 상원의원 앨 프랭컨Al Franken, 공화당의 상원의원 후보 로이 무어Roy Moore 등이 대표적이다. 특히 앨라배마주 대법원장까지 지낸 무어는 검사였던 30대 시절에 10대 소녀들을 성추행했다는 폭로가 있었다. 2016년 미국 대선이 뜨겁게 달아올랐을 때 연예 프로그램 〈액세스 할리우드Access Hollywood〉는 도널드 트럼프의 육성이 담긴 녹음테이프를 공개했는데, 트럼프가 여성들의 "사타구니를 움켜쥐었다"고 자랑하는 내용이 들어 있어 충격을 주었다. 트럼프가 대통령에 당선되었음에도, 많은 여성은 더욱 분노하고 더욱 대담해지는 것 같다. 이런 일련의 사태에서 2017년은 최대 분수령이 되었다. 눈만 뜨면 새로운 피해 여성들이 등장했고 과도하게 선을 넘은 남성들을 폭로했다.

실리콘밸리에서도 성추행 스캔들이 정계와 언론계 못지않게 심각했다. 아니, IT 산업의 메카 실리콘밸리에 '성희롱밸리'라는 별명을 안겨줄 만큼 지독했다. 수십 명의 여성이 IT 산업의 유력 인사들에게서 원치 않는 성적인 접근을 당했다고 호소했다. 그리고 그 남성들은 결국 자신의 행동에 따른 결과를 직면할 수밖에 없었다. 유명 벤처캐피털리스트들인 저스틴 콜드벡Justin Caldbeck, 데이브 매클루어Dave McClure, 스티브 저벳슨Steve Jurvetson 모두 성폭행이나 성추행 혹은 성적 비행 의혹을 받아 몸담고 있던 벤처캐피털 회사에서 물러났다(이들에 대해서는 5장에서 자세히 살펴보자). 놀랍게도 그들을 폭로한 여성들 즉 피해자들 중 상당수는 여성 기업가였다. 나도 저명한 IT 투자자이자 민주당의 주요 기부자인 셔빈 피셔버Shervin Pishervar에게 성추행과 성폭력을 당했다고 고발하는 많은 여성의 이야기를 보도했다. 한편 아마존 스튜디오Amazon Studios의 대표 로이 프라이스Roy Price는 여성 프로듀서 한 명을 성추행한 의혹이 폭로된 이후 사임했고, 구글의 최고위층인 앤디 루빈Andy Rubin과 아밋 싱할Amit Singhal도 부적절한 행동 때문에 회사를 떠났다. 이런 일련의 움직임을 촉발한 발단은 큰 연못에 던진 작은 돌멩이 하나였다. 이름 하여 우버 사태다. 차량 공유 서비스업체 우버의 젊은 엔지니어 수전 파울러Susan Fowler가 관리자에게서 성관계 제안을 받았다고 폭로한 것이다. 그녀가 자신의 블로그에 올린 글은 놀랍게도 우버의 사내 브로 문화에 대한 전사적인 '투 트랙' 조사로 이어졌다. 그리고 조사 결과 47건의 성추행 사건을 적발했고 직원 20명이 해고되었다. 그러나 뭐니 뭐니 해도 우버 사태의 클라이맥스는, 우버의 투자자들이 한때는 '공유경제의 첨병'이었다가 교통업계의 사고뭉치로 전락한 트래비스 캘러닉Travis Kalanick CEO를 퇴출시킨 것이다.

부당한 피해를 당했던 많은 여성이 당사자 간 합의와 비방금지 동의서 non-disparagement agreement라는 오랜 전통에 발목을 잡혀 침묵을 강요받았다. 특히 IT 분야에서 이런 현상이 심했다. 그러나 일부 피해 여성들이 경력을 걸고 더 이상 침묵하지 않고 폭로하기로 선택했고, 수많은 혐의로 성추행 소송을 제기했다. 그러다가 2017년 강압적인 성추행과 성희롱에 대한 폭로가 줄을 잇자 사회적 배경도, 직업도, 경력도 제각각인 여성들이 소셜 미디어를 통해 #미투운동(MeToo, '나도 당했다'는 뜻 -옮긴이)에 동참하기로 의기투합했다. 들불처럼 번지는 가슴 뭉클한 미투에서 여성들은 이제까지 속으로만 꽁꽁 묻어두었던 성추행과 성폭력 이야기를 세상에 꺼냈다. 그들 중에는 유명한 여성 기술인도 포함되었다. "수많은 여성 직장인이 강압적인 성적 접근과 추행에 대해 각자 최선을 다해 대처하고 있음을 잘 안다. 특히 사회 초년생이었을 때 나도 그랬다"라고 셰릴 샌드버그가 페이스북에 올린 글에서 말했다. "우리 모두는 이것의 핵심에 '사람 아래 사람 없고 사람 위에 사람 없다'는 진리를 깔아뭉개는 권력과 힘이 있음을 잘 안다."

대대적으로 보도되어 세간의 이목을 집중시키는 그런 사건 말고도, IT 산업에는 또 다른 형태의 차별이 존재한다. 좀 더 미묘하고 좀 더 은근한 형태의 차별로, 많은 사진 중에서 하필 레나의 사진을 선택하게끔 유도

하고 결국 그녀를 특정 산업의 상징으로 만들었던 태도와 다르지 않다. IT 산업에 종사하는 여성들을 괴롭히고 방해하는 것은 비단 노골적인 성차별과 성추행만이 아니다. 그런 행위보다 덜 노골적이고 그래서 정확히 설명하고 공개적으로 비판하기 어렵지만, 똑같이 위험한 행동 패턴도 여성 IT 종사자들에게는 커다란 장애물이다. 구글, 마이크로소프트, 트위터를 포함해 몇몇 IT기업은 오늘날 성차별 소송에 직면했고, 그중 일부는 다른 여성 직원들을 대변하는 집단소송이다.

브로들의 천국에서 여성으로 산다는 것은

2015년 나는 억만장자 벤처캐피털리스트 크리스 사카Chris Sacca를 인터뷰했다. 그는 캘리포니아 타호 호수Lake Tahoe 인근에 있는 자신의 집에서 여는 온천 파티에 대해 자랑을 늘어놓았다. 그의 주장을 그대로 믿으면, 그런 파티에서 그는 전도유망한 기업가들과 브레인스토밍 회의를 하고 결속을 다진다고 했다. 특히 그는 우버의 당시 CEO였던 트래비스 캘러닉의 참을성에 깊은 인상을 받았다고 감탄했다. "트래비스는 뜨거운 탕 속에서 8~10시간을 거뜬히 버틸 수 있습니다. 이제껏 그런 끈기를 가진 사람은 본 적이 없습니다"라고 사카가 말했다. "보통 사람들은 온탕에서 그렇게 오래 버티지 못합니다. 하지만 그는 끄떡없습니다."

그는 그런 온탕 회의가 자신이 투자를 고려하는 기업가들이 실제로 '성공'할 수 있을지를 가늠하는 일종의 시험으로 발전했다는 뜻을 넌지시 내비쳤다. 과연 그는 잠재적 투자자와 뜨거운 탕 속에 함께 있는 것을 불편하게 여길 사람들이 있다는 생각을 해봤을까? 솔직히 아무리 회의를 하고 친목을 다진다고 해도 그런 것을 편하게 생각할 인구층은 의외로 매우 얇다는 것을 그는 몰랐던 듯싶다. 그것은 비단 사카만의 문제가 아니다. IT업계의 많은 남성도 그와 똑같은 맹점을 갖고 있다.

일대일 맞춤형 패션 스타일을 제안하는 온라인 쇼핑몰 스티치 픽스 Stitch Fix의 CEO 카트리나 레이크Katrina Lake는 언젠가 참석했던 콘퍼런스에서 사카가 자신의 온탕 시험을 떠벌리는 동안 조용히 듣고 있었다. "나 자신이 여성이다 보니 그의 이야기가 곱게 들리지 않았어요. 속으로 이렇게 생각했죠. '나라면 그 멀리 타호까지 가서 이 남자와 뜨거운 탕 속에 들어가 시간을 보내고 싶지 않아.' 바로 그 순간 나는 크리스 사카에게서는 영영 투자를 못 받겠다고 확신했어요"라고 레이크가 단정적으로 말했다. "그가 나를 차별한 걸까요? 그렇다고는 생각 안 해요. 실리콘밸리에서 거래가 이뤄지는 방식이 문제죠. 그것 때문에 내게 허락된 선택지를 전부 갖지 못한다는 기분은 솔직히 들어요. 비키니를 입고 맥주를 마시며 투자자에게 사업 설명을 하고 싶은 여성이 얼마나 되겠어요?"

그런 온천 파티와 마찬가지로 여성을 소외시키거나 배척하는 불쾌한 행동의 상당수는 사무실 바깥에서 벌어진다. 실리콘밸리를 호령하는 강력한 일부 남성들이 주최하는 호화 파티가 대표적인 예다. 그들은 마약과 섹스로 뒤범벅된 파티에 남성보다 여성을 두 배 더 많이 초대함으로써 '승률'을 남성에게 유리하게 조작한다. 참석자들은 일부일처 결혼과 일대일의 독점적 남녀 관계 같은 전통을 전복시키는 투사 흉내를 내고 자신들이 설립한 회사 내에서 미래를 재창조하듯 자신들이 사회적 관습을 재창조한다고 자랑한다. "우리 사이의 암묵적인 불문율은 서로의 종교에 대해 언급하지 않는다는 것입니다. 그런 환경으로 말미암아 너나없이 성생활에서의 행동과 직장에서의 행동이 천양지차입니다"라고 구글의 전직 임원이었던 한 남성이 내게 말했다. 그런 다음 예언하듯이 덧붙였다. 그건 매우 위험한 연쇄반응의 오류(slippery slope, 도미노의 오류 혹은 미끄러운 비탈길의 오류라고도 하며 반사실적 가정을 연속적으로 범함으로써 일단 시작하면 중단하기 어렵고 파국으로 치달을 수 있음을 말함 -옮긴이)로 귀결되고, 우리는 그것에 무감각해집니다. 결과적으로 도덕성이 거의 자취도 없이 사라지게 됩니다."

내 말을 오해하지 말길 바란다. 나는 개인적인 성생활을 토대로 사람들을 판단하려는 마음은 추호도 없다. 그러나 지나치게 친밀하고 자유분방한 행동과 관련해 돈과 권력을 모두 가진 남성들과 기술업계의 여성 종사자 사이에 상당한 괴리가 있는 것은 엄연한 사실이다. 후자가 그런 행동을 감당하기 훨씬 더 어렵다는 말이다.

그런 파티에서 벤처캐피털리스트들은 잠재적 투자처가 될 기업가들과 어울릴지도 모르겠다. CEO들은 현재 혹은 미래 직원들과 마주칠지도 모르겠다. 그러나 그런 파티에 참석하는 남성들은 일과 사교 생활이라는 두 마리 토끼를 확실히 움켜쥘 수 있는 반면에, 여성들은 이래도 욕먹고 저래도 욕먹을 수밖에 없다. 참석한다면 성적 대상으로 전락할 위험이 있고, 참석하지 않으면 그들만의 리그에서 배척당할 위험이 있다. "그들은 마치 양몰이 하듯 여성을 자신들이 원하는 방향으로 이끌기 위해 힘과 영향력을 한데 모아요"라고 한 여성 기업가가 내게 말했다. "그건 게임이에요. 만약 그 게임에 참여하고 싶은 마음이 없다면, 당신의 앞길에 커다란 걸림돌이 놓이게 될 거예요."

우리가 가질 자격이 있는 (없는) 미래

10년 전만 해도 하루아침에 돈벼락을 맞은 테키(techie, IT나 컴퓨터 전문가 -옮긴이)들은 종종 자신의 부를 과시하는 것에 대해 사람들의 시선을 의식했고 상당히 조심스러워했다. 기업공개initial public offering, IPO로 대박을 친 후 페라리를 몰고 출근하는 것은 세련되지 못한 '졸부' 행세로 여겨졌다. 그러나 당신이 속한 소수의 엘리트 집단이나 당신과 같은 부촌에 거주하지 않는 사람들에게, 계속해서 겸손하고 공감적인 태도를 보이는 것은 시간이 흐를수록 점점 어려워졌다. 오히려 당신이 다른 사람들보다 훨씬 열심히 일했다고 -혹은 그들보다 당신이 훨씬 똑똑하다고- 그래서 모든 혜택을 누릴 자격이 있다고 생각하기가 더 쉽다.

"돈이 사람을 변하게 하는 것은 분명합니다"라고 구글의 전직 임원이 내게 말했다. "부자가 되면 평범한 사람들과 단절됩니다. 그건 정말로 아주 큰 문제입니다. 당신의 경험이 곧 모두의 경험이라고 일반화하고, 돈이 뒷받침될 때 그런 생각은 아주 위험해집니다. 도덕적 예외주의moral exceptionalism는 혐오스럽고, 실리콘밸리에는 그런 예외 의식으로 가득 차 있습니다. 그것은 공감이 부족한 데서 비롯합니다. 당신은 당신과 같은 눈으로 세상을 바라보지 않는 사람들은 제대로 된 교육을 받지 못해 무식하거나 멍청하다고 생각합니다."

실리콘밸리의 도덕적 예외주의자들은 종종 여성이 심각하게 배척당한다는 사실을 정당화하기 위해 자신의 성공을 앞세운다. 이 책은 여성에게 주된 초점을 맞추지만, 여성 외에도 소외되고 철저히 무시당하는 인구 집단들이 있다. IT 산업에서 인종차별 문제는 그 자체만으로도 족히 한 권 분량은 족히 된다. 뿐만 아니라 IT업종에서 벌어지는 연령차별은 별다른 주목을 받지 못하고, LGBTQ(레즈비언Lesbian, 게이Gay, 양성애자 Bisexual, 성 전환자Transgender를 통칭하는 LGBT에 '이성애적이지 않은 모든 성적 소수자'라는 뜻의 퀴어Queer가 합쳐진 것 -옮긴이) 즉 성소수자 계층도 독특한 도전에 직면한다. IT업계의 일부 사람들은 이 모든 차별을 중요하게 생각하지 않는다. 오히려 능히 오를 만한 사람들이 -영리하고 비전이 밝은 사람들- 먹이사슬의 맨 꼭대기에 올랐다고 생각한다. 말인즉 그들은 자신들이 대단히 성공했으므로 그 자리에 오를 마땅한 자격이 있다고 생각한다. 실리콘밸리는 능력주의라는 아이디어를 신주 단지 모시듯 최고의 가치로 떠받듦으로써 다양성 부족은 문제가 아니라고 일축할 수 있다. 하지만 이런 주장은 승리자들에게 주어지는 모든 특권은 물론이고 그들을 제외한 다른 모든 사람에게 불리하게 작용하는 차별과 더 큰 시스템적 요소들을 무시하는 처사다. 성공 자체가 전체 인구의 대다수를 부당하게 대우하거나 배제하는 핑계가 될 수 없고 되어서도 안 된다.

이 책을 쓰기 시작했을 때 실리콘밸리는 죽었다 깨어나도 성 불평등에서 월스트리트를 따라가지 못할 거라고 주장하는 사람들이 더러 있었다. 숫자만 놓고 보면 그들의 주장은 한마디로 순 억지다. 미국의 주요 은행들에서 직원의 약 절반이 여성이다(물론 아직도 은행들은 여성을 고위직에 승진시키는 문제와 관련해서는 해결해야 하는 숙제가 많이 남아 있다). 세계 최고의 투자은행 골드먼삭스Goldman Sachs에서 일하다가 기업가로 변신한 니콜 파브Nicole Farb는 예전에 은행가로 살 때보다 실리콘밸리에서 자금을 모집하려고 애쓰는 여성 기업가로 사는 지금이 훨씬 더 큰 소외감을 느낀다고 내게 소회를 밝혔다. "내가 보기에 투자은행들이 벤처캐피털 회사들보다 사고가 훨씬 전향적이고 진보적인 것 같아요. 정말 안타까워요"라고 파브가 내게 말했다. 그러면서 사례를 하나 들었다. 일부 벤처 투자자들은 그녀가 아이를 가질 계획인지 또는 그녀가 남성 직원을 채용할 수 있을 거라고 생각하는지 대놓고 물었다고 했다. "그런 것들이 온당한 질문이에요? 어느 남성도 아이를 가질 계획이 있느냐는 질문 따위는 절대 받지 않아요. 단 한 명도요!"

물론 여성은 스탠드업 코미디, 영화 연출, 작곡, 항공 등을 포함해 다른 여러 분야에서도 뒤처져 있다. 하지만 '여성 가뭄'에 시달리는 기술 분야가 특히 문제가 생기는 데는 명백한 이유가 있다. 다른 어떤 분야보다 우리의 세상에 더 큰 영향을 미치기 때문이다. 이것에 반박을 제기할 사람은 거의 없을 듯하다. 기계와 장치들 그리고 그런 것들을 움직이게 하는 프로그램은 이미 우리네 삶의 어디에나 존재하고 일상생활의 일부가 되었다. 그런데, 아는가? 세상을 사로잡은 그 모든 기술을 주로 남성들이 만들었다는 사실을 말이다. 그런 기술은 농업에서부터 제조업과 금융, 부동산에 이르기까지 모든 산업의 근간을 흔들며 혼란에 빠뜨리고 있다. 더욱이 기술이 삶을 파고드는 속도마저도 줄어들 기미가 보이지 않는다. 우리는 가까운 미래에 자율주행 자동차, 증강현실(augmented reality, AR, 현실을 기반으로 가상 정보를 부가하는 것 -옮긴이), 인공지능artificial intelligence, AI 등을 만나게 될 테지만, 이런 모든 새로운 알고리즘에 성 편견이 주입되어 있을 위험에 직면해 있다. "주주 가치shareholder value에도 부정적인 영향을 미쳐요"라고 구글의 전직 부사장을 지냈고 오바마 행정부의 백악관 최고기술책임자CTO, Chief Technology Officer를 역임한 메건 스미스Megan Smith가 내게 말했다. "우리는 모든 인류의 풍부한 유전적 특징이 이런 제품을 만드는 데에 포함되기를 희망해요. 특히 AI와 데이터과학의 시대를 눈앞에 두고 있을 때는 더욱 그래요." 만약 로봇들이 세상을 지배한다면 혹은 최소한 우리의 미래에서 절대적으로 중요한 역할을 한다면, 여성의 접근을 철저히 차단한 채 남성들끼리 로봇을 프로그래밍해서는 안 된다. 마이크로소프트의 사티아 나델라Satya Nadella CEO는 마이크로소프트가 기계학습(machine learning, 머신러닝이라고도 하며 분석 모형 구축을 자동화하기 위한 데이터 분석 기법의 일종으로 데이터 반복 학습 알고리즘을 이용해 데이터에 감추어져 있는 통찰력을 찾을 수 있음 -옮긴이)과 혼합현실(mixed reality, 현실 세계에 가상현실이 접목되어 현실의 물리적 객체와 가상 객체가 상호 작용할 수 있는 환경 -옮긴이)의 미래로 나아가는 것과 관련하여 "아직 갈 길이 한참 멀고 우리도 그 사실을 잘 압니다"라고 말했다. "나는 기계학습과 혼합현실이 IT 산업에서 가능한 것 중 가장 유익한 기술이라고 생각합니다." 강력한 불도저처럼 밀어붙이며 우리의 문화를 재정립하는 특정 산업에서 여성 부족 현상은 절대 용납할 수도, 두고 볼 수만도 없는 문제다.

잠깐, 벌써 낙담할 필요는 없다. 그런 미래는 가능성 높은 시나리오일 뿐 우리의 노력 여하에 따라 충분히 바뀔 수 있다. 다행히도 아직은 기술의 영향이 걸음마 단계에 불과하다. 만약 여성들이 악순환의 고리를 끊는다면 지금도 늦지 않았다. 분명 여성들이 온당한 역할을 할 수 있다. 그렇다면 무엇부터 시작해야 할까? IT 산업의 환경이 여성에게 유독하다는 사실을 인정하는 것이다. 스모그처럼 그런 유독성은 형체가 없고 모호해서 어디서 발생하는지 식별하기 힘들다. 하지만 명약관화한 몇 가지 사실은 있다. 여성은 인류 역사상 최대 부富가 만들어지는 데서 체계적으로 배제되어 역할을 하지 못했고 글로벌 문화를 신속하게 재정립하는 데에도 아무런 발언권을 얻지 못했다는 점이다. 그것은 충격적일 만큼 심각한 불평등이다. 나는 변화를 촉진하는 데에 도움이 되고자 하는 마음으로 이 책에서 그 불평등의 원인이 무엇이고 어떤 형태로 나타나는지를 철저히 파헤치고 세상에 드러내고 싶다. 다시 말하지만 아직은 시간이 있다. 현재까지는 기술 진화가 최상의 결과를 만들어내지 못했다. 실리콘밸리가 다양성을 더욱 포용하는 사회가 된다면, 마리사 메이어의 말마따나 우리 모두는 'IT가 구현해주는 미래 세상'을 가질지도 모른다. 우리는 그럴 자격이 있다.

CHAPTER
1

너드부터 브로까지
: 기술은 어떻게 여성들을 배척했을까?

텔레 휘트니Telle Whitney는 1973년 유타 대학교University of Utah에서 대학 생활을 시작했지만, 장차 무슨 일을 하고 어떤 사람이 되고 싶은지 미래에 대한 계획이 없었다. 정치와 연극을 공부했지만, 공부에 별로 재미를 붙이지 못해 하마터면 낙제당할 뻔했다. "새엄마가 어떤 테스트를 해보라고 권하셨는데 저는 내키지 않아 차일피일 미루고 있었어요. 솔직히 새엄마를 별로 좋아하지 않았어요." 휘트니가 말하는 테스트는 응시자의 성향을 다양한 분야에 몸담고 있는 실제 종사자들의 성향과 비교하는 흥미 진단 테스트interest inventory였다. 답답한 마음에 마침내 휘트니도 백기를 들었고 테스트를 해보았다. 어떤 결과가 나왔을까? 컴퓨터에 흥미를 느낄 가능성이 높다고 했다.

주변 상황도 휘트니를 도와주었다. 유타 대학교는 미국 국방부가 개발하여 초기 버전 인터넷으로 불리는 아르파네트ARPANET와 연결된 기관들 중 하나였을뿐더러, 꽤 유명한 컴퓨터과학과도 있었다. 당시에는 일일이 수작업으로 코딩을 해야 해서 지루한 감도 있었지만 ─코드 한 줄을 천공카드에 구멍을 뚫어 기입한 다음 카드 뭉치를 마스터 컴퓨터에 넣어 돌리는 작업이 포함되었다- 휘트니는 컴퓨터에 홀딱 반했다. 그런데 딱 하나 문제가 있었다. 컴퓨터과학과에 여학생이 거의 없는 데다가 연구실마다 가장 독특한 유형의 남학생들만 가득했다.

"그들은 정말 어색하게 행동했어요"라고 휘트니가 학창 시절을 회상하며 말한다. "우리 과 남학생들은 여자와 지내는 데에 익숙하지 않았어요." 그녀가 주변에 있을 때마다 남학생들은 눈에 띄게 불편해하며 안절부절못했고 심지어 눈도 마주치지 못했다고 했다. 행여 대화를 시도하는 남학생이 있어도 너무 긴장한 나머지 말을 하다가 갑자기 멈추기 일쑤였다. 심지어 날씨에 관한 가벼운 대화일 때도 그랬다.

그렇다고 강의실 분위기가 악의적이었다는 말은 아니다. 그냥 좀 이상했다는 것이 정확했다. 하지만 그런 분위기는 휘트니에게 소외감을 안겨주기에 충분했다. 심지어 캘리포니아 공과대학California Institute of Technology에서 박사과정을 공부할 때는 남자 교수들조차 그녀를 대하기 어려워했다고 했다. 한편으로는 여성을 찾아보기 힘든 금녀의 영역에 여자 제자가 있다는 사실을 자랑스러워하는 것 같았고, 또 한편으로는 휘트니와 어떻게 사제 관계를 맺고 유지해야 하는지 몰랐다. 휘트니도 교수들이 그녀를 희롱하는 것인지 아니면 그저 여성들과 대화하는 방법을 모르는 것인지 헷갈려 난감한 경우가 더러 있었다. "내 옷차림에 과도한 관심이 쏠리는 게 느껴졌어요"라고 휘트니가 회상한다. 그래서 학교에 갈 때면 원피스 같은 여성스러운 옷차림을 피했고, 대신에 몸매를 드러내지 않는 헐렁한 티셔츠를 입기 시작했다.

휘트니는 지금도 기억이 생생한 어떤 코더의 이야기를 들려주었다. 코딩 실력은 아주 뛰어났지만, 말 그대로 남들과 이야기할 필요가 없는 상황에서만 일하는 별종이었다. "그는 코딩할 때 장소를 가리지 않았어요. 다만 자신을 대신해 '입노릇'을 해주는 누군가하고만 함께 일해야 했어요. 그는 사람들과 전혀 어울리지 못했어요"라고 휘트니가 말한다. "사실 전형적인 코더들은 다 그래요. 밤을 꼴딱 새울 수는 있어도 사람들과 어울리는 것을 불편해하죠."

당시 휘트니가 자신의 상황에 대해 몰랐던 사실이 하나 있다. 기술 산업의 여성 종사자들이라면 누구나 자신과 같은 상황을 경험한다는 점이었다. 솔직히 그것은 그들이 기술 산업에서 자리 잡기 힘든 큰 이유 중 하나였다. 1960년대 중반부터 기술 산업은 입맛에 맞는 독특한 성격적 특징들을 의도적으로 선택해왔는데, 휘트니는 남성 동료들 사이에 그런 성격이 만연해 있다고 -또한 문제가 있다고- 생각했다.

개척자에서 아웃사이더로

휘트니가 컴퓨터과학 세상에 발을 들였을 무렵, 우리 문화에서는 컴퓨터 천재들이 어떤 모습이고 어떻게 행동하는지에 대한 고정관념이 이미 정립되어 있었다. 사실 그런 이미지가 컴퓨터 산업이 태동했던 초창기 시절 프로그래머의 모습과 비교하면 너무 많이 달라져서 격세지감이 느껴질 정도였다. 당시에는 프로그래머 세상이 여인 천하로 보였던 것이다. 미국의 저명한 전기 작가 월터 아이작슨Walter Isaacson은 인터넷의 역사를 기록하는 저서《이노베이터The Innovators》에서 초창기 기술 산업은 두 가지 영역이 뚜렷이 양분되어 있었다고 말한다. 남성들은 컴퓨터 하드웨어를 만드는 데에 집중한 반면, 그 일만큼 중요했던 소프트웨어 개발 영역은 여성의 몫이었다고 한다. 말인즉 여성은 남성이 만든 기계에 무엇을 하라고 지시하는 일을 맡았다.

그레이스 호퍼Grace Hopper도 그런 여성 개척자 중 한 명이었다. 수학 박사이자 훗날 미국 해군 최초로 여성 제독이 된 호퍼는 1994년 하버드 대학교에 설치된 대형 컴퓨터 마크-원Mark I의 프로그램을 개발하는 데에 참여했다. 제2차 세계대전 중에 미국은 프로그램 제어 방식의 마크-원을 이용해 원자폭탄을 설계했고 이듬해 그 폭탄을 일본에 투하해 항복을 이끌어냈다. 호퍼는 문제들을 수학 공식으로 바꾸고, 그런 다음 수학 공식들을 기계들이 처리할 수 있는 언어로 전환하는 탁월한 능력을 갖췄다. 업무 스타일도 돋보였는데, 다양한 코딩 버전을 여러 사람에게 보내 개선할 방법에 대한 도움을 요청하는 등 협업적인 접근법을 사용했다. 또한 호퍼는 소스 코드를 상이한 많은 기계가 이해할 수 있는 언어로 전환하는 프로세스를 생성시키는 컴파일러compiler라는 개념을 최초로 정의했다. 이에 그치지 않고, 컴파일러 언어를 발전시켜 고급 프로그래밍 언어인 코볼COBOL, COmmon Business-Oriented Language을 개발하는 데에도 참여함으로써 '코볼의 어머니'라는 별칭을 얻었다. 심지어 기계들이 효율적으로 공동 작업할 수 있어야 한다는 아이디어도 주장했다.

미국 육군도 제2차 세계대전 중에 자체적으로 보유한 최초의 컴퓨터를 사용했고, 그 컴퓨터의 프로그램 개발자들 역시 여성이었다. 진공관식 컴퓨터인 에니악ENIAC, Electronic Numerical Integrator and Computer은 실전에서 사용되는 무기의 탄도를 계산하기 위해 '학습'해야 했다. 이를 위해,

이미 탄도를 수동으로 계산하고 있던 여러 집단의 여성들 중에 6명을 차출했다. 비록 당시는 엔지니어의 길은 여성에게 장려하던 시절은 아니었지만, 고학력 여성들이 수학을 공부하는 것이 그리 드물지 않았다. 하지만 1946년 에니악이 언론을 통해 세상에 처음 소개되었을 때 그들 6명의 여성 '어벤저스'에 대한 언급도 사진도 찾아볼 수 없었다. (영화 〈히든 피겨스Hidden Figures〉를 보았다면 무슨 뜻인지 잘 알 것이다.) 1962년 존 글렌 John Glenn은 미국 역사상 최초로 우주선을 타고 지구 궤도를 비행했다. 그 역사적인 사건 뒤에는 미국 항공우주국NASA에서 수학자로 일하던 3명의 흑인 여성이 있었고, 그들은 우주선의 비행 궤도를 계산하는 일에 참여했다. 또한 아폴로 11호를 달에 무사히 안착시키는 궤도를 계산하는 코드를 작성한 팀의 최고책임자도 마거릿 해밀턴Margaret Hamilton이라는 여성이었다.

당시에는 '프로그래머'라는 용어가 여성의 일이라는 뜻의 부정적인 의미를 내포했는데, 크게 두 가지 이유를 유추해볼 수 있다. 첫째 아직까지도 컴퓨터가 기계적이고 수동으로 이뤄지는 많은 작업을 포함했기 때문이다. 그런 일은 고등수학을 적용한다기보다 전화 교환기를 작동하는 일처럼 여겼다. 또한 컴퓨터는 타이핑과도 떼려야 뗄 수 없는 관련이 있었는데, 당시에는 타이핑이 여성의 전유물이다시피 했던 비서들의 필수 기술이었다.

하지만 1960년대 말이 되자 컴퓨터 산업은 하루가 다르게 성장했고 어느새 황금업종이 되었다. 오죽하면 〈코스모폴리탄Cosmopolitan〉의 편집장 헬렌 걸리 브라운Helen Gurley Brown이 비서와 비슷한 일을 하면서도 비서직과는 비교도 안 되는 컴퓨터 산업의 높은 급여를 소개했을까. 1967년 〈코스모폴리탄〉에 실린 '컴퓨터 소녀들The Computer Girls'이라는 제목의 기사는 "여성 '선임 시스템 분석가'가 2만 달러 이상을 번다"고 보도했다. 오늘날의 가치로 환산하면 대략 15만 달러가 된다. 아울러 기사는 실제로 IBM에서 시스템 엔지니어로 일하던 앤 리처드슨Ann Richardson의 사진을 실었다. 사진 속의 리처드슨은 세련된 원피스 차림에 진주 귀고리를 하고 정수리를 한껏 부풀린 일명 부팡bouffant 헤어스타일을 한 채로 컴퓨터 스크린을 가리키면서 함박웃음을 짓고 있었다.

그 기사의 인터뷰에 응했던 한 여성은, 그 일을 맨 처음 시작했을 때는 하루 종일 버튼이나 누르겠거니 생각했다고 말했다. 하지만 실제로는 "컴퓨터가 어떻게 문제를 해결할 수 있을지 알아내고 그런 다음 컴퓨터에 그 일을 하도록 지시하는" 일을 한다고 말했다. 〈코스모폴리탄〉은 그레이스 호퍼와의 인터뷰도 소개했다. 호퍼는 프로그래밍이 식사 계획을 세우는 것과 다르지 않다면서, 여성은 선천적으로 참을성이 많고 세부적인 것까지 깊은 관심을 쏟기 때문에 프로그래밍에 안성맞춤이라고 했다. 심지어 "여성들은 컴퓨터 프로그래밍 소질을 타고났다"고 딱 잘라 선언했다. 〈코스모폴리탄〉은 프로그래밍을 일컬어 "여성에게 맞는 새로운 직업군이 탄생했다. 기적의 기계들에 무엇을 어떻게 하라고 지시하는 일이다. 여성의 일이 아니라고 생각될지도 모르지만 정말로 여성에게 딱 맞는 일이다"라면서 호퍼의 주장을 거들었다.

하지만 〈코스모폴리탄〉이 여성에게 새로운 직업군에서 고액의 일자리를 찾으라고 촉구하던 바로 그 즈음, 오히려 그 직업군에서 여성을 배제하는 음모를 획책하는 세력들이 있었다. 얄궂은 운명의 장난인지, 새로운 노동력이 가장 필요한 시점에 컴퓨터 산업이 되레 여성을 밀어내기 시작한 것이다. 솔직히 컴퓨터는 종종 일터에서 여성을 대체하는 하나의 수단으로 판매되었다. 일례로 옵티컬 스캐닝 코퍼레이션Optical Scanning Corporation은 신제품 광고에서 "다리 16개와 떠드는 혀 8개만 있는데 연간 4만 달러를 내고 계신가요?"라고 도발했다. 그러면서 8명의 여성 사무실 근로자의 다리와 입을 클로즈업한 사진을 실었다.

1960년대 컴퓨팅 세상이 폭발적으로 성장하며 일자리가 기하급수적으로 늘어났지만 프로그래머는 턱없이 부족했다. 기업은 절박했고, 급기야 리크루터들은 훌륭한 프로그래머가 갖춰야 하는 기술과 성격적 유형을 특정하기 시작했다고, 컴퓨터의 역사를 연구하는 네이선 엔스멩어Nathan Ensmenger가 2010년에 발표한 저서《The Computer Boys Take Over 컴퓨터 소년들의 시대》에서 말했다. 그런 움직임과 동시에 컴퓨터 산업의 문고리들은 프로그래밍이 '흑마술black art'이며 최고의 프로그래머는 훈련으로 만들어지는 것이 아니라 타고난다는 믿음을 받아들이기 시작했다고 엔스멩어가 주장했다. 급여가 높아지자 프로그래밍의 위상도 덩달아 높아지기 시작했다. 무엇보다도 프로그래밍에 대한 고용주들의 인식이 바뀌었다. 예전에는 프로그래밍이 지적인 능력이 크게 필요하지 않은 반복적인 단순한 일이라고 생각했지만, 이제는 사무적인 일이라기보다 더욱 깊은 지식을 요구하는 고급 전문직이라는 사실을 깨달은 것이다. "당대의 많은 사람은 전문직이라는 개념이 완전히 남자답고 그래서 수준 높은 직업이라는 말과 동의어라고 생각했다"고 엔스멩어가 말한다.

엔스맹어는 1962년 당시 기업체의 80퍼센트가 프로그래머를 채용할 때 적성검사를 사용했다고 추산한다. 특히 문제 해결 능력에 초점을 맞추었던 IBM의 프로그래머 직무적성검사가 업계 표준이 되었고, 1967년 한 해에만 70만 명이 그 시험에 응시했다. 그러나 엔스맹어에 따르면, 그런 적성검사의 신뢰도에 문제가 많았다고 한다. 일부 남성들이 남학생 사교 클럽과 자선단체인 엘크스 클럽Elks Club을 통해 정답을 공유한 탓이다. 이것은 새로운 프로그래머 적성검사가 탄생하는 단초가 되었고, 이번 검사는 성격적 특성에 초점이 맞춰졌다.

1960년대 중반 SDCSystem Development Corporation라는 대형 소프트웨어 개발 회사는, 베일에 싸인 이 직업군과 '궁합'이 맞는 신입 직원들을 뽑기 위해 윌리엄 캐넌William Cannon과 댈리스 페리Dallis Perry라는 심리학자를 고용했다. 캐넌과 페리는 가장 먼저 프로그래머 1378명에 대한 프로필을 작성했고, 그중 여성 프로그래머는 186명에 불과했다. 그런 다음 프로필을 분석한 결과를 토대로 '직업적 흥미척도vocational interest scale'라는 검사를 만들었고, 그 검사를 통해 프로그래머라는 직업에 대한 '만족도'와 궁극적인 성공을 예측할 수 있다고 생각했다. 검사 결과를 바탕으로 그들은 수학적인 것에서부터 기계적인 것까지 다양한 종류의 퍼즐을 푸는 것을 좋아하는 사람들이 좋은 프로그래머의 자질을 갖추었다는 결론을 얻었다. 그것은 일리가 있는 결론이었다. 그러나 그들의 두 번째 결론은 훨씬 추론적이었다. 왜 그럴까?

캐넌과 페리는 대부분이 남성이었던 프로그래머들에게서 얻은 데이터를 기반으로 두 번째 결론을 도출했다. 자신의 일에 만족하는 프로그래머들은 독특한 성격적 특성을 공유한다면서, 그들은 "사람들을 좋아하지 않는다"고 결론 내렸다. 캐넌과 페리가 작성한 최종 보고서의 말을 그대로 옮기면, 프로그래머들은 "친밀한 개인 간 상호작용이 수반되는 활동을 싫어한다. 그들은 대개 사람보다 사물에 더 많은 흥미를 보인다." 이런 성격적 특성을 쉽게 이해하기 위해 그림 하나를 상상해보자. 그림에는 네 명의 남성이 나온다. 셋은 희희낙락한 얼굴로 퍼즐을 만지작거리거나 실험에 빠져 있고, 나머지 한 명은 화난 얼굴로 담배를 피우고 있는데 온몸에서 사람들을 좋아하지 않는다는 기운이 팍팍 풍긴다.

캐넌과 페리는 자신들이 만든 새로운 '프로그래머 척도Programmer Scale'가 기존의 적성검사들보다 훨씬 '적절'하다면서 미국 전역의 학교, 직업상담소, 리크루터들이 최고의 프로그래머를 선별하는 데에 도움이 될 거라고 주장했다. 실제로 그들의 성격검사가 널리 사용되었다. 이것은 무슨 뜻일까? 프로그래머들이 재능이나 흥미 수준만이 아니라, 최소한 부분적으로는 행복하고 생산적인 프로그래머의 성격 유형이 어떤 것인가에 대한 의심스러운 가설을 토대로 채용되었다는 뜻이다. 사실상 이것은 오늘날까지도 이어지고 있는 어떤 고정관념의 시작이었다. 1960년대 말까지 고용주의 3분의 2가 직원을 채용할 때 적성검사와 성격검사를 혼용했고, 그런 검사들을 1980년대까지 사용했다고 추정한다. 중요한 어떤 선발 기준에서 사람에 대한 관심도가 높다는 이유만으로 탈락함으로써 장차 훌륭한 프로그래머가 될 무수히 많은 재목이 취업의 문턱을 넘지 못했을 것은 불을 보듯 빤하다. 물론 그 수가 얼마인지는 정확히 알 수 없다. 그래도 확실한 한 가지는, 그 기준이 본질적으로 특정한 성별을 가진 즉 남성 프로그래머들에게 유리했다는 사실이다.

여성이라는 '원죄'에 발목이 잡히다

만약 반사회적이고 전형적인 너드 유형에 부합하는 사람을 채용한다면, 남성은 더 많이 여성은 더 적게 채용할 것이다. 이것을 뒷받침해주는 연구 결과도 있다. 예컨대 반사회적인 성격장애는 여성보다 남성이 1 대 3으로 더 많다. 게다가 자폐증은 물론이고 자폐증의 변형으로 좀 더 경미한 아스퍼거 증후군으로 진단받은 환자도 여자아이보다 남자아이가 2~7배 더 많다. 일각에서는 자폐증을 앓고 있는데도 의학적으로 진단을 받지 않은 여자아이와 여성이 있고 그래서 통계에서 빠졌다고 주장하지만, 남성의 발병률이 더 높다는 주장을 뒷받침하는 연구 결과가 더 설득력이 있다.

뿐만 아니라 우리 사회는 반사회적인 남성과 반사회적인 여성을 다른 눈으로 바라본다. '사람들을 좋아하지 않는' 성격적 특성을 보이는 여성은 종종 불쌍히 여겨지거나 비난의 눈총을 받는다. 사람들은 그녀의 행동이 언젠가 위대한 성취로 활짝 꽃피울 숨겨진 천재성의 발로라고 생각하지 않을 것이다. 그런데 남성에게는 다른 잣대를 적용한다. '외로운 늑대'가 되는 것은 비록 약간 미친 사람처럼 보일지라도 독립적인, 심지어 존경받는 외적 인격 즉 페르소나persona인 것이다. 베토벤, 반 고흐, 아인슈타인, 괴짜 과학자 니콜라 테슬라Nikola Tesla가 대표적이다.

캐넌-페리의 성격검사는 더욱 남성적인 성격적 특성을 가진 응시자에게 확실히 더 유리했다. 컴퓨터 관련 직종의 인사 자문 서비스를 제공하던 한 컨설턴트는 1968년에 열린 콘퍼런스에서, 프로그래머들은 '종종 자기중심적이고 약간 신경증적'이며 '제한적 정신분열증'에 가까운 증상을 보인다고 말했다. 아울러 '수염을 덥수룩하게 기르고 샌들을 질질 끌고 다니는 등등 철저한 개인주의rugged individualism나 사회에 순응하지 않는 불순응주의nonconformity의 다양한 증상을 보일 가능성'이 높다고 주장했다. 당시에도 프로그래머의 특이한 기질은 이미 악명이 높았고, 오늘날에도 '목 수염을 기른 또라이crazy neckbeard'라는 용어가 다듬지 않아 지저분하고 보기 흉한 목 수염을 기른 컴퓨터 괴짜를 다정하게 부르는 애칭으로 사용된다. 솔직히 말해 캐넌과 페리의 82쪽짜리 공동 논문에 '여성들' 혹은 '여성'이라는 단어가 단 한 차례도 등장하지 않았다. 그들은 조사 대상자 전부를 '남성들'이라고 뭉뚱그려 불렀다.

이쯤에서 중요한 질문을 해보자. 캐넌-페리 성격검사가 좋은 프로그래머가 될 재목을 정확히 집어냈을까? 반사회적인 남성들이 수학이나 컴퓨터를 더 잘한다는 생각을 뒷받침하는 증거는 거의 없다. (수백의 연구 결과를 샅샅이 살펴보았지만, 일반적으로 볼 때 남성의 수학적 능력이 여성보다 통계적으로 의미를 가질 만큼 뛰어나다는 증거는 없었다.) 또한 복잡한 소프트웨어를 개발하는 것과 관련된 '컴퓨터 재능'이, 집단 내에서 협업할 수 있고 의사 결정 과정을 공유하며 사용자들에게 공감하는 등등 거의 언제나 사회적 기술을 포함한다는 사실을 기억하는 것이 중요하다.

새롭게 정립된 너드 이미지의 프로그래머들을 체계적으로 채용하는 바람에 컴퓨터 분야는 여성의 관심에서 점점 멀어졌다. 하지만 그런 상황에서도 꿋꿋이 버틴 일부 여성들이 있었다. 텔레 휘트니도 그들 중 한 명이었다. 휘트니는 캘리포니아 공과대학에서 박사 학위를 받은 다음 칩 생산업체 액텔Actel에 들어갔다. 그러나 취업한 이후에도 상아탑의 강의실과 컴퓨터 연구실에서 느꼈던 소외감은 그대로였다. 휘트니의 말에 따르면 한번은 고위 경영자가 그녀에게 미래의 목표가 무엇이냐고 물었다가 자문자답으로 끝났다고 한다. "아, 맞아. 머잖아 자네도 엄마가 되겠군."

1986년 휘트니는 동종 업계에 종사하는 한 여성과 친해졌는데, 아니타 보그Anita Borg였다. 보그는 메일링 리스트인 시스터스Sisters라는 온라인 커뮤니티를 만들어 기술 산업에 종사하는 여성들을 하나로 묶었다. 1994년 보그와 휘트니는 컴퓨터과학 분야에서 여성들의 업적을 기리기 위해 '여성 컴퓨터공학자를 위한 그레이스 호퍼 기념회Grace Hopper Celebration of Women in Computing'를 공동으로 창설했고, 같은 해에 보그는 여성과 기술연구소Institute for Women and Technology를 설립했다. 2003년에 보그가 세상을 떠나자 휘트니가 그 단체의 대표에 취임했고, 오늘날에는 그녀를 기려 그 단체의 이름에 보그의 이름이 들어가 있다. 요컨대 보그와 휘트니는 컴퓨팅 분야의 여성들에 관한 또 다른 역사를 계속 쓰기 위해 노력했다. 그러나 결과적으로 말해 남성 중심적인 너드 정형이 너무 광범위하게 퍼져 있어 그들의 힘으로는 변화시키기 힘들었다.

캐넌과 페리의 프로그래머 척도가 널리 사용되었기 때문에 엔스멩어가 말한 너드들의 시대가 자기 충족적 예언self-fulfilling prophecy이 되고 말았다. "컴퓨터 산업은 반사회적이고 수학적 성향이 강한 남성들을 의도적으로 채용했고, 그리하여 반사회적이고 수학적 성향이 강한 남성들이 프로그래머 세상을 접수했다"고 엔스멩어가 저서에서 밝혔다. "이것은 다시 프로그래머들은 마땅히 반사회적이고 수학적인 성향이 강해야 한다는 (따라서 남성이어야 한다는) 대중의 인식을 강화했고, 이것은 또다시 그런 남성을 프로그래머 세상에 더 많이 불러들이는 효과를 낳아 돌고 도는 악순환이 계속되었다."

컴퓨팅 분야에 이미 진출한 여성들은 이런 정형에 맞지 않는다는 이유로 대가를 톡톡히 치렀다. 가령 1984년 모토롤라의 반도체 공장에 엔지니어로 합류한 패드마스리 워리어Padmasree Warrior는 처음 얼마간 고국인 인도에서 구입한 화려한 색상의 사리를 입고 출근했는데, 얼마 지나지 않아 사리를 포기하고 대신에 업계의 유니폼이라고 할 수 있는 검정과 회색 의상을 입기로 마음을 바꾸었다. 심지어 최고기술책임자로 승진했을 때는 제 나이보다 더 들어 보이기 위해 머리를 회색으로 염색하기 시작했다. "내 모습을 있는 그대로 보여주고 내가 되고 싶은 사람이 되는 게 두려웠어요"라고 그녀가 말한다. "사람들이 나를 진지하게 생각해주길 바랐어요." 그녀는 경력 내내 회의론자들과 끝없는 싸움을 한다는 기분이었다. "사람들은 어떤 식이든 여성에게서 능력을 기대하지 않아요"라고 그녀가 말한다. "이런 의심은 어제오늘 일이 아니에요."

오늘날 IT 산업을 지배하는 많은 남성 너드는 워리어의 이야기에 깜짝 놀랄지도 모른다. 그들은 IT 산업이 여성을 차별한다는 생각을 절대로 이해하지 못한다. 오히려 많은 남성은, 너드였던 남성들이 아웃사이더였고 그들은 여성 IT 기술인은커녕 다른 사람들을 쫓아낼 힘이 없거나 그러고 싶은 마음 자체가 없었을 거라고 항변한다. 그러나 남성 각자의 개인적인 의도와는 상관없이, 대학과 기업은 반사회적인 특성을 우대하는 관행을 체계화했고 결과적으로 너드들의 지배력을 공고히 했다. 이는 단순히 대학들이 컴퓨터 관련 전공자를 선발하고 기업들이 IT 관련 직원을 선발하는 것을 훨씬 초월한다. 일단 이 과정이 시작되자 교실, 회의실, 일터 등을 포함해 컴퓨터과학 분야의 모든 사회적 환경이 반사회적인 남성들로 채워지고 그들의 통제를 받기 시작했다. 말인즉 IT 계층구조의 말단은 물론이고 상사와 교사와 문고리들도 그들의 전유물이 되었다.

컴퓨터 너드 수가 임계질량 수준(critical mass, 본래 물리학에서 '핵분열성 물질이 일정한 조건에서 스스로 계속해서 연쇄반응을 일으키는 데 필요한 최소한의 질량'을 말하는 것으로 오늘날에는 사회학, 심리학, 경영학 등에서 '유효한 변화를 얻기 위해 필요한 충분한 수나 양'이라는 개념으로 사용됨 -옮긴이)에 도달하자 주변 문화도 이런 시류에 동참했다. 1980년대 중반 〈기숙사 대소동Revenge of the Nerds〉〈위험한 게임WarGames〉〈신비의 체험Weird Science〉 같은 인기 영화들이 서투른 행동으로 좌충우돌하지만 해박한 컴퓨터 지식을 앞세워 마초 기질의 전통적인 알파 남성들을 제압하고 결국 미인을 얻는 천재 컴퓨터 소년의 정형을 널리 퍼뜨리고 미화했다. 오죽하면 본인은 엔지니어가 아닐 뿐더러 엔지니어를 한 명도 모르는 사람들조차 컴퓨터를 능숙하게 다룰 수 있는 남성들을 이해한다고 생각하기 시작했을 정도다. 그러나 오해는 하지 마라. 최소한 너드 정형에서만은 대중문화가 주동자라고 책임을 물을 수는 없다. 대중매체가 너드 정형을 강화한 것은 분명했지만, 영화와 TV가 그 정형을 창조하지는 않았다. 너드 정형은 기술 산업 스스로가 창조했다.

남성이 여성에게 부족한 모종의 천부적인 소질을 타고났기 때문에 컴퓨터가 '소년들의 전유물'이 된 것은 아니었다. 이것을 뒷받침해주는 연구 결과도 있다. 고등학생을 대상으로 진행한 대규모 연구에 따르면, 여학생과 남학생이 컴퓨터를 사용하는 데에 필요한 기술 수준에서는 차이가 없다고 한다. 그러나 그 연구 결과는 다른 이야기도 들려준다. 여학생들은 컴퓨터를 사용하는 것과 관련해 두려움이 더 큰 반면 자신감이 부족했다는 것이다. 연구가들은 이런 결과에 기초해, 컴퓨터 사용을 둘러싼 여학생과 남학생의 차이가 정형화된 이미지 구축과 성 역할 사회화(gender-role socialization, 사회 구성원으로서 필요한 성 역할을 학습하는 과정 - 옮긴이)를 반영했다고 결론지었다.

그런 정형들의 힘은 바이러스처럼 퍼져나갔다. 이후 10년간 교사와 부모 그리고 아동 모두가 컴퓨터는 사실상 남자아이들의 전유물이라고 믿게 되었다. 게다가 그들은 그런 믿음을 행동으로 옮겼다. 가령 1980년대 컴퓨터가 일반 가정에 보급됨에 따라 부모들은 컴퓨터를 사서 종종 트럭과 기차와 같은 '남자아이 장난감'과 함께 아들 방에 들여놓았다.

대학교 컴퓨터과학에서의 성 격차에 대한 가장 광범위한 일부 연구를 진행했던 제인 마골리스Jane Margolis가 흥미로운 이야기를 들려준다. 그녀는 장난감 가게들이 "얼마 지나지 않아 컴퓨터를 남자아이용 장난감 코너에 진열하기 시작했어요"라고 말한다. "너나 할 것 없이 모두가 컴퓨터는 남자아이들이 관심을 갖는 물건이라고 생각했죠. 현장의 컴퓨터과학자들도 예외가 아니었어요. 여성들은 행여 집에서 컴퓨터를 구입해도 남자 형제의 방에 놓인다고 입을 모았어요. 더욱이 아빠와 아들은 엄마와 딸을 배제한 채 둘이서만 컴퓨터 앞에 앉아 많은 시간을 보냈고, 아빠가 인턴 직원에게 일을 가르치듯이 아들에게 컴퓨터 사용법을 알려주기도 했어요."

이런 인식은 배움의 현장인 교실에서도 만연했다. "대학들이 컴퓨터 과학과를 육성하기 시작했을 때 지독히도 남성적인 분야가 되었어요"라고 마골리스가 덧붙인다. "그 일을 누가 하고 그 학과에 누가 들어오며 그 분야가 누구를 위해 만들어지는지에 대한 모든 편견과 선입견이 만들어진 것도 바로 그때예요." 이런 편견과 선입견은 교과과정에 그대로 반영되었고 학생들에 대한 교수들의 기대치를 형성했으며, 자연히 학생들은 컴퓨터 분야가 '남성이 잘하고 여성이 잘 못하는 일'이라는 가정을 받아들였다. 컴퓨터과학을 전공하는 여학생들은, 교수들은 물론이고 동기들과 교과과정 때문에 의욕이 꺾인다고 항변한다. 일례로 1995년 한 해에 카네기멜론 대학교Carnegie Mellon University에서 컴퓨터과학 전공을 중도에 포기한 여학생 수가 남학생보다 2배나 더 많았다. 마골리스가 '덕후 신화geek mythology'라고 부르는 그 현상이 널리 퍼져 있었다. 다시 말해, 설문에 응했던 학생들은 컴퓨터에 죽고 사는 덕후들이 최고의 프로그래머로 성장한다고 믿었던 반면에, 여학생 10명 중에 약 7명은 스스로가 그런 덕후라고 생각하지 않았다. 오히려 자신들이 컴퓨터 세상의 일원이 맞는지 회의가 들기 시작했다.

당시에도 지금도, 컴퓨터를 배우는 여학생이든 기술 산업에서 일하는 여성 엔지니어든, 여성들은 컴퓨터 세상이 자신들을 배척한다고 생각했다.

2013년 시애틀 소재 워싱턴 대학교University of Washington의 심리학 교수 사프나 셰리언Sapna Cheryan은 오늘날의 컴퓨터과학자에 대한 고정관념을 구성하는 특징을 정의하기 위해 학생들을 대상으로 설문조사를 실시했다. 결과는 어땠을까? 좋은 프로그래머들은 대인관계 기술이 부족할 뿐 아니라 삶의 다른 모든 측면을 포기한 채 컴퓨터에 미친 듯이 빠져있다는 인식이 널리 퍼져 있었다.

"이런 고정관념은 협력하기와 도움 주기 같은 여성들에게 기대되고 또한 여성들이 갖고 싶어 할 수도 있는 친사회적 성격적 특성과 일치하지 않는다"고 셰리언이 결론지었다. "우리는 사회에 만연한 '컴퓨터 너드' 정형이 여성들로 하여금 컴퓨터과학 관련 전공을 회피하게끔 만든다는 사실을 발견했다." 셰리언은 마골리스가 컴퓨터과학 내 성별 격차를 조사하면서 컴퓨터공학을 전공하던 한 여학생에게서 들은 말을 그대로 옮겼다. 그 학생은 자신의 IT 역량이 얼마나 부족하다고 생각하는지를 아주 간결하게 표현했다. "오, 세상에, 컴퓨터공학은 제게 맞지 않아요"라고 그녀가 단도직입적으로 말했다. "남자들처럼 코딩하는 것은 생각도 못해요."

여성들의 좁은 길이 갈수록 좁아지다

자신들의 코딩 동굴에 처박힌 반사회적이고 소극적인 소년들은 여전히 좋은 평가를 받지 못했다. 그러나 1970년대 말과 1980년대 초를 시작으로 컴퓨터 산업은 갑자기 매력적인 업종으로 변했다. 애플이 애플Ⅱ를 출시했을 때에 시작된 그 변화는 2년 후 IBM이 PC 시리즈를 세상에 내놓자 더욱 확산되었다. 1984년에는 애플이 획기적인 매킨토시를 이듬해인 1985년에는 마이크로소프트가 윈도우 1.0을 각각 출시했다. 이처럼 연이어 등장한 신제품들에 힘입어 그리고 큰돈을 벌 수 있다는 인식에 편승해 컴퓨터 산업은 갑자기 흥분의 도가니로 변했다.

컴퓨터가 폭발적인 인기를 얻고 덩달아 위상도 높아지자, 샌프란시스코 베이 에이리어Bay Area에 해커 모임과 컴퓨터 클럽이 우후죽순 생겨났고 미국 전역의 컴퓨터과학 수업마다 학생들로 넘쳐났다. 솔직히 지원자가 너무 많아 일부 학과들은 학생들을 선별적으로 뽑기 시작했다. 1980년대 중반 컴퓨터과학 학위 취득자 수가 정점을 찍었고, 그중 여학생의 비율이 거의 40%에 이르면서 이 또한 최고점을 기록했다. 이후에는 두 가지 수치 모두가 가파르게 감소했다. 무슨 일이 있었던 걸까? 학생들이 별다른 이유 없이 갑자기 매력적인 이 분야를 외면해서였을까? 아니다. 오히려 대학들이 증가하는 수요를 감당할 수 있을 만큼 교수진을 충분히 확보할 수 없었기 때문이다. 대학들은 정원을 늘려 더 많은 학생을 받고 교수들을 재교육하는 자구책을 동원했다. 심지어 다른 학과에서 교수들을 데려와 컴퓨터과학 관련 수업을 맡기기도 했다. 그러나 교수 부족 문제는 여전히 해결되지 않았고, 그러자 대학들은 성적을 토대로 학생들을 선별적으로 뽑기 시작했다. 가령 UC 버클리에서는 평균평점이 4.0인 학생들만 전자공학과 컴퓨터공학을 전공할 수 있었다. 그리하여 미국 전역에서 컴퓨터공학 관련 전공자의 수가 하락하기 시작했다.

컴퓨터공학이 진입 장벽을 세우던 바로 그때, 컴퓨터공학만큼이나 경쟁률이 높고 입학하기 어려운 인기 학과인 의학은 오히려 진입 장벽을 손보고 있었다. 1960년대 말과 1970년대 초반 미국 전역에서 수십 개의 새로운 의과대학이 신설되었고, 당연히 의대 입학정원이 크게 증가했다.

결과적으로 말해 새로 생긴 정원의 상당수가 여학생들이었다. 뿐만 아니라 표준화된 입학고사도 변하기 시작했다. 1977년 의대 입학시험인 MCAT는 문화적·사회적 편견을 완화하기 위해 개정되었다. 그렇지만 의과대학의 성비를 확실하게 변화시킨 게임 체인저는 따로 있었다. 교육 현장에서 성차별을 금지하는 법률 '타이틀 나인Title IX'이었다. 그 법률이 시행된 이후, 만약 여학생이 개정된 MCAT에서 일정 수준 이상의 높은 성적을 받고 다른 입학 요건을 충족시킨다면, 의과대학들은 그 학생의 입학을 합법적으로 거부할 수 없었고, 덕분에 여학생들이 의과대학에 대거 입학할 수 있었다.

그렇다면 컴퓨터과학 분야에서는 그와 똑같은 과정이 어째서 나타나지 않은 걸까? 스탠퍼드의 컴퓨터과학과 교수인 에릭 로버츠Eric Roberts는, 미국 동부의 명문 여자대학인 웰슬리 칼리지Wellesley College의 컴퓨터과학과가 입학 기준으로 평균평점 하한선을 새로 도입했을 때 학과장을 맡고 있었다. 로버츠는 훗날 어떤 글에서 당시를 이렇게 회고했다. "1970년 대에는 대학들이 흥미진진한 새로운 이 분야에 입학하는 학생들을 두 팔 벌려 환영했다. 그러다가 1984년 즈음 모든 것이 변했다. 컴퓨터학과들은 학생들을 환영하는 대신에 학생들을 떨어뜨리기 시작했다."

대학이 만든 틀에 완벽히 들어맞지 않은 학생들은 ―어쩌면 다년간의 컴퓨터 관련 경험이 없거나 컴퓨터과학에 대한 고정관념과 어울리지 않았기 때문이었을 것이다― 자신들이 환영받지 못하는 미운 오리 새끼 같은 존재라는 사실을 깨닫기 시작했다. 이후 몇 년간 컴퓨터과학과는 입학하기 힘들고 까다롭다는 인식이 널리 퍼졌고, 급기야는 입학 자격으로 엄격한 성적 요건을 시행하지 않는 대학들에게까지 파급 효과가 미치기 시작했다고 로버츠가 말한다.

그때부터 컴퓨터과학은 너드와 엘리트의 천국으로 변질되었고, 지독한 딜레마에 빠졌다. 역설적이게도 프로그래머가 되는 유일한 길이 대학에 진학할 때부터 이미 프로그래머가 되어 있는 방법뿐이던 것이다. 어릴 때 프로그래밍을 배운다면, 그 사실 자체가 프로그래밍을 선천적으로 좋아한다는 징후가 되었다. 컴퓨터공학을 전공하는 많은 남학생은 대학에 들어오기 몇 년 전부터 컴퓨터를 만지작거리고 비디오게임을 해온 터라 그들은 여학생들이 갖지 못한 장점을 가지고 있었다. "(남학생들이) 피상적인 우위를 갖는 것처럼 보이게 하는 일련의 상황들이 있습니다. 그러나 그것은 진정한 우위가 절대 아니었습니다"라고 워싱턴 대학교에서 오랫동안 컴퓨터과학과 교수를 지낸 에드 라조우스카Ed Lazowska가 주장한다. 입학 경쟁률이 높은 대학들이 컴퓨터 관련 경험이 있는 남학생들과 그런 경험이 없는 여학생들 중에 골라야 한다면, 그들이 누구를 뽑고 누구를 탈락시킬지 삼척동자도 알 수 있다.

1984년 애플이 미국 프로 미식축구 챔피언 결정전 슈퍼볼Super Bowl 경기에서 선보인 상징적인 광고는 지금도 회자될 만큼 커다란 센세이션을 불러일으켰다. 조지 오웰George Orwell의 디스토피아 소설《1984》에서 영감을 받은 그 광고에 대해 잠깐 알아보자. 대형 스크린에서 독재자로 보이는 한 남자가 끊임없이 윽박지르며 사람들을 조종하고 있다. 그때 한 여전사가 망치를 들고 달려오더니 우울하고 디스토피아적인 암울한 세상을 의미하는 스크린에 망치를 던져 부숴버린다. 그것은 저항과 자유를 향한 중대한 선언문이었다. 그리고 광고 마지막에 다음의 문구가 등장하고 성우가 읊조리듯 읽는다. "여러분은 1984년이 소설 속 1984년과 왜 다른지 알게 될 것입니다." 이 신화적인 여전사가 탄생한 연도와 기술 산업으로부터 여성들의 대탈출이 시작된 연도가 겹친다는 점이 참으로 얄궂다. 어찌 보면 애플의 광고가 옳았다. 기술 산업이 영원히 1984년과 같을 수 없을 테니 말이다. 1984년은 미국 전체를 통틀어 컴퓨터과학 학위 취득자 중에서 여학생의 비율이 가장 높은 해였다. 나중에 닷컴 붐 시대로 접어들면서 전체 컴퓨터과학 전공자 수가 다시 증가하기 시작했을 때, 누구나 선망하는 컴퓨터과학과에 남학생들이 눈에 띄게 많아졌다. 솔직히 말해 컴퓨터 분야에서 여성의 비율은 이후 25년간 급격하게 감소한다.

애플이 너드의 세상을 뒤엎다

여성들이 컴퓨터 세상에서 자취를 감춤에 따라 새로운 유형의 영웅이 중앙 무대로 진출하게 된다. 1976년, 어느 모로 보나 전형적인 컴퓨터 너드인 스티브 워즈니악Steve Wozniak과 흔히 말하는 전형적인 너드다운 점이 하나도 없는 스티브 잡스가 공동으로 애플을 설립했다. 잡스는 이제까지 컴퓨터 산업에서 볼 수 없었던 스타일과 자신감을 온몸으로 발산했다. 비록 기술적인 능력은 부족했지만 -워즈니악이 기술적인 부분을 전부 담당했다- 분명 잡스는 컴퓨터 산업에서 전대미문의 슈퍼스타였다. 요컨대 잡스는 누구라도 기술 관련 재능이 아닌 다른 능력들의 강점을 살려 성공할 수 있음을 보여주는 산증인으로 손색없다. 확신, 제품에 대한 비전, 천재적인 마케팅 능력, 위험 앞에 몸을 사리지 않는 강한 의지 등등. 잡스는 커다란 위험을 기꺼이 감수했고, 소프트웨어와 그래픽에 과감히 투자했다. 잡스가 이렇게 한 데는 나름의 확신이 있었기 때문이다. 성능이 탁월한 소프트웨어와 훌륭한 그래픽 기능을 제공한다면 소비자들이 사무실이 아니라 가정에서 사용하기 위해 매킨토시를 구입할 거라는 확신이었다. 그의 리더십 스타일은 논란을 야기했지만 -개중에는 그가 잔인하고 괴팍하며 무자비한 이기주의자라고 말하는 이들도 있었다- 그가 획기적인 제품들을 출시하자 모든 것이 용서되었다.

잡스가 여성들을 구매자로 컴퓨터 시장에 불러들이는 데 일조했다는 점은 마땅히 인정해주어야 한다. 어릴 적 우리 집이 처음으로 구입한 컴퓨터가 애플 Ⅱ였는데, 학교 선생님으로 기술적인 지식이 전혀 없었던 우리 엄마도 아무 어려움 없이 애플 Ⅱ를 사용하셨다. 아니, 자신의 '컴퓨터 실력'에 스스로를 대견해하셨다. 업계 내부에서도 잡스는 새로운 본보기를 세웠다는 평가를 받을 만하다. 잡스 본인이, 컴퓨터 산업이 더욱 다양한 인력을 끌어들임으로써 얻을 수 있는 모든 혜택에 대한 본보기였던 것이다. 소비자 시장에 대한 그의 비전과 이해력은 제품 개발 주기에 다양한 목소리가 더해질 때 어떤 변화가 만들어질 수 있는지를 여실히 증명했다. 그런데 컴퓨터 산업은 안타깝게도 잡스의 성취에서 그릇된 교훈을 얻었고, 오히려 새로운 유형의 고정관념을 정립했다. 이번의 정형화된 이미지도 여성보다 남성에게 유리했다.

찔러도 피 한 방울 나올 것 같지 않은 스티브 잡스의 냉철한 카리스마에 감명을 받은 투자자들은, 위험을 두려워하지 않는 그의 굳건한 강단과 넘치는 자신감을 주목하면서 그런 성격이 기업가적 성취에서 가장 중요한 요소라고 생각했다. 투자자들은 세상일에 서투르고 반사회적인 너드들에 대한 애정을 거둬들였고, 대신에 자신감 넘치고 크고 웅장한 것을 좋아하며 불로 뛰어드는 불나방처럼 위험을 좇는 창업자들을 찾기 시작했다. 워즈니악과 잡스의 최고 장점을 합친 사람이 이상적인 후봇감이었다. 워즈니악의 기술적인 재능에 잡스의 대담함과 결단력을 갖추고, 워즈니악처럼 너드스러우면서도 잡스처럼 냉철한 카리스마를 가진 사람 말이다. 요컨대 잡스는 컴퓨터업계의 새로운 정형이 되었고, 컴퓨터 혁명에서 슈퍼스타가 되고 싶어 하는 신세대 청년들의 역할 모델이었다.

트릴로지가 브로 규범을 어떻게 세웠을까?

오늘날 실리콘밸리에서는 소프트웨어 스타트업 트릴로지Trilogy의 신화가 거의 잊혔다. 트릴로지는 1990년대 중반 실리콘밸리를 삼킬 듯 활활 타오르다가 어느 순간 재만 남았다. 하지만 트릴로지는 컴퓨터 산업의 고정관념과 관련해 중요한 의미가 있다. 여성들의 작업 환경을 악화시켰던 독특한 몇 가지 문화적 변화의 전형적인 사례이기 때문이다. 스탠퍼드 중퇴자로 카리스마 넘치던 청년 조 라이만트Joe Liemandt가 설립한 트릴로지는 컴퓨터 산업에서 새로운 채용 전략을 도입했고, 이제까지와는 다른 유형의 컴퓨터 프로그래머들을 채용했으며, 어리석을 만큼 위험한 도박을 장려했다. 동시에 트릴로지는 오늘날 우리에게 익숙한 어떤 독특한 IT 문화가 만들어지는 데에 일조했다. 바로 브로그래머(brogrammer, 브로와 프로그래머를 합성한 신조어로 사회성이 없는 너드와는 달리 사회성을 갖추고 부유하며 유행에 민감한 프로그래머를 지칭함 -옮긴이) 문화다. 열심히 일하고 파티에는 더 열광하며 고급 샴페인 돔 페리뇽과 스트리퍼들 그리고 거액의 도박으로 점철된 문화 말이다. 트릴로지는 창업 초기 핵심 직원들 중에 여성이 일부 포함되었다는 사실을 자랑스레 떠벌렸다. 그러나 결과적으로 볼 때 트릴로지는 물론이고 1990년대 말 유사한 여타 기업들은 IT 여성 종사자들에게 훨씬 더 가혹한 환경을 창조했다.

1990년대 중반 트릴로지는 업계에서 일하고 싶은 직장 중 하나로 꼽혔다. 한창 전성기 때는 마이크로소프트에 견줄 만큼 인기가 높으면서도 마이크로소프트보다 훨씬 참신한 기업으로 통했다. "만약 1990년대에 컴퓨터과학을 전공했다면 당신은 십중팔구 너드였을 거예요. 그리고 틀림없이 사교성은 '꽝'이었을 테죠"라고 트릴로지에서 소프트웨어 엔지니어로 일하다가 여러 직장을 거쳐 마침내 페이스북의 엔지니어링 책임자로 안착했던 조슬린 골드파인Jocelyn Goldfein이 말한다. 트릴로지는 너드가 지배하는 IT 환경을 바꾸겠다고 약속했다. 골드파인의 말을 직접 들어보자. "트릴로지에 입사하는 것은 영화 〈기숙사 대소동〉과 약간 비슷했어요. 이런 기분이었죠. '아, 좋아, 우리는 우리만의 너드 기질을 유지하면서도 멋진 엔지니어가 될 수 있어.' 바로 이런 기분 때문에 트릴로지에 들어가는 것이 매력적으로 느껴졌어요."

라이만트는 1989년에 트릴로지를 창업했고, 스티브 잡스는 같은 해에 스탠퍼드가 오래전부터 운영하던 '명사에게서 듣다View from the Top' 인터뷰 시리즈의 일환으로 스탠퍼드 캠퍼스에서 강연을 했다. 라이만트는 마이크로소프트에서 취업 면접을 봤지만, 잡스처럼 자신도 더 큰 물에서 놀 운명을 타고났다고 생각했다. 그로부터 약 10년이 흐른 후 라이만트는 하버드 대학교에서 후배들에게 이렇게 말했다. 자신과 트릴로지의 공동 창업자들은 "의미 있는 중요한 일을 하고 싶었다." 그만하면 "매우 뛰어나다"고 생각해주는 사람은 오직 자신뿐이었기 때문에, 그들에게는 창업하는 것 외에 다른 선택이 없었다. 라이만트는 창업하기로 결심한 다음, 가장 먼저 상위 50개 소프트웨어 회사를 철저히 조사하고 다양한 제품을 브레인스토밍하는 데에 시간을 아끼지 않았다. 그렇게 사전 조사를 마친 후 마침내 라이만트는 도저히 실패할 수 없다고 확신하는 사업 청사진을 생각해냈다. 복잡한 거래를 담당하는 영업 직원들이 데이터와 여타의 정보에 더욱 신속하게 접근하게 해주는 소프트웨어를 개발해 판매 과정의 효율을 크게 개선해주는 회사를 세운다면 승산이 있다는 것이었다.

라이만트는 일명 '금수저'였다. 그러나 설립 초기에는 신생 회사를 꾸려가기 위해 수십 장의 신용카드를 돌려가면서 한도액까지 긁어 썼다. 사실 그는 대학에서 경제학을 전공했는데, 그 학문이 '쉽다'고 생각해서였다. 그리고 '쉬운' 경제학을 전공으로 삼은 덕분에 컴퓨터과학과 공학 수업을 곁다리로 들으면서도, 원하는 만큼 창업 준비에 많은 시간을 투자할 수 있었다. 그리고 졸업을 불과 몇 달 앞두고 라이만트는 트릴로지에 전념하기 위해 스탠퍼드를 중퇴했다.

그는 자신의 이야기에 귀를 기울여준다면 누구라도 붙잡고 자신에게 5억 달러짜리 아이디어가 있다고 떠벌렸다. 다른 시대였다면 투자자들은 그런 황당무계한 주장을 하는 대학 중퇴자의 근처에도 가지 않았을 것이다. 하지만 1990년대에는 그것이 통했다. 사람들은 젊은 컴퓨터 천재들에게서 바로 그런 식의 무모한 객기를 기대한 것이다. 스티브 잡스가 불편한 사실을 희석하거나 감추기 위해 카리스마를 앞세웠을 때, 사람들은 그 카리스마를 그의 현실왜곡장(reality distortion field, 스티브 잡스의 리더십을 꼬집어 애플의 한 엔지니어가 만든 신조어로, 어려운 문제도 난도를 왜곡해 다른 사람으로 하여금 문제 해결이 가능하다고 믿게 하는 것 -옮긴이)이라고 불렀다. 하지만 라이만트가 몸소 증명했듯이, 잡스가 현실을 능수능란하게 왜곡할 수 있는 유일한 기업가는 아니었다.

라이만트는 스탠퍼드 데일리Stanford Daily 신문과의 인터뷰에서 자신의 생애 첫 제품은 완전 "구렸다"고 시인했다. 그러나 그 제품이 마침내 제대로 기능하게 되자, 트릴로지는 휴렛-패커드와 대형 소프트웨어 거래를 성사시켰다. 심지어 기술 대기업이었던 실리콘 그래픽스Silicon Graphics는 예전에 트릴로지와 거래를 중단했었는데, 이번에는 제 발로 찾아와 재협상을 요청했다. 칼자루를 쥔 라이만트는 이렇게 대답했다. "당연히 재협상할 수 있습니다. 그러나 가격이 3배로 올랐습니다." 결국 실리콘 그래픽스는 트릴로지의 조건을 받아들였고, 이후 IBM과 보잉 그리고 프랑스의 전기통신 관련 기업 알카텔Alcatel 같은 주요 거래처들도 마찬가지였다. 트릴로지가 개발한 소프트웨어 덕분에 기업들은 영업 직원들이 거래를 성사시키기 위해 사용할 수 있는 거대한 고객 맞춤형 카탈로그를 (항공기를 판매할 때 수반되는 선택지가 얼마나 많을지 생각해보라) 만들 수 있었다. 트릴로지는 기술 산업 역사상 크게 성공한 소프트웨어업체 중 하나로 성장했다.

트릴로지가 아직 스타트업의 티를 완벽히 벗지 못했던 반면, 마이크로 소프트가 유능한 인재를 확보하기 위한 쟁탈전에서 공세의 수위를 높여감에 따라 라이만트는 채용과 관련해 특단의 결정을 내린다. 실질적인 경험이 전혀 없어도 재능이 뛰어나고 성취 욕구가 강한 학생들이 -말인즉 자신 같은 부류의 사람들이- 트릴로지의 성공에 핵심이 될 거라는 데에 승부수를 띄운 것이다. 아마도 이것은 그의 경력을 통틀어 가장 커다란 도박이었을지도 모른다. 어쨌든 그때부터 트릴로지가 채용한 대부분의 신입 직원은 대학을 갓 졸업한 사회 초년생이었고, 좀 더 경험이 많은 '어른들'은 매우 드물었다. 조슬린 골드파인은 트릴로지의 기업 정신이 "우리는 엘리트 인재들이다. 진정한 실력은 경험이 아니라 가능성과 재능"이었다고 말한다. 라이만트가 능력 중심의 채용 과정을 통해서만 성공할 수 있다는 아이디어를 열렬히 신봉했기 때문에, 트릴로지의 직원들은 스스로를 '최고 인재'라고 자칭했을 뿐 아니라 '오직 최고만'이 그들이 원하는 입사 후보자가 되었다. 이런 인재관이 익숙하게 들릴지도 모르겠다. 만약 그렇다면, 라이만트의 도박이 향후 수십 년간 기술 기업들의 채용 과정에 영향을 미쳤다는 사실을 반증한다.

텍사스 오스틴Austin의 한 기자는 기사에서 트릴로지가 "대학생 채용 과정을 하나의 예술로 승화시켰다"고 썼다. 트릴로지는 프린스턴과 스탠퍼드 같은 최고 명문 대학을 공략했고, 학생들에게 환심을 사기 위해 오스틴에서 활동하는 밴드들의 CD부터 컴퓨터와 심지어 자동차까지 선물 공세를 퍼부었다. 기술의 '기' 자는 몰라도 리크루터로서는 트릴로지에서 단연 손꼽히던 한 여성 리크루터를 예로 들어보자. 그녀는 언젠가 UC버클리에서 학생들에게 노트북을 공짜로 나눠주었고 샌프란시스코 펠로앨토Palo Alto에 있는 고급 레스토랑들에서 값비싼 저녁 식사를 사주었다고 한다. "수단과 방법을 가리지 않았어요. 사람들을 어디로 데려가든 상관없었어요"라고 그녀가 말한다. "아무런 책임도 묻지 않았고 체계화된 구조도 없었어요. '자, 신용카드 받아요. 가서 직접 부딪히며 엔지니어들을 찾아 데려와요'라는 식이었어요." 트릴로지의 환대 덕분에 미래 직원들은 이제껏 자신의 삶에서 느낀 것보다 자신이 더욱 특별하다고 느꼈다.

트릴로지에서 이사를 역임했고 파이어폭스Firefox 브라우저로 유명한 비영리업체 모질라Mozailla의 CEO를 거쳐 최고의 저명한 벤처캐피털업인 그레이록 파트너스Greylock Partners에서 벤처 투자자로 변신한 존 릴리John Lilly는 공항에서 빨간색 컨버터블 머스탱Mustang이 자신을 기다리고 있었노라고 회상한다. 트릴로지의 어떤 전직 직원의 말마따나, 무엇보다 중요한 것은 리크루터들이 대부분 '스물두 살 안팎의 매력적인' 여성이었다는 사실이다. 트릴로지의 직원들은 여성 리크루터 중에서 누구누구는 스트리퍼 출신이라는 둥 (리크루터 중에 스트리퍼 출신이 있다는 증거는 없었다) 누구는 상사와 애인 관계일 거라는 둥 재미 삼아 상상의 나래를 펴곤 했다. "조는 머리부터 발끝까지 브로였습니다"라고 트릴로지의 전직 직원이 내게 말했다. "브로 문화는 사람들이 생각하는 것보다 훨씬 이전에 시작되었습니다." 조의 의중은 아주 명백했다. 다른 상황에서라면 엔지니어에게 말 한 마디조차 건네지 않을 매력적인 여성들을 리크루터로 내세우는 것이었다. 또한 이런 채용 정책의 숨겨진 전제 역시 쉽게 짐작이 된다. 유망한 '목표물'이 다른 말로 섹시한 여성 리크루터들의 관심에 흥분하고 우쭐해할 학생들은 여성이 아니라 남성일 거라는 전제가 깔려 있었다.

문화 적합성을 증명하라

기술업계에서 채용 시에 널리 사용했던 평가척도 중에 브레인티저(brainteaser, 창의적인 발상이나 사고의 흐름을 무작위로 관찰하기 위해 만든 단답형 문제 -옮긴이)라고 불리는 면접법이 있다. 사실 트릴로지는 그 면접법이 만들어지는 데서 모종의 역할을 했다. 수수께끼 같은 일련의 까다로운 돌발 문제, 다른 말로 브레인티저 질문을 연이어 내어 지원자들 스스로 자신의 순발력을 증명하게 하는 것이 그 면접법의 목적이었다. 1998년 프린스턴 대학원에서 컴퓨터과학을 공부하던 중에 트릴로지에 제품관리자로 채용된 게리 추Gary Chou는, 브레인티저 면접 과정을 미국의 대표적인 오디션 프로그램 〈아메리칸 아이돌American Idol〉의 경연에 비유했다. "지원자는 교내에서 여러 차례에 걸쳐 브레인티저 면접을 치르게 됩니다"라고 회상한다. 이런 브레인티저 면접은 "샌프란시스코에 있는 모든 창문을 청소하는 비용은 얼마일까요?" "전 세계 피아노 조율사는 몇 명일까요?" 같은 질문을 포함했다.

그렇다면 브레인티저 문제들에서는 정확히 무엇을 알고자 했을까? 유능한 코더나 엔지니어가 될 자질을 검증하려 했을까? 단언하건대 그런 것과 관련 있다고 주장할 만한 근거는 거의 없다. 오히려 트릴로지가 문화적으로 적합한 사람을 채용하는 데에 도움이 되었을 가능성이 더 컸다. 트릴로지는 자신감의 화신들을 원했다. 실질적인 전문 지식이 전혀 없는 분야에 대한 문제에도 기꺼운 마음으로 재치 있는 대답을 내놓을 사람들 말이다.

표면적으로만 보면, 트릴로지로부터 입사 제안을 받는 것은 일생일대의 기회였다. 대학을 갓 졸업한 신입들은 가능한 한 신속하게 직무교육과 훈련을 받았고, 사내의 주요한 부문을 이끌 기회가 곧바로 주어졌다. 왜 그랬냐고? 그들이 즉각적인 결과를 낼 수 있게 하기 위함이었다. 한편 트릴로지의 초창기 고위 임원들은 회사를 키우는 것을 사이비 종교집단을 만드는 것에 비유했다. "사이비 종교집단에서 가장 먼저 해야 하는 일은 외부와의 철저한 단절입니다"라고 트릴로지에서 부사장을 지낸 존 프라이스John Price가 20년의 세월이 흐른 후에 말했다. 이 주장은 라이만트의 행보가 뒷받침해준다. 그는 1992년에 회사를 팰로앨토에서 텍사스 오스틴으로 이전했는데, 당시 오스틴은 오늘날과 같은 IT 산업의 메카가 아니었던 것이다. "조가 회사를 오스틴으로 이전한 이유는 그곳에서는 직원들이 달리 할 일이 아무것도 없기 때문이었습니다"라고 존 릴리가 말한다. "실리콘밸리에서는 사무실에서 한 발짝만 나가도 신나게 놀거리가 차고 넘치겠지만, 오스틴에서는 밖에 나가서 술을 마시는 것 외에 할 일이 하나도 없습니다. 트릴로지에서는 술도 열심히 마시고 일도 열심히 하자는 분위기가 강했습니다. 설렁설렁한 것이 없었고 모든 것이 죽기 살기로 아주 빡셌습니다." 스물네 살에 틀리로지에 입사한 릴리가 대형 기술기업에 들어갔더라면 커다란 바퀴의 톱니 하나에 불과한 삶을 살았을 테지만, 트릴로지호(號)에 승선한 덕분에 '출세'했다. 그가 입사 후 처음 맡은 직함이 무려 이사였고 그것도 라이만트의 참모진에 직행했다.

신입 직원들은 입사하자마자 트릴로지 대학교Trilogy University라고 불리는 사내 연수 프로그램에 입소해 12주간 친목을 쌓고 직무 훈련을 받았다. 강도 높은 일련의 기술적·감정적 도전으로 "신입 직원들을 한계까지 몰아붙이는" 동시에 트릴로지의 핵심 비전과 가치관을 주입하기 위해서였다. 프라이스의 말에 따르면, 그들은 "머리 위에 총알이 날아가는 가운데 병사들이 참호에서 느끼는 수준의 결속력과 유대감을 형성"하고 싶었다고 한다. 아울러 그는 "사이비 종교집단을 조사해본 적이 있다면 알겠지만, 트릴로지의 신입교육은 그런 집단이 하는 짓과 똑같습니다"라고 덧붙였다. 트릴로지의 신입 직원들은 젊은이다운 무모한 패기를 발산하도록 장려되었고, '신병 훈련소'를 나올 즈음에는 트릴로지에 대해 애국심에 버금가는 충성심과 하늘을 찌르는 자신감을 갖게 되었다.

신입 직원들은 트릴로지 대학교를 졸업한 후에는 열심히 일하고 열심히 노는 회사 문화에 본격적으로 뛰어들었다. "나는 쉬지 않고 죽으라고 일만 했어요"라고 트릴로지의 공동 창업자 중 홍일점이었던 크리스티 존스Christy Jones가 말했다. "나는 휴가도 가지 않았어요. 우리는 휴가를 '경쟁 우위 기간competitive advantage days'이라고 불렀어요. 아무도 일을 하지 않기 때문이었어요. 다른 말로 휴가는 남들보다 앞서나갈 수 있는 절호의 기회였어요. 나는 밤 11시 반이 되어서야 겨우 퇴근했어요."

한 주가 끝나는 금요일 오후 퇴근 시간이 되면, 모든 직원이 다 내려놓고 신나게 놀 준비가 되었다. "오직 최고가 되자" 말고 트릴로지의 또 다른 슬로건은 "돈, 리크루터, 맥주, 처음부터 다시money, recruiters, beer, repeat"였다고 초창기 직원들이 말했다. "금요일 오후 5시가 되면 사무실 발코니에서 파티가 열렸어요"라고 릴리가 말한다. 그렇게 파티를 즐기다가 밤 9시쯤 되면 멕시코 식당에 가서 저녁을 먹었고, 그런 다음 충동적으로 라스베이거스행 비행기에 몸을 싣곤 했는데 가끔은 라이만트가 주말의 일탈을 주동했다. 라스베이거스까지 갔으니 당연히 밤을 새워 떠들썩하게 놀았고 주말 내내 MGM 호텔 스위트룸을 전세 내다시피 했다. 라이만트는 카지노와 스트립 클럽에서 악명이 높았고, 오죽하면 '100달러 조Hundred-Dollar Joe'라는 별명까지 얻었다. 그는 직원들에게 한 번에 몇백 달러의 '푼돈'이 아니라 수천 달러를 (심지어 가끔은 수만 달러를) 걸고 '도 아니면 모' 정신으로 베팅하라고 부추기곤 했다.

다른 곳이었다면 결코 환영받지 못했을 이런 안하무인 격의 행동이 오히려 트릴로지에서는 회사 정신의 일부라고, 모든 것을 걸고 도박을 하겠다는 의지를 고취하고 위험과 보상에 관한 교훈을 가르쳐주므로 매우 중요하다고 치켜세웠다. 라스베이거스에서 요란하게 놀며 스트레스를 날려버리고 재충전한 트릴로지 직원들은 일요일에 오스틴으로 돌아가 월요일 아침이 되면 사무실에 출근해 100달러 조에게 더욱 충성을 다하게 된다. "동서고금을 막론하고 어느 기업에나 남성적인 행동을 부추기는 분위기가 있어요. 그래도 대부분의 기업은 트릴로지에 비하면 새 발의 피예요. 사실 트릴로지는 그런 분위기를 문화로 고착화한 첫 번째 IT 기업 중 하나였어요"라고 릴리가 내게 말했다. "물론 트릴로지가 우수한 여성 직원을 어느 정도 채용한 것은 맞아요. 그런데 여성들을 힘들게 하는 일도 아주 많이 했어요."

살인적인 근무 시간, 폭음, 무모한 도박, 라스베이거스, 스트립 클럽 이런 것들은 경험보다 패기 넘치는 젊음과 총명함에 주어지는 보상이었다. 게다가 이것은 트릴로지의 신입 직원과 입사 희망자가 완벽히 동화될 필요가 있다고 생각했던 트릴로지의 조직 문화였다. "술이 커다란 부분을 차지하고 걸핏하면 수백만 달러짜리 거래를 성사시키는 것에 대해 떠들어대는 남성 중심의 기업 문화라면, 특정한 어떤 정신 상태의 냄새가 사방에서 풍기게 되어 있습니다"라고 게리 추가 말했다. "그것은 여성들에게 너무나 적대적인 문화죠." 트릴로지는 직원들에게 남성적인 오만함의 문화에 동화되도록 강요하는 수많은 IT 스타트업 중에서도 단연 으뜸이었고, 많은 사람은 특히 여성은 그런 문화의 일부가 되기를 단호히 거부할지도 모른다.

남성들이라고 모두가 브로 문화를 좋아하고 그 문화에서 꽃을 피우는 것은 아니다. 그렇지만 브로 문화는 여성들에게 더욱 가혹하다. 그들은 그 문화가 몸에 맞지 않은 옷을 입은 듯 불편할 가능성이 매우 높다. 동료 평가 중심의 사회과학은 남성들이 -타고난 천성이든 양육의 결과든- 잡스 시대 이후부터 많은 IT 천재의 트레이드마크였던 과대한 자기평가 방식에 더욱 이끌린다고 주장한다. 뉴욕 주립 대학교 버펄로 캠퍼스의 에밀리 그리할바Emily Grijalva 경영학 교수는 31년에 걸쳐 거의 50만 명을 대상으로 자기도취 다른 말로 나르시시즘에 대해 연구했고, 그간의 연구 결과를 집대성한 논문을 발표했다. 그리할바는 논문에서, 남성들은 과시 행위, 특권 의식, 이기기 위해서라면 비윤리적이거나 착취적인 행동도

하겠다는 의지 등등 자기도취적 성격을 보여주는 특징들에 대해 여성보다 더 높은 점수를 주었다고 주장한다.

트릴로지는 콧대 높은 자신감이 IT 기업가는 물론이고 그들이 고용하는 엔지니어 모두에게 결정적인 '스펙'처럼 보이는 시대의 문을 열었다. 트릴로지와 많은 IT 대기업이 1990년대 전반에 걸쳐 그리고 이후 20년간 면접 기법으로 사용했던 브레인티저 문항들을 생각해보라. 그런 기법이 좋은 프로그래머의 자질을 측정하는 효과적인 방법이라는 증거는 어디에도 없었다. 하지만 2013년 마침내 구글이 브레인티저 면접 기법을 포기할 때까지, 좋은 프로그래머를 선별한답시고 그런 기법이 널리 사용되었다. "브레인티저 문제들은 순전히 시간 낭비일 뿐이다"라고 구글에서 오랫동안 인적자원운용책임자로 일했다가 퇴사한 라즐로 보크Laszlo Bock가 2013년 〈뉴욕 타임스〉와의 인터뷰에서 말했다. "브레인티저로는 아무것도 예측할 수 없다."

어쩌면 브레인티저 질문이 좋은 프로그래머를 선별하는 데는 도움이 되지 못했을 수도 있다. 그러나 여성보다는 남성에서 더 많이 발견되는 자신감 과잉에 대해서는 좋은 예측자 역할을 했는지도 모른다. 고용주가 입사 지원자들에게 "2층 버스에 골프공이 몇 개 들어갈 수 있을까요?" 같은 질문을 했을 때는, 정말로 정답을 듣고 싶은 것이 아니라 이런 뜻이 숨어 있었을 것이다. "직무와 아무 관련이 없고 어떻게 대답해야 하는지 배운 적도 없는 질문을 할 건데, 그래도 아는 척할 배짱이 있습니까?

남성은 여성보다 이런 식의 위험을 받아들일 뿐 아니라 그런 행동에 별다른 불편함을 느끼지 않을 가능성이 훨씬 더 크다. 경영 심리학자들의 모임인 사이콜로지컬 컨설턴시 리미티드Psychological Consultancy Limited 의 전무이사 제프 트리키Geoff Tricky는 7500명 이상의 사람들을 대상으로 위험 감수 행동을 연구했다. 그리하여 충동적이고 두려움을 모르는 위험 감수자들은 여성보다 남성일 확률이 두 배 더 높다는 사실을 발견했다. 이 결과를 뒤집어 생각하면, 위험을 감수하는 여성은 남성보다 더욱 조심스럽고 신중할 가능성이 두 배 정도 더 높다는 뜻이다.

설득력 있는 또 다른 연구에 따르면, 유능하고 성취적인 여성은 '가면 증후군imposter syndrome'에 시달린다고 한다. 이 용어는 1978년 심리학자 폴린 로즈 클랜스Pauline Rose Clanse와 수잰 임스Suzanne Imes가 처음 사용했다. 사기꾼 증후군이라고도 불리는 가면 증후군은 여성들이 가끔 자신의 성공을 어째서 과소평가하고 스스로를 무능하다고 생각하는지를 설명하기 위해 만들어졌다. 클랜스와 임스는 명백한 성취에도 여성들은 종종 자신이 별로 똑똑하지 않으며 언젠가는 가면이 벗겨지고 자신의 실체가 드러나면서 그동안 주변 사람들을 속여온 사기꾼이라는 사실이 발각될 걸로 생각한다고 주장했다. 한편 여성은 자격 요건이 100퍼센트 갖춰지지 않은 일자리에는 지원조차 하지 않는 반면, 남성은 지원 조건에 60퍼센트만 들어맞아도 지원할 거라고 주장하는 연구 결과도 있다. 가면 증후군은 모든 종류의 산업에서는 물론이고 법률과 의학 같은 성공과 성취의 척도가 널리 알려져 있고 공감대가 폭넓게 형성되어 있는 직업군에서도 발견된다. 그러니 1990년대 닷컴세상에서는 사기꾼이 될 의지가 성공의 '필수' 조건처럼 여겨졌는데, 평균적으로 볼 때 어떻게 여성들이 편안한 직장생활을 기대할 수 있었겠는가. 투자자들이 평가한 가치가 곧 기업의 가치였고, 투자자들은 가끔 과장되고 부풀려졌지만 어쨌든 창업자의 주장과 침착함을 기준으로 기업의 가치를 산정했다.

라이만트가 생각하는 성공 비결은 결국 재앙을 부르는 지름길이었음이 드러났다. 투자자들은 트릴로지에게 기업을 공개하고 주식을 상장하라고 아우성쳤지만, 라이만트는 눈도 꿈쩍하지 않았다. 오히려 트릴로지를 비상장기업으로 유지했고, 그럼으로써 회사가 -그리고 직원들이- 외부 투자자의 간섭 없이 새로운 비즈니스를 마음 놓고 실험할 수 있도록 했다. 가령 전체 컴퓨터 시스템에 트릴로지 소프트웨어를 사전에 설치하고 그런 시스템을 인터넷을 통해 판매하는 pcOrder.com은 트릴로지가 기업분할(spin-off, 기업이 자회사를 설립하고 신설 자회사의 주식을 모회사 기존 주주의 지분율에 비례해 주식을 배분함으로써 모회사의 기존 주주가 새로운 회사의 주식을 소유하는 형태 -옮긴이) 방식으로 설립한 첫 번째 자회사가 되었다. 1999년 닷컴 버블이 최고조에 이르렀을 때 pcOrder.com이 주식을 공개했고, 거래 첫날에 4620만 달러를 -당시에는 엄청난 금액이었다- 모집했다.

트릴로지는 닷컴 열풍에 편승해, 자사가 개발한 영업 관련 소프트웨어로 작동되는 다양한 온라인 회사들을 창업했고 자동차와 가전제품부터 온라인 보험에 이르기까지 모든 것을 취급했다. 닷컴 열풍이 극에 달했을 때 트릴로지와 자회사들의 평가액이 천문학적인 수준으로 올랐지만, 속을 들여다보면 빛 좋은 개살구에 불과했다. 릴리는 트릴로지의 다양한 비즈니스에 대해 "제대로 된 비즈니스는 하나도 없었습니다"라고 말했다. (릴리는 라이만트의 가치관에 동조할 수 없었기 때문에 트릴로지호에 승선한 지

16개월 만에 하선해 애플호로 갈아탔다.) 트릴로지의 주력 제품조차도 평범했다. "추악한 진실은 영업에서 사용되는 컨피규레이터configurator(자동차의 옵션을 확인할 때처럼 사용자가 옵션을 선택하고 제품이나 공정 결과상의 변화를 표시할 수 있게 하는 컴퓨터 프로그램 -옮긴이)가 소프트웨어라는 이름조차 아까운 쓰레기였다는 점입니다"라고 트릴로지의 퇴사자가 말했다. "극히 복잡하고 사용하기 어려웠을 뿐 아니라 막대한 전문가 서비스 수수료가 부과되는 그야말로 돈 먹는 하마였죠. 그 모델은 고가의 컨설팅 서비스를 판매하기 위해 쓰레기 같은 소프트웨어를 그럴싸하게 과대 포장한 것에 지나지 않았습니다." 이뿐 아니라 새로운 일부 비즈니스가 중복되기 시작했고, 트릴로지는 제 살 깎기 식의 경쟁을 맞게 되었다. 결국 pcOrder.com의 주가가 급락했지만, 트릴로지의 초기 직원들은 이미 거부가 된 다음이었다.

pcOrder.com에서 일했던 조슬린 골드파인의 말을 들어보자. "사실상 아무것도 아닌 회사 덕분에 모두가 돈방석에 앉았어요. 트릴로지는 그야말로 오만함의 결정체였어요. 그리고 트릴로지 직원들의 오만함은 말하자면 '최신상'이었어요. 반면에 당시 IT 종사자들의 오만함은 한물 간 것이었죠." 트릴로지는 이후 10년간 실리콘밸리의 트레이드마크가 되는 허세와 위험 감수에 대한 1990년대 초기 모델이었다.

1999년 트릴로지의 창업 10주년을 기념하기 위해 라이만트는 수백 명의 직원을 데리고 바하마로 날아갔다. 직원들은 전용 해변을 비롯해 다양한 시설이 구비된 애틀랜티스 리조트Atlantis Resort에 머물렀고 회사에서 티파니의 크리스털 꽃병과 돔 페리뇽을 선물로 주었다. 첫 번째 닷컴 버블이 터졌을 때 라이만트의 순 자산은 곤두박질쳤고, 2001년에는 수백 명의 트릴로지 직원이 짐을 쌌다. 오늘날에는 라이만트도 트릴로지도 예전의 영광을 찾아볼 수 없다. 라이만트는 제2의 실리콘밸리인 오스틴에서 마치 은둔자처럼 한껏 몸을 낮춘 채 규모가 크게 줄어든 트릴로지를 조용히 운영하고 있다. 그에게 수차례에 걸쳐 인터뷰 요청을 했지만 아무런 대답을 듣지 못했다.

여성들이 닷컴 위기를 막을 수 있었을까?

라이만트의 브로 스타일은 -특권 의식과 오만함 그리고 위험 감수가 혼합되어 시한폭탄처럼 불안했다- 1990년대 IT업계의 많은 창업자와 CEO들에게 전파되었고 투자자들의 열렬한 지지를 받았다. 당시에는 수십억 달러짜리 회사를 만들겠노라고 호언장담하지 않는다면 벤처 투자자들은 당신을 진지한 투자처로 고려하지 않았다. 특권 의식과 오만함과 위험 감수가 남녀의 중대한 차이를 보여주는 성격적 특징이라는 점에서 볼 때, 투자자들의 선택을 받은 창업자 대부분이 남성이었다는 것은 당연한 일이지 싶다.

닷컴이 붕괴한 것에 대한 책임 공방이 치열하다. 닷컴 세상에 몸담았던 모두가 막대한 돈을 벌었던 터라, 당당히 문제를 제기할 만큼 배짱 있는 사람은 거의 없었다. 1996년 미국의 연방준비제도이사회 FRBFederal Reserve Board의 앨런 그린스펀Alan Greenspan 의장은 투자자들의 '비이성적 과열irrational exuberance'을 경고한 것으로 유명하다. 그는 많은 투자자가 비현실적인 높은 주가 수익률을 내는 기업들에 자금을 쏟아붓는 행태를 염려했던 것이다. 하지만 투자자들이 그린스펀 의장의 메시지를 이해한 것은 4년이 흐른 뒤였고, 때늦은 깨달음이었다. 그들이 미몽에서 깨어났을 때 금융의 대재앙이 기다리고 있었다. 2000년 봄을 시작으로 채 2년도 되지 않아 무려 5조 달러의 시장 가치가 공중분해 되었다. 마침내 피의 숙청이 끝났을 때, 전도유망했던 닷컴 기업의 족히 절반이 역사의 뒤안길로 사라지고 없었다.

닷컴 위기가 현실이 되기 전에는 게임을 멈출 명분이 거의 없었다. 이는 경영 매체들도 마찬가지였다. 오히려 그들은 조사자와 치어리더의 역할을 동시에 수행했다. 공정을 기하기 위해 여기서 한 가지 짚어보고 싶은 것이 있다. 행여 투자자들이 브로 스타일과 사랑에 빠진 것이 닷컴 열풍에 기름을 부었다손 쳐도 -물론 실제로 그랬다- 1990년대 IT 리더들 중에 여성이 더 많았더라면 닷컴 위기를 막는 데에, 아니 적어도 파괴력을 완화하는 데에 도움이 되었을까?

역사에는 가정이 있을 수 없다는 말이 있다. 그래도 위의 가정은 고려해볼 만하다. 가령 제프 트리키 같은 연구가들은, 만약 대형 금융자본을 움직이는 고도 금융high finance 분야에서 여성들이 좀 더 두드러진 역할을 했더라면, 2008년의 금융 위기가 크게 달라졌을지도 모른다고 주장한다. "위험 감수는 작업장에서 필요하고 또한 바람직한 자질이다. 하지만 위험 감수가 통제 불능의 상태로 확산되는 것을 막기 위한 균형이 필요하다"고 트리키가 논문에서 말했다. "한편 어떤 유형이든 위험한 사람들을 절대로 채용하지 않는다면 근본적인 자기통제 메커니즘self-controlling mechanism을 놓치는 것이다. 자기통제 메커니즘이야말로 더할

나위 없이 좋은 생존 공식이다."

당연한 말이지만 모든 남성과 여성이 트리키의 연구 결과에 들어맞지는 않는다. 하지만 그의 연구 결과에서 확실한 한 가지를 추론할 수 있다. 비즈니스에서 위험 감수와 신중함 사이에 균형을 맞추는 가장 단순한 방법은, 남녀 성비가 균형을 이루는 일터를 만드는 것이라는 점이다. 게다가 이 아이디어를 뒷받침하는 다른 연구도 있다.

국제경제정책을 연구하는 비영리단체 피터슨 국제경제연구소Peterson Institute for International Economics는 전 세계 91개국의 다양한 산업에서 활동하는 약 2만 2000곳의 상장기업을 분석하는 대대적인 연구를 진행했다. 연구 결과를 보면, 고위 경영진의 최소 30퍼센트가 여성으로 구성된 기업들의 수익성이 6퍼센트 더 높았다. IT업계라고 해서 그들 기업과 조금이라도 다를 거라고 믿을 만한 아무런 이유가 없다. 그래서 속절없지만 이런 생각을 해본다. 첫 번째 닷컴 버블에서 여성이 더 많이 참여했더라면 어땠을까? 도 아니면 모를 추구하는 극단적인 '유니콘(unicorn, 기업가치가 10억 달러 이상인 비상장 스타트업을 말하며, 스타트업이 상장하기도 전에 기업가치가 10억 달러 이상 되는 것은 마치 유니콘처럼 상상 속에서나 존재할 수 있다는 의미로 사용됨 -옮긴이)'들이 더 적은 대신에, 버블붕괴에 강한 내성을 가진 더 건강한 '일말workhorse' 기업들이 더 많아지지 않았을까.

거품이 꺼진 후에

5조 달러가 시장에서 사라짐으로써 IT업계가 달라진 것은 분명하다. 투자자들은 부자연스러운 주가 수익률과 칵테일 잔을 받치는 냅킨 뒷면에 휘갈겨 쓴 엉성한 사업계획에 더욱 신중해졌다. 그러나 거품이 터졌을 때 중간 급의 많은 직원이 직격탄을 맞아 피해를 입은 반면, 일부 창업자들은 수백만 달러가 든 가방을 들고 유유히 빠져나갔다. 그들 중 상당수는 조금 뒤 2장에서 만나볼 벤처캐피털리스트로 변신했다. 또한 그들 자신이 경제적 잔해에서 승자로 살아남았기 때문에 IT기업들을 누가 이끌어야 하는지에 대한 인식이 조금도 변하지 않았다(맞다, 젊은 남성들이다). 오히려 벤처캐피털리스트들로서 IT업계에 미치는 그들의 영향력은 갈수록 강해졌던 반면, 여성들의 입지는 더욱 약화되었다.

미국 교육부 산하 전국교육통계센터National Center for Education Statistics가 취합한 데이터에 따르면, 닷컴 버블이 붕괴한 이후 몇 년간 (구체적으로 2000년부터 2008년까지) 컴퓨터공학 학위를 취득한 여성의 비율이 또다시 10퍼센트 하락했고, 2011년까지 전체 컴퓨터공학 학위 취득자의 약 18퍼센트 수준을 유지했다. (1984년 동 비율이 거의 40퍼센트였으니, 엄청난 차이다.) 이번에도 여성들은 IT업계에서 기반을 잃었고 특히 남성들과 비교하면 더욱 그랬다.

그렇다면 닷컴 버블의 붕괴가 남성보다 여성에게 더 큰 피해를 입힌 이유는 무엇이었을까? 어쩌면 버블 붕괴로 일자리를 잃은 수천 명의 컴퓨터 프로그래머들이 이후의 취업 시장에 대거 유입됨에 따라 여성들이 치열한 경쟁에 지레 겁먹어 몸을 사렸기 때문일 수도 있다. 또 어쩌면, 당시에는 한때 고소득이 보장되었던 IT 일자리가 사라지거나 해외로 이전될 거라는 공포감이 널리 퍼져 있어 실리콘밸리에서 경력을 쌓는 것이 불안하다는 인식이 팽배했는데, 그런 공포감과 불안한 미래에 대한 반응 때문이었는지도 모르겠다. 여성들에게는 IT 경제가 아슬아슬한 줄타기 곡예처럼 보였을 수도 있다. 위험 감수 성향이 남성보다 낮은 여성으로서는 그런 줄타기에 굳이 뛰어들 이유가 없었던 것이다.

그러다가 대망의 2004년이 되었다. 그해에 구글이 주식을 공개했고 페이스북이 세상에 나왔다. 드디어 순풍이 불며 IT업계가 본격적으로 회복됐고, 일자리가 우후죽순 생겨났다. 실리콘밸리는 꿈의 목적지였던 예전의 영광을 되찾으며 화려하게 부활했다. 이제 또다시 기업가들은 -물론 특정한 고정관념에 부합하는 기업가들은 - 하룻밤 새에 백만장자가 될 수 있었고, 평직원들도 회사만 잘 선택해 들어간다면 돈방석에 앉을 수 있게 되었다. 일확천금에 대한 이야기들이 널리 확산되면서 제2의 캘리포니아 골드러시에 불을 붙였다. 페이스북의 탄생 실화를 바탕으로 제작해 2010년에 개봉한 영화 〈소셜 네트워크The Social Network〉는 스타트업의 삶을 더욱 미화했고, 페이스북의 창업자 마크 저커버그를 성공적인 스타트업 창업자가 어때야 하는지에 대한 본보기로 만들었다. 그러자 IT의 총본산으로 구름처럼 몰려든 남성들이 수적인 면에서 여성을 크게 앞질렀다.

지금 현재 IT 산업에서 아직 주인을 찾지 못한 일자리가 50만 개를 넘는 것으로 추산된다. 그뿐만 아니라 2020년까지 그 수가 곱절로 불어나 100만 개에 이를 것이라고 한다. 오늘날 IT 산업은 캐넌과 페리가 너드들을 이상적인 IT 인재로 신성시했던 1960년대보다 더욱 심각한 인력난에 직면했다. 문제는 이처럼 IT 인재가 턱없이 부족한데도 좋은 엔지니어가 어떤 사람인가에 대한 고정관념은 계속해서 인구의 절반을 배제하고 있는 사실이다. 실리콘밸리의 리크루터들은 "그건 파이프라인 문제"라고 변명한다. 말인즉 필수적인 IT 기술을 보유한 여성 대학 졸업자가 충분하지 않아 인력 공급 자체에 문제가 있다는 것이다. 채용 담당자들에게 물어봐도 비슷한 대답이 돌아오지 싶다. 충분한 자격을 갖춘 여성이 많아져 선택의 폭이 넓어진다면 당연히 여성을 더 많이 뽑을 거라고 말이다. 그리고 많은 채용 담당자는 진심으로 그렇게 생각한다.

그러나 이 설명에서 빠진 중요한 퍼즐 조각이 두 개 있다. 하나는 그 파이프라인을 누가 만들었냐는 문제다. 바로 기술 산업이다. 게다가 가뜩이나 좁은 그 파이프라인은 필수 스펙에 대해 상상력이 빚어낸 가정에 토대를 둔다. 그리고 초창기부터 남성들을 스스로 선택해왔음에도 기술 산업의 누구 하나 그 사실을 인정하지 않는다는 것이 두 번째 퍼즐 조각이다. 처음에는 반사회적인 너드들을 직접 골랐고, 수십 년 후에는 자신만만하고 위험을 감수하는 브로들을 직접 간택하지 않았는가. 이런 가정들이 여성들에게 큰 피해를 입혔다는 사실에는 이론의 여지가 없다. 그러나 피해자가 여성만은 아니었다. 지금까지 토론했던 여러 이유에서 볼 때, 각각의 IT기업은 물론이고 IT 산업 전체와 갈수록 기술에 더욱 초점을 맞추는 우리의 문화에도 손해를 입혔음을 지적하지 않을 수 없다.

만약 IT 산업 초기 채용 시에 사용하는 평가시험 개발자들이 사람들을 좋아하지 않는 성격적 특성이야말로 최고의 프로그래머가 갖추어야 하는 자질이라고 가정하지 않았더라면, 우리의 세상이 달라질 수도 있지 않았을까? 만약 기술 산업이 여성을 외면하고 소외시키는 대신 여성의 참여를 장려했더라면 어땠을까? 텔레 휘트니를 비롯해 그녀 같은 수만의 여성 엔지니어가 단지 여성이라는 이유만으로 고립시키는 악의적인 환경이 아니라 두 팔 벌려 환영하는 환경에서 일할 수 있었더라면 어땠을까? 1990년대 인터넷과 PC 혁명을 주도한 리더들이 독선에 차서 마치 눈먼 돈인 양 수조 달러의 투자자금을 가지고 위험한 도박을 하지 않았더라면, 오늘날 우리의 경제와 문화가 어떻게 달라졌을까? 하지만 역사에는 가정이 없듯, 이런 대안적인 세상은 상상 속에나 존재한다. 오히려 우리는 너드-브로가 꽃길을 걸으며 그들만의 꿈의 제국을 건설하고 궁극적인 남성 전용 클럽이 성업하는 것을 두 눈 뜨고 지켜볼 수밖에 없었다.

CHAPTER
2

페이팔 마피아와 능력주의 신화

실리콘밸리에 마피아가 있다. 정확히 말하면 페이팔 마피아Paypal Mafia
다. 수장은 피터 틸Peter Thiel이라는 실리콘밸리의 억만장자다. 내가 틸을
최근에 만난 것은 2016년 봄, 세계 최대 P2P금융 콘퍼런스인 렌딧 콘퍼
런스LendIt Conference에서 인터뷰했을 때였다(P2P는 peer-to-eer의 준말, P2P
금융은 온라인 플랫폼을 통해 개인 간 대출과 투자가 동시에 이뤄지는 것을 말함 – 옮
긴이). 아마도 당시는 온라인 전자결제 시스템 페이팔을 공동 창업한 틸
이 문화에 미치는 영향력이 최고 정점에 있을 때였지 싶다. 성공적인 기
업으로 키우는 방법과 혁신에 관한 새로운 관점을 제시하는 그의 저서
《제로 투 원Zero to One》은 〈뉴욕 타임스〉 베스트셀러 명단에 오랫동안 이
름을 올렸고, 중국을 비롯해 해외에서도 선풍적인 인기를 끌었다. 그때
는 미국의 46대 대통령 선거를 7개월 앞둔 시점이었는데, 틸은 인터뷰
중에 자신은 이번 선거에 어떤 식으로든 관여하지 않을 거라고 단언했
다. 그러나 불과 몇 주 후 틸은 그 발언을 뒤집어 도널드 트럼프를 지지한
다고 공개 선언했다. 그 일로 틸은 실리콘밸리 엘리트 집단 내에서 상당
한 사회적 자본(social capital, 공동체의 협력과 발전을 촉진하는 유·무형의 자본

을 말하며 신뢰와 규범 등등 사회적 자산을 포괄함 - 옮긴이)을 잃게 된다(실리콘밸리 IT 산업의 주요 리더들은 민주당 대통령 후보였던 힐러리 클린턴을 공개적으로 지지함 - 옮긴이).

하지만 내가 인터뷰한 그날까지만 해도 많은 사람이 틸을 실리콘밸리 제국의 철인 왕(philosopher-king, 플라톤의 이상 국가 칼리폴리스의 통치자로,《국가론》에 따른 플라톤의 이상 국가는 '철학자가 왕이 되어야 하는' 도시국가였음 - 옮긴이)으로 받들었다. 틸이 그런 평가를 받은 이유는 페이팔(2002년 이베이가 15억 달러에 인수했다)의 공동 창업자라는 신분과 (페이스북과 테슬라부터 생명공학과 핵에너지에 이르기까지) 광범위한 분야에 투자하는 '큰손'이라는 점도 작용했지만, 무엇보다도 최근에 큰 반향을 불러일으킨 그의 저서 덕분이다. 종합 시사지 〈애틀랜틱〉이 "21세기 경제의 자본주의와 성공을 명쾌하고 통찰력 깊게 해부했다"고 극찬한《제로 투 원》은 IT 기업가들과 여타 유력 인사들의 필독서가 되었다. 그날 인터뷰를 위해 렌딧 콘퍼런스 무대에 오른 틸은 벤처캐피털리스트의 전형적인 '제복' 차림이었다. 물 빠진 낡은 청바지, 검은 벨트, 빳빳하게 다림질된 흰색 오픈칼라 셔츠. 그런데 그는 연신 땀을 흘렸다. 내가 던진 날카로운 질문 때문에 진땀을 흘렸을 거라고? 나는 그렇게 생각하지 않는다. 오히려 강렬한 무대조명을 받으며 많은 사람 앞에 서는 것 자체가 선천적으로 불편한 사람이었다는 데에 한 표 던진다. 어쨌든 그는 딱히 뛰어난 달변가는 아니다. 솔직히 말을 더듬고 같은 말을 반복하는 습관이 있다. 그래도 질문에 대해 미리 준비된 논지를 앵무새처럼 읊조리는 대신, 질문을 받을 때마다 즉석에서 신중하게 생각하면서 대답하는 스타일처럼 보인다. 인터뷰가 6~7부능선을 넘는 동안 틸은 중국의 경제 발전, 미국의 현 정치적 상황, IT의 미래 같은 사안에 대해 흥미롭고 통찰력 돋보이는 관점을 피력했다.

이제 나는 벼르던 질문을 했다. 실리콘밸리의 엘리트 집단에서 다양성이 부족한 것에 대한 질문이었다. 인터뷰하기 2주 전 그가 창업해 11돌을 맞은 벤처캐피털업체 파운더스 펀드Founders Fund가 회사 역사상 최초로 여성 파트너를 영입해 언론에서 대서특필했다. 주인공은 사이앤 배니스터Cyan Banister로 페이팔의 초창기 이사회에서 활동한 스콧 배니스터Scott Banister의 부인이었다. 나는 벤처캐피털 산업 전체에 여성이 부족한 것과 그런 양성 간 불균형의 책임이 어디에 있는지에 대한 틸의 입장을 듣고 싶었다.

"우리 모두에게 그 문제를 개선할 책임이 있습니다"라고 그가 입을 열었다. "성별 불균형이 아주 심각합니다. 무엇보다 IT 분야에서 성별 불균형은 매우 중대합니다. 체스 선수나 수학 교수 사이에서도 성별 불균형이 클 수 있겠지요. 그러나 그것은 IT와는 차원이 다릅니다. 사실상 IT는 미국의 유일한 토종 산업이라고 할 수 있기에 성별 불균형이 중대한 문제가 되는 것입니다."

그러면서 그는 IT업계에 여성 창업자가 부족한 것이 핵심적인 문제라고 덧붙였다. 그의 주장에 따르면, 150개 안팎의 '유니콘' 기업들 중에 여성 창업자는 딱 두 명이라고 했다. 유니콘 기업이란 기업가치가 10억 달러를 넘는 비상장 스타트업을 말한다. "실리콘밸리의 문화를 결정짓는 특징은 경영자도 벤처캐피털리스트도 아닙니다. 바로 창업자들입니다. 그리고 스타트업 창업자 집단에서 성별 불균형이 가장 극심할 겁니다."

그의 대답은 현실적이었는데도 청중들에게서 별다른 반응을 이끌어 내지 못했다. 그는 성별 불균형 문제를 인정했고 그 상황을 설명하기 위해 약간의 데이터도 제시했으며 그 사안이 중요하다는 점에도 동의했다.

그렇다면 상황을 변화시키기 위한 해결책으로 그는 무엇을 제시했을 까?

"성별 불균형 문제를 해결하기 위해 어떻게 해야 할지 모르겠습니다"라고 그가 솔직하게 인정했고, 그걸로 끝이었다.

틸은 강산이 두 번이나 변하는 동안 기술 산업의 리더로 살아왔다. 그런데도 그 산업에 만연한 성별 불균형에 대해 개인적인 책임을 지지 않았다. 심지어 그 문제를 어떻게 해결할지에 대해 생각조차 해본 적이 없어 보였다. 《제로 투 원》의 부제는 '새로운 것을 창조하는 회사를 만들고 미래를 읽어 성공하는 방법Notes on Startups, or How to Build the Future'이다. 나는 렌딧 콘퍼런스를 다녀온 후에 틸의 저서를 다시 읽어보았다. 여성이 기술 산업에서 철저히 배척당하는 중요한 문제에 대해 그가 무슨 말을 했는지 알고 싶어서였다. 그런데 그의 저서 어디에서도 성비 불균형에 관한 내용을 찾아볼 수 없었다. 아니 그 정도는 약과다. 첫 페이지부터 마지막 페이지까지 '여성들'이나 '여성'이라는 단어를 한 번도 사용하지 않았다. 그러니 그의 말과는 달리 '성별 불균형을 개선할' 중대하고도 큰 '책임'이 사실상 그의 마음에 없다는 의심이 들 수밖에 없지 않겠는가.

여성들이 처한 현실에 대한 틸의 명백한 무관심은 정말로 문제다. 틸은 영향력 있는 단순한 유명 인사가 아니기 때문이다. 페이팔 마피아라고 널리 알려진 집단의 명실상부한 대부이기 때문이다. 페이팔 마피아는 벤처캐피털업계를 움직이는 파워 그룹으로, 실리콘밸리가 특정 연령대와 학벌 좋은 백인 남성들의 제국이 된 많은 이유 중 하나를 차지한다. 페이팔 마피아의 믿음과 결정과 행동이 실리콘밸리에 미치는 엄청난 영향력을 이해하려면, 그들이 스탠퍼드 대학교에 다니던 1990년대 중반으로 시계를 돌려야 한다. 이제부터 머리는 좋아도 학교에 적응하지 못한 비주류였던 그들을 만나보자.

선천적인 청개구리들

페이팔 출신으로 오늘날 잘나가는 벤처캐피털리스트로 변신한 키스 라보이스Keith Rabois는 틸을 처음 만났던 때를 지금도 생생히 기억한다. 라보이스는 1학년, 틸은 3학년이었다. 그날은 라보이스가 대학 생활을 시작한 첫날이었고, 틸은 기숙사를 돌아다니며 자신이 친구들과 창간한 보수 성향의 학생신문 스탠퍼드 리뷰Standard Review를 돌리고 있었다. 보통은 닫힌 방문 아래로 신문을 슬쩍 밀어 넣었지만, 마침 그날 라보이스의 방문이 열려 있었고 덕분에 둘의 운명적인 만남이 이뤄졌다.

초록은 동색이라고 했던가. 보수 성향이었던 라보이스는 틸과 그가 창간한 선동적인 신문 모두에 즉각적으로 강한 호기심이 들었다. 첫 만남 이후 얼마 지나지 않아 라보이스는 고삐 풀린 망아지 같은 틸 무리의 일원이 되었다고 내게 말했다. 그들 중에는 컴퓨터과학 전공자가 한 명도 없었고, 스탠퍼드 학생들이 대체로 진보적이고 좌파 성향이 강한 데에 반해, 그들은 우파 성향이 짙었다. 백조 무리의 미운 오리 새끼 같았던 그들은 자신들의 우파 사상을 스탠퍼드의 좌파 재학생들에게 알린다는 명

목 아래 똘똘 뭉쳤다. "우리는 기술에 대해서는 일자무식이었고 주로 정치 이야기만 했습니다"라고 그가 말한다. 실제로 그들은 하나같이 문과 계열로 법학, 철학, 정부학 등을 공부했다. 라보이스는 자신과 스탠퍼드 리뷰의 동료들이 진보적인 학교에서 '왕따 집단' 같이 느껴졌다고 기억한다.

틸도 내게 비슷한 말을 했었다. 어릴 적부터 '아웃사이더' 같은 기분을 수없이 느꼈다고 말이다. 독일 이민자 가정에서 자란 틸은 초등학생 때 여섯 번 전학해서 7개 학교를 전전했고, 전통적으로 보수적인 복음주의 교회를 다녔으며, 어느 순간부터는 다윈의 진화론처럼 사회적으로 널리 받아들여지던 믿음에 대한 의심이 싹트기 시작했다. 한편 스탠퍼드에서는 학생들 사이의 지배적인 관점을 과감히 거부하는 것이 자존심의 문제가 되었다. "우리는 언제나 사회적 통념에 반하는 관점으로 질문을 했습니다. 주제가 무엇인지는 중요하지 않았죠"라고 라보이스가 말했다. 요컨대 그들은 선천적인 청개구리들이었다.

누구라도 철없던 대학 시절 한때에 가졌던 소신이 그 사람을 규정짓는 영원한 낙인이 되어서는 안 된다. 하지만 틸을 주축으로 모이던 스탠퍼드 학생들이 표현했던 아이디어들은 되짚어볼 가치가 있다. 그들이 1990년대에 품었던 생각이 오늘날까지도 그들의 세계관과 연결되기 때문이다. 또한 페이팔 마피아가 실리콘밸리에 미치는 막대한 힘을 고려할 때, 남성들로 구성된 틸 집단의 세계관이 우리의 문화에 영향을 미쳤을 뿐더러 많은 사람의 인생을 바꿔놓았기 때문이다.

1990년대 초반 많은 대학은 문화적으로 더욱 다양한 교과과정을 수립하기 위해 열심이었다. 특히 스탠퍼드는 '문화와 아이디어 그리고 가치관Cultures, Ideas, and Values'이라고 명명한 프로그램을 신설하는 것을 시작으로 그런 움직임에 동참했다. 그 프로그램에서는 플라톤과 셰익스피어의 저서와 성경 같은 고전 작품들보다, 여성과 소수계층 출신의 작가를 포함해 더욱 다채로운 작가들의 저서를 읽는 것이 필수였다. 또한 학생들과 교수진 구성에도 다양성을 주입하기 위해 노력했다. 틸은 물론이고 그의 〈스탠퍼드 리뷰〉 동료들은 학교의 이런 노력이 심각한 판단 착오라고 생각했고, 이것은 교수들이 자신의 반서방적이고 반애국적인 믿음을 학생들에게 세뇌하려는 불순한 음모라는 사설까지 썼다. 대학들은 성별과 인종에 따라 학생들을 구분해서는 안 된다고 주장했다. 말인즉 대학들이 비주류 계층 출신의 학생들을 우대함으로써 백인과 아시아계 학생들에게서 교육의 기회를 박탈해서는 안 되며, 성별과 인종이 아니라 측정 가능한 성취와 학문적 성과만이 유일하고 중요한 평가 기준이어야 한다.

그뿐만 아니라 그들은 다양성의 가치와 더불어 대학과 기업과 정부가 다양한 사람들이 참여할 때 더욱 효율적으로 기능한다는 의견에도 의문을 제기했다. "우리는 소수 집단 우대 정책affirmative action에 상당히 비판적이었습니다. 우리 눈에는 그 정책이 어떤 식으로 전개될지 빤히 보였고, 아시아계 출신들을 역차별할 거라고 주장했습니다. 그리고 아시다시피 실제로 그렇게 되었습니다"라고 라보이스가 말했다. 그러면서 최근 아시아계 미국인들이 입학 과정에서 차별을 받았다며 하버드 대학교를 상대로 제기한 집단 민사소송을 언급했다.

또한 〈스탠퍼드 리뷰〉는 페미니즘도 정조준했다. 〈스탠퍼드 리뷰〉가 한번은 데이트폭력과 성폭력에 대한 새로운 인식을 비판하는 21장짜리 특별 호를 발행한 적이 있었다. 당시 〈스탠퍼드 리뷰〉의 칼럼니스트였고 훗날 틸이 CEO로 있는 동안 페이팔의 최고운영책임자를 맡게 되는 데이비드 삭스David Sacks가 그 특별 호에 기사를 몇 편 썼다. 굵은 활자로 인쇄된 '강간RAPE'이라는 단어가 신문 1면의 절반을 차지했고, '성폭력 혐의를 피하는 방법'이라는 기사도 포함되었다. 그 기사는 '페미나치(feminazi, 페미니즘feminism과 나치Nazi의 합성어로 극단적이고 전투적인 여성 우월주의자들을 일컬음 ―옮긴이)'들의 시도를 좌절하게 하는 방법을 자세히 소개했고, 말미에는 나치를 상징하는 만(卍)자 문장을 약간 변형한 기호를 넣기도 했다. 특히 삭스는 한 사설에서 "이성애자인 스탠퍼드의 남학생들은 섹스를 하고 나서 자칫 인생이 꼬일 수 있다"고 경고했다.

틸의 대학 친구로 나중에 페이팔의 부사장이 되는 리드 호프먼Reid Hoffman은 다양성에 대해 틸과 의견이 달랐다. 호프먼은 자신과 틸은 상반되는 관점들에 대한 논쟁을 피하기는커녕 적극적으로 달려드는 성격이고, 둘의 관계는 그런 적극적인 논쟁에 뿌리를 둔다고 말했다. "틸은 교내에 골수 빨갱이가 있다는 말을, 나는 우익 성향의 훈족 아틸라(Attila the Hun, 훈족 최후의 왕으로 로마제국을 무너뜨렸으며 서구인들에게는 공포의 대명사임 ―옮긴이)가 있다는 말을 들었습니다"라고 호프먼이 내게 그들의 첫 만남에 대해 말했다. "정치에 대해서는 우리의 의견이 사사건건 부딪혔던 것 같습니다." 한편 그들이 다양성에 대해 논쟁을 벌이던 중에 호프먼이 틸에게 이렇게 말했다고 한다. "있잖아 틸, 좌파들의 주장에 어느 정도 정치적 올바름(political correctness, 직업, 성별, 인종, 민족, 종교적 차별로 이어지는 부정적 이미지의 말을 중립적 또는 긍정적 의미를 담은 단어로 바꿔 쓰는 것 - 옮긴이)이 있다는 네 말에 나도 동감이야. 하지만 (다양성에 관한) 그 문제는 실질적이야."

그러나 호프먼은 틸의 무리에서는 예외적인 존재였다. 틸 집단의 대부분은 자유주의의 기치를 믿는 선동가들로, 자유 발언권을 수호하는 전투적인 어벤저스 부대원처럼 자신들의 관점을 널리 퍼뜨리기 위해 노력했다. 물론 대학들이 바른 정치로 인해 특정 계층에 과도하게 보상하는 결과를 낳을 거라는 그들의 경고가 결국 선견지명이었던 걸로 드러났다. 어쨌든 그들의 목적 중 하나가 대부분이 진보적인 성향의 학생들을 자극하는 것이라면 그들은 성공했다. 한번은 라보이스가 미국의 수정 헌법 1조(First Amendment, 언론, 종교, 집회의 자유를 규정하는 헌법 수정안 - 옮긴이)를 얼마나 잘 지키는지 보여주기 위해 스탠퍼드의 한 행정관의 집 밖에서 "게이 새끼faggot, 에이즈에 걸려 죽어라" 하고 외쳤다. (그 행정관은 사적인 자리에서 '게이 새끼'라는 단어를 사용한 것을 포함해 몇 달에 걸쳐 동성애자들을 지속적으로 괴롭힌 한 학생을 대학 기숙사에서 강제 퇴소시켰다고 알려졌다.) 라보이스는 당시의 그 발언에 대해 깨끗하게 책임을 인정하면서 이런 글을 썼다. "내가 그런 말을 한 의도는 '와, 만약 그가 그런 말을 할 수 있다면 나도 내 생각보다 조금 더 세게 말해도 되겠네'라는 인식을 촉발할 수 있을 만큼 가능한 한 모욕적으로 말하는 것이었다." 훗날 벤처캐피털리스트가 되는 마하 이브라힘Maha Ibrahim은 이 시기에 스탠퍼드에서 경제학을 전공하던 학생이었는데, 〈스탠퍼드 리뷰〉의 선언에 대해 몸서리를 치면서 말했다. "그건 정말 나빴어요. 그 독단적인 주장이 너무 극단적이어서 끔찍하고 믿을 수 없을 만큼 불행하다는 생각이 들었어요"라고 그녀가 내게 말했다. 당시 스탠퍼드 학부를 졸업하고 동 대학의 법과대학원에 다니던 라보이스는 진보적인 학생들의 반발이 아주 거세 결국 스탠퍼드를 중퇴하고 하버드에 진학해 법학박사를 취득했다.

틸은 스탠퍼드에서 철학으로 학사 학위를 받은 다음 법과대학원에 진학해 법학 학위를 취득했다. 졸업 후에는 순회재판소 판사를 거쳐 증권 전문 변호사로 활동했고, 전 교육부 장관 윌리엄 베넷william Bennett을 위해 연설문을 작성하기도 했다. 1995년 틸과 삭스는 자신들이 〈스탠퍼드 리뷰〉에서 착안했던 아이디어들을 엮어 《The Diversity Myth: "Multiculturalism" and the Politics of Intolerance at Stanford 다양성 신화 : 스탠퍼드의 다문화주의와 무관용의 정치학)》이라는 책으로 출판했다. 그들은 저서에서 "다문화주의는 스탠퍼드를 명문 대학이라기보다 부패한 이념적 지도자들과 불행한 추종자들로 가득한 제3세계와 비슷한 공간으로 전락시켰다"고 주장했다. 또한 성별 다양성 즉 양성평등 요구와 페미니즘에 대한 자신들의 비판적인 관점을 다시 피력했다. "남성에 대한 깊은 증오, 모든 성별 차이를 없애라는 이상향적인 요구, 철저히 여성 중심적인 관점에 대한 (지독히 모순적인) 요구, 성차별이 만연하다는 믿음 등은 사회적 성 즉 젠더를 연구하는 새로운 교과과정의 핵심이다." 심지어 그들은 라보이스의 "게이 새끼"라는 발언도 옹호했고 교내 반발을 세일럼의 마녀재판에 비유했다.

몇 년 후 틸과 라보이스는 자신들이 동성애자임을 커밍아웃했다. 그리고 2011년 틸은 미국의 종합 주간지 〈뉴요커〉와의 인터뷰에서 라보이스 사건을 옹호하는 글을 쓰지 말았어야 했다고 후회했다. 라보이스도 내게 예전의 발언에 대해 "참으로 어리석은 말이었습니다. 그렇지만 대학 시절에 멍청한 짓을 하는 사람이 나만은 아닙니다"라고 변명조로 말했다.

틸과 삭스는 데이트 강간이 가끔은 "나중에 후회하는 일시적인 유혹"일 뿐이라는 발언을 포함해 자신들의 공동 저서에 담긴 일부 주장도 공개적으로 철회했다. 그런데 틸이 그것에 대해 처음으로 언급한 시기가 주목된다. 틸이 도널드 트럼프 대선 캠프에 거액의 정치 헌금을 기부했고, 그 일로 그가 예전에 옹호했던 사상들이 다시 관심의 도마에 오른 뒤였던 것이다. (더욱이 틸은 연예 프로그램 〈액세스 할리우드〉가 여성들의 허락을 받지 않고 그들을 일방적으로 안고 키스했던 것에 대해 떠벌리는 트럼프의 육성 테이프를 공개한 지 불과 1주일 만에 트럼프 대선 캠프에 기부했다.) "20여 년 전 공동 저서를 쓰면서 부적절하고 어설픈 주장들을 다소 포함시켰다"고 2016년 격주로 발간되는 경제지 〈포브스〉와의 인터뷰에서 말했다. "그런 글들을 쓰지 말았어야 했는데, 후회스럽다. 정말 죄송스럽게 생각한다. 어떤 형태든 강간은 범죄다."

하지만 틸에 대한 구설수는 끝나지 않았다. 2017년 말 〈스탠퍼드 폴리틱스Stanford Politics〉는 -또 다른 학생 신문이다- 장문의 기사를 실었다. 내용을 간추리면, 〈스탠퍼드 리뷰〉에서 활동하는 대학생들은 틸이 아직도 정기적으로 자신들과 만나며 〈스탠퍼드 리뷰〉 창간 30주년을 기념하기 위해 자신의 집에서 뒤풀이 파티를 열었다고 증언했다는 것이다.

특히 〈스탠퍼드 리뷰〉 편집장 출신의 누군가에 따르면, 그날 파티에서 틸은 자신이 공개적으로 사과한 것은 언론을 달래기 위한 '쇼'였다면서 "가끔은 언론들이 듣고 싶어 하는 말을 해줄 필요가 있다네"라고 말했다고 한다. 나는 틸의 대변인에게 직접 확인을 요청했고, 틸은 자신이 〈포브스〉와의 인터뷰에서 한 발언에서 변한 게 없다는 대답이 돌아왔다.

삭스는 기술 전문 매체 〈리코드Recode〉의 공동 창업자이자 편집장인 카라 스위셔Kara Swisher와의 인터뷰에서 문제의 공동 저서《다양성 신화》에 대해 이렇게 말했다. "그것은 20여 년 전에 출간된 책입니다. 그것이 현재 내가 어떤 사람인지 혹은 내 신념이 무엇인지를 규정하지는 않습니다." 2016년 나는 삭스를 만난 자리에서 그 책에 대해 직접적으로 물었고, 그는 우회적인 대답을 들려주었다. 이제껏 자신이 이끌었던 기업들에서 고위 경영자로 일한 여성들을 거론하며 그들이야말로 자신이 그들의 성취를 얼마나 자랑스럽게 생각하는지를 보여주는 증거라고 주장했다. "나는 다양성을 지지하며, 언제나 가능한 한 최고의 팀을 만들기 위해 노력해왔습니다"라고 그가 말했다.

재미있는 사실은 20여 년 전 문제의 그 책이 출판되었을 당시, 틸과 삭스는 그 책에 대해 좋은 말이든 나쁜 말이든 공개적으로 발언할 필요가 거의 없었다는 점이다. 어차피 아무도 그 책을 크게 주목하지 않았기 때문이다. 당시 틸은 장래가 촉망되는 보수적인 한 명의 '루키'에 불과했고 워싱턴 정가와 뉴욕 금융계의 전통적인 권력 구조에서는 2군 선수 신세였다. 그러나 얼마 지나지 않아 그런 구조에 변화의 바람이 불어오기 시작한다.

페이팔 : '능력주의'가 '유유상종'이라는 뜻일 때

1998년 어느 날 틸은 스탠퍼드 대학교의 초청을 받아 외환거래를 주제로 강연했다. 강연 도중 막스 레브친Max Levchin이라는 우크라이나 출신의 젊은 엔지니어가 '시원한 에어컨 바람을 맞으며 낮잠을 자기 위해' 강연장에 슬그머니 들어왔다고 틸이 내게 말했다. 그러나 레브친은 잠을 자는 대신 귀를 쫑긋 세우게 된다. 강연이 끝났을 때 레브친은 틸에게 다가가 자신을 소개한 다음 창업을 하고 싶다고 말했다. 레브친은 이미 회사를 네 번이나 창업했다가 모조리 말아먹었지만, 창업을 포기할 마음은 없었다. 다음 날 둘은 정통 미국식 레스토랑 호비스Hobee's에서 다시 만나 아침을 함께 먹었고, '레드, 화이트, 앤드 블루' 스무디를 마시던 중에 페이팔의 토대가 되는 사업 아이디어가 탄생했다. 그리하여 기술적인 지식이나 배경이 전무하고 증권 전문 변호사 출신의 한 남자가 갑자기 팔자에도 없는 스타트업의 공동 창업자가 되었고, 그들의 스타트업은 훗날 10억 달러의 가치가 나가는 유니콘 회사로 성장한다. 그뿐만 아니라 둘의 만남은 나중에 페이팔 마피아로 명성을 날리는 집단이 만들어지는 밑거름이 되었다.

삭스는 1999년 COO로 페이팔호에 승선했고, 2000년 초 페이팔은 -당시는 회사 이름이 콘피니티Confinity였다- 경쟁 회사와 합병했다. 당시에는 무명 기업가였던 일론 머스크Elon Musk가 운영하던 엑스닷컴X.com이라는 온라인 결제 회사였다. 그리고 라보이스는 틸의 오른팔이 되었다. 페이팔의 공동 창업자, 투자자, 원년 직원 모두는 하나같이 부자에다 끈끈하게 연결된 권력 집단으로 성장한다. 지금까지도 라보이스는 페이팔이 '철저한 능력주의'의 효과성에 대한 그리고 능력주의 사회로서의 실리콘밸리 가치를 입증하는 '완벽한 증거'라고 생각한다. "우리 중 아무도 실리콘밸리의 유력 인사와 끈이 닿는 사람이 없었습니다"라고 라보이스가 내게 말했다. "우리는 실리콘밸리의 완전한 비주류에서 단 5년 만에 주류로 우뚝 섰습니다. 그동안 우리는 먼지 같은 존재였습니다. 사람들은 우리와 말도 섞지 않았고 우리를 이상하게 봤습니다. 오죽하면 어떤 기술 관련 매체가 '페이팔, 정신 차려Earth to PayPal'라는 제목의 기사를 실었겠습니까. 모든 사람이 우리를 정신병자 취급을 했습니다." 그러나 페이팔의 원년 멤버들은 화려하게 비상한다. 자율주행 자동차 테슬라, 우주개발업체 스페이스엑스SpaceX, 비즈니스 중심의 소셜 네트워크 서비스 링크트인LinkedIn, 유튜브, 맛집 추천 서비스로 유명한 엘프Yelp 등등 실리콘밸리에서 내로라하는 일부 기업들이 페이팔 원년 멤버들 손에서 탄생했다. 특히 틸은 페이스북에 자금을 투자하고 이사진에 이름을 올렸다. 이렇게 실리콘밸리의 새로운 권력 질서가 만들어졌다.

우리와 비슷한 사람들만 채용하다

그렇다면 업계에 연줄 하나 없는 '먼지 같은 존재'였던 그들은 누구였고, 그들은 어떤 사람을 어떻게 채용했을까? 라보이스는 그들이 -최고 인재만을 채용하는- 능력주의라는 아이디어에 의존했다고 믿지만, 실제로는 그렇지 않았다.

솔직히 틸과 레브친은 어떤 사람을 뽑고 싶은지에 대해 놀랄 만큼 솔직했다. 자신들과 아주 비슷한 사람들이었다. 몇 년이 흐른 후에《제로 투 원》에서 틸은 그들이 왜 그렇게 했는지에 대한 논리적 근거를 설명했다. 스타트업은 자원이 제한적이기 때문에 "살아남기 위해 신속하고 효율적으로 일해야 하고, 모든 구성원이 동일한 세계관을 가질 때 그렇게 하기가 더 쉽다. 페이팔의 초창기 팀은 협동이 아주 잘되었는데, 우리 모두가 같은 부류의 괴짜들이었기 때문이다"라고 그가 주장했다. 딱 한 명 사무실 관리자를 제외하고, 페이팔의 원년 멤버들은 전부 남성이었고 나이도 비슷했으며 학력 수준도 대동소이했다.

그렇다면 틸은 페이팔을 창업했을 때 어떤 기준으로 직원을 뽑았을까? 최고 인재를 찾아서 이력서를 꼼꼼히 살펴보았을까? 틸이 저서에서 밝힌 것에 따르면 그렇지 않았다. 아니 그럴 필요가 없었다. 거의 대부분 〈스탠퍼드 리뷰〉에서 함께 일하던 동료들을 영입했으니 말이다. 한편 레브친은 일리노이 대학교 어배너-샘페인 캠퍼스University of Illinois at Urbana-Champaign에서 컴퓨터과학을 공부하던 시절부터 인연을 쌓아온 옛 친구와 오랜 지인들을 페이팔호에 승선시켰다. 사실상 레브친은 페이팔의 최초 엔지니어 15명은 자신이 대학에서 운영하던 컴퓨터그래픽 동아리에서 "그냥 데려왔다"고 내게 말했다. "누구를 어떻게 뽑을지 고민하며 낭비할 시간이 없었습니다. 채용만이 아니라 다른 모든 일에도 우리는 그 접근법을 똑같이 사용했습니다"라고 레브친이 주장한다. 또한 인종적 배경은 다양했지만 엔지니어 중에 여성은 없었다면서 "우리가 아는 여성 엔지니어가 한 명도 없었기 때문입니다"라고 해명했다.

그들이 주변에서 가장 유능한 사람들과 개인적으로 친분을 갖게 된 것이 단순한 우연의 일치였을까? 얼토당토않다. 라보이스조차도 "회사와 아무런 연줄도 없이 (페이팔에) 입사하는 것은 하늘의 별 따기였습니다. 우리는 직원을 채용할 때 인맥에 크게 의존했습니다. 그리고 그들이 가진 인맥은 하나같이 평범하지 않았습니다." 페이팔 마피아의 초기 단원들 사이에 회사 초기의 채용과 관련해 확실한 공감대가 형성되어 있었다. 모두가 회사를 신속히 성장시키고 싶은 때에 이념적 색채가 다양한 사람들을 채용하면 회사가 원하는 만큼 빠르게 성장하지 못할 거라는 공공연한 합의가 있었던 것이다. 심지어 일부는 지금도 그렇게 생각한다. "스타트업 초창기에 주요 원칙들에 대해 논쟁을 벌이는 것은 백해무익하다고 생각합니다"라고 라보이스가 내게 말했다. "초창기에는 이념이 다른 사람들보다는 이념적으로 비슷한 사람들로 조직을 채우는 편이 더 낫습니다. 일단 회사가 이념적으로 정렬된 뒤에, 다양한 사람들을 참여시키고 다양한 관점과 다양한 의견을 수용해도 늦지 않다고 봅니다."

에이미 클레멘트Amy Klement는 페이팔 초창기에 일한 여성 직원 중 한 명이다. 틸 혹은 틸의 '남자들'이 그녀를 채용한 것은 아니었다. 일론 머스크의 엑스닷컴에서 일하다가 2000년 회사가 페이팔과 합병하면서 자동적으로 페이팔의 품에 안겼다. 클레멘트는 (페이팔이) 열정적인 토론이 가득하고 "불도저처럼 강하게 몰아붙이는 저돌적인 문화"였다고 내게 말했다. 사교 활동은 남학생 클럽의 시끌벅적한 파티보다는 체스게임에 더 가까웠다. 글로벌 금융 산업과 경쟁할 수 있는 안전한 온라인 결제 시스템을 개발하는 동안 직원들은 휴일도 없이 매일 18시간씩 그야말로 소처럼 일했다. "열띤 토론이 벌어졌어요. 가끔은 토론을 벌이다가 화가 나서 문을 쾅 닫고 뛰쳐나가는 사람도 있었어요"라고 클레멘트가 당시를 회상한다.

　비록 개인적인 지인들을 채용했노라고 공개적으로 인정했음에도 클레멘트의 주장에 따르면 속내는 조금 다른 것 같다. 요즘도 가끔 틸과 고위 임원들이 예전의 페이팔은 완벽한 능력주의 조직이었다고 자평한다니 말이다. "우리는 툭하면 '능력주의'라는 단어를 들먹였어요. 지금 생각하면 우리는 누가 일을 잘하고 높은 성과를 내는지 크게 의식했던 것 같아요"라고 클레멘트가 말했다. 페이팔에서 몇 안 되는 여성 직원이었던 클레멘트는 데이비드 삭스에게 직접 보고하는 제품관리자로 승진했다. "데이비드는 제품의 외양이 어때야 하는지에 대해 확실한 생각을 갖고 있었어요. 하지만 돌아보면 나도 내 의견을 기탄없이 말했고 모두가 똘똘 뭉쳐 열심히 일했던 것 같아요."

　페이팔의 원년 멤버들이 보란 듯이 한자리씩 차지함에 따라 특히 틸의 강경한 태도와 관점이 주목을 받았다. "내가 보기에 인간은 양과 레밍처럼 무리 지어 집단으로 행동하는 독특한 습성이 있는 것 같습니다"라고 내가 진행했던 블룸버그 TV와의 인터뷰에서 틸이 말했다. "그런 습성은 우리가 가능한 한 극복하기 위해 열심히 노력해야 하는, 인간에 관한 불편한 진실이라고 생각합니다. 나는 사람들이 갈수록 비슷한 방식으로 양육되고 그래서 각자의 잠재적인 창의성을 최대한 발휘하지 못하게 제약하는 우리 사회의 보편적인 동질화homogenization에 문제가 있다고 생각합니다."

　그러나 틸은 자신이 그런 불운한 레밍들 중 하나라고 생각하지 않는 것은 분명하다. 그렇다면 레밍이 아닌 사람이 자신과 같은 부류의 사람들을 어떻게 알아볼 수 있을까? 간단하다. 독특한 행동을 찾으면 된다. 틸은 저서에서 "페이팔의 공동 창업자 6명 중에 4명이 고등학생 때 폭탄을 만들었다"고 자랑했다. 나와의 인터뷰에서 틸은 "창업가들의 성격은 꽤 극단적인 데가 있습니다. 사람들에게 약간 극단적인 면이 있는 것도 딱히 나쁘지만은 않다고 생각합니다."

그렇다면 페이팔의 공동 창업자들이 생각하는 능력주의란 어떤 것일까? 개인의 능력이 인간의 잠재력을 측정하는 가장 중요한 기준이고, 집단 사고는 창의성을 죽인다는 것이다. 누구나 무엇을 믿건 자유다. 그러나 페이팔 공동 창업자들의 그런 믿음은 그리 간단한 문제가 아니다. 닷컴 붕괴 이후의 기술 산업에 지대한 영향을 미쳤을 뿐 아니라 스탠퍼드에서 틸 일당이 옹호했던 아이디어와도 정확히 일치하기 때문이다. 이런 관점에 제기할 수 있는 반론은 아주 많지만, 나는 명백한 문제점 중 하나에 초점을 맞추려 한다. 개인성individuality을 억제해서는 안 된다는 아이디어를 옹호하는 피터 틸이 역설적이게도 자기 나름의 집단적 사고를 만들고 있다. 틸은 아이비리그 출신으로 스탠퍼드 시절부터 줄곧 자신과 사고방식이 비슷하고 기성 체제에 반대하는 청개구리들과 주로 어울렸다. 〈스탠퍼드 리뷰〉의 편집자들이 스탠퍼드에서 가장 인기 있는 집단은 아니었을지 몰라도, 집단임에는 분명했다. 그들은 자신만의 독특한 집단 사고방식을 페이팔은 물론이고 이후 자신들이 창업하는 기업들에도 주입했고 실리콘밸리 전역에 그것을 전파했다. 이것은 그의 집단적 사고가 페이팔의 울타리 너머 멀리까지 영향력을 미쳤다는 뜻이다.

이런 이유로, 틸과 그의 동지들이 기업들에 채용심사 시에 지원자 개인의 능력에 초점을 맞추라고 조언할 때 그들의 말을 곧이곧대로 받아들여서는 안 되는 것이다. 오히려 그들이 능력이라는 단어를 어떻게 정의하는지 깊이 살펴볼 필요가 있다. 사람들의 '능력'을 결정하기 위해 그들은 무슨 기준을 사용할까? 그들이 주장하는 독특한 능력주의가 오직 극소수 사람에게만 일자리와 스톡옵션으로 보상해주는 것처럼 보이는데, 그 이유는 무엇일까?

틸은 과거 페이팔에서 직원 채용 시에 사용했던 편협한 기준에 대해 후회의 빛은 어디서도 찾아볼 수 없었다. "결과적으로는 스탠퍼드에서 친해진 많은 친구를 페이팔에 영입했습니다"라고 당당하게 내게 말했다. 유유상종이라고 레브친도 틸과 마찬가지로 자신의 모교 출신을 뽑았다. 페이팔의 덩치가 커져서 채용 담당자를 두고 직원들을 뽑을 때도 그들은 창업자들의 방식을 똑같이 되풀이했다. '우리와 비슷한 사람들을 뽑자'는 아이디어는 하나의 기업 문화가 되어 페이팔에 깊숙이 스며들었다. "아시겠지만 우리는 직원을 채용할 때면 언제나 '이 사람은 우리가 함께 일하고 싶고 오랫동안 친구로 지낼 수 있는 사람일까?'를 고려했습니다"라고 틸이 말했다. "우리의 마음 한구석에는 늘 그 질문이 있었습니다."

그러나 레브친은 틸과는 달리, 자신의 초기 채용 접근법에 문제가 있었노라고 솔직히 인정했고, "'잠깐만, 우리는 뭔가 잘못하고 있어'라고 화들짝 깨달은" 순간에 대해 들려주었다. 어느 날 여자 친구가 (지금은 그와 한이불을 덮는다) "지금 네가 여성을 채용하지 않는다면 앞으로도 영원히 여성을 채용하지 못할 거야. 나라도 너희 사무실을 둘러보고 '이 회사의 첫 번째 여성 직원이 되고 싶지 않습니다'라고 말할걸." 당시에는 채용이 뜸하던 시절이었다. 새 직원을 채용할 필요가 없어서가 아니라, 레브친이 모교인 일리노이 대학교에서 데려올 수 있는 '인맥'이 바닥을 드러냈기 때문이었다. 레브친은 이제 무엇을 어떻게 해야 할지 난감했다. "우리는 우리 부류가 아닌 사람은 아무도 몰랐습니다. 그런데 이미 우리의 좁은 인맥에서 우리와 비슷한 사람들을 전부 채용했습니다. 인맥 밑천이 거덜 났고 이제까지의 채용 방식을 바꿀 수밖에 없음을 깨달았습니다"라고 레브친이 친절하게 설명해주었다. 그때부터 페이팔은 더 넓은 그물을 던지기 시작했고 제인 매닝Jane Manning이라는 걸출한 여성 엔지니어링 책임자를 영입했다.

매닝은 직무에 필요한 기술적인 모든 능력을 갖춘 완벽한 인재였다. 그러나 페이팔 일당을 꼼짝 못 하게 사로잡은 그녀의 매력은 따로 있었다. 탁구를 좋아한다는 점이었다. "나는 그녀에게 완전히 매료되었습니다"라고 레브친이 말했다. "그녀가 면접장에 들어오더니 대뜸 '탁구나 한 게임 하죠'라고 말했습니다. 그 순간 느낌이 확 왔습니다. 그래서 나는 동료들에게 '와우, 정말 대단해. 그녀는 우리 회사에 금방 적응하겠어'라고 말했죠." 그러나 매닝이 페이팔에 머문 것은 불과 몇 주 되지 않았다. 그녀는 구글이라는 새 둥지를 찾아 떠났다.

페이팔에서 보낸 몇 주를 돌아보면서 매닝은 이렇게 말했다. "여성 직원이 부족한 것 때문만은 아니었어요. 진짜 문제는 문화적인 것이었어요. 하지만 여성이 더 많았다면 페이팔의 문화가 더 좋았을 수도 있었겠죠. 어쨌든 엔지니어들의 몸에 과한 자신감 같은 것이 배어 있었어요. 그런데 나는 직원들이 실수하지 않도록 도와주는 프로세스가 좀 더 많기를 바랐어요. 나는 여성들이 그런 환경에 더 잘 적응할 수 있다고 생각해요. 물론 남성들로만 이뤄지고 '우린 실수 따위 하지 않아'라는 마초적인 환경 같은 것이 무조건 나쁘다는 뜻은 절대 아니에요." 매닝은 페이팔에서 겪은 '무용담' 하나를 들려주었다. 매닝은 팀 구성원들이 버그 추적 시스템(bug-tracking system, BTS, 완성품의 오류 발생을 최소화하기 위해 소프트웨어 개발 시에 발생하는 버그 즉 오류를 추적하고 관리하는 시스템 -옮긴이)을 사용하도록 만들기 위해 그야말로 한바탕 전투를 치렀다. (심지어 한 엔지니어는 로딩할 때마다 '햄스터 댄스송Hamster Dance Song'이 나오게끔 그 시스템을 프로그래밍했다.) 하지만 팀원들은 굳이 BTS를 사용하지 않아도 필요한 것은 무엇이든 머릿속에서 계속 추적할 수 있다고 자신만만했다. 그런 데다 매닝은 틸과는 거의 기름과 물 같았다. "틸의 정치적 견해가 못내 불편했어요"라고 매닝이 내게 말했다. "더욱이 페이팔의 초기 직원 상당수가 틸이 〈스탠퍼드 리뷰〉에서 만난 사람들이라는 사실을 알고 나니 그들이 결코 나와 같은 부류가 아니라는 사실을 불현듯 깨달았던 때가 지금도 어제 일처럼 생생해요."

페이팔은 덩치가 커짐에 따라 더 많은 여성을 채용했고 엑스닷컴과 합병해 에이미 클레멘트 같은 여성들도 식구로 맞아들였다. 그러나 역사에 이름을 길이 남기게 되는 최고위 팀은 여전히 금녀의 구역이었다. 그들은 페이팔에서 큰돈을 번 다음 실리콘밸리 곳곳으로 흩어졌다. 창업의 길을 선택한 이들도 있었고 벤처캐피털 펀드에 투자하거나 새로운 펀드를 설립한 이들도 있었다. 어쨌든 그들이 각자의 영역에서 확실히 자리를 잡음에 따라 실리콘밸리에서 막강한 권력과 영향력을 거머쥐게 된다. 그들이 페이팔의 품을 벗어나 직접 창업하거나 어떤 식으로든 관여하게 되는 회사 중 상당수가 강산도 변한다는 10년 동안 가장 성공적이고 가장 가치 있는 기업들로 명성을 날렸다. 페이팔이라는 우주선의 초기 '탑승권'이 전대미문의 기회와 자동적인 성공을 가져다준 셈이었다. 그들 모두 돈방석에 앉았지만, 안타깝게도 그들 중에 여성이 단 한 명도 없었다.

2007년 페이팔 마피아의 단체사진이 격주로 발행되는 종합 경제지 〈포춘Fortune〉의 표지를 장식했다. 사진 속에는 시가와 술과 카드 한 벌이 보이고 남자들은 모두 도박꾼 포즈를 취하고 있다. "그 사진을 보는 순간 움찔했어요. 여성이 한 명도 없지 뭐예요"라고 에이미 클레멘트가 말했다. "물론 많지는 않았지만 그래도 페이팔에 명실상부 성공한 여성들이 몇몇 있었기 때문에 화가 많이 났어요." 그들이 스타트업을 창업한 적은 없었을지 모른다. 그래도 역사에 길이 남을 기회를 박탈당했다고 클레멘트가 아쉬워했다.

그렇다면 페이팔 마피아가 획득한 신화적인 지위 때문에 스타트업은 친한 남성들끼리 창업해야 성공할 수 있다는 생각이 영원한 기정사실로 고착화되었을까? 여성들이 성공적인 스타트업을 창업할 수 없었다거나 창업하지 못했다는 사회적 통념에 페이팔이 어떤 식으로든 책임이 있을까? "그들이 하나의 본보기가 된 것은 확실합니다. 누구나 페이팔 마피아가 어떻게 했고 얼마나 성공했는지를 눈으로 확인할 수 있기 때문입니다. 그냥 당신도 그들을 본보기 삼아 따라 하면 되지 않습니까?"라고 IT 전문 사모펀드업체들 실버 레이크Silver Lake와 엘리베이션 파트너스Elevation Partners를 공동으로 창업한 로저 맥나미Roger McNamee가 내게 말했다. 또한 맥나미는 가까운 친구들이나 '우리와 비슷한 부류의 사람'을 채용하는 데에 대해서도 의견을 들려주었다. "그들은 단순히 그런 채용 방식을 불멸의 공식으로 만든 것이 아닙니다. 오히려 그것을 정교한 예술로 승화시켰죠. 요컨대 그들 스스로가 그 아이디어를 정당화해주는 증거였습니다. 그들은 적절한 유전적 특징을 타고났고, 적절한 타이밍에 적절한 회사에서 동거했으며, 낙오자 없이 함께 떠났고 죽 함께 일했습니다. 물론 그 점은 아주 높이 사지만 그것이 능력주의라고요? 지나가던 소가 웃겠습니다."

페이팔 문어

2007년 〈포춘〉의 표지를 장식했던 사진 속 남성 모두가 궁극적으로 놀라운 성취를 이룬다. 페이팔이 이베이에 인수된 이후, 페이팔 마피아는 마치 문어 다리처럼 실리콘밸리 전역으로 퍼지면서 강력한 빨판으로 영양분을 빨아들였다. 그들은 자신들이 공유하는 무언가를 통해 영원히 결속되었다. 그게 무엇일까? 틸이 나와 인터뷰하던 중에 이렇게 말했다. "아시겠지만 우리 무리는 페이팔 출신의 친구 사이이고, 그래서 우리에게는 특별한 무언가가 있습니다. 페이팔에서의 시간은 평생 잊지 못할 강렬한 경험이었습니다. 그런 깊은 유대감에 견줄 만한 강렬한 경험은 평생 없을 거라고 나는 확신합니다." 그들이 페이팔을 떠나 각자의 길을 찾아감에 따라, 그들의 끈끈한 관계 자체가 자기들끼리만 사용하는 일종의 화폐가 되었다. 그들은 서로의 회사에 관여했고, 서로의 사업 아이디어에 투자했으며, 논란을 야기하는 서로의 공개 발언을 앞다투어 옹호하는 등등 대단한 '의리'를 보여주었다.

파운더스 펀드를 예로 들어 페이팔의 문어발식 확장에 대해 알아보자. 틸은 상대적으로 덜 알려진 페이팔의 공동 창업자 켄 하워리Ken Howery 와 루크 노섹Luke Nosek과 손잡고 파운더스 펀드를 설립했다. 그리고 파운더스 펀드의 파트너들은 예전 페이팔 동료인 일론 머스크의 우주벤처 사업인 스페이스엑스에 투자했다(머스크는 테슬라의 공동 창업자이기도 하다). 또한 파운더스 펀드와 막스 레브친 그리고 키스 라보이스는 페이팔 출신의 데이비드 삭스가 설립한 기업용 소셜 네트워크 서비스 야머 Yammer에 투자했고, 야머는 결국 마이크로소프트에 12억 달러로 매각되었다.

페이팔 마피아는 '가계도'를 끝없이 확장했다. 삭스는 고속 성장하는 인적자원 관리 소프트웨어 스타트업 제네피츠Zenefits의 COO에 취임했다. 그리고 2016년 제네피츠의 창업자 겸 CEO였던 파커 콘래드Parker Conrad가 주 정부의 법규를 우회하는 편법을 사용하고 '비상계단에서의 섹스sex in the stairwells'를 -이것은 사내에서 떠돌았던 어떤 메모를 통해 드러났다- 촉발한 남성 우월적 문화를 조성했다는 비난 속에서 해임되는 사태가 벌어졌다. 그러자 제네피츠의 이사회가 삭스를 후임 CEO에 올렸고, CEO가 된 직후 삭스는 틸을 이사회의 이사로 영입했다. 비록 제네피츠의 기업가치가 부정행위 스캔들의 직격탄을 맞아 하락했음에도 20억 달러 수준을 유지했다. (약 1년 후 삭스는 제네피츠를 떠난다.) 이것은 복잡하게 얽히고설킨 페이팔 마피아의 가계도에서 하나의 가지에 지나지 않는다.

페이팔 마피아의 권력은 정말 대단했다. 2017년 기업가 애덤 피소니 Adam Pisoni가 -페이팔에는 한순간도 몸담은 적이 없지만 삭스의 제안으로 야머의 공동 창업자가 되었다- 한 말이 그들의 위세를 극명하게 보여준다. 피소니는 자신이 페이팔 마피아의 '왕조적 특권dynastic privilege'이라고 명명한 것이 실리콘밸리에서 "다양성 부족 사태를 불러온 큰 원인 중 하나"라고 주장했다. 피소니는 웹 출판 플랫폼 〈미디엄Medium〉에 올린 글에서 "나는 '페이팔 마피아 왕조'의 부산물이었다"고 말했다. "나는 페이팔 마피아의 원년 멤버 한 사람과 야머를 공동으로 설립했다. 야머는 페이팔과의 연줄 덕분에 자본을 조달하기가 비교적 수월했다." 야머는 페이팔과 쌍둥이처럼 닮았다. 창업 팀도 백인 남성 일색이었고 초기에는 거의 대부분 각자의 개인 네트워크에서 백인 남성들을 '차출'했다. 그러니 그들 모두 삭스의 마피아 연줄로 커다란 혜택을 입었다고 할 수 있다. 더욱이 피소니는 야머를 통해 획득한 든든한 동아줄 덕분에 자신이 야머에서 독립해 스타트업을 창업할 때 자금을 쉽게 모집할 수 있었으며, 이는 다시 선택된 백인 남성들의 지배력을 더욱 공고히 했다고 덧붙였다. 로저 맥나미는 그것에 대해 일침을 놓았다. "페이팔 마피아의 손이 닿지 않은 회사를 알려달라."

리드 호프먼도 틸의 친구라는 사실만으로 막대한 혜택을 입었다고 시인했다. "피터와 나는 스탠퍼드 대학교 과 동기였는데, 그것이 결과적으로는 내 경력에서 엄청난 변곡점이 되었습니다." 비즈니스 전문 소셜 네트워크 서비스 링크트인을 공동으로 설립한 호프먼은, 직업이 직업인지라 개인의 인맥이 조직의 다양성에 좋건 나쁘건 어떻게 영향을 미칠 수 있는지에 대해 고민을 많이 한다(링크트인은 페이팔의 초창기 이사회 일원이었던 저명한 벤처캐피털리스트 마이클 모리츠Michael Moritz가 자금을 댔다). "신설팀에 합류할 20명을 채용하는 데 19명을 뽑았고 나머지 한 명이 남았다고 가정해봅시다. 그럴 때는 '이미 뽑은 나머지 19명과 가장 다른 사람은 누구일까?'라고 생각하지 않겠죠. 그런 생각은 아무 도움이 되지 않습니다"라고 호프먼이 주장한다. "그렇다면 모두가 사회·경제적으로 비슷한 계층의 백인 남성들만 뽑아야 할까요? 나라면 그렇게 하지 않겠습니다. 그것은 당신을 낭떠러지로 굴러 떨어뜨리는 지름길일 가능성이 더 큽니다." 호프먼은 각자가 어떤 사람이고 어떤 배경을 갖고 있든 상관없이 팀 구성원 전부가 회사의 사명을 중심으로 신속하게 단합하는 것이 가장 중요하다고 생각한다.

호프먼은 2016년 링크트인을 마이크로소프트에 매각했는데, 매각대금이 무려 262억 달러였다. 나는 호프먼에게 인맥이 실리콘밸리의 성별 불균형 문제의 일부인지 단도직입적으로 물었다. 이에 호프먼은 직답을 피하고 우회적으로 대답했다. 만일 시간을 되돌릴 수 있다면 스탠퍼드에 재학하던 시절로 돌아가서 소수의 사람들과 어울리기보다는 더 많은 사람들과 특히 더 많은 여성과 교류하고 관계를 쌓겠노라고 말이다. 그러면서 하나의 우정이 가져다주는 엄청난 혜택을 몸소 체험했기 때문이라고 그 이유를 설명했다.

클레멘트도 기술 분야에서 왕조적 특권이 문제라는 데에 동의한다. "나는 상황이 더욱 나빠질 거라고 생각해요. 이곳 사람들은 자신의 지인과 친구들을 채용하기 때문이에요"라고 그녀가 말했다. "돈이 (페이팔 마피아를 중심으로) 움직이는 데다가 인재도 그 집단의 주변에 몰려들어 좋은 사람을 뽑기가 식은 죽 먹기죠. 하지만 어차피 그것이 노동시장의 생리라고 생각해요. 유유상종이라는 말이 있듯 엘리트들은 엘리트들과 연결되죠. 생판 모르는 남에게 투자하는 것보다 당신이 잘 알고 신뢰하는 사람들에게 투자하는 것이 논리적으로 타당하잖아요. 그렇지만 우리는 다른 사람들도 들어올 수 있도록 눈에 보이지 않는 장벽을 통과할 기회의 문을 열어주어야 해요."

안타깝게도 페이팔이 구축한 것과 같은 인맥들은 일단 형성이 되고 나면 새로 진입하기가 어렵다. 진짜 마피아들처럼 당신은 어떻게든 널리 알려진 유명 집단의 일부가 되어야 한다. 그런 패거리가 휘두르는 힘과 권력 그리고 그들이 창출하는 비즈니스 모멘텀은 무슨 말로도 형언하기 힘들 만큼 실로 막대하다.

예를 들어 제러미 스토플먼Jeremy Stoppleman과 러셀 시몬스Russel Simmons 는 (둘 다 〈포춘〉을 장식한 표지 사진에 포함되었다) 맛집 추천으로 유명한 지역 리뷰 사이트 옐프를 창업했고, 옐프는 상장 첫날 시가총액이 14억 3000만 달러에 달했다. 막스 레브친은 옐프에 투자했고 나중에 회장으로 취임했다. 채드 헐리Chad Hurley와 스티브 첸 그리고 조드 카림Jawed Karim은 유튜브를 탄생시켰고, 설립 후 불과 1년 만에 구글에 16억 5000만 달러라는 엄청난 액수에 매각했다.

이런 독특한 '능력주의 사회'에서는 당신이 누구를 아는가가 절대적으로 중요하다. 미국의 대표적인 벤처캐피털업체 중 하나인 세쿼이아 캐피털Sequoia Capital의 회장으로 링크트인과 페이팔에 투자했던 마이클 모리츠는, 페이팔이 이베이에 인수된 이후 페이팔의 최고재무책임자CFO, Chief Financial Office였던 로엘로프 보타Roelof Botha를 세쿼이아의 파트너로 영입했다. 그리고 보타의 초기 투자 기업 중 하나가 바로 유튜브였다. 그가 유튜브에 투자한 사연이 흥미롭다. 그가 신혼여행에서 돌아온 직후였다. 여행지에서 촬영한 몇몇 디지털 동영상을 공유하고 싶었지만 방법이 없었다. 그러던 차에 유튜브라는 신생 사이트를 알게 되었고, 유튜브가 가진 막대한 잠재력에 곧바로 매료되었다. 운도 따라주어 유튜브의 공동 창업자 세 사람도 자신의 예전 페이팔 동료들이었다. 그뿐 아니라 보타는 페이팔의 초기 투자자였던 케빈 하츠Kevin Hartz가 창업한 해외 디지털 송금업체 줌Xoom에도 자금을 댔다. 아직 놀라기는 이르다. 줌은 2015년 페이팔에 8억 9000만 달러에 인수되었다.

한편 하츠가 키스 라보이스와 조드 카림과 손잡고 창업한 벤처캐피털 업체 요유니버시티 벤처스Youniversity Ventures는 -이후 와이 벤처스Y Ventures로 이름을 바꾸었다- 피터 틸이 공동으로 창업한 소프트웨어 개발업체 팰런티어Palantir에 초기 투자자로 이름을 올렸다. 라보이스는 링크트인에서 호프먼을 위해 일했고 세쿼이아의 보타가 투자한 전자결제 업체 스퀘어Square의 COO로 취임했다. 그러다가 동성애자였던 라보이스는 남성 직원이 연루된 성추행 추문에 휩싸여 (그는 혐의를 부인했다) 스퀘어를 사임했고, 코슬라 벤처스Khosla Ventures의 제너럴 파트너(General Partner, GP, 업무 집행 조합원으로 불리며 벤처캐피털이 리미티드 파트너Limited Partner, LP라고 불리는 유한 책임 출자자로부터 돈을 모아 만든 펀드를 직접 운용함 -옮긴이)로 합류했다. 라보이스는 링크트인를 떠나 스퀘어의 COO가 되기 전에, 막스 레브친이 설립하고 틸의 파운더스 펀드가 자금을 지원하는 소셜 애플리케이션 개발업체 슬라이드Slide의 부사장을 지냈다. 한편 슬라이드는 레브친에게 다양성과 관련해 값비싼 교훈을 안겨주었다. 페이팔처럼 남초(男超)적인 경영 팀이 반드시 성공의 보증수표인 것은 아니라는 사실이었다.

막스 레브친이 다양성의 가치에 눈을 뜨다

샌프란시스코에서 스타트업이 밀집되어 있는 소마 지역에 가면 타운센드 거리Townsend Street가 있고, 그곳에 멕시코 술집 겸 식당인 트레스Tres가 있다. 슬라이드의 직원들은 특별 할인을 해주는 해피아워 시간에 그곳을 즐겨 찾는다. "직원들이 그곳에 갔다 하면 술을 진탕 마셨어요"라고 레브친이 솔직하게 말한다. "만약 남자들끼리 해피아워 시간대에 술집에 간다면, 술로 스트레스를 풀면 안 된다고 어떻게 말할 수 있겠습니까?" 내성적인 레브친은 취할 정도로 술을 마시지는 않지만, 그의 직원 중 상당수는 기분 좋게 취하는 이상으로 맥주를 마셨다.

제이슨 루벤스타인Jason Rubenstein은 2008년 소프트웨어 엔지니어로 슬라이드에 합류했는데, 당시는 페이스북에서 슬라이드의 소셜 애플리케이션과 게임이 크게 인기를 끌어 회사가 훨훨 날던 때였다. 슬라이드의 직원들은 야근을 밥 먹듯 했고, 날마다 전날의 기록을 깨기 위해 눈에 불을 켰다. 루벤스타인은 팀마다 맥주가 가득 채워진 소형 냉장고가 있었다고 기억한다. 하지만 간간이 한 잔씩 홀짝이던 것이 때로는 오후 3시부터 삼삼오오 모여 술판으로 이어지곤 했으며, 개중에는 취할 정도로 술을 마시는 직원들도 많았다. 루벤스타인에 따르면, 어느 날 밤 한 엔지니어가 술에 취해 새벽 3시에 코드를 실행하다 그만 슬라이드의 웹사이트 전체가 다운된 적도 있었다고 한다.

슬라이드에 여성 엔지니어가 몇몇 있었는데, 그들은 회사의 술 문화에 불편해지기 시작했다. "어느 순간 술 문화는 파티에서 불쾌한 스킨십 같은 성희롱으로 이어졌습니다."라고 루벤스타인이 기억을 떠올린다. "상대방이 딱 잘라 거절하는데도 그런 행동을 계속한다면 그건 분명 문제입니다." 슬라이드에서 일한 한 여성은, 암암리에 여성 차별적인 분위기가 흐르고 누가 누구와 잤다는 소문이 무성했다며 슬라이드가 딱 남학생 클럽 같았다고 내게 말했다.

실리콘밸리의 많은 스타트업은 창업자나 직원이 대학을 갓 졸업한 청년들이고, 따라서 사무실에서 술을 마시는 모습은 흔한 풍경이다. 심지어 구글, 페이스북, 트위터 등등 대부분의 거대 IT기업은 꼭지를 틀면 맥주가 나오는 시설을 사내에 구비하고 있다. 한편 규모가 작은 스타트업은 종종 야근하는 직원들끼리 한잔할 수 있도록 냉장고에 맥주를 채워놓는다. 루벤스타인은 슬라이드의 음주 문제와 '은근한 성차별적인 분위기'가 '미성숙한 사람들로 이뤄진 문화'의 증상이라고 일갈한다. 그런 식의 환경에서는 "'에이, 저 사람 게이야' '혹시 남장 여자야?' 같은 온갖 종류의 성적인 발언이 오갑니다. 솔직히 그런 음담패설을 하도 많이 들어 귀에 딱지가 앉을 정도입니다"라고 루벤스타인이 말한다.

오늘날 레브친은 슬라이드의 문화가 완벽한 브로토피아는 아니었다고 주장하고 싶은 듯했다. "슬라이드가 본래는 내가 간헐적 도덕 공백 문

化occasional moral-vacuum culture라고 부르는 문화를 구축했다고 생각합니다"라고 그가 내게 말했다. "사람마다 무엇이 적절한지 혹은 무엇을 용납하기 힘든지에 대해 각자 다르게 해석했습니다." 레브친은 슬라이드의 초창기부터 충분한 시간과 노력을 들여 조직 문화를 주도적으로 이끌었어야 했는데, 그렇게 하지 못한 것이 자신의 실수였다고 인정한다. 그는 "그 실수가 가끔씩 충돌을 야기했다"고 시인하며 '지극히 부적절한 행동'은 물론이고 중상모략과 전반적으로 솔직하지 못한 분위기 같은 파괴적인 사내 정치로 귀결되었다고 말했다.

슬라이드가 내부에서부터 파멸하고 있음을 깨달았을 때 레브친은 과감한 조치를 취했다. 브로들을 면직하거나 해고한 것이다("브로들이 확실히 일부 있었습니다"라고 그가 시인했다). 그는 '고래 싸움에 등 터진 새우' 신세인 직원들에게 사과했고, 직원들을 대상으로 "우리는 한배를 탄 동지다"라는 취지의 연설을 했으며 슬라이드를 정상 궤도에 올리기 위해 문화를 재정비하려고 노력했다.

이런 노력에도 슬라이드는 성공하지 못했다. 적어도 실리콘밸리의 높은 기준에서 볼 때는 그랬다. 슬라이드는 다양한 사업 모델과 제품을 시도했지만 결과가 신통치 않았다. 2008년 최종 투자 라운드(round, 회사가 특정 시점의 투자자 전체와 동일한 조건으로 투자하는 한 단위 –옮긴이)에서 투자자들에게서 7800만 달러를 조달하고 기업가치가 5억 달러로 평가되었지만, 불과 2년 후인 2010년 기업가치가 반 토막 훨씬 아래로 떨어져 구글에 1억 8200만 달러에 매각되었다. "나는 훨씬 더 잘할 수도 있었습니다. 하지만 결과적으로는 내가 일원이라는 사실이 별로 자랑스럽지 않은 문화를 만들고 말았습니다"라고 레브친이 내게 말했다. 이후 레브친은 2012년에 모바일 결제 회사 어펌Affirm을 2013년에 임신 관련 정보로 불임 부부들에게 도움을 주는 글로Glow를 연이어 창업했다. 그리고 그는 지난날의 실수를 반복하지 않기 위해 사내 해피아워를 금지했다.

"이번에는 처음부터 아주 철저히 단속했습니다. 직원들에게 해피아워가 없을 거라고 단호히 말했습니다. 해피아워는 브로 문화로 이어지는 지름길입니다"라고 레브친이 말한다. 시간이 흐르면서 그는 그 원칙을 약간 누그러뜨리기는 했지만 일련의 핵심적인 사내 가치를 확립했다. 또한 잠재적 편견에 대한 교육unconscious-bias training을 제공했고, 더 많은 여성을 영입하기 위해 여성 코딩 커뮤니티들과 접촉했으며, 유익한 일-가정 양립 정책들을 시행했다. 또한 레브친은 "많은 점에서 나는 여성과 직원들에게 더욱 친화적인 고용주가 되었습니다"라고 말한다.

"레브친은 선천적으로 아주 공정한 사람이에요. 그의 공정성 원칙은 아주 확고하죠"라고 어펌의 사내 변호사로 일하는 크리스티나 밀러 Christina Miller가 말한다. "양성평등은 그에게 아주 중요한 개념이에요." 밀러는 레브친이 어펌에서 포용적인 동시에 매우 진중한 문화, 다른 말로 여성들의 역량 강화에 매우 적극적인 문화를 구축했다고 역설한다. 또 밀러는 레브친이 '능력주의'라는 단어를 입에 올리는 것을 단 한 번도 들은 적이 없다고 강조한다. "그렇다고 어펌에 인적자원 관리상의 문제가 전혀 없었다는 말은 아니에요. 다만 그런 문제가 술과 연루된 것은 거의 없었어요. 대개의 경우 실리콘밸리 특유의 오만함이 더 큰 골칫거리였죠." 그녀가 말하는 실리콘밸리 특유의 오만함은 기술적인 능력을 높이 평가하는 산업에서 일부 엔지니어들이 특권을 부여받은 양 안하무인으로 행동하는 경향이 있음을 지칭한다.

어펌에서 자신이 사용한 컵과 그릇을 직접 설거지한다고 알려진 레브친은 건강한 문화를 구축하기 위해 20년간의 창업 경험에 의존한다. "굳이 변명하자면 페이팔에서는 우리 모두가 혈기 왕성한 젊은 나이라 겁 없이 질주했었습니다"라고 레브친이 말한다. 반면 슬라이드에서 그는 '문화적으로 잘못된 선택'을 너무 많이 했다. "늦게나마 정신을 차린 덕분에 어펌의 문화는 앞의 회사들과는 확연히 다릅니다"라고 그가 말한다.

안타깝게도 틸은 자기반성과 자기 성찰을 하지 않았다. 오히려 틸은 《제로 투 원》에서 여성 혐오증, 남성우월주의, '우리'와 '외부인'을 철저히 나누고 외부인을 배척하는 분위기가 깊게 스며 있는 '페이팔 마피아'라는 별명을 기꺼이 받아들이는 모양새다. 그의 저서는 현재까지 전 세계적으로 많은 기업가 지망생을 포함해 자신만의 억만장자 마피아를 만들 수 있기를 꿈꾸며 수십 만 독자가 읽었다.

능력주의에 대한 비판

페이팔 마피아는 처음부터 철저히 능력을 기준으로 직원을 채용했다고 믿는다. 그들은 그런 믿음에 한술 더 떠서 실리콘밸리가 능력주의의 전형을 보여준다는 주장을 줄기차게 해오고 있다. "만약 능력주의가 지구상의 어딘가에 존재한다면 그곳은 실리콘밸리다"라고 데이비드 삭스가 2014년 〈뉴욕 타임스〉와의 인터뷰에서 말했다. 이것은 페이팔의 채용 관행이 '완벽한 능력 검증' 시스템이었다는 라보이스의 믿음을 상기

시킨다. 나는 내가 진행하는 TV 프로그램 〈블룸버그 테크놀로지Bloomberg Technology〉에서 라보이스와 삭스와 여러 차례 토론을 벌였고, 그들과의 토론은 매번 즐거웠다. 그런 의미에서 나는 이 책의 지면을 빌려 그들의 주장을 아주 세세하게 비판해보려 한다.

〈스탠퍼드 리뷰〉에서 인연을 맺은 마피아들은 자신들이 대학에서도 기술 산업에서도 주류에 들지 못하는 이방인이었다고 주장하며, 자신들의 그런 처지를 오히려 명예 훈장으로 여긴다. 주류에 반하는 이단적인 관점을 고수했음에도 그들이 실리콘밸리에서 크게 성공했다는 사실은 그들의 성공 비결이 철저히 능력이었음을 반증하는 것이라고, 그들은 주장한다. 하지만 그들은 출발점부터가 예사롭지 않았다. 세계 최고 명문 대학 중 한 곳에서 출발했으니 유의미한 어떤 잣대로 보더라도 자신들이 외부인이었다고 주장하는 것은 확대 해석이다. 어쩌면 〈스탠퍼드 리뷰〉에서 주장한 과장된 발언들 때문에 일부 동아리와 파티에서 배척당했을지는 모른다. 하지만 허레이쇼 앨저(Horatio Alger, 보잘것없는 사람이 열심히 노력해 결국은 큰 성공을 거둔다는 자수성가형 이야기를 주로 썼음 -옮긴이)의 소설 속 주인공들과는 달리 그들은 어찌 보면 분명 내부자들이었다. 학생 신문이라는 (비록 인기 있는 동아리는 아니었지만) 비빌 언덕이 있었던 데다가 무엇보다도 명문 대학들이 제공하는 강력하고 부유한 사람들에게 쉽게 접근하고 그들과 인맥을 쌓을 수 있는 특권이 주어졌으니 말이다.

클레멘트의 말을 직접 들어보자. "실소를 금할 수 없었던 적이 한두 번이 아니에요. 직원들끼리 페이팔의 성공에 대해 이야기를 나눌 때면 어땠는지 아세요? 남성 직원들의 단골 주장은 '우리는 정말 똑똑했고 죽어라 열심히 일했어'였던 반면, 여성 직원들의 레퍼토리는 '세상에, 우리는 진짜로 운이 좋았어'였어요." 두 주장 모두 분명 일리 있는 말이지만, 페이팔의 성공에 운이 중요한 역할을 했음을 입증하는 증거가 '차고 넘친다.' 창업하고 2년 후인 2000년 닷컴 버블이 터지기 시작했을 때 페이팔은 용케도 1억 달러 투자를 유치했다. "투자 유치를 시도했다가 실패한 기업들이 얼마나 많았는지 아세요? 시장이 붕괴하기 직전에 시리즈 B(series, 시리즈는 스타트업이 벤처캐피털 투자를 받는 단계를 말하며 첫 번째 투자 유치를 시리즈 A라고 부르고 순서대로 시리즈 B, 시리즈 C식으로 진행됨 -옮긴이) 투자를 성공시키지 못한 기업들은 또 얼마나 많았게요." 클레멘트의 목소리가 점차 잦아들었다. 일주일만 빨리, 페이팔이 1억 달러를 금고에 쟁여두기 전에 닷컴 위기가 닥쳤더라면 어떻게 되었을까? 삭스가 그것에 대한 답을 직접 들려준다. 한번은 삭스가 어떤 글에서 페이팔이 그때 투자 라운드를 종결하지 못했더라면 '파산'했을거라고 주장했다.

하지만 페이팔 마피아의 조직원들은 페이팔을 떠난 이후에도 성적이 꽤 좋았다. 그들이 줄줄이 창업한 많은 기업의 성공률이 상당했던 것이다. 이것은 그들의 말대로, 그들이 능력으로 성공했다는 사실을 간접적으로 보여주는 증거는 아닐까?

능력주의라는 개념의 유래는 고대 중국의 철학자 공자의 저서들로 거슬러 올라간다. 기원전 2세기에 한(漢)나라는 처음으로 능력주의라고 알려진 제도를 시행했고 (물론 당시는 그것을 능력주의라고 부르지 않았다) 과거 시험을 통해 정부 관료들을 등용했다. 18세기 계몽주의 시대에 서구인들이 유교 경전을 번역해 서구 사회에 소개함에 따라 능력주의라는 아이디어가 유럽과 미국으로 전파되었다.

하지만 능력주의를 뜻하는 '메리토크라시meritocracy'라는 용어가 등장한 것은 20세기 들어서였다. 구체적으로 말하면, 1958년 영국의 사회학자이자 정치가인 마이클 영Michael Young이 사회적 지위를 결정하는 다소 새로운 방법에 내재된 막대한 위험성을 경고하는 저서를 발표했을 때였다. 그는 풍자적 소설《The Rise of Meritocracy 능력주의의 부상》에서, 사회적 지위가 출생과 혈통으로 결정되는 데서 교육 수준과 성취에 따라서 정해지는 체제로 이행移行하는 디스토피아적인 가상의 영국을 그린다. 물론 영이 구체제로 회귀하는 것을 옹호하지는 않았다. 그러나 새로운 사회체제로서 능력주의가 확산되는 것이 아주 위험하다고 생각했다. 그리고 새로운 이 세상에서도 높은 지위에 오를 수 있는 기회가 선택된 소수에게만 허용될 거라고 암울하게 예측했다. 그들은 누구였을까? 당연히 고등 엘리트 교육을 받을 수 있는 사람들이었다. 아울러 그는 그런 결과로 결국 능력주의는 새로운 사회계층화와 도덕적 선민의식이라고 할 수 있는 도덕적 예외주의를 낳을 거라고 내다보았다.

비록 영의 소설이 사람들에게 경종을 울리는 풍자소설이었지만, 능력주의라는 아이디어는 부정적인 모든 함의는 잊힌 채 새로운 기회의 평등을 일컫는 용어로 인식되기 시작했다. 아직 닷컴 붐이 진행되던 2000년까지만 해도 당시 영국의 총리였던 토니 블레어가 '능력주의' 사회의 미덕을 극찬하는 소리를 들을 수도 있었다(블레어 총리는 "엘리트가 영국을 지배하던 시대는 끝났다. 새로운 영국은 능력주의가 지배한다"고 선언했음 - 옮긴이).

저서가 출간되고 50년이 지난 후에 블레어의 선언을 들은 영은 어떤 심정이었을까? 영은 영국의 유력 일간지 〈가디언〉에 기고한 옵에드op-ed 즉 기명 논평에서 블레어를 공개적으로 비판했고, 자신의 소설이 가져온 불행한 결과에 "슬프도록 실망했다"고 고백했다. 영은 "능력에 따라서 사람들을 뽑아 쓰는 것은 타당하다"고 말했다. "그러나 특정한 종류의 능력을 보유한다고 평가되는 사람들이 그렇지 못한 사람들을 철저히 배제하는 새로운 사회적 계층을 고착화하는 것은, 절대로 온당치 못하다. 만약 능력주의 사회의 엘리트들이 순전히 자신의 능력으로 그 자리에 올랐다고 믿는다면, 자신이 갖고 싶은 것은 무엇이든 가질 자격이 있다고 생각할 수도 있다. 실제로도 점점 더 많은 사람이 그렇게 생각하도록 사회가 부추긴다. 그들이 거들먹거리는 행태는 정말이지 눈뜨고 봐주기 힘들다. 아니, 얼마나 눈꼴 시린지 자신의 능력 때문이 아니라 누군가의 아들이나 딸이라서 그 자리에 오를 수 있었다고 즉 자신이 족벌주의의 수혜자였다고 생각하는 사람들이 상대적으로 괜찮아 보일 정도다. 한편 능력주의 사회에 새로 들어오는 사람들은 자신의 장점이 도덕성이라고 생각할 수도 있다. 그리하여 사회 전반의 보편적인 불평등이 시간이 흐를수록 더욱 악화된다."

'특정한 능력이 없는 사람을 철저히 배제하는 새로운 사회적 계층'이라고? 물론 영은 기술 산업을 딱 꼬집어 말한 것이 아니었다. 하지만 기술 산업은 영이 말한 그 사회적 계층에 딱 부합했다. 오늘날 실리콘밸리 어디를 가도 노골적으로 그리고 은유적으로 들리는 이야기가 하나 있다. 실리콘밸리의 승리자들은 자신이 획득한 모든 전리품을 자신이 가질 자격이 충분하다는 주장이다.

솔직히 내가 만나본 기술 산업의 많은 억만장자 모두가 아주 영리하고 창의적 사고력이 뛰어나며 열심히 일하는 것처럼 보였다. 그리고 그들 중에서도 특히나 더 영리하고 창의성이 더욱 돋보이며 더 열심히 일하는 사람들도 있었다. 정도의 차이는 있었지만 그들에게 운이 따라주었다는 것도 부인할 수 없는 사실이다. 더러는 억세게 운이 좋았고, 많은 경우는 자신들보다 특권이며 운이 따라주지 않았던 보통 사람들과 비교해 최소한 평타 수준은 되었다.

만약 실리콘밸리가 진정한 능력주의 사회라면, 그리고 직무를 수행하는 각자의 진정한 기술과 실력에 따라서 기회가 주어진다면, 남녀를 떠나 모든 구성원에게 좋은 일이다. 그러나 페이팔 마피아를 보면 알 수 있듯 실상은 다르다. 실리콘밸리는 능력주의 사회가 절대 아니다. 근본적으로 볼 때, 능력주의 사회를 만드는 것은 불가능하다. 마이클 영이 말한 바와 같이, 능력주의는 능력이라는 개념에 대한 불완전한 정의에 기초할 뿐 아니라, 가끔은 주로 부자들의 전유물이라고 할 수 있는 교육 훈련과 인맥에 유리하게끔 협의적으로 정의되기 때문이다.

스탠퍼드를 예로 들어보자. 스탠퍼드 대학교 학생들은 고등학교 성적과 SAT 점수가 최상위권이기 때문에 입학사정관들은 "우리는 각자의 능력에 따라서 가장 우수한 학생들만 입학시켜. 우리 대학은 능력주의 사회야"라고 자화자찬할 수 있다. 학생들도 그들과 비슷한 생각을 갖도록 유도된다. 하지만 스탠퍼드 대학교 전교생의 중위소득(median income, 가구를 소득 기준으로 일렬로 줄 세웠을 때 중간에 위치하는 가구의 소득 -옮긴이) 가정의 연소득이 16만 7500달러인 반면, 미국 전체 가정의 중위소득이 그것의 약 3분의 1에 불과한 것은 그저 우연의 일치일까? 우수한 학생들은 자력으로 SAT에서 고득점을 얻었을까, 아니면 과외 교사를 붙여주고 사립학교에 보내주는 부모의 재력으로 도움을 받았을까? 사회적으로 출세할수록 특권은 늘어난다. 만약 당신의 대학교가 졸업 후 일자리를 구할 때 동원할 수 있는 인맥의 토대라면, 미래의 취업 성공 여부가 오직 당신의 개인적인 능력에 달려 있다고 말하는 것은 어불성설이다.

능력주의에는 다른 문제점들도 있다. 일례로 어떤 연구 결과를 보면, 기업들이 '능력' 기반의 보상 시스템을 채택한다면 동일한 성과를 내도 여성보다 남성에게 더 많은 승진 기회와 보너스를 줌으로써 성차별이 더욱 심화된다고 한다. 이런 면에서 볼 때, 당신의 직장이 능력주의 조직이라는 확신이 든다면, 때로는 성차별과 인종차별을 근절하기 위해 열심히 노력할 생각일랑은 잊어버리는 것이 상책일 수도 있다.

메건 가버Megan Garber 기자는 〈애틀랜틱〉에 실린 기사에서 이렇게 말했다. "'능력주의'의 핵심적인 가정은 사실상 평등이 미국 땅에서는 절대 존재하지 않는다는 것이다. 평등은 현실이라기보다는 환상이다. 우리는 결국 능력이 승리할 뿐 아니라 능력으로 성공할 수 있는 도구는 근면 성실일 거라 믿고 싶어 한다. 말인즉 우리는 기회가 공평하게 분배된다고 믿고 싶어 한다. 그러나 다들 알다시피, 기회라는 커다란 에스컬레이터가 남들보다 유독 빠르게 움직이는 사람들이 있다. 반면에 아예 에스컬레이터에 발을 올리는 것조차 남들보다 힘든 사람들도 있다." 하나의 개념으로서 능력주의는 우리가 가진 가장 좋은 모습을 증명할 수 있는 기회인 동시에 '우리의 가장 추악한 모습을 정당화하는 역할'을 할 수도 있다고, 가버가 첨언했다.

실리콘밸리의 많은 사람은 '자수성가형' 성공담에 막대하게 투자한다. 그러나 그런 성공담에는 심각한 결점이 있다. 현재의 이야기가 아니라 시간이 흐른 후 과거를 돌아보는 회고적 이야기이며, 성공에 기여하는 실질적인 모든 요소를 깊이 있게 담아내지 못한다는 점이다. 개인의 인맥과 타이밍 그리고 영향력 있는 후원자들에게서 투자를 유치할 가능성 모두 스타트업의 성패를 좌우할 수 있다. 스탠퍼드나 하버드 같은 학연에서 비롯하는 사회적 유대감은 당연히 큰 자산이다(솔직히 말해 나도 학연으로 도움을 받았다). 즉 그런 학연을 가진 사람과 그렇지 않은 사람은 출발부터가 다르다. 실리콘밸리는 업종마다 소수의 기업만 크게 성공할 수 있을 만큼 경쟁이 극심한 곳이다. 이것은 무슨 뜻일까? 결과가 오직 능력에서만 비롯하는 것이 아니라는 의미다. 결과에 영향을 미치는 다른 요소들이 분명 있다. 단언컨대, 경기의 어느 단계에서도 모든 선수에게 공평한 경기장을 제공하지 않는다.

만약 실리콘밸리가 진실로 공평한 경쟁의 장이라면, 피터 틸처럼 똑똑한 사람은 굳이 스탠퍼드를 다니지 않았어도, 여성이나 흑인이었어도, 지금의 틸과 똑같이 성공할 수 있었어야 한다는 논리가 가능하다. 물론 정말 그럴 수 있을지는 누구도 알 수 없다. 다만 한 가지 개연성이 아주 높은 시나리오는 유추해볼 수 있다. '무늬'가 같은 제2의 피터 틸이 페이팔에 들어갔을 가능성 자체가 매우 희박했을 듯하다.

피터 틸이 〈스탠퍼드 리뷰〉 시절 가졌던 우파적 관점들이 세월이 흐르면서 일부가 변했음에도 실리콘밸리 제국의 철인 왕은 지금도 선동자적 기질을 버리지 못했다. 일례로 2009년 자유주의 성향의 온라인 저널 〈카토 언바운드Cato Unbound〉에 기고한 에세이에서 틸은 "이제는 자유와 민주주의가 양립할 수 있다는 믿음을 버렸다"고 선언했다.

그의 정치관은 명명백백하다. 그는 에세이에서 이렇게 말했다. "1920년대는 미국 역사에서 미국인들이 정치에 대해 진정으로 낙관적일 수 있었던 마지막 10년이었다. 1920년부터 복지 수혜자들이 어마어마하게 증가하고 선거권이 (여성들에게) 확대됨에 따라 -두 개의 유권자 집단은 자유주의자들에게 매우 불리한 환경이다- '자본주의적 민주주의capitalist democracy'라는 개념은 모순이 되고 말았다."

잠깐 틸의 발언을 정리해보자. 지난 20년간 실리콘밸리 문화를 구축하고 이끌어온 핵심 설계자들 중 한 사람은 여성에게 선거권을 부여함으로써 민주주의를 훼손했다고 믿는다.

자본주의적 민주주의를 실현하겠다는 꿈이 좌절되자 틸은 다른 탈출 방법을 찾았다. 사이버 공간, 우주 공간, '시스테딩(seasteading, 공해상公海上에 영구적인 독립 거주지나 국가를 만드는 프로젝트 -옮긴이)'을 새로운 3대 개척지로 삼았다. 틸은 위의 에세이에서, 사이버 공간에서는 물리적인 국경과 상관없이 공동체를 건설할 수 있고 우주의 변방 지역도 사이버 공간과 마찬가지로 무한하다고 주장했다. 그러면서도 그 시기에 대해서는 현실적으로 생각할 필요가 있다고, 즉 21세기 전반기에는 불가능할 수도 있다고 단서를 달았다. 아마도 그는 '시스테딩'에 기대와 애착이 컸을 듯하다. 시스테딩이라는 말은 사실 틸이 처음으로 사용했다. 틸은 시스테딩이 기존하는 어떤 국가의 법률도 적용받지 않고 오직 혁신과 자유에만 초점을 맞추는 바다에 떠 있는 해상 공동체를 건설하는 것이라고 설명했다.

틸은 해상이나 우주 공간에 떠도는 새로운 공동체라는 획기적인 아이디어를 낼 수 있을 만큼 확실한 비전가visionary다. 그런데도 기술 산업에 더 많은 여성 인력을 참여시키는 방법에 대해 물으면 생각해보는 시늉도 하지 않고 "잘 모르겠습니다"라고 단답형으로 일갈한다. 앞에서도 말했듯이, 틸은 여성 유권자들이 자신과 같은 '자유주의자들에게 불리한 환경'을 조성한다고 믿는다는 점에서 볼 때 아예 그 사안에 대해서는 특별한 관심이 없는지도 모른다.

2016년이 되자 시스테딩에 대한 틸의 기대와 흥분이 크게 잦아든 모양새였다. 이번에도 그는 돈을 걸 다른 경주마를 쉽게 찾아냈다. 바로 도널드 트럼프였다. 틸은 기존의 발언을 뒤엎고, 당시 공화당 대통령 후보였던 트럼프를 공개적으로 지지하고 나섰다. 처음에는 트럼프의 슈퍼팩(super PAC, Political Action Committee, 정치 헌금을 무제한적으로 모금할 수 있는 특별 정치 활동 위원회 -옮긴이)과 선거 캠프에 125만 달러를 기부했고, 나중에는 공화당 전당대회Republican National Convention, RNC에 참석해 지지 연설을 했다. 그러자 실리콘밸리의 많은 친구가 그에게서 등을 돌렸다. 특히 그날 전당대회 연설에서 틸은 자신이 동성애자라고 커밍아웃 했는데(사실 실리콘밸리의 가십을 전하는 블로그 미디어 〈밸리왜그Valleywag〉가 수년 전에 틸이 동성애자라고 폭로했다), 이로써 그는 RNC에서 커밍아웃 한 최초의 인물로 역사에 남게 되었다. 그러나 그의 다른 발언은 성 정체성의 중요성을 폄훼함으로써 공분을 샀다.

"내가 어릴 때는 어떻게 하면 소련을 이길 수 있을지가 가장 중요한 토론 주제였습니다. 그리고 우리는 소련과의 싸움에서 이겼습니다"라고 틸이 RNC 연단에서 선언했다. 그런 다음 성 전환자들의 권리를 둘러싸고 최근 벌어지는 논쟁을 언급함으로써 논란을 자초했다. "이제는 가장 중요한 토론이 누가 어떤 화장실을 사용해야 하는가에 대한 것이라는 말이 돌고 있습니다. 이것은 우리가 직면한 진짜 문제에 집중하지 못하게 만듭니다. 누가 어떤 화장실을 쓰든 그게 뭐 그리 중요합니까?"

IT 산업의 블로그 등에 틸을 비난하는 글들이 쇄도했고 틸은 실리콘밸리에서 공공의 적이 되었다. 심지어 틸을 페이스북 이사에서 해임하라는 여론이 들끓자 페이스북의 마크 저커버그가 틸을 공개적으로 옹호했다. 저커버그가 직원들에게 보내는 편지 형태의 페이스북 글에서 "우리는 다양성을 매우 중요하게 생각합니다"라고 말했다. "자신이 동의하는 아이디어를 옹호하기는 쉽지만 자신과 관점이 다른 사람들의 편에 서서 그들의 권리를 옹호하기는 매우 어렵습니다. 그러나 후자가 훨씬 중요합니다. 다양성이 중요하다고 외치면서도, 특정 후보를 지지한다는 이유로 이 나라 절반에 가까운 사람을 배제하는 문화를 만들어서는 안 됩니다."

저커버그가《다양성 신화》의 저자인 틸을 '다양성'에 근거해 옹호했다는 점이 역설적이다. 저커버그는 대학생을 대상으로 하는 페이스북 피드를 통해 한술 더 떴다. 틸이야말로 페이스북이 다양하고 포용적인 환경을 어떻게 구축할지에 대한 표본이라고 치켜세운 것이다. "내 개인적으로는, 사회 전체가 함께 진전하기를 바란다면 모든 종류의 다양성을 수용해야 한다고 생각합니다." 나도 이 말에는 백번 동감한다. 하지만 트럼프를 지지하는 억만장자들만이 다양성을 옹호하는 투사가 필요한 것은 아니다.

트럼프가 46대 미국 대통령에 당선되었을 때, 진보 진영의 미국인들은 특히 대다수 실리콘밸리 사람들은 충격과 공포에 사로잡혔다. 그러나 틸에게는 새로운 역할이 생겼다. 트위터광이면서도 이메일을 '거의 사용하지' 않고 '구형이든 최신형이든 컴퓨터 자체'에 매우 회의적이라고 선언한 미국의 차기 대통령과 기술 산업을 연결하는 주요 가교가 된 것이다. 대부분의 IT 엘리트는 트럼프가 대선에서 승리하도록 힘을 보탰다고 틸에게 경멸의 눈길을 보냈다. 그러나 당선 가능성이 낮았던 정치 지도자에게 과감히 도박을 걸었던 자신의 청개구리식 '투자' 덕분에 틸은 예전보다 더욱 강력해졌다. 심지어 그를 증오한다고 공개적으로 말하는 사람들 사이에서도 그의 입김이 더욱 세졌다.

대통령 선거가 끝나고 얼마 지나지 않아 틸은 아직 대통령 당선인 신분이었던 트럼프와 IT 산업의 리더들 간의 회합을 주선했다. 그들 중에는 민주당 후보였던 힐러리 클린턴을 공개적으로 지지했던 페이스북의 최고운영책임자 셰릴 샌드버그, 구글의 모기업인 알파벳Alphabet의 에릭 슈미트 회장, 아마존의 제프 베조스 CEO 등도 포함되었다. IT 세상의 제왕으로 군림하던 그들은 (트럼프와 틸에게) 충성 맹세를 하는 것 외에 다른 선택이 거의 없었다. 한때 다양성의 가치가 신화라고 깎아내렸던 업계의 청개구리 '이단아'가 이제는 세상에서 가장 강력한 사무실의 주인이 된 사람의 귀에 속삭이는 '왕의 남자'가 되었다.

CHAPTER
3

구글
: 좋은 의도만으로 충분하지 않을 때

1998년 지적 호기심이 왕성하고 엉뚱한 스탠퍼드 대학교 학생 둘이 검색엔진 비즈니스를 창업하기로 마음먹었다. 그 이름도 유명한 래리 페이지Larry Page와 세르게이 브린Sergey Brin이었다. 그들에게는 당장 사무실이 필요했다. 위대한 업적을 이룬 많은 선배 IT 기업가가 그랬듯, 그들도 실리콘밸리에서 버려진 차고를 찾아 사방을 돌아다녔다. 어느 날 친구가 자신이 잘 아는 집주인을 소개해주었는데, 멘로 파크에 사는 수전 워치츠키Susan Wojcicki였다. 그녀는 그저 평범한 집주인이 아니었다. 글로벌 컨설팅업체 베인 앤드 컴퍼니Bain & Company의 경영 컨설턴트로 일한 적이 있는 서른 살의 촉망받는 전문직 여성이었고 당시에는 인텔에서 마케팅 업무를 맡고 있었다. 뿐만 아니라 얼마 전에는 UCLA 앤더슨 경영대학원Anderson School of Business에서 MBA를 취득했고, 페이지와 브린과 체결한 차고 임대차 계약에서 탁월한 비즈니스 수완을 유감없이 발휘했다. 임대료가 매달 1700달러로 주변 시세보다 높은 편이었고 임대보증금까지 알뜰히 챙겼으니 말이다. 한편 워치츠키는 페이지와 브린이 일하지 않을 때는 종종 욕조에 뜨거운 물을 받아놓고 그 안에서 시간을 보냈다고 말한다.(페이지와 브린이 워치츠키의 차고를 사무실로 선택한 이유는 단순히 온수 목욕을 할 수 있는 욕조가 있었기 때문이라는 말이 있다. -옮긴이)

"사람 보는 눈이 아주 좋아서 많고 많은 스탠퍼드 학생들 중에서 그들을 '찍었다'고 말할 수 있으면 얼마나 좋겠어요"라고 내가 진행하는 블룸버그 TV 인터뷰에서 워치츠키가 말했다. "하지만 실제로는 그렇지 않았어요. 내가 그들에게 차고를 임대한 집은 대출이 끼어 있었어요. 아시다시피 실리콘밸리의 집값이 아주 비싸잖아요. 당시 나는 학생 신분이었던 터라 대출금 상환이 부담스러웠고 그래서 월세를 받으면 도움이 될 것 같았죠."

이후 1년간 워치츠키는 간혹 퇴근 후에 페이지와 브린과 시간을 보냈다. 그럴 때면 그들은 피자를 시켜 먹었고, 아직 초기 단계였던 검색엔진 기술에 대해 두 청년이 신나게 떠들어대면 워치츠키는 조용히 귀를 기울이곤 했다. 기술에는 문외한이었지만 직업적인 감각이 발동했다. 그녀의 눈에도 페이지와 브린의 검색엔진 알고리즘에 막대한 잠재력이 있음이 훤히 보였다. 비록 당시에는 직원이 딱 한 명뿐이었지만 말이다. 결국 그녀의 직감이 옳았다. 1년 후 차고는 책상과 컴퓨터로 터질 지경이었고, 직원도 여남은 명으로 불어났다. 그러자 워치츠키도 지금이 적기라는 확신이 들었다. 그래서 잠재력 하나만 보고, 수년 전부터 세계 반도체 시장 부동의 1위를 고수하던 인텔을 그만두고 한 살배기 구글의 초대 마케팅 매니저가 되었다.

실리콘밸리의 어떤 기준으로 봐도 워치츠키가 초창기 스타트업에 합류한 것은 매우 이례적이었다. 무엇보다 그녀는 컴퓨터 과학자도 엔지니어도 아니었다. 또한 MBA 출신인 데다가 여성이었으며 결혼한 유부녀로 첫아이를 임신한 상태였다.

"그들 중 누구도 부모가 되는 것에 대한 생각은 고사하고 사귀는 여자친구조차 없었다고 장담해요"라고 워치츠키가 말했다. "나는 임신한 사실을 처음부터 솔직하게 밝혔고, 그들이 내 말을 이해하는 데 한 1분 정도 걸렸어요. 그런 다음 그야말로 내 상황에 대해 진지하게 생각하더니 이렇게 말했어요. '그게 걸리신다면 돌봄 시설을 지어드리겠습니다.' 그래서 내가 말했죠. '이 회사는 현재 직원이 고작 16명이에요. 게다가 이제 막 걸음마를 뗀 데다가 수익 모델조차 없잖아요.'" 워치츠키는 당시 이야기를 들려주면서 웃음을 흘렸다. "그런 다음 나는 '좋아요. 여러분이 이렇게까지 든든하게 지원해주니 기분 좋네요'라고 말했죠."

구글은 불과 창업하고 10년이 조금 지난 후에 가장 존경받고 혁신적이며 강력한 브랜드 중에 하나가 되었다. 구글의 기록적인 성공은 단연 관심거리다. 뿐만 아니라 구글이 여성과 관련하여 걸어온 역사도 좋은 것이든 싫은 것이든 주목을 끈다. 구글은 여성을 참여시키기 위해 다방면으로 엄청난 노력을 기울였다. 이런 점에서 구글이 설립 초기 성 다양성을 위해 기울인 노력으로 어떤 혜택을 입었는지 살펴볼 가치가 있다. 아울러 그런 구글이 어쩌다가 최근에 미국 정부와 직원들로부터 여성들을 차별했다는 혐의로 소송을 당했는지도 따져보아야 할 중요한 쟁점이다. 이것은 좋은 의도가 어떻게 해서 나쁜 결과로 귀결될 수 있는지에 대한 경종을 울리는 사례이기 때문이다.

구글의 직원 구성은 예나 지금이나 남성이 대다수였다. 하지만 초창기에는 페이지와 브린이 다양한 직원들을 뽑아 팀을 구성하고, 자타가 유능하고 똑똑하다고 공인하는 몇몇 여성들에게 실질적인 권한을 부여하기 위해 상당한 노력을 기울였다. 구글의 공동 창업자들은 벤처캐피털리스트들과 훗날 일반 주주들이 그들을 가장 위대한 IT 기업가로 만든 일등 공신이라고 평가하는 대명사로 통했다. 그들도 기술 산업에 흔한 '전형적인 너드'들이었다. 그러나 그들을 기술 산업의 브로들과 페이팔 마이파와 확연히 차별화한 것이 있었으니, 바로 여성 채용에 대한 공공연한 관심이었다. 행여 구글이 초창기에 핵심적인 여성 직원을 채용하지 않았더라도, 지금처럼 성공할 수 있었을지는 누구도 알 수 없다. 그러나 이것 하나만은 분명하게 말할 수 있다. 구글의 초창기 시절 기술 산업에서 가장 희귀한 IT 스타트업을 만드는 데에 몇몇 여성 고위 임원들이 결정적인 역할을 했다는 점이다. 그렇다면 무엇이 그리 희귀하다는 걸까? 창업 후 불과 몇 년 만에 흑자를 기록했다는 점이다.

구글의 대모들

수전 워치츠키는 내가 지난 몇 년간 인터뷰한 많은 기업가와 닮은 점이 거의 없다. 그들은 오만할 만큼 자신감에 넘쳤고 가끔은 자기 자랑도 서슴지 않았다. 반면 워치츠키는 조용하고 절제된 자신감을 발산한다. 또한 스포트라이트를 받으려고 하지 않는다. TV 인터뷰에 나와달라는 내 요청을 수차례 거절하다가 구글이 소유한 동영상 스트리밍 사이트 유튜브의 CEO로 취임하고 -지금도 CEO로 재직 중이다- 거의 3년이나 지난 2016년에야 비로소 인터뷰에 응할 정도였다. 내가 유튜브의 사업에 대해 꼬치꼬치 캐묻듯 질문했을 때도 구글의 주가에 악영향을 미치거나 월스트리트 호사가들의 입방아에 오르내릴까 봐 뉴스거리가 될 만한 정보를 발설하지 않으려고 무던히 애를 썼다. 분석가들은 만약 유튜브가 구글의 자회사가 아니라 독자적 기업이라면 최대 900억 달러의 가치가 있다고 추정한다. 숫자상으로 보면 이것은 워치츠키를 실리콘밸리에서 가장 강력한 여성 CEO 명단에 올릴 수 있는 액수다.

워치츠키가 우연찮게 집주인과 세입자로 페이지와 브린과 인연을 맺은 이야기는 널리 알려져 있다. 그런데 그런 이야기들에서 워치츠키는 종종 행운아로 묘사된다. 마치 구글이 어떤 상황에서라도 위대한 기업이 될 운명을 타고난 듯이 말이다. 하지만 실상은 다르다. 그녀가 합류했을 때 구글은 밝은 미래가 보장되는 확실한 직장과는 거리가 아주 멀었다. 무엇보다 검색엔진 시장 상황이 녹록지 않았다. 빠르게 증가하는 인터넷 사용자들을 차지하기 위해 이미 수십 개의 검색엔진들이 한창 경쟁 중이었고, 더군다나 창업을 준비하던 미래 경쟁자들은 더 많았다. 페이지와 브린이 경쟁에서 이기기 위해서는 어떻게든 소비자가 자신들의 제품을 선택해 사용하도록 하는 것이 급선무였고, 이를 위해서는 코더가 아니라 마케팅 전문가가 필요했다. 당시 구글은 제품으로 치면 출시 직전 단계인 베타beta 버전에서 버전 1.0의 정식 제품으로 발돋움하던 중요한 시기였다. 바로 그 시기에 워치츠키가 구글의 경영 팀에 안겨준 기술이 바로 마케팅이었다. 따라서 워치츠키라는 마케팅 보석을 알게 된 페이지와 브린 역시 운이 좋았다고 하는 것이 더 정확하다.

워치츠키는 구글의 검색 알고리즘이 결정적인 게임 체인저라는 확신이 있었지만, 아무리 좋은 코드라도 사용하는 사람이 없으면 무용지물이라는 사실도 잘 알았다. 구글은 마케팅에 땡전 한 푼도 쓸 여유가 없었다. 그래서 워치츠키는 대학들을 공략하기로 결정했고, 대학들에 구글의 검색창을 무료로 사용할 수 있는 기회를 주었다. 그랬더니 입소문이 널리 퍼져나갔다. 특히 워치츠키는 첫 번째 구글 두들Google Doodle을 출시하는 데 핵심적인 역할을 했다. 구글 두들은 휴일과 중요한 기념일을 기리기 위해 구글 홈페이지에 한시적으로 등장하는 특별 로고 디자인으로, 요즘에는 웬만한 사람들은 다 알 만큼 유명하다. 또한 워치츠키는 1700달러의 월세를 포기했고, 구글을 공간이 턱없이 부족했던 차고에서 번듯한 진짜 사무실로 옮겨주었다. 하지만 워치츠키의 가장 큰 공은, 구글이 실리콘밸리 역사상 최고의 비즈니스 모델이라고 불러도 손색없는 무언가를 개발하도록 경영자들을 지원했다는 점이다.

워치츠키는 애드워즈AdWords와 애드센스AdSense를 개발하는 데에 도움을 주었는데, 오늘날 구글에 수백억 달러를 벌어다 주는 양대 효자 수입원이다. 애드워즈는 광고주들이 검색 결과 페이지에 광고를 직접 싣도록 해주었고, 애드센스는 웹사이트 운영자들이 구글의 광고 중에서 자신의 콘텐츠에 맞는 광고를 게재할 수 있도록 해주었다. 워치츠키와 구글 팀은 애드센스를 통해 인터넷 세상에 존재하는 모든 콘텐츠를 구글의 잠재적 광고 플랫폼으로 만들 수 있는 기회를 포착했다. 잠재력은 그야말로 경천동지할 수준이었다. "당신은 콘텐츠를 만들기만 하세요. 그리고 광고 판매는 그냥 구글에 맡기세요."라고 워치츠키가 2003년 당시 〈뉴스위크〉 기자였던 스티븐 레비Steven Levy에게 말했다. 워치츠키는 새로운 그 기술이 '인터넷의 경제학을 바꿀' 거라고 예상했다.

그러나 그녀의 예상은 결국 지나친 과소평가였던 걸로 드러났다. 그 기술의 힘을 너무 얕잡아본 것이다. 구글의 새로운 광고 플랫폼은 인터넷의 경제학을 바꾸었을 뿐 아니라 잡지, 신문, TV를 아우르는 전체 언론계는 물론이고 광고 자체의 경제학까지 혼돈의 소용돌이로 몰아넣었다.

이제는 구글의 두 번째 대모를 만나보자. 워치츠키가 페이지와 브린에게 차고를 임대했을 때와 거의 비슷한 시기에 마리사 메이어가 스탠퍼드를 졸업했다. 메이어는 상징체계symbolic systems를 전공했는데, 그 학문은 컴퓨터과학이 큰 비중을 차지하는 연계 전공interdisciplinary major이었다. 짐작하겠지만 당연히 여학생의 불모지였다. 그러나 메이어는 대학을 다니는 4년 내내 자신이 동기들 사이에서 눈에 띄는 존재라는 사실을 한 번도 생각해본 적이 없었다. 그런데 1998년 11월 9일, 그녀는 자신의 처지를 뼈저리게 깨달았다.

도대체 그날 무슨 일이 있었던 걸까? 메이어는 평소처럼 〈스탠퍼드 데일리〉를 펼쳐 자신이 좋아하는 칼럼니스트인 레이철 허턴Rachel Hutton이 쓴 글을 읽었다. 메이어는 천하의 재담꾼인 허턴의 글을 읽다 보면 HBO가 제작한 TV 프로그램 〈섹스 앤 더 시티Sex and the City〉의 주인공 캐리 브래드쇼Carrie Bradshaw가 떠올랐다. 문제의 그날, 허턴은 칼럼에서 스탠퍼드 재학생 수십 명을 '교내 명사campus celebrities'라고 지칭하면서 "그들이 괴짜라거나 별종이라고 비꼬는 것이 아니다. 그저 그들이 주위의 이

목을 끄는 것처럼 보여서다. 그들은 가만히 있어도 눈에 확 띈다"고 적었다. 안타깝지만 허턴이 관심을 집중시켰던 '교내 명사' 중 한 명은 그 칼럼 때문에 자신이 별종이라는 기분을 느끼게 되었다.

메이어는 '명사들' 중 -'교내 우체국에서 일하는 재수 없는 남학생'과 '자선 매장에서 구한 헌 옷을 스테이플로 꾹꾹 찔러 만든 옷을 입은 패션 테러리스트 여학생'을 포함해- 몇몇은 누군지 금방 알았지만, 이제까지 듣지도 보지도 못한 학생들도 일부 있었다. "나는 그 칼럼을 '아, 얘는 누군지 모르겠어. 그리고 쟤도 누군지 모르겠네' 하며 별생각 없이 그냥 재미로 읽어 내려갔어요." 그러다가 갑자기 '상급(upper division, 학부 과정의 3, 4학년 때에 수강하는 과목 -옮긴이) 컴과 수업을 듣는 금발의 여학생'이 명사로 지목되었다고 메이어가 말한다. 메이어는 당혹스러웠다. "나는 '얘가 누군지 알아야 해! 나도 그 수업을 듣잖아'라고 생각했죠."

허걱! 메이어는 레이철 허턴이 말한 그 금발의 여학생이 누군지 이내 깨달았다. 바로 메이어 자신이었다. "우습게 들릴 거라는 거 알지만 정말 나는 '상급 컴퓨터과학 수업에 금발의 여학생이 정말 나 혼자야?'라고 생각했어요. 그때까지 나는 에덴동산에서 사과를 따 먹는 이브나 벌거벗은 임금님의 새 옷(본인은 그 존재를 믿어 의심치 않으나 실제로는 존재하지 않는 것 -옮긴이) 같은 존재나 다름없었어요. 그걸 나만 몰랐죠. 나는 내가 철저히 혼자라는 사실을 꿈에서도 몰랐어요."

지금은 허턴의 기사 원본을 찾기가 거의 불가능하다. 그런데 〈스탠퍼드 데일리〉 초기에 칼럼니스트로 활동했던 누군가의 도움을 받아 그 기사를 추적해보니 메이어의 기억과 다른 사실을 발견했다. 실제 기사에는 금발이 아니라 '상급 컴과 수업을 듣는 매력적인 여신'이라고 나와 있었던 것이다. 하지만 메이어의 기억이 옳은 부분도 있었다. 당시 메이어와 수업을 같이 듣던 사람들은 의문의 그 '명사'는 메이어가 거의 확실하다고 확인해주었다.

어쨌든 그 기사를 읽은 후 메이어는 갑자기 고립무원에 있는 듯 외로웠다고 말한다. "모든 수업에서 내가 유일한 여학생이거나 유일한 금발 혹은 유일한 금발 여학생인 수업이 몇 개인지 생각하기 시작했어요. 그리고 그런 사실에 더욱 신경이 쓰이기 시작했어요." 동시에 그녀는 이제까지 한 번도 자신이 혼자라고 느끼지 않게 해준 부모님 그리고 많은 수학 선생님과 과학 선생님께 정말로 감사한 마음이 들었다(지금도 그녀는 그 은사님들의 이름을 줄줄 외고 있다).

메이어는 단 한 사람이라도 그녀가 얼마나 튀어 보이는지 말했더라면 절대로 컴퓨터 프로그래머의 길을 완주하지 못했을 거라고 생각한다. "거창하게 말할 필요도 없었어요. 그저 그들 중 한 사람이 몇 마디만 하면 되었어요. '여자애가 컴퓨터과학을 하는 건 아주 드물어'라거나 '여자애들이 많이 없어'라고 말이죠. 가끔은 또래 여자애들이 거의 없다고 말하거나, 대부분의 사람이 중도에 포기한다는 사실을 언급하는 것만으로 어린 여자아이에게는 컴퓨터공학을 포기할 충분한 이유가 되고도 남아요. 그런 점에서 나는 아주 운이 좋았어요." 메이어의 주장을 뒷받침하는 연구 결과도 있다. 소수자들이 유무언의 압박으로 스스로를 소수자라고 정의할 수밖에 없을 때, 그들은 실력을 제대로 발휘하지 못한다는 것이다. 심지어 사회학에서는 그 현상을 지칭하는 용어도 있다. 사회학자들은 그것을 '고정관념 위협stereotype threat'이라고 부른다.

지금부터는 페이지와 브린이 메이어와 어떻게 인연을 맺었는지 이야기해보자. 메이어가 졸업을 앞두고 직장을 구하던 중에 페이지와 브린을 만났다. 이때쯤 메이어는 이미 자신이 학교에서 별난 존재라는 사실을 뼈저리게 느끼고 있었고, 직장에서까지 그 경험을 되풀이하고 싶은 마음이 조금도 없었다. "한번은 전체 직원이 80명이었던 스타트업에 면접을 봤어요." 그녀는 당시를 회상하며 말했다. "'당신은 우리 회사가 정말로 원하는 인재입니다. 당신은 우리 회사의 첫 번째 여성 엔지니어가 될 겁니다.' 내가 만일 입사한다면 50번째 엔지니어가 되겠지만 여성 엔지니어로는 1호였던 거예요. 사무실에 걸어 들어가면서 느낀 내 기분과 사람들이 나를 쳐다보던 눈길에서 나는 마음을 정했어요. 이곳이 내게 맞는 직장이 아닐 거라고요."

사실 메이어는 구글과의 면접을 거의 취소할 뻔했다. 이미 10곳이 넘는 기업에서 입사 제안을 받았기 때문이다. 그러나 충동적으로 면접을 보지 않기로 마음을 고쳐먹었다. 메이어는 페이지와 브린에게서도 똑같은 말을 들었다. "그들은 '당신은 우리 회사의 1호 여성 엔지니어가 될 겁니다'라고 말했어요. 지금도 또렷이 기억나는데 나는 속으로 '이 일자리에 대해 이미 고민할 만큼 고민했어. 그런데 조금도 구미가 당기지 않아'라고 생각했어요." 그러나 그녀는 최종적으로 거절하기 전에 좀 더 생각해보기로 마음을 고쳐먹었다. 직원이 아주 적다는 것이 마음에 들었기 때문이다. -그녀가 면접을 보았을 당시 전체 직원이 8명에 불과했다-

본래 구글은 시간도 많이 걸리는 데다가 온갖 수단을 동원해 피면접자의 진을 쏙 빼놓는 면접 과정으로 유명하다. 메이어도 예외가 아니었다. "나는 두세 번에 걸쳐 총 13시간 동안 면접을 봤어요. 그들은 면접 내내 심문하듯이 나를 다그치더니 마침내 '정말로 당신과 함께 일해보고 싶군요. 여성 엔지니어가 우리 회사에 들어오는 것이 대단히 중요하다고 생각합니다. 우리는 하루라도 빨리 강력한 여성 엔지니어 군단을 만들고 싶습니다'라고 메이어가 회상한다. "그들의 말이 정말 진심으로 느껴져 내 마음이 움직였어요. 그리고 다른 이유도 있었어요. 그저 남녀 비율이 8 대 1인 회사에 들어가는 것과 50 대 1인 회사에서 일하는 것이 하늘과 땅 차이라고만 해둘게요." 당시 구글은 무서운 기세로 성장했다. 그녀가 최종 합격 통보를 받은 날과 첫 출근하는 날 사이에 직원 수가 거의 12명이나 불어났을 정도니 말이다. 그리하여 그녀는 구글의 21번째 직원이 되었다. 그때까지 구글에는 고위 임원의 비서를 포함해 여성 직원이 총 6명이었다.

메이어가 처음 맡은 업무 중 하나는 애드워즈 출시를 지원하는 일이었는데, 구체적으로 말하면 초기의 구글 광고와 사용자가 입력하는 검색 질문을 일치시켜줄 알고리즘을 개발하는 업무였다. 아울러 메이어는 프런트 엔드(front end, 사용자나 다른 프로그램과의 인터페이스 - 옮긴이)도 코딩했다. 특히 프런트 엔드는 구글이 소비자의 마음을 얻는 데 지극히 중요한 역할을 했던 최소 사용자 인터페이스(minimalist user interface, 사용자 인터페이스는 사용자가 컴퓨터와 대화하기 위한 기호나 명령 체계를 말함 - 옮긴이)의 '문지기' 즉 시작 화면이 되었다. 쉽게 말해 단일 검색창이었다. 이 일을 하면서 그녀는 워치츠키와 긴밀하게 협력했고, 디자인에 대해 많은 의견을 공유했다. 결과적으로 워치츠키와 메이어가 작은 스타트업 구글을 독보적인 IT 유니콘으로 만드는 데서 핵심적인 역할을 한 것은 분명했다. 구글의 검색엔진은 2001년에 흑자를 기록했고, 창업 후 불과 3년 만에 일군 쾌거였다. 또한 애드센스가 출시된 이듬해인 2004년에는 매출이 32억 달러를 달성했고, 수익은 3년 전보다 무려 57배나 증가해 거의 4억 달러에 이르렀다.

구글의 성공은 개인이 아니라 팀 차원의 노력에 따른 결과였지만, 일등 수훈감 중 3명이 여성이었다. 워치츠키와 메이어의 리더십에 힘입어 구글은 업계 최고의 기술만이 아니라 난공불락의 사업 모델을 혁신할 수 있었다. 이제 구글에 필요한 것은 그 사업 모델을 확장하는 일이었다. 이 일은 셰릴 샌드버그가 맡게 된다. 워치츠키와 마찬가지로 샌드버그도 컴퓨터과학에는 철저한 문외한이었다. 하버드 경제학과를 수석으로 졸업한 샌드버그의 이력은 화려함 그 자체였다. 세계은행 연구원과 세계적인 경영 컨설팅업체 매킨지 앤 컴퍼니McKinsey & Company의 경영 컨설턴트를 거쳐, 대학 시절 은사였던 래리 서머스Larry Summers가 클린턴 행정부의 재무부 장관에 취임하자 그의 수석 보좌관을 지냈다. 2001년 글로벌 온라인 판매 및 운영 부문 부사장으로 구글호에 승선한 샌드버그는 다양한 프로젝트에서 워치츠키와 메이어와 긴밀하게 협력했다. 결과적으로 말해 그런 그들의 합작품이 구글의 수익성을 폭발적으로 증가시켰다.

셰릴버그의 첫 번째 임무는 당시에 존재조차 하지 않았던 '사업 단위'

를 관리하는 일이었고, 그래서 그녀가 직접 그 사업 단위를 만들었다. 그런 다음에는 애드센스와 애드워즈와 관련해 전 세계 구글 소비자를 직접 상대할 대규모 영업 팀을 구축하고 관리했다. 이때는 닷컴 버블이 터진 직후였다. 다른 말로 투자자들이 사용자 수는 급격하게 증가하지만 별다른 이익을 내지 못해 빛 좋은 개살구일 가능성이 짙은 IT 스타트업들에 여전히 경계의 눈초리를 보내던 시절이었다. 하지만 투자자들은 구글에서 번지르르한 여타 스타트업들과 확연히 구분되는 무언가를 보았다. 2004년 주식을 상장했을 때 검색엔진 스타트업 구글은 16억7000만 달러를 손쉽게 조달했고, 이로써 구글의 시가총액이 230억 달러를 상회했다. 그러나 구글의 주가 수익률이 동종 업체들에 비해 비교적 높은 편이어서 구글의 투자자들은 여전히 투기성 투자를 하고 있던 셈이었다. 그러나 구글의 매출은 매년 2배 이상씩 증가했고, 이것은 월스트리트에 확신을 심어주기에 충분했다.

여성 리더들이 구글 문화에 어떤 영향을 주었나

워치츠키, 메이어, 샌드버그라는 '여성 어벤저스 3인방'을 주요 리더 자리에 포진시킨 구글은 스타트업 세상에서는 보기 드문 별종이었다. 또한 여성 직원이 하나둘 늘어감에 따라 그들 3인방은 분명 기업 문화에도 심대한 영향을 미쳤다. 기업공개를 실시했던 2004년 구글은 하버드 MBA 출신의 킴 스콧Kim Scott을 이사로 영입했다. 실리콘밸리의 성공담이 흔히 그렇듯, 구글에서 보낸 처음 몇 해에 대한 그녀의 기억에는 새겨들을 만한 교훈적인 이야기가 다수 있다. "셰릴 샌드버그와 수전 워치츠키가 하늘에서 뚝 떨어지듯 어느 날 갑자기 내 상사가 되었어요"라고 스콧이 내게 말했다. "나는 심봤다는 심정이었어요. 그들만 따라가면 '직장 여성으로서 탄탄한 경력과 훌륭한 엄마라는 두 마리 토끼를 잡을 수 있겠다'고 생각했어요." 스콧은 워치츠키와 샌드버그가 세상에 다시없을 두 가지 역할 모델이라고 생각했다. 자신에게 멘토링 시간을 기꺼이 내어줄 뿐 아니라 강력하고 야심적이며 전략적인 여성에 대한 역할 모델 말이다. 상사로서 워치츠키와 샌드버그는 다른 남성 고위 임원들과 마찬가지로 부하 직원들에게 뛰어난 성과를 요구했지만, 관리 스타일도 부하 직원들이 뛰어난 성과를 달성하도록 만드는 방법도 달랐다.

구글의 문화는 워치츠키의 차고 시절부터 지성이 충만했다. 엔지니어 중에 박사 출신이 많았고, 따라서 '철저히 분해해서 결함을 찾아내는' 대학과 비슷한 학구적인 분위기였다. 큰 소리를 질러대는 사람도 일부 있었고, 매사에 전투적인 사람도 다수 있었으며, 다른 사람의 말을 듣기보다 경쟁하듯이 자신의 말을 하기 바쁜 사람들은 아주 많았다. 한 전직 고위 임원의 말이 구글의 분위기를 단적으로 표현해준다. "IQ가 높은 사람들이 많았던 반면 EQ가 높은 사람은 많지 않았다." 요컨대 자신이 하려는 말에 확신이 별로 없다면 혹은 논쟁할 기분이 아니라면 입을 열기 전에 두 번 생각해야 할 수도 있는 그런 분위기였다.

구글의 여성 리더들은 그 문화에 몸담고 일했지만 여타 관리자들과는 확연히 다른 노선을 걷는 듯했다. "수전은 넓은 아량으로 주변 사람들을 살뜰히 보살피는 지지적 리더십supportive leadership 스타일이었어요"라고 스콧이 워치츠키에 대해 평했다. "그러나 필요할 때면 자신의 생각을 분명히 밝혔고 누군가 실수하면 그 자리에서 바로 지적했어요. 또한 직원들이 마음 편히 새로운 무언가를 시도할 수 있는 환경을 만드는 데 많은 노력을 기울였어요."

한편 샌드버그는 사내 여성 직원을 위한 일련의 네트워킹 행사를 주최함으로써 그들 사이에서 동료 의식을 고취하기 위해 힘썼다. 때로는 사무실에서, 또 때로는 자신의 집에서 행사를 열었으며, 남녀를 가리지 않고 영향력 있는 사람들을 연사로 초대했다. 게다가 여성 직원에게 멘토링하기 위해 많은 시간을 들였다.

구글의 남성 직원들도 그녀의 관리 스타일을 높이 평가했다. "샌드버그는 누구보다 엄격하면서도 친절하고 관대한 상사였습니다"라고 초기 애드워즈 팀에서 일했던 데이비드 디누치David DiNucci가 말했다. "샌드버그의 감성지능은 측정이 불가능할 정도였습니다. 엉덩이를 걷어차야 하는 사람이 누구이고 머리를 쓰다듬어주어야 하는 사람이 누구인지 본능적으로 알았습니다."

스콧이 샌드버그와의 한 일화를 들려주었다. 언젠가 스콧이 프레젠테이션을 마친 후였는데 샌드버그가 그녀를 한쪽으로 조용히 부르더니 "이번에 보니 '음…' 소리를 아주 많이 하던데 혹시 알고 있었나요?"라고 말했다. 스콧은 자신에게 그런 버릇이 있는지 전혀 몰랐지만, 그게 뭐 대수냐는 듯 그냥 어깨만 으쓱했다. "내 생각을 강요하려는 마음은 조금도 없어요"라고 샌드버그가 말을 이었다. "다만 내가 하고 싶은 말은 '음…'이라는 말을 자주 하면 좀 멍청해 보인다는 거예요. 사람들이 당신을 멍청하다고 생각한다면 구글에서는 성공하기 힘들어요."

지적을 받았음에도 스콧은 되레 고마운 마음이 들었다. "이제까지 이에 시금치가 낀 채로 사방을 돌아다니는데 아무도 내게 말해주지 않은 것과 같았어요." 훗날 스콧은 구글을 나가 애플로 이직했다. 스콧이 2017년에 펴낸 저서 《Radical Candor 까놓고 솔직하라》를 보면, 그녀는 애플의 사내 교육기관에서 관리 업무를 교육했고 경영 철학 및 컨설팅 서비스를 제공하는 업체를 창업했는데 그 모든 일에 구글에서의 경험이 결정적인 밑거름이 되었다고 고백한다.

다양성을 주입하기 위해 노력하다

구글이 2004년 기업공개를 전후로 지속적으로 성장함에 따라 유능한 엔지니어들이 절실히 필요했다. 그러나 구글의 리더들은 그때까지도 여성 엔지니어를 채용하는 일에 적극적이었고, 이를 위해 여러 가지 독특한 접근법을 사용했다. 예를 들어 매주 사내 여성 엔지니어의 비율을 꼼꼼히 확인했다. 한번은 이런 일도 있었다. 페이지는 지위 고하를 막론하고 신규로 채용된 엔지니어가 죄다 남성임을 알게 되자 어째서 여성 엔지니어를 더 많이 채용하지 않느냐고 리크루터들을 다그쳤다. 인사팀은 자격을 갖춘 유능한 여성 엔지니어를 찾기가 힘들기 때문이라고 대답했다. 그 대답이 성에 차지 않았던 페이지는 더 많은 여성 엔지니어를 찾아낼 때까지 똑같은 질문을 하고 또 하겠다고 엄포를 놓았다. 심지어 한 리크루터의 말에 따르면, 언젠가는 페이지가 여성 엔지니어 20명을 연속으로 채용하기 전까지 남성 엔지니어 채용을 전면 중단토록 지시했다.

"회사 고위 경영진은 리크루터들에게 지나칠 만큼 압박을 주었고 여성 엔지니어를 채용하는 데에 집중하라고 지시했어요"라고 구글의 전직 엔지니어링 관리자이자 채용위원회hiring committee 위원으로 몇 년간 활동했던 니니앤 왕Niniane Wang이 말했다. "리크루터들은 상부의 지시에 화가 났고 일이 더 힘들어졌다고 불평했어요"라고 왕이 말했다. "남성 엔지니어를 찾기는 쉬웠어요. 하지만 창업자들은 회사의 더 큰 그림을 위해 아주 힘든 일을 지시했고 그러자 채용 담당 부서에서는 불만이 이만저만 아니었어요."

그러나 리크루터들은 창업자들을 만족시킬 만큼 아주 신속하게 여성 엔지니어를 조달할 수 없었다. 페이지는 언젠가 전체 직원회의 시간에 여성 엔지니어 채용에 진전이 없다며 공개적으로 불만을 토로하고 짜증을 냈다. 한 리크루터는 페이지가 "아무 변화도 보이지 않는군요"라고 말했다고 기억한다. "최악입니다. 도대체 당신들, 무슨 일을 이따위로 합니까?" 급기야 페이지와 브린은 성비 균형이 맞는 파이프라인을 직접 만들기 위해 대학을 설립을 본격적으로 고려하기 시작했다.

"그들은 그 문제에 완전히 꽂혀 있었어요"라고 샌드버그가 페이지와 브린에 대해 말했다. "페이지와 브린은 더 많은 여성 엔지니어를 채용하는 문제에 신경을 진짜 많이 썼어요. 완벽한 회사는 아니었어요. 하지만 어차피 세상에 완벽한 회사란 없어요."

워치츠키는 구글의 채용 정책에서 장점 중 하나는 창사 이래 한 번도 오직 한 사람이 채용을 결정한 적이 없는 것이라고 생각한다. "나는 구글의 채용 과정에서 핵심은 위원회에 크게 의존하는 것이라고 봐요"라고 워치츠키가 말한다. "말인즉 행여 어떤 면접관과의 면접을 망쳤더라도 두 번째, 세 번째, 네 번째 기회가 있어요. 나는 그것이 회사나 지원자 모두에게 원-윈이라고 생각해요. 먼저 회사 입장에서는 그 지원자에 대해 좀 더 정확히 파악할 수 있어요. 그리고 지원자에게도 더 많은 기회가 주어지는 셈이죠."

메이어는 마음에 드는 여성 지원자가 있으면 어떻게든 회사를 설득해 힘이 되어주려 최선을 다했다. 가령 로라 홈스Laura Holmes라는 야심 찬 젊은 제품관리자를 면접했을 때의 일이다. 메이어는 홈스에게 강한 인상을 받았다. 그런데 문제가 딱 하나 있었다. 구글이 원하는 1순위 지원자는, 스탠퍼드는 당연하고 MIT와 카네기멜론과 같이 명문대를 우수한 성적으로 졸업한 학생들이었다. 홈스는 스탠퍼드를 다녔지만 성적이 중간 정도에 불과했고, 그나마 세 과목만 더 수강하면 무사히 졸업장을 손에 쥘 수 있었는데도 중퇴하고 말았다. "컴퓨터과학에 뒤늦게 흥미를 갖게 되었어요. 하지만 나는 학비는 고사하고 생활비조차 없었어요. 그래서 일단 학교를 중퇴하고 돈을 벌어 나중에 여유가 생기면 커뮤니티 칼리지에서 학업을 마칠 수 있다고 생각했어요"라고 홈스가 내게 말했다. 구글은 홈스를 곧바로 불합격시키지 않았다. 홈스에 따르면, 자신의 채용 여부를 구글의 채용위원회에서 수차례 논의했다고 한다. "내가 받은 피드백은 이랬어요. '당신이 훌륭한 인재라고 생각합니다. 그런데 왜 졸업을 하지 않았는지 이해가 안 됩니다'"라고 그녀가 말했다. 이런 상황에서 메이어가 홈스의 구원자가 되어주었다. 메이어는 홈스를 채용하도록 회사를 설득했을 뿐 아니라, 그녀가 스탠퍼드에서 학업을 마칠 수 있도록 계약금signing bonus을 주어야 한다고 강하게 주장했고 뜻을 관철했다.

2008년 즈음 구글은 일종의 비공개 채용 관행을 도입했다. 혹시라도 여성 엔지니어들이 채용에서 차별받는 것을 차단하기 위해서였다. "만약 여성 지원자가 면접을 망쳐 나쁜 점수를 받으면 두 번째 위원회를 소집해 그녀의 지원 서류를 다시 검토했습니다"라고 구글의 전직 고위 임원이 내게 말했다. 이른바 재검토위원회Revisit Committee에서 불합격될 처지에 몰린 여성 지원자들을 더욱 면밀히 심사하기 위해 여성 엔지니어가 반드시 포함되는 것이 원칙이었다. 시작은 그랬지만 재검토위원회는 결국 여성뿐 아니라 당락의 기로에 있는 다양한 모든 지원자를 평가하기 시작했다. 때로는 재검토위원회를 거친 지원자들이 전부 채용되기도 했다. 이 조치는 특히 채용 과정에서의 잠재적 편견에 관한 우려를 해소하기 위해 만들어졌다. 그러나 조직 내부에는 공식적으로 알려지지 않았는데, 여성들이 행여 특별 대우를 받는다고 생각할 가능성을 미연에 차단하고 '채용 기준을 낮추'는 것에 대한 비난을 최소화하기 위해서였다.

구글은 면접관들이 입김을 행사하거나 채용 과정의 공정성을 훼손하지 못하도록, 면접관들이 자신이 맡았던 면접에 대해 동료 직원들에게 발설하는 것을 금지하는 엄격한 규칙을 시행했다. 어느 날 메이어는 기술 산업에서는 꽤나 연배가 있는 한 남성을 면접했다. "그 사람은 정말 내게 무례했어요"라고 그녀가 당시를 떠올리며 말한다. "내가 자신보다 한참 어려서 그랬는지, 아니면 내가 여성이어서 그랬는지 정확한 이유는 몰라도, 당시 내 느낌은 그 두 가지가 조금씩 섞인 것 같았어요." 면접이 끝난 후 그녀는 생각을 정리해 면접 결과에 대한 보고서를 작성하려고 애를 썼다(구글의 모든 면접은 상세하게 문서화한다). 그런데 그 지원자의 무엇이 그녀의 마음을 불편하게 했는지 설명할 적절한 단어를 찾지 못해 진척이 없었다.

마침 옆에 한 여성 동료가 앉아 있었다. 메이어는 그녀에게 방금 어려운 면접을 끝냈다고 고백했다. 그러자 동료도 "나도 오늘 어려운 면접을 한 건 했어요"라고 대답했다. 이내 그들은 자신들이 말하는 사람이 동일 인물이라는 사실을 깨달았고, 이 문제를 브린과 상의하기로 결정했다. 그러나 둘의 행동은 분명 면접 내용을 외부에 발설하는 것을 금지하는 사내 규칙을 위반한 것이다. 그래서 메이어와 동료는 먼저 자신들의 메모를 보여주며 그 규칙을 위반한 경위부터 설명해야 했다. 그런 다음 어째서 그 지원자가 성차별주의자일 거라고 의심하는지 이유를 설명하는 데에 집중했다. 메이어는 이렇게 말한 걸로 기억한다. "그 사람에게 성차별적인 문제가 있을 수도 있다고 생각돼요. 당신이 양성평등을 아주 중요하게 생각하는 걸 우리도 잘 알고요." 브린은 또 다른 여성 엔지니어가 그 지원자를 면접 보게 하자고 제안했고, 그녀도 앞선 면접관들과 똑같은 면접 결과를 보고했다. 결국 구글은 그 지원자를 불합격 처리했다. 메이어는 "그 일로 세르게이는 누구든 우리 여성 직원을 부당하게 대우하는 사람은 절대로 채용하지 않을 것임을 증명해 보였어요"라고 말한다.

메이어에 따르면, 나중에 브린이 그녀에게 이렇게 물었다고 한다. "당신이 참여하지 않은 면접들에서 이런 일이 없을 거라고 어떻게 장담할 수 있겠습니까? 당신을 부당하게 대우할 사람을 회사가 의도치 않게 채용할 수도 있습니다." 이후 구글은 기술직에 응시하는 모든 지원자는 최소 한 명 이상의 여성 면접관과 면접을 치러야 하고, 결과 보고서는 지원자의 기술적인 능력만이 아니라 '문화적 민감성'도 포함해야 한다는 정책을 도입했다.

브린이 뒤이어 곧바로 지적했듯, 모든 채용 과정에 여성 직원들을 참여시키는 것에 단점이 있었다. 메이어는 브린이 "이번 조치로 여러분은 누구보다도 더 많이 면접장에 들어가게 될 겁니다"라고 말한 걸로 기억한다. "그러나 우리는 강력한 팀을 만들고 싶고 그래서 양성평등에 관한 이야기는 우리에게 아주 중요합니다." 그가 옳았다. 채용 과정에 참여해 적극적으로 목소리를 내는 대가로 여성 직원들은, 각자 본연의 업무에 더해 채용 업무까지 가외로 감당해야 했다. 개중에는 면접에 수시로 불려 다니다 보니 정작 자신의 전반적인 업무 성과에 악영향을 준다고 볼멘소리 하는 여성 직원도 일부 있었다. 그들의 걱정 섞인 불만도 이해가 된다. 면접에 더 많은 시간을 들일수록 코드를 작성하는 일에 들이는 시간이 줄어드는 것은 당연지사였다. 그런데 문제는 그들의 인사고과와 임금인상이 본업인 코딩에 전적으로 달려 있었던 반면, 면접 책임은 순전히 가욋일이었다는 점이다. 그러나 많은 여성 직원은 어떻게든 면접장에 들어갈 시간을 내야 한다는 의무감을 느꼈다. 회사 정책상 여성 직원이 참여하지 않으면 채용이 이뤄질 수 없었고, 따라서 그들이 시간을 내지 않는다면 최종적인 결정이 미뤄졌기 때문이다. 명분은 훌륭했지만 솔직히 이런 채용 관행은 시간 소모적이었고, 따라서 회사가 성장함에 따라 대규모로 직원을 채용하게 되자 많은 어려움이 발생했다. 니니앤 왕도 리크루터들에게서 다급한 전화를 많이 받았다고 한다. 예정된 여성 면접관이 갑자기 취소하는 바람에 그녀를 대신해줄 누군가가 필요했기 때문이다.

오늘날 구글에는 다양성 노력의 일환이었던 재검토위원회가 존재하지 않는다. 그러나 그것이 구글이 다양성을 위해 시행했던 유일한 순응적 조치는 아니다. 구글은 오직 여성과 여타의 소수자 집단을 대상으로 장학금과 인턴 프로그램 기회를 제공할 뿐 아니라 여름 프로그램도 운영한다. 또한 젊은 여성들이 IT를 경력으로 선택하는 이유와 선택하지 않는 이유에 대해 자체적으로 연구를 실시하고, 잠재적 편견에 관한 직원 교육 프로그램도 제공한다. 심지어 2014년 구글은 여학생들이 컴퓨터 과학에 관심을 갖도록 지원하기 위해 메이드 위드 코드Made with Code 캠페인을 발족했고 5000만 달러의 예산을 책정했다.

여성 IT 인재를 육성하기 위한 이 모든 노력에도 불구하고 구글은 충분한 여성 엔지니어들을 채용하는 것은 물론이고 그들을 리더로 육성하는 데에 어려움을 겪었다. 게다가 일각에서는 다양성을 위한 이런 조치로 회사가 '로켓 우주선'에 탑승할 '우주인'을 선별하기 위한 자사의 합리적인 높은 기준을 손상시킨다는 불만이 터져 나와, 검색엔진 공룡을 곤혹스럽게 했다. 구글의 사내 변호사로 입사했다가 인적자원운용 담당 부사장으로 승진하고 2017년 구글을 퇴사한 낸시 리Nancy Lee는 구글의 채용 과정에서 '엘리트 의식'은 특히 문제의 소지가 많았다고 말 한다. "누군가를 채용하지 말아야 하는 이유를 찾는 것이 자신의 의무라고 생각한 사람들이 많았어요. 구글은 아주 배타적인 클럽이에요. 무엇이든 '신입회원'의 약점을 찾기 위해 그 사람을 이리 쿡 저리 쿡 찔러봐야 해요. 물론 구글에 들어오고 싶어 하는 사람들이 너무 많아서예요. 그러나 시간이 흐르면 검증이라는 이름으로 행해지는 그런 관행이 점점 과격해지고 결국에는 별것도 아닌 이유로 사람들을 불합격시키기 시작해요"라고 리가 말한다. "나는 그것이 여성과 소수자에게 더 많은 피해를 준다고 생각해요. 잠재적 편견이 존재하기 때문이죠. 하지만 잠재적 편견이 없을 때조차 팔이 안으로 굽는 현상이 있었어요. 핵심적인 직무 능력 대신에 학연이나 지연 같은 자신과 동일한 배경을 갖고 있어 낯설지 않고, 자신과 비슷하며 자신과 관련 있는 사람들을 선호하게 되더라고요."

천하의 구글도 트릴로지 같은 기업들이 불을 붙였고 페이팔이 불멸의 생명력을 불어넣은 능력주의 이상향을 포기하지 못했다. 하지만 현실은 이상향과 달랐다. 좋은 엔지니어가 어떤 사람이냐에 관한 고정관념이 (당연히 너드와 브로들이었다) 널리 퍼져 있었고 남성 편향적이었으며 능력주의를 실현하는 데 커다란 걸림돌로 작용했다. 그러자 구글 내부에서 두 가지 상충적인 주장이 나타나 첨예하게 대립했다. 구글이 오직 완벽한 능력주의를 구현하기 위해 노력해야 한다는 주장과, 그런 이상향은 현실에서 불가능하다는 주장이었다. "능력주의의 근본적인 원칙은 사람들에 대한 당신의 평가가 편견 없이 공정하고 공평한 경우에만 유효하다는 것입니다"라고 구글에서 오랫동안 인적자원운용 부문의 수석 부사장과 총책임자를 지낸 라즐로 보크가 내게 말했다. "그러나 현실은 다릅니다. 만약 지원이나 교육을 받지 못한다면 누구도 완벽히 공정하고 공평해질 수 없습니다."

고위자들의 엇갈린 행보

돈이 넝쿨째 굴러 들어오기 시작했을 때조차 구글은 ―가령 페이팔과는 달리- 브로 문화의 대표 주자가 되지도, 그 문화가 암시하는 여성들에게 악의적인 환경의 대명사가 되지도 않았다. 그러나 구글 직원들이 초창기부터 타 호의 고급 스키장에서 시끌벅적한 파티를 벌이며 미친 듯이 놀았다는 소문이 지금까지도 끊이지 않는다. 사내 연애는 -페이지와 메이어도 사내 커플 중 하나였다- 용인되었지만, 추문이 공개적으로 터진 적은 한 번도 없었다. 적어도 초창기 10년 동안에는 그랬다.

그러나 시간이 흐를수록 구글의 고위 경영자들은 주체할 수 없을 만큼 부자가 되었고, 그들의 애정 생활에 대한 이런저런 소문이 갈수록 무성했다. 심지어 고위 임원들의 사내 연애에서 독특한 패턴이 만들어졌다. 유료 구독subscription 기반의 IT 전문 온라인 매체인 〈디 인포메이션The Information〉은 그것을 "리부트 멜로 드라마에 나오는 소재다 -이름 하여 다이너스티 2.0-"(다이너스티Dynasty는 1980년대에 방영된 미국의 인기 드라마로 한 석유 재벌과 그의 새 아내 그리고 두 자녀가 펼치는 사망과 음모의 드라마임. 리부트reboot는 영화 '배트맨 시리즈'를 리부트한 〈배트맨 비긴즈〉처럼 시리즈의 연속성을 버리고 캐릭터와 이야기를 새롭게 해석함 -옮긴이)이라고 불렀다. 2007년 당시 CEO였던 에릭 슈미트는 홍보 대행사 임원으로 구글의 마케팅 업무를 맡고 있던 마시 사이먼Marcy Simon과 염문설이 났다. 그리고 2013년 유난히 길고 더웠던 여름, 영국의 타블로이드 신문 데일리 메일Daily Mail은 슈미트에 강타를 날렸다. 그를 동명 영화의 주인공인 '닥터 스트레인지러브Dr. Strangelove'라는 애칭으로 부른 여성 방송인을 포함해 다수의 젊은 여성들과 혼외정사를 벌였다고 폭로한 것이다. 이후 기술 산업의 가십을 알리는 블로그 미디어 〈밸리왜그〉는 뉴욕에 있는 슈미트의 아파트가 밀회 장소로 사용되며 완벽한 방음 시설까지 갖추었다고 주장했다.

그로부터 한 달 후 당시 마흔 살로 유부남이었던 브린이 구글 글래스Google Glass 개발팀의 하급 직원 어맨다 로젠버그Amanda Rosenberg와 불륜 관계라는 기사가 보도됐다. 설상가상으로 당시 로젠버그는 구글의 안드로이드 제품관리 담당 부사장 휴고 바라Hugo Brra와 교제 중이었다. 바라는 언론에서 브린과 로젠버그의 불륜을 폭로한 때와 거의 동시에 구글을 나가서 중국의 스마트폰 제조업체 샤오미Xiaomi로 이직해 글로벌 운영 책임자가 되었다. 더욱이 상황을 더욱 복잡하게 만든 것은, 브린이 수전 워치츠키의 여동생 앤Anne의 남편이었다는 점이다. 앤 역시도 실리콘밸리의 유명 인사로 유전정보 분석업체 23앤드미23andMe의 공동 창업자이자 CEO였다. 미국의 유력 경제 전문지 〈패스트 컴퍼니Fast Company〉는 한때 앤을 '미국에서 가장 대범한 CEO'라고 칭했다.

외부에는 덜 알려졌어도 사내에서 막강한 영향력을 행사하던 실력자들을 포함하는 여타의 섹스 스캔들이 구글 내부에서 파다하게 퍼졌지만, 구글의 담벼락을 넘어 언론에 알려지기까지 몇 년이 걸렸다. 일례로 구글에서 오랫동안 수석 법률자문을 지낸 데이비드 드러먼드David Drummond는 직속 부하 직원이었던 제니퍼 블레이클리Jennifer Blakely와 불륜 관계였고, 심지어 둘 사이에는 혼외자까지 있었다. 〈디 인포메이션〉은 이해관계의 상충을 해결하기 위해 구글이 블레이클리를 법률 부서에서 판매 부서로 이동시켰고, 나중에 그녀는 구글을 퇴사했지만 드러먼드는 구글에 잔류했다고 보도했다.

고위 임원들의 볼썽사나운 애정 행각이 일반 직원들에게 어떤 영향을 미쳤을지는 정확히 알 수 없다. 일부 직원들은 상사들의 위선적인 두 얼굴이라면서 그들에 대한 실망감과 좌절감을 표출했다. 그들의 불륜 관계가 가끔은 사람들의 눈을 피해 은밀하게 이뤄졌고, 막상 세상에 드러났을 때도 회사는 힘 있는 남성이 아니라 여성에게 인사이동 조치를 취했던 것이다. 한편 구글이 사내 연애 자체에 대해 예부터 너무 관대했고, 결과적으로 직원들이 쉽게 위험한 선을 넘는 환경을 만들었다고 지적하는 직원들도 있었다. "만약 직원들에게 마음대로 연애할 수 있는 허가증을 준다면, 그 허가증을 받는 순간 넘지 말아야 할 경계는 유명무실해집니다"라고 구글의 전직 직원이 내게 말했다.

물론 사내 연애 모두가 불륜은 아니다. 사내 연애를 통해 평생의 반려자를 만나 행복한 결혼 생활을 하고 있는 전·현직 직원들도 많다. "구글은 일종의 대학 문화를 창조하기 위해 의도적으로 노력했어요"라고 몇 년간 직장 동료와 사귀었던 구글의 전직 제품관리자 미니 잉거솔Minnie Ingersoll이 말했다. "동료들과 친밀한 관계를 형성하도록 장려하는 환경에서는 로맨스가 생길 수밖에 없어요. 사랑에 빠지고 연애하는 일들을 억지로 금지하려 애쓰는 것은 무의미할뿐더러 불행한 일이죠. 물론 최근 들어 힘의 논리를 남용함으로써 위험한 상황이 많이 벌어지고 있어요. 우리 모두는 그런 식의 행동을 절대 용납해서는 안 돼요. 기업은 명확한 정책을 수립해야 하고, 그런 다음 투명성을 장려하고 보상해주는 체계화된 구조를 세워야 해요. 현실에서 벌어지는 곤란한 상황을 혼자 해결하려 하지 말고 인사 부서 직원들의 도움을 받으면 됩니다. 그것이 그들이 존재하는 이유니까요." 2013년 구글은 고위 임원들이 상급자들에게 이해관계의 상충을 불러올 수 있는 사내 관계에 대해 의무적으로 경고하도록 조치했다.

그러니 그런 조치는 여성 직원보다 남성 직원 수가 월등히 많은 남초적 기업들에서는 실효성이 의심되는 애매한 계획에 불과하다. "성별 불균형이 심한 곳이라면 어디서든 소수자를 대상으로 성차별이 발생합니다"라고 구글의 제품관리 팀장을 지낸 빈두 레디Bindu Reddy가 말한다. "남성은 본디 여성들에게 수작을 걸고 싶어 하는 수컷 본능이 있고, 여성들이 그들의 목표물이 됩니다. 여성들에게 과도한 관심이 쏠리고, 결국 그것이 좋지 못한 상황으로 이어지죠. 이렇기 때문에 여성 비율이 낮으면 아주 불리합니다."

2015년 구글의 전직 소프트웨어 엔지니어 켈리 엘리스Kelly Ellis는 자신의 트위터에 올린 일련의 글에서 구글의 고위 리더들에게 성희롱을 당했다고 주장했다. 고위 임원들이 그녀의 외모에 대해 부적절한 언급을 했고, 특히 한 고위자는 "자네를 만지고 싶은 마음을 지금 죽을힘을 다해 참고 있다네"라고 말했다고 트윗했다. 엘리스가 트위터 글에서 성희롱 가해자들 중 한 명이라고 실명을 거론한 로드 차베즈Rod Chavez는 엘리스가 폭로한 바로 그달에 회사를 나갔다. 사내 성희롱에 대해 엘리스가 폭로한 후 그리고 슈미트와 브린의 혼외정사가 만천하에 알려진 이후, 구글은 사내에서 어떤 행동이 용납되는가에 대한 기준을 크게 수정했다. 또한 직원들이 불만을 제기할 수 있는 새로운 창구를 만들었고, 불만 건수와 징계 조치한 건수를 직원들에게 공개했다. 뿐만 아니라 경영진이 지위 고하를 막론하고 임직원들의 부적절한 행동을 어떻게 처리할지 토론하는 리스펙트앳Respect@ 프로그램을 출범했다. 한편 2016년 회사와는 별도로 직원들도 자구책을 마련했다. 직원들이 성희롱이나 성추행 같은 성적 피해를 익명으로 제보할 수 있는 이메일 리스트 '예스, 앳 구글Yes, at Google'을 시작한 것이다. "먹이사슬의 모든 단계에서 기준을 강화할 필요가 있다는 공감대가 형성되어 있었어요"라고 낸시 리가 말했다. 그러면서 브린과 슈미트를 포함해 이제는 만천하에 공개된 고위 경영자들의 성희롱 문제를 구글이 어떻게 처리했는지에 대해서도 말했다. "정확히 언제 (그들의) '엉덩이에 묻은 똥을' 털어주는 대화가 있었는지는 당신도 나도 아마 모르겠지요. 그러나 그런 대화가 있었다는 것은 확실해요. 정말 부끄러운 일이에요. 그들은 성폭력 가해자라는 사실이 자신의 꼬리표가 되어 평생 따라다니기를 원치 않아요. 그들은 자신들이 세상을 바꾸고 있다고 생각해요. 물론 틀린 말은 아니죠."

물론 성추행 근절을 위한 여러 조치를 마련한 것은 칭찬받을 만했다. 하지만 구글은 나쁜 행동을 어떻게 처리했는지에 대해서는 혼란스러운 행보를 보였다. 심지어 일부 사람들의 주장에 따르면 그런 행동에 보상을 해주었다고 한다. 일례로 구글의 유명한 안드로이드 운영체제의 '대부'로 불리는 앤디 루빈Andy Rubin이 2014년에 구글을 떠난 원인이 여직원과의 부적절한 관계 때문이라는 언론 보도가 있었다. 그러나 구글을 나갈 당시 정작 루빈은 스스로 회사를 그만둔다고 말했다. 즉 해임이 아니라 사임이라는 이야기였다. 더군다나 구글은 루빈이 세운 IT 스타트업 인큐베이터 플레이그라운드Playground에 투자까지 했다. 나중에 언론이 불륜 의혹을 제기하자 루빈의 대변인은 그가 맺은 모든 관계는 합의에 의한 것이었고 직속 부하와는 절대로 관계를 맺은 적이 없다고 해명했다. 또한 2016년 또 다른 고위 임원 아밋 싱할도 회사의 '배려 속에' 자신의 부적절한 행동에 대해 일언반구 없이 명예롭게 회사를 떠날 수 있었다. 싱할은 자선사업에 헌신하기 위해 구글을 떠난다고 발표했다. 하지만 그가 재임 시절 성희롱 의혹을 받아 어쩔 수 없이 회사를 그만둔 것이라는 주장이 나중에 제기되었다(그는 그 의혹을 전면 부인했다). 2017년 말, 에릭 슈미트 회장은 2011년부터 CEO와 회장을 거치면서 장장 16년을 몸담았던 구글-맨으로서의 삶을 마무리한다고 발표했다. 이번에도 그의 개인적인 문제에 대해서는 일절 언급이 없었고, 비록 회장에서는 물러났지만 구글의 이사직은 유지했다.

고위자들의 성 스캔들이 폭로되는 동안에도 구글은 다양한 직원들을 채용하기 위한 다각적인 노력을 계속했다. 그렇지만 직원들이 수만 명으로 늘어남에 따라 검색엔진의 거인이 다양성을 위해 기울이는 노력은 갈수록 힘을 잃어갔다.

평균에 안주하다

2017년 구글은 업계 표준과 비슷한 다양성 지표를 담은 보고서를 발표했다. 전체 직원 중 여성 비율은 31퍼센트, 고위층 여성 비율은 25퍼센트, 기술직 여성 비율은 20퍼센트라고 보고했는데, 이는 남녀 50 대 50과는 거리가 한참 멀었다. 수년간 좋은 의도를 가지고 전사적인 다양한 정책 변화와 야심 찬 프로그램을 시도했음에도 구글은 실리콘밸리의

'친구'들 사이에서 평균에 머물렀다. 그러나 구글의 굴욕은 끝나지 않았다. 저만치서 짙은 먹구름이 구글을 향해 몰려오고 있었다.

2017년 봄, 구글에 첫 번째 먹구름이 드리웠다. 여성 직원들을 처우하는 방식에 대한 구글의 평판이 심각한 타격을 입었다. 무슨 일이 있었던 걸까? 미국 노동부가 구글 직원 2만1000명에 대한 임금 데이터를 조사한 다음, 구글의 남녀 직원 사이에 '체계적인 임금 불균형'이 존재한다는 명백한 증거를 포착다고 발표했기 때문이다. "노동부는 여성들에 대한 매우 중대한 차별이 있었다는 설득력 있는 증거를 받았습니다"라고 노동부 소속 지역 변호사Regional Solicitor 재닛 헤럴드Janet Herold가 말했다. "현 시점에서 정부의 분석 자료에 따르면 구글의 성별 간 임금 격차는 심지어 IT업계 안에서도 매우 심각합니다"라고 덧붙였다. 뿐만 아니라 같은 해 9월에 또다시 먹구름이 드리웠다. 켈리 엘리스를 포함해 구글의 전직 여성 직원 3명이 구글을 상대로 차별을 받았다며 집단소송을 제기한 것이다. 그들은 구글이 비슷한 일을 하는데도 남성보다 여성 직원들에게 더 적은 임금을 주었을 뿐 아니라 여성들에게 임금 수준이 낮고 승진 가능성이 낮은 일을 배정했다고 주장했다. 구글의 한 여성 대변인은 그들의 주장에 동의할 수 없다며 이렇게 반박했다. "업무의 수준과 승진은 엄정한 채용과 승진 심사위원회를 통해 결정된다. 그리고 이런 결정에서 성적 편견을 철저히 배제하기 위한 확인 절차를 포함해 여러 단계의 검토가 이뤄진다. 구글은 남녀 차별 없이 공정한 임금을 지급하기 위한 광범위한 시스템을 운영한다."

정부가 구글을 상대로 낸 소송은 내가 몇몇 구글 직원들에게서 직접

들은 불만과 매우 흡사하다. 요약하면, 구글은 여성 직원을 채용하려 노력하고 그런 노력 못지않게 그들에게 멘토링과 승진 기회를 주려고 결연히 노력했지만, 문제는 그 두 가지 노력이 엇박자를 그렸다.

그렇다면 무엇이 문제였을까? 쉬운 희생양easy scapegoat은 없다. 어느 하나의 문제가 아니라는 말이다. 오히려 이미 자체적인 여성 인력 공급 파이프라인을 마비시킨 산업, 누적된 무지와 부적절한 행동들, 변화에 대한 절박함의 부재로 이어졌던 잘못된 능력주의 의식 등을 포함해 복잡한 문제들이 거미줄처럼 얽혀 있다. 게다가 이 모든 문제는, 21세기 처음 10년간 구글의 직원 수가 폭발적으로 증가함에 따라 심화되었다.

"어디서부터 문제가 발생했는지 직관적으로 생각해보면 회사가 커지면서 채용을 확대하기 시작한 시점부터라고 여겨집니다"라고 2003년 제품관리자로 구글에 입사해 구글 지도Maps를 공동으로 개발한 브렛 테일러Bret Taylor가 나름대로 추정한다. 테일러는 나중에 야후로 이직해 최고기술책임자로 취임했다. 오랜 현장 경험 덕분에 테일러는 초고속으로 확대할 때의 어려움에 대해 누구보다 잘 안다. 회사가 급속도로 성장할 때는 그런 성장 속도에 맞추기 위해 엔지니어의 수를 수백에서 수천으로 늘릴 필요가 있는 결정적인 순간이 찾아온다고 그가 말한다. 회사의 수명 주기life cycle에서 매우 중대한 그 시점에서 다양한 사람들로 구성된 팀이 이미 구축되어 있지 않은 상태라면 "조직 문화가 기존 직원들에게 아주 깊이 의존하기 때문에, 갑자기 채용 방향을 수정하기란 매우 힘듭니다"라고 그가 말한다. 말인즉 초기에 여성 직원의 수가 임계질량에 도달하지 않으면, 직원 수가 증가함에 따라 조직 내의 성별 문제는 악화 일로를 걸을 것이다.

테일러는 구글이 채용을 확대하기 시작한 변곡점으로 2004년 기업공개를 꼽았다. 성공적인 기업공개 이후 인력 수요가 증가했고, 그런 수요를 충족하기 위해 구글은 사실상 업계 표준에 더욱 가까운 채용 방식에 의지했을 뿐 아니라, 신속하게 채용할 수 있다는 이유만으로 이상적인 지원자의 요건을 완화했다고 테일러는 생각한다. 한편 구글의 리크루터들은 업계의 다른 모든 기업과 똑같은 대학 취업설명회를 쫓아다녔고 똑같은 웹사이트에 구인 광고를 게재했다. 요컨대 구글의 초창기에는 유능한 여성 리더들을 찾기 위해 브린과 페이지가 기울인 노력이 조직의 다른 관리자들에게는 전파되지 않았다.

"성장의 압박은 실로 대단했어요. 나중에 돌아보면 왜 깊이 생각하지 않았을까 후회할 수도 있겠지만, 성장의 소용돌이에 휘말릴 때는 깊이 생각할 겨를 없이 그저 빠르게 움직일 수밖에 없었어요"라고 낸시 리가 말한다. "우리는 응당 그래야 함에도 인재를 찾기 위해 그물을 넓게 치지 않았고, 회사도 대부분의 기업이 으레 그렇듯 개인적인 추천에 크게 의존했어요. 누군가가 추천을 받으면 마치 실력이 검증된 사람처럼 여겨지고, 그래서 다소간의 특혜가 주어지죠. 그러나 인맥에는 본질적인 한계가 있어요. 이미 우리가 갖고 있는 인구통계학적 특징들을 유지하게끔 인맥이 형성된다고 보는 것이 맞아요."

한편 기존의 여성 직원을 유지하기 위한 회사 차원의 접근법이 문제라고 꼬집는 직원들도 있다. "나는 구글이 다양성에 많은 신경을 쓴다고 생각하지만, 리더십의 의미에 대해 우리가 매우 획일적인 관점으로 바라본다는 생각도 들어요"라고 2015년 선임 제품관리자로 승진했고, 구글에서 보기 드문 여성 관리자 중 한 명인 로라 홈스가 말한다. 기억을 되살리면, 홈스는 면접 탈락의 기로에서 메이어의 전폭적인 지원으로 무사히 구글호에 승선했다. "내가 구글에서 배운 것은 '덜 착해지라'는 것이었어요. 그런데 나는 협업형 인간이에요. 그 접근법이 내게 맞아요. 나는 승진심사위원회가 직원들의 업무 접근법보다는 결과를 좀 더 중점적으로 심사해주었으면 좋겠어요."

결국 이 모든 것은 직원들이 '능력'이라고 생각했던 것으로 귀결된다. "기술 부문에서 일하는 엔지니어 대부분은 자신들처럼 뚜렷한 소신, 과감한 적극성, 신랄하게 비판하고 싶은 충동, 오만에 가까운 지나친 자신감 등이 직원으로서 마땅히 갖추어야 하는 속성과 행동과 자질이라고 생각했어요. 그리고 그런 특성은 충분한 보상이 주어졌어요"라고 낸시 리가 말했다. "반면에 과소평가되는 특성은 협업과 경청하려는 의지예요. 게다가 여성들이 두각을 보이는 일부 기술은 높은 평가를 받지 못했어요. 따라서 여성들은 '능력'이 부족하다고 말한다면 당신은 브로그래머스럽다는 평판을 얻게 됩니다."

낸시 리는 구글이 '브로그래머'라는 평판을 얻었고, 그런 평판이 파이프라인을 마비시킨 주범이었으며 많은 젊은 여성이 구글에 지원하는 것조차 포기하게 만들었다고 말한다. "'여성 컴퓨터공학자를 위한 그레이스 호퍼 기념회'가 주최하는 콘퍼런스에 참석했다가 여성들에게서 구글에 지원도 하지 않을 거라는 말을 얼마나 많이 들었는지 몰라요. 이유가 뭔지 아세요? 들어가기도 아주 힘든 데다가 근무 환경도 여성에게 불리하기 때문이랬어요. 그들은 분명 자격이 충분했고 시도해볼 수도 있었어요. 그런데도 그들은 시도해볼 생각조차 하지 않았어요."

2012년 즈음 구글은 물론이고 구글 매출의 상당 부분을 차지하는 광고주들이 재정 위기에서 완벽히 회복했고, 그러자 마침내 구글은 다양성 노력에 관련해 계산기를 두드려볼 여유가 생겼다. "여성 직원들 사이에서 조직 문화에 대한 불만이 들끓었어요. 회의를 가든 프레젠테이션을 하든 죄다 남성이고 자신들이 사실상 홍일점일 게 빤했기 때문이에요"라고 리가 말한다. "표면적으로는 다양성이 언제나 우선순위에 있었어요. 그러나 속내를 들여다보면 다른 우선 사항들이 다양성보다 더 먼저였어요."

요컨대 여성의 참여도에 관한 한, 구글의 노력 점수는 A지만 결과 점수는 C다. 궁극적으로 구글은 여성보다 훨씬 더 많은 남성을 채용하고 승진시켰으며, 오늘날 구글의 고위 직급은 대부분 남성들이 꿰차고 있다. 또한 본디 구글의 문화가 언제나 치열하고 경쟁적이었지만, 규모가 클수록 직원들의 자신감과 대립을 높이 평가하면서 그런 양상을 더욱 부채질한 것처럼 보인다.

"특히 엔지니어링 분야 종사자들은 무엇이 옳고 그른가에 지나치게 집착해 서로 으르렁거리며 대립하기 십상이에요. 게다가 일단 시작되면 브레이크가 고장 난 자동차처럼 멈출 줄을 몰라요"라고 니니앤 왕이 구글에서 일하던 시절을 떠올리며 말했다. "결국 그런 분위기는 논쟁을 좋아하는 사람들에게는 천국이고 논쟁을 좋아하지 않는 사람들에게는 지옥인 문화로 발전할 수 있어요."

내가 만나본 구글의 여성 직원, 초기 직원이었던 킴 스콧이 경험한 근무 환경을 접해본 적이 없다고 했다. 신입 직원들이 여성 관리자들에게서 따뜻한 지원과 도전 의식을 불러일으키는 자극을 동시에 받았던 문화 말이다.

"여성 상사와 일해본 적이 단 한 번도 없어요. 생각만 해도 우울해지네요"라고 사용자 인터페이스 설계를 맡고 있는 브린 에번스Brynn Evans가 말했다. "구글에 입사한 지 근 6년이 다 되어가지만 관리자 직급의 여성들에게 둘러싸여 일해본 적이 한 번도 없어요. 대신에 아주 많은 남성과 일해왔고 밥맛없는 남성 상사들만 모셔왔어요. 하나같이 재수 없고 무례하기 짝이 없었어요." 에번스는 구글에 입사하기 전에는 기술 산업의 여성 종사자가 얼마나 소외되고 고립된 존재인지 꿈에도 몰랐다고 내게 말했다.

2015년 래리 페이지는 구글을 지주 회사 체제로 재편했고 지주 회사인 알파벳을 설립했다. 현재 알파벳은 구글, 구글 벤처스(Google Ventures, 현재는 GV로 불린다), 구글 X를 포함해 12개의 독립적인 사업부로 구성되어 있고, 각 사업부는 각기 다른 CEO가 경영한다. 동시에 페이지는 알파벳의 여성 최고재무책임자 CFO를 다각도로 물색한 결과 마침내 뜻을 이룰 수 있었다. 글로벌 투자은행 모건 스탠리Morgan Stanley에서 오랫동안 임원으로 재직한 루스 포랫Ruth Porat이었다. 뿐만 아니라 페이지는 구글의 클라우드 사업을 이끌 책임자로는 가상화 소프트웨어 개발업체 VM웨어VMware의 공동 창업자 다이앤 그린Diane Greene을 영입했다. 2015년 알파벳의 CEO로 취임한 페이지의 후임으로 구글의 총사령탑을 맡고 있는 선다 피차이Sundar Pichai CEO의 경영팀은 약 40퍼센트가 여성이다. (워치츠키가 경영하는 유튜브는 피차이가 이끄는 구글의 자회사다.)

그러나 이 글을 쓰는 지금 현재, 알파벳의 자회사 CEO 중에 여성은 단한 명도 없다. 심지어 몇몇 코딩 교육기관과 인력 공급 조직의 대표들이 들려준 말에 따르면, 다양성을 개선하고자 하는 구글의 노력은 실질적인 결과를 추구한다기보다 긍정적인 홍보 효과를 노린 것처럼 보인다고 한다. 특히 한 사람은, 구글의 '갈수록 심해지는 성차별적 환경' 탓에 페이스북이 구글의 여성 엔지니어들을 성공적으로 '낚아채' 반사이익을 얻는다고 주장했다.

이제 구글 사내의 남녀 격차 문제와 관련해 가장 중요한 이야기를 해볼까 한다. 누구보다도 무엇보다도, 회사의 성공 원인을 처음부터 솔직하게 밝히지 못한 책임은 구글에 있을 수도 있다. 구글의 성공 원인으로 가장 많이 거론되는 것이 바로 혁신이다. 다른 말로 미래에 가장 먼저 도착한 덕분에 선점자의 우위first-mover advantage를 획득한 것이 주효했다. 솔직히 구글의 고위 경영자들은 그 이야기를 진심으로 믿었을 수도 있다. 나는 구글의 전직 고위 임원에게서, 페이지도 브린도 경영을 좋아하지 않았다는 말을 들었다. 오히려 그들은 생명 연장으로 죽음 문제 해결, 무인 자동차 같은 소설 속에 나올 법한 야심 찬 프로젝트에 집중하는 것을 더 좋아했다. 그러나 구글의 성공 원인으로 혁신 못지않게 중요했지만 간과되는 것이 있었다. 바로 강력한 여성 리더들이다. 구글은 초창기 시절 메이어, 샌드버그, 워치츠키 같은 강력한 여성 리더들에게 과감히 투자했고, 그들은 '신생아' 구글에 광범위한 일련의 기술과 다양한 관리

스타일을 가져다주었다. 부질없는 가정이지만, 만약 이후의 관리자들이 이런 사실에서 교훈을 얻었더라면 어땠을까? 구글 직원으로 갖추어야 하는 지능이나 교육이 어떤 것인지에 대해 편협한 생각을 가졌던 엔지니어들의 불만을 잠재울 수 있지 않았을까? 구글은 직장에서의 다양성이 이타주의나 사회공학적인 목표에 기반을 둘 필요가 없다는 것을 일찌감치 입증했다. 그들에게는 다양성이 그저 비즈니스를 위한 좋은 결정이었을 뿐이다.

악명 높은 구글 메모

이제는 젊은 엔지니어 제임스 다모어James Damore의 이야기를 해야겠다. 다모어는 구글의 다양성 노력이 어째서 평범한 결과밖에 만들어내지 못했는지에 대해 아주 강력한 단서를 제공했다. 2017년 8월 다모어가 구글에서 나타나는 성별 불균형의 근본적인 원인에 대해 나름의 주장을 펼치는 10장짜리 메모가 언론에 유출되었다. 오늘날 구글 메모로 널리 알려진 그 편지에서 다모어는 구글에서의 문화적 사안과 채용 관행에 문제가 많다면서 신랄하게 비판했다.

먼저 다모어의 메모부터 해부해보자. 다모어는 구글에서 남성의 채용과 승진 가능성이 더 높은 데는 '생물학적'인 이유가 있다고 주장했다. 남성은 여성보다 높은 지위에 대한 욕구가 더 크며, 그런 승진욕 때문에 남성은 '기술 산업에서 임금 수준이 높고 스트레스도 많은 자리'를 차지하기 위해 더 치열하게 경쟁한다고 강변했다. 반면 여성은 불안 수준이 높고 스트레스 내성이 낮으며 '신경증'적인 경향이 있다고 진단했다. 또한 다모어는 "여성은 일반적으로 사물보다 사람에게 관심이 더 많다"고 주장하는 연구 결과로 연결되는 링크를 걸었고 남녀의 '공감 능력 대 체계화 능력'을 비교했다. 뿐만 아니라 여성 채용을 확대해 다양성을 개선하려는 구글의 노력은 차별적이고 기준을 낮추며 인종 간에 그리고 남녀 간에 긴장을 증가시킬 수 있다고 덧붙였다. 요컨대 그런 노력은 과학적 사실을 '개무시하는 '숨겨진 좌익 이념veiled left ideology'에 지나지 않는다는 것이었다. 그러나 다모어의 주장과 관련해 반드시 짚고 넘어가야 하는 것은, 그가 인용한 사례들은 근거가 미약한 것이 많았고 일부는 항상 내용의 정확도에 물음표가 따라다니는 온라인 백과사전 위키피디아Wikipedia에서 가져왔다는 점이다. 그는 과학적인 큰 그림을 평가하고자 시도했지만 실패했고, 오히려 몇 가지 비과학적인 해석과 결론만 낳았다. 심지어 그가 언급한 연구가들조차 다모어가 그 데이터를 사용한 방식에 대해 동의하지 않는다.

구글은 "다양성이 도덕적으로 옳다는 편견을 버리고 보수주의자들을 따돌리는 짓을 중단"할 필요가 있다고 다모어가 주장했다. "불행하게도 우리 문화는 낙인과 오해로 점철되어 있고, 우리의 이념적 생태계 밖에 존재하는 사람들은 그런 문화를 존중하지도 받아들이지도 않는다." 그는 구글이 "반대 목소리를 내는 직원들을 망신 주어 침묵하게 만듦으로써 유지되는 정치적으로 올바른 단일 문화"라고 특징지었다.

최소한 마지막 주장과 관련해 다모어가 온전히 틀렸다고만 할 수 없다. 그 메모가 외부로 유출된 지 하루가 지나기 전에 다모어의 세상이 완전히 뒤집힌 것이다. 분노에 찬 글들이 폭주하면서 소셜 미디어는 그야말로 불난 호떡집이 되었다. 심지어 논쟁이 시작된 직후에 트래픽 초과로 다운된 사이트도 있었다. 한편 다모어를 옹호했던 어떤 사이트는 익명의 집단들로부터 서비스 거부 공격을 받아 마비되었다. 주류 언론들이 즉각적으로 그 논란을 보도했다. 일례로 미국의 유력 경제지 〈월스트리트 저널Wall Street Journal〉은 '성별 차이와 다양성에 관한 메모가 구글을 발칵 뒤집다'는 제목으로 대서특필했다.

그 논쟁은 시간이 흐를수록 더욱 격렬해졌고, 급기야 구글의 선다 피차이 CEO가 휴가를 취소하고 회사의 위기를 해결하기 위해 마운틴 뷰Mountain View에 있는 본사로 돌아왔다. 피차이는 강경한 어조의 반박문을 발표했다. "우리는 구글 직원들이 자신의 의견을 표현할 권리를 강력히 지지한다. 그리고 그 메모에 담긴 많은 내용은 비록 구글 직원 대부분이 동의하지 않는다는 사실과는 별개로 토론할 가치가 있다"고 피차이가 말했다. "특정 부류의 구글 가족들이 생물학적인 측면에서 직무에 덜 적합한 특징을 보유한다는 주장은 인신공격이며 옳지 않다. 그 메모는 분명 우리와 한솥밥을 먹는 동료들에게 영향을 미쳤으며, 일부는 상처를 받았고 성별을 토대로 평가받은 기분을 느낀다. 우리 동료들이 회의에서 입을 열 때마다 자신은 그 메모에서 묘사하는 유형의 사람이 아니라는 것을 증명해야 한다고 걱정하게 해서는 안 된다. 주장을 관철하기보다 남의 말에 쉽게 동의하거나 스트레스 내성이 낮고 혹은 '신경증'적인 사람이 아니라고 말이다."

구글 내부에서는 고위 임원들이 사후 조치에 대해 열띤 토론을 벌였다. 그 메모가 세상에 나오고 며칠 지나지 않아 다모어는 해고되었다.

피차이는 그 사태에 대해 토론하기 위해 타운홀미팅(town hall meeting, 비공식적 공개회의 -옮긴이)을 열겠다고 약속했다. 그러나 미팅이 열리기 불과 30분 전에 피차이는 안전상의 우려가 있다며 돌연 취소했다(일부 직원들은 자신의 발언들이 온라인상에서 공개되어 괴롭힘을 당했다고 주장했다). 다음 날 -미국과 북한 사이에 핵폭탄을 둘러싼 긴장이 높아지는 가운데- 〈뉴욕 타임스〉의 가장 인기 있는 기사는 피차이의 사임을 요구하는 옵애드였다. 실리콘밸리에서 한 주 꼬박 다모어의 메모가 주된 대화 주제였다고 해도 절대 과장이 아니다.

나는 다모어가 해고되고 이틀 후 그를 인터뷰했다. 샌프란시스코에 있는 블룸버그 스튜디오에서, 그는 마운틴뷰에 있는 자신의 아파트에서 스카이프로 대화를 나누었다. 불과 며칠 사이 다모어는 자신의 삶이 극적으로 전환된 것에 상당한 충격을 받은 듯했다. 그리고 HBO가 제작한 코미디 드라마 〈실리콘밸리〉의 남자 주인공으로 늘 어리바리한 모습에 좌충우돌하는 리처드 헨드릭스Richard Hendricks의 모습이 언뜻언뜻 보였다.

다모어는 자신의 메모에 대한 조직 안팎의 반응이 너무나 불공평하다고 말했다. 특히 대중의 반응은 자신을 희생양으로 만들었다고 항변했다. 아울러 자신의 상사가 그를 버스 아래로 던져버렸다고 억울해했다. "고위 임원 중 누구도 나를 옹호할 수 없다는 사실이 정말로 부끄럽습니다."

나는 그 메모를 작성한 것을 후회하느냐고 물었다. "별로 후회하지 않습니다. 나는 우리를 이념적 생태계 안에 가두지 않음으로써 구글과 전체 세상을 더 좋은 곳으로 만들기 위해 노력한다는 확신이 있기 때문입니다." 또한 다모어는 메모에 담긴 모든 내용은 진실일 뿐 아니라 '과학적으로 합의'된 것이라는 자신의 소신을 강경하게 고수했다.

다모아는 메모에서 자신의 주장을 뒷받침하기 위해 과학 논문들을 인용했고 각 논문으로 이어지는 링크를 걸어두었다. 그러나 승진 욕구, 신경증, 체계화보다 공감을 더 좋아하는 성향 같은 성격적 특성과 관련해 남녀가 생물학적으로 차이가 있는지에 대해서는 아직까지 과학적인 합의가 이뤄지지 않았음을 지적하는 것이 옳다고 본다. 또한 대규모 연구 조사에서 내놓은 남녀 차이는 그게 무엇이든 문화와 양육의 결과이지 생물학과는 조금도 관련이 없다고 주장하는 사회과학자들이 많다. 게다가 인구 집단 간 차이는 —비록 차이가 있더라도— 개인의 흥미나 능력과는 하등의 관련이 없다는 데에 모두 한목소리를 낸다. 물론 다모어를 포함해서 말이다.

이제 범위를 좁혀보자. 구글에서 남녀 간 차이가 근본적인 성별 차이로 설명될 수 있다는 다모어의 주장은 옳았을까?

고등교육과 노동시장에 여성들이 전면적으로 참여한 역사가 이제 겨우 60여 년에 불과하다는 사실을 고려하면, 나는 그것에 대한 원인이 문화적인 고정관념과 편견일 가능성이 훨씬 더 크다고 생각한다. 게다가 내 생각을 뒷받침해주는 연구 결과도 아주 많다. 구글의 리더들이 여성 채용을 확대하려는 자사의 노력을 좀 더 설득력 있게 설명하기 위해 그런 연구 결과들을 사용했는지도 모른다. 어쨌든 구글의 그런 노력은 모든 직원의 참여를 이끌어냈고 더욱 우호적인 근무 환경을 육성하는 데에 상당한 역할을 했을 수도 있다.

그러나 다모어의 실수는 좀 더 근본적이었다. 나는 그의 질문 자체가 잘못되었다고 본다. 다모어의 메모에 깔린 가정적 전제에서 나는 기술 산업 초기에 사용된 적성검사 개발자들이 떠오른다. 그들은 적성검사를 개발하면서 좋은 프로그래머의 조건으로 '사람을 좋아하지 않고' 자기 중심적이며 퍼즐에 집착하는 너드들이라고 가정했다. 앞에서도 말했듯 좋은 프로그래머를 그런 식으로 정의하면 여성이 좋은 프로그래머로 평가될 가능성이 훨씬 적을 수밖에 없다. 다모어의 기준은 그런 가정과 모양새는 약간 다르되 속을 들여다보면 거의 똑같이 편협한 개념이었다. 기술 산업의 많은 종사자와 마찬가지로 다모어는 구글 같은 IT기업에서는 직원과 리더 모두가 공감보다는 체계화에 능한 사람들이어야 한다는 것을 당연시했다. 그렇다면 어떤 질문이 더 바람직할까? 특정한 집단의 사람들이 기술 산업을 지배해야 한다는 가정이 기업과 우리 모두에게 어떤 영향을 미쳤을지 물어야 옳지 않을까?

다모어의 메모에 대해 각양각색의 반응들이 터져 나왔다. 내가 읽어본 중 통찰력 있는 반응 가운데 하나는 요나탄 정거Yonatan Zunger가 웹 출판 플랫폼 '미디엄'에 올린 글이었다. 정거는 우연히도 다모어가 해고되기 하루 전날 구글을 퇴사했다. 정거의 주장을 간단히 정리하면, 다모어가 남녀 차이를 이해하지 못할 뿐 아니라 유능한 컴퓨터 엔지니어의 '스펙'에 대해 실질적인 어떤 통찰도 없거나 전혀 이해하지 못하는 듯 보인다는 것이었다. 그러면서 정거는 다모어의 주장에서 딱 두 가지는 마냥 틀리지만은 않다고 지적했다. 구글에서 일부 역할들이 본질적으로 직원들의 '인간 지향성 수준'을 제한했다는 주장과, 직원들은 '사실들과 관련해 이성적으로 추론'할 수 있도록 '공감을 자제'해야 한다는 주장이었다.

일단 정거는 지극히 이성적으로 사고하고 또한 아주 복잡하면서 특수한 연산 문제들을 해결하는 것이 엔지니어가 하는 일의 일부이며, 특히 코딩을 배우는 단계와 경력 초기에는 그것이 반드시 갖추어야 하는 능력이라고 다모어의 손을 들어준다. 하지만 그 단계를 지나야만 마침내 '진정한 엔지니어링'이 시작된다고 징거가 덧붙였다. 엔지니어의 진짜 임무는 현실에 존재하는 문제들을 해결하는 것이다. 그런 문제는 인간에 대한 이해를 포함한다. 무슨 뜻일까? 결국 엔지니어의 일은 공감이 덜 필요한 게 아니라 더 많이 필요하다는 것이다.

"엔지니어링은 본질적으로 동료와 고객들에 대한 공감과 협조 그리고 협업, 이 세 가지가 전부다"라고 징거가 글에서 밝혔다. "만약 엔지니어링이 사람이나 감정을 다루지 않아도 아무런 지장이 없는 분야라는 말을 듣고 이 길을 선택했다면, 미안하지만 속았다고밖에 할 말이 없다."

"코딩하는 법은 누구라도 배울 수 있다"고 그가 덧붙였다. "컴퓨터 엔지니어로서 정말로 어려운 부분은 어떤 프로그램을 작성할지 파악하고, 무슨 목표를 어떻게 달성할지에 대한 명백한 계획을 수립하며, 계획을 실현하기 위해 필요한 합의를 도출하는 일이다."

구글의 경영진과 많은 평직원이 다모어의 메모에 보인 반응은 지독히 경악스럽다는 것이 대부분이었다. 가령 구글의 전직 엔지니어였던 에리카 조이 베이커Erica Joy Baker는 "진짜 뉴스는 그가 10장이나 되는 성차별적인 장문의 글을 쓰고 그것을 공유해도 괜찮겠다고 생각했다는 사실이다"라고 말했다. 또한 구글의 전직 부사장이었으며 오바마 행정부의 백악관 최고기술책임자 CTO를 역임한 메건 스미스는 다모어의 글이 '모욕적'일 뿐 아니라 '사실과 맞지 않다'고, 기술 산업에서 여성들이 매일 겪는 차별은 '집단행동에 가깝다'고 내게 말했다. 이렇듯 업계 동료들이 다모어에게 혹독한 비난을 쏟아냈다는 사실을 뒤집어보면, 그가 적어도 자신의 신념을 공개적으로 표현하고자 하는 의지에서는 동료들 사이에서 비주류였음을 증명하는 듯하다.

하지만 구글의 일부 여성 직원들도 공개적인 목소리를 냈다. 그들은 다모어의 가정들이 구글이 인정하고 싶어 하는 수준보다 조직 문화에 더욱 깊이 퍼져 있을 가능성이 높다고 주장했다. 일례로 구글의 전직 엔지니어였던 케이트 휴스턴Cate Huston은 이렇게 단언했다. "우리는 그 사람과 같은 남성 직원들과 함께 일해보면 안다. 그들이 우리가 작성한 코드를 검토할 때도 느낀다. 우리의 직무평가에 적힌 그들의 평가를 볼 때 우리는 깨닫는다. 우리는 그냥 알 수 있다." 나는 다모어의 메모가 유명해진 것은 기술 산업에 엄연히 존재하지만 가끔은 눈에 보이지 않는 유해한 가정들을 폭로했기 때문이라고 확신한다.

실리콘 천장을 뚫고 나아가다

구글은 현재 직원 수가 7만 명이 넘는 거대 조직이다. 좋은 리더와 좋은 엔지니어의 자격 요건에 대한 고정관념이 IT 세상 전반에 뿌리 깊이 박혀 있고, 비록 구글이 그런 고정관념과 전쟁을 불사하고 있지만 구글에도 그런 현상이 만연하다. 수전 워치츠키는 〈포춘〉을 통해 다모어의 메모에 대한 열정적인 반응을 내놓았다. 그리고 구글의 창업자들에게서는 많은 지지를 받는다고 느꼈지만 다른 임직원들의 거센 저항에 직면했고,

무너지지 않기 위해 치열하게 싸웠노라고 그간의 맘고생을 털어놓았다. "일하는 내내 일에 대한 내 헌신과 능력을 의심하는 시선들이 따라다녔다. 나는 업계의 주요한 행사와 사교 모임에서 배제되었고, 외부 리더들과의 회의에서는 대놓고 무시당하기 일쑤였다. 그들이 나보다 직급이 낮은 남성 동료들을 주로 상대하는 바람에 나는 꿔다 놓은 보릿자루 신세가 되었다. 그뿐만 아니라 그들은 툭하면 내가 말하는 중간에 끼어들었고, 내 아이디어를 노골적으로 묵살하다가 남성 동료들이 다시 말한 다음에야 귀를 기울였다. 이런 일은 아무리 많이 당해도 여전히 상처가 된다."

그러나 워치츠키, 메이어와 샌드버그는 각자 자신의 방식대로 '실리콘 천장(Silicon Ceiling, IT 분야의 유리 천장을 빗댄 표현으로, 유리 천장은 여성과 소수자들의 고위직 승진을 막는 조직 내의 보이지 않는 장벽을 말함 -옮긴이)'을 뚫었다. 언론이 써 내려간 그들의 성공담에는 (혹은 워치츠키의 경우 언론에서 주목하지 않은 그녀의 성공담에는) 배울 만한 교훈이 많다. 그런 이야기는 주의 깊게 살펴볼 가치가 있는데, 새로운 세대의 여성들이 기술 산업의 사다리를 힘겹게 오를 때에 지속적인 영향을 미칠 것이기 때문이다.

3명의 여성 어벤저스 중에서 워치츠키만 구글을 떠났다. 유튜브의 CEO에 취임한 이후 워치츠키는 수십억 달러의 매출 증가를 일궈냈다 (어떤 외부 분석가에 따르면 2017년 유튜브의 총 매출이 120억 달러를 돌파할 수 있다고 한다). 그뿐 아니라 주문형 동영상 스트리밍 서비스업체 넷플릭스 Netflix를 포함해 스트리밍 서비스 제공업체들과 케이블업체들과 본격적으로 경쟁하기 위해 새로운 텔레비전 구독 비즈니스를 출범시켰다. 최근 〈포브스〉는 워치츠키를 세상에서 가장 영향력 있는 여성 순위에서 8위로 선정했다. 그러나 〈포브스〉는 이제까지 워치츠키를 비판한 적도 없지만 우호적인 기사를 낸 적도 없다. 정확히 말하면 사실상 〈포브스〉는 그녀를 완전히 무시한다. 그녀의 경력을 알수록 〈포브스〉의 그런 행태가 놀랍기 그지없다.

워치츠키가 '구글의 어머니'로 불리는 데는 그만한 이유가 있다. 구글의 광고 모델을 개발하는 데에 힘을 보탰을 뿐 아니라 구글 역사상 중대한 인수 중 두 건을 주도했다. 하나는 2006년 16억 5000만 달러에 사들인 유튜브로, 오늘날 유튜브는 구글의 보석 중의 보석으로 자리매김했다. 다른 하나는 2007년 구글이 무려 31억 달러에 매입한 온라인 광고회사 더블클릭DoubleClick이다. 더블클릭을 인수함으로써 구글은 디스플레이 광고 산업에 진출하는 결정적인 교두보를 확보할 수 있었다.

구글의 첫 번째 어머니 워치츠키는 구글에 재직하는 20년 동안 다섯 아이를 낳아 키운 워킹맘으로 가족의 저녁 식사를 준비하기 위해 6시까지 퇴근했다는 것을 자랑스러워하는 데서 알 수 있듯, 자녀를 최우선순위에 두었다. 그러나 그녀는 슈퍼맘인 척하지 않는다. 2015년 그녀가 강연자로 나서는 행사에서 처음 만났을 때였다. 내가 다섯 아이를 키우면서 유튜브를 성공적으로 경영하는 능력이 놀랍다고 하자, 워치츠키가 집안일은 다른 사람들의 도움을 많이 받았다고 솔직히 말했다.

그녀는 다섯 아이를 키우는 동안 모유 수유만은 절대 포기하지 않았고, 심지어 모유 수유 사실을 감추기는커녕 당당히 밝혔다. 가령 2016년 스위스 다보스에서 열린 세계경제포럼World Economic Forum에 참석했을 때는 아직 두 돌이 되지 않은 아들을 위해 짠 모유 병 두 개를 숙소 창문

밖 눈 덮인 창틀에 보관했다. 그리고 그 사진을 찍어 다음의 문구와 함께 트위터에 올렸다. "2016년 다보스의 추운 날씨가 좋은 점 하나, 모유를 보관하기 쉽다는 것. 냉장고도 필요 없음."

다보스에서 올린 트윗은 워치츠키의 전반적인 일-가정 양립 접근법을 보여주는 하나의 사례다. 그녀는 다섯 아이의 엄마로서 자신과 직원들의 엄마로서 자신을 분리하지 않는 듯하다. 회사의 프로젝트들을 '양육'하고 회사가 잘 성장하고 성숙해지는 것에 자긍심을 갖는다며 '구글의 어머니'라는 역할에 대해 솔직하게 말했다. 또한 워치츠키는 다섯 아이의 어머니 역할에 따르는 시간 제약이 그녀를 더 나은 경영자로 만들었다고 생각한다.

"사무실에 있을 때는 회사 일을 가장 우선적으로 생각하고 온 마음을 다해 집중해요"라고 그녀가 내게 말했다. "하지만 한밤중까지 야근할 수는 없어요. 그리고 주말에도 일할 수 없어요." 그녀는 시간이 부족하기 때문에, 확신이 없고 문제가 되는 프로젝트에 매달리면서 근무 시간을 낭비할 마음이 조금도 없다고 딱 잘라 말했다. "성장 속도가 느린 것은 모조리 머리에서 지워버리는 것이 상책이에요. 그런 것은 죽도 밥도 안 돼요. 그런 일에 허비할 시간이 없어요. 나는 앞으로도 큰 아이디어에 초점을 맞출 것이고, 우리는 그런 아이디어에는 뜸들이지 않고 바로 승부를 볼 거예요"라고 워치츠키가 말했다.

구글에 막대한 영향을 끼쳤고 광고와 출판 분야에도 큰 심오한 족적을 남겼음에도 기술 산업 외부에서 워치츠키는 거의 알려지지 않았고 조금 과장하면 무명인에 가깝다. 의심스럽다면 구글에서 그녀의 이름을 검색

해보라. 검색 결과 개수에 실망할 수도 있다. 평범한 프로 야구 선수의 이름 검색 결과 개수와 비슷하고, 그녀보다 훨씬 덜 성공한 많은 기업가의 검색 결과 개수보다 적다. 예부터 인터넷 개척자들을 찬양하고 미화해온 미국 문화에서 워치츠키의 성공담은 지금까지도 별로 언급되지 않는다. 그녀 스스로가 대중 앞에 잘 나서지 않으려 하는 것도 부분적인 이유다. 비록 그녀는 자화자찬하지 않더라도 주변 사람들은 왜 가만히 있는 걸까? 그녀의 업적을 알아보고 알릴 수 있을 텐데, 왜 아무도 그렇게 하지 않는 걸까? 기자로서 나는 한 가지 이유를 유추해볼 수 있다. 방송사든 신문사나 잡지사든 선입견에 부합하는 이야기를 기사화하기가 더 쉽기 때문이다. 언론 매체 사이에 암묵적인 합의가 있다. 인터넷 세상의 이야기는 특정 연령대의 천재 너드나 브로가 이끄는 IT 스타트업의 이야기라야 이른바 '잘 팔린다'는 것이다. 아무리 유능하고 성공적이어도 날마다 일과 가정을 양립하기 위해 고군분투하는 여성의 이야기는, 두둑한 배짱으로 위험을 감수하는 천재 IT 혁명가라는 고정관념에 맞지 않다.

마리사 메이어의 성공과 실패

이 글을 쓰는 지금 현재 마흔두 살인 마리사 메이어의 경력을 크게 전, 후반으로 나눌 때 전반부에서는 언론의 사랑을 듬뿍 받았다. 지금도 기자들은 그녀에 관한 기사에서 금발, 뛰어난 패션 감각, 지극히 미국적인 아름다움을 자주 언급한다. 메이어 본인도 스포트라이트를 즐기고 언론을 부담스러워하는 구글 창업자들의 '입' 역할을 좋아하는 것 같았다. 수년간 메이어는 구글에서 성공 가도를 달리다가 2010년 구조 조정 이후에 페이지의 측근에서 밀려났다. 그녀는 검색 제품 총책임자에서 위치와 지역 서비스 담당 부사장으로 자리를 옮겼는데, 많은 IT업계 관계자는 그 이동을 좌천으로 판단했다. 페이지가 그런 조치를 결정한 이유는 명백히 알려지지 않았지만, 내부자들의 전언으로 짐작해볼 수 있다. 시간이 흐를수록 메이어에 대한 동료들의 평가는 극과 극으로 갈렸는데, 그녀를 사랑하든가 아주 싫어하든가 둘 중 하나였다고 한다. 가끔 메이어는 엄격한 비전을 완벽히 구현하려 했고 또 가끔 사람들을 열 받게 했다. 물론 기술 분야의 남성 리더들의 경우 타협하지 않는 단호함과 까칠한 성격이 오히려 칭송의 대상이었다. "스티브 잡스는 상의하달식의 카리스마 있는 리더십으로 유명했고, 그 방식이 애플에 도움이 되었습니다"라고 로라 홈스가 말했다. "그가 남성이었기 때문에 그 리더십이 애플에 더 잘 먹혔을까요? 그건 뭐라고 단언하기 힘들어요."

2012년 6월 측근에서 밀려난 지 1년 정도 지났을 무렵 메이어는 세르게이 브린과 회의 약속을 잡았다. 엉뚱하기로는 둘째가라면 서러울 구글의 공동 창업자는 롤러블레이드를 타고 메이어의 사무실에 모습을 드러냈고 (평소처럼 20분이나 늦었다) 메이어는 새로운 소식을 전했다. 야후의 CEO를 맡기로 해 구글을 퇴사하겠다는 내용이었다. 브린은 메이어의 결정을 호방하게 받아들였고 그녀에게 행운을 빌어주었으며 "대담해지라"고 조언한 걸로 유명하다.

그러나 메이어는 대담했다. 침몰하는 배의 구원투수가 되기로 했으니 말이다. 야후의 CEO 제안을 받아들임으로써 메이어는 죽음의 소용돌이에 휘말린 상징적인 인터넷 기업을 구하기 위해 구글이라는 로켓우주선에서 제 발로 걸어 내린 것이다. 당시에는 〈포춘〉이 선정한 500대 기업을 이끄는 여성 CEO가 20명이었고, 메이어가 그들 중에서 최연소 CEO가 되었다.

공식적으로 선언한 지 불과 몇 시간 되지 않은 메이어의 퇴사 소식은 갈수록 흥미로워졌다. 야후의 CEO에 취임하면 메이어는 상장 대기업 중에서 최초의 여성 CEO가 될 뿐 아니라, 당시 그녀는 임신한 상태라는 사실이 세상에 알려진 것이다. 지난 몇 달간 메이어는 몇몇 극소수를 제외하고 아무에게도 임신 사실을 알리지 않기로 했다. 심지어 브린에게 퇴사 결심을 알리면서도 임신 사실은 함구했다. 그러나 그날 오후 늦게 메이어는 호사가들의 입방아가 시작되기 전에 스스로 알리겠다고 결심했다(그녀는 이미 임신 28주였다). 그녀는 〈포춘〉의 편집자이자 가장 강력한 여성 정상회의Most Powerful Women Summit의 공동 회장으로 명성이 높은 패티 셀러스Pattie Sellers에게 전화를 걸었다. 수차례 전화를 걸었지만 셀러스와 연결되지 않았고, 며칠 뒤 마침내 셀러스에게서 전화가 왔다. "당신에게 해줄 이야기가 있어요. 곧바로 기사로 내보내주세요"라고 메이어가 말했다. 그녀는 임신 사실뿐 아니라 야후에 집중하기 위해 출산휴가를 가장 짧게 쓸 계획이라고 밝혔다. 그 기사가 전 세계에 알려지자 언론인과 지식인은 물론이고 자녀를 둔 엄마들까지 가세해 메이어가 엄마로서나 비즈니스 리더로서 책임을 회피하려 한다며 비난했다. 〈포브스〉는 "야후의 신임 CEO 마리사 메이어가 임신했다. 그게 무슨 문제가 되지?"와 "임신한 CEO: 누가 마리사 메이어에게 돌을 던질 수 있나"라는 (다소 메이어에게 우호적인 -옮긴이) 기사를 내보냈다. 반면에 〈포춘〉은 "마리사 메이어의 짧은 출산휴가: 진취적 행보일까, 아니면 일중독자일까?" 라는 제목의 기사를 1면에 실었다. 한 블로거는 신랄하게 비꼬았다. "마리사 메이어가 야후의 CEO에 오른다. 여성들은 모든 걸 다 가질 수 없음을 그녀가 몸소 증명한다."

만약 메이어가 예비 아빠였다면 아무도 이런 글을 쓰지 않았을 것이고, 언론은 그 사실이 중요하다고 생각하지 않았을 것이다. 아니 솔직히 말하면, 기자들은 그런 사실조차 몰랐을 가능성이 매우 높다.

메이어는 자신이 여성이라는 이유로 언론과 IT 전문 분석가들에게 부당한 대우를 받았다고 생각할까? "이상하거나 평범하지 않은 모든 것은 더욱 엄격한 잣대로 평가되죠. 나는 내 임신이 이상하거나 평범하지 않아서 사람들의 관심을 더 끌었다고 봐요. 임신과 여성은 상관관계이지 인과관계가 아니에요"라고 메이어가 2016년 야후 본사에서 나를 만나 말했다. "사람들이 여성들을 더욱 엄격한 잣대로 검증하고자 해서일까요? 아니에요. 사람들은 남의 일에 감 놔라 배 놔라 간섭하기 좋아해서예요."

나를 만났을 즈음 메이어는 야후의 사령탑을 맡은 지 4년이 지났을 때였고, 자신이 20억 달러 수준까지 끌어올린 새로운 수익원들을 언급했다. 그러나 그녀가 공격적인 인수합병 행보를 보이며 큰돈을 들여 인수한 기업들이 결국 '잘못된 만남'으로 결론 났고, 그녀가 주도한 야후 구출 작전은 실패하고 말았다. 나와 인터뷰하기 얼마 전 메이어는 야후에 남은 모든 것을 미국 최대 통신업체 버라이즌Veriaon에 매각하는 거래를 마무리했지만, 그럼에도 복잡한 문제가 산적해 있었다. 해커들의 공격으로 사용자 계정 10억 개가 유출되었고, (그러나 2017년 개인정보 유출 피해자가 애초 야후가 발표한 수치의 3배인 30억 명이었음이 뒤늦게 드러났다) 버라이즌과의 거래가 위험에 처했다. 물론 스트레스가 많았지만 메이어는 평상시와 다름없이 침착하고 자신의 역할에 충실한 것 같았다. 그것은 따지고 보면 위험 부담이 상당한 삶의 순간들 중 하나였을 뿐이고, 어차피 그녀의 삶은 그런 순간들로 채워졌다고 해도 틀리지 않았다.

야후의 사령탑으로 있는 동안 메이어는 첫아들을 출산했고, 일하면서 아들을 돌보기 위해 사무실 옆에 개인 돈으로 탁아 시설을 만듦으로써 또다시 언론의 주목을 받았다. 2015년에는 일란성 딸 쌍둥이를 출산해 세 자녀의 엄마가 되었는데, 나와 인터뷰하기 얼마 전에 쌍둥이의 첫돌이 지났다. 메이어는 자신에 대한 언론의 태도가 불공평하다고 생각하지 않는다는 점을 분명히 밝혔다. 그런데 나는 일과 양육에 대한 그녀의 선택을 둘러싸고 사방에서 부정적인 반응을 쏟아내는 것에 신경이 쓰이지 않느냐고 엉겁결에 내뱉고 말았다. 그런 비난에 상처받고 마음고생하지 않았는지 말이다.

"대개는 별로 신경 쓰지 않아요. 그 모든 것에 상당히 무덤덤한 편이었어요. 때로는 사소한 일들은 그냥 흘려들어야 해요"라고 메이어가 차분히 대답했다. "수천까지는 아니지만 사실상 나에 관한 기사가 족히 수백은 될 거예요. 외국의 총리들까지 내 출산휴가에 대해 한마디씩 했어요(특히 독일의 앙겔라 메르켈 총리는 메이어가 잘못된 여성 역할관을 심어줄까 우려했음 -옮긴이). 그래도 나는 여러분 나라의 국민은 혹은 내가 아닌 다른 누구도 짧은 출산휴가 때문에 욕을 먹지 않는다고 반박하지 않았어요. 그냥 못 들은 척하기로 마음을 정했어요"라고 그녀가 덧붙였다. "나는 (사람들이 나를 비난하는 것이) 정말 화가 나서가 아니라고 생각해요."

그러나 그녀의 모든 말과 행동이 워킹맘에 관한 일종의 포괄적인 사회적 명제(命題, statement, 논리학적으로 뜻이 분명해서 참 혹은 거짓을 바로 알 수 있는 말 -옮긴이)로 받아들여지는 것처럼 보인다는 사실이 부담스럽지 않았을까?

"그러고 싶은 마음은 추호도 없어요. 오히려 내 상황에서는 그것이 내게 맞는 방식임을 알려주고 싶어요"라고 메이어가 말했다. "구글에 다녔을 때는 출산휴가를 6개월 쓸 계획이었어요. 그랬다면 정말 멋졌겠죠. 그러나 나는 야후의 식구가 되었고 2주 출산휴가가 최선이었으며, 6개월 동안 회사를 비울 형편이 못 됐어요. 삶은 변해요. 그리고 당시에는 가능한 한 빨리 업무에 복귀해야 했어요."

메이어가 군이 입 밖에 내지 않아도 충분히 짐작되는 것은, 그때는 이래도 저래도 어차피 욕을 먹을 수밖에 없는 상황이었다는 점이다. 만약 출산휴가를 길게 갔다면 어땠을까? 분명 야후의 미래를 위험에 빠뜨렸다는 비난이 혹은 그렇게 길게 쉴 바에는 애초에 CEO 제안을 왜 수락했느냐는 비판이 쏟아졌을 것이다. 또한 어린 아들과 가까이 있기 위해 사무실에 탁아 시설을 만들었을 때는 낮은 직급의 직원들에게 허용되지 않는 특혜를 누림으로써 이중 잣대를 만들었다고 비난받았다. 직원이라면 누구나 사용할 수 있었지만 사실 자녀를 둔 여성 직원들이 자주 사용하던 야후의 재택근무 정책을 폐지했을 때는 그야말로 벌집을 쑤셔놓은 듯했다. 심지어 영국 버진 그룹Virgin의 회장인 억만장자 리처드 브랜슨Richard Branson까지 나서서 메이어가 시대를 역행한다고 말했다. 봇물처럼 쏟아지는 언론 보도 속에서, 메이어가 재택근무 제도를 폐지한 근본적인 이유는 묻히고 말았다. 가뜩이나 기술 세상에서 늙은이 취급을 받는 야후인데 일부 (남녀) 직원들이 며칠 동안 아예 출근하지 않았고, 그래서 그녀는 그들의 생산성을 문제 삼았다. 일명 '야후병'이었다. 침몰하는 야후호가 선수를 들어 올려 다시 항해를 이어가게 하려면, CEO로서 메이어는 회사 전체에서 생산성을 높여야 할 필요가 있었다. 구원투수로 전격 기용되어 야후의 정책을 갈아엎은 신임 CEO가 만약 남성이었다면 십중팔구 비판은 고사하고 크게 주목받지도 못했을 것이다.

2017년 봄, 야후는 또다시 메이어와 관련된 뉴스로 세간의 이목을 끌었다. 버라이즌이 야후를 45억 달러에 인수하려는 계약이 초읽기에 들어가자, 메이어는 야후의 CEO에서 물러날 것으로 점쳐졌다. 그런 와중에 메이어의 공은 공중분해 된 듯싶었다. 솔직히 메이어가 야후의 사령탑을 맡은 동안 주가가 3배 이상 뛰었고, 무엇보다 중국의 전자상거래 회사 알리바바Alibaba에 투자해 짭짤한 수익을 거둔 것이 가장 큰 이유였다. 그러나 메이어 본인은 적들만 더 많이 생긴 것 같았다. 예를 들어 약 1억 9000만 달러로 추정되는 그녀의 총 급여는 사방에서 거센 비판을 받았다.

구글의 여성 영웅 3인방 중에서 나는 메이어가 대부분 남성들에게 적용되던 슈퍼스타 기업가의 고정관념에 부합하기 위해 가장 노력했다고 생각한다. 잡스가 1997년 복귀해 경영난에 허덕이던 애플을 회생시킨 것과는 달리, 메이어가 침몰하던 야후호를 구조할 수 없었다는 사실은 그녀가 슈퍼스타 기업가의 자질을 갖추지 못했다는 평가에 빌미를 제공했다. 그런데 여기에는 전혀 다른 이야기가 있을 수도 있다. 메이어는 어차피 질 수밖에 없는 패를 가지고 험난한 모험을 시도했고 할 수 있는 최선을 다했을 수도 있지 않을까?

린-인

셰릴 샌드버그가 직장 여성에 관한 우리의 문화적 담론과 기술 산업 전체에 미친 영향력은 메이어나 워치츠키보다 더욱 극적이었다. 심지어 그녀가 발산하는 영향력의 완전한 파급 효과는 지금도 갈수록 강력해지고 있다고 나는 생각한다. 2007년 구글의 부사장이었던 샌드버그는 미국의 대표 일간지 〈워싱턴 포스트〉의 고위 임원으로 옮기는 것에 대해 심각하게 고민하던 중에 한 크리스마스 파티에서 페이스북의 창업자 마크 저커버그를 만났다. 샌드버그와 저커버그는 파티에서 만난 이후 수차례의 회의와 전화 통화로 의견을 주고받았고 출근 전이나 퇴근 후 만나 식사를 함께하며 이직에 관한 교감을 나누었다. 그리고 2008년 샌드버그는 최고운영책임자 COO로 페이스북에 합류해 페이스북의 2인자이자 저커버그의 오른팔이 되었다. 사실 구글 내부적으로도 그녀의 승진과 관련해 물밑 협상이 있었다. 고위 경영진은 그녀가 구글의 최고재무책임자 CFO로 승진하는 것에 대해 그녀와 의견을 조율했다. 하지만 샌드버그의 입장에서는 페이스북에서의 기회가 더 컸다.

결론적으로 말해 구글이 샌드버그를 잡지 않고 놓아준 것은 치명적 실수요 '신의 악수(惡手)'였고, 페이스북이 샌드버그를 품에 안은 것은 큰 행운이요 신의 한 수였다.

페이스북의 평판은 샌드버그의 합류 전과 후로 나뉜다고 봐도 틀리지 않다. 샌드버그가 합류하기 전 페이스북은 전형적인 브로들의 제국이라는 평판을 들었다. 일례로 2005년 즈음에 있었던 저커버그의 인터뷰 영상을 보면, 대부분이 남성인 페이스북 직원들이 팰로앨토의 사무실에서 물구나무서서 맥주 마시기keg stand 놀이를 하고 있었는데, 보기에 민망할 정도였다. 그 시절의 페이스북은 하나의 '보이 클럽'으로 그 안에서 가장 빨리 성공하는 길은 저커버그의 친구가 되는 것이었다. 한 전직 직원은 샌드버그가 혜성처럼 등장하기 전의 페이스북은 '사실상 남학생 사교 모임'이었다고 말했다. 샌드버그를 영입한 것은 명백히 페이스북을 한 단계 성숙시키기 위한 노력의 일환이었다.

페이스북의 COO로서 처음 몇 년간 샌드버그는 밑바닥부터 사업 모델을 만드는 데에 집중했다. 그리하여 번듯한 사업 모델이 탄생했고, 그 모델은 오늘날 광고 산업에서 구글의 최대 경쟁자가 되었다. 샌드버그의 지도 아래 페이스북의 매출은 그녀가 합류한 2008년부터 2016년 사이에 자그마치 100배 가까이 상승했고, 2016년에는 이익만 100억 달러였다. 또한 샌드버그는 입사하고 곧바로 여성 직원들의 대모 역할에도 팔을 걷어붙였다. 페이스북의 여성 엔지니어가 몇 명인지 조사하는 것을 시작으로 여성 직원을 위한 사내 강연 행사를 발족했고, 저명한 페미니스트 언론인 글로리아 스타이넘Gloria Steinem 같은 연사들을 초빙했다. 이런 노력은 구글에 있을 때에 조직했던 여성 전용 행사들과 비슷했다.

2010년 샌드버그는 테드TED 무대에 올랐다. 오늘날 막대한 조회 수를 기록하며 전 세계적으로 유명해진 '왜 여성 리더는 소수인가Why we have too few women leaders?' 강연에서 샌드버그는 재계와 정부에 여성 리더들이 부족하다고 호소했고 여성들에게 경력에서 너무 성급하게 '뒤로 물러서지lean back 말라'고 촉구했다. 그런데 2년 후 〈애틀랜틱〉에 공공 정책 전문가 앤-마리 슬로터Ann-Marie Slaughter의 글이 실려 돌풍을 일으켰다. '여성은 왜 아직도 모든 것을 가질 수 없는가?Why Women Still Can't Have It All?'라는 제목의 글에서 슬로터는 샌드버그에게 정면으로 도전장을 던졌다. "격려의 뜻을 담은 단어들로 포장했으나 샌드버그가 여성들에게 권고하는 것은 차라리 대놓고 비난하는 것보다 더 심한 말이었다"고 슬로터가 썼다. "이미 정상에 오른 여성은 혹은 정상에 오르기 위해 노력 중인 여성은 다음 세대 여성에게 이렇게 말한다. '도대체 넌 뭐가 문제야?'"

슬로터의 글이 세상에 나왔을 때 나는 임신 7개월의 임산부였고 조만간 첫아이를 만날 생각에 부풀어 있었다. 슬로터 기사에 달린 부제에 그녀의 논지가 잘 요약돼 있었다. "힘 있는 자리를 내던진 한 여성이 말하노니, 이제는 스스로를 속이는 짓을 그만둬라. 좋은 엄마 역할과 사회적 성공을 다 잡은 여성은 슈퍼우먼이거나 부자거나 자영업자다."

슬로터의 글을 읽으면서 두려움이 점점 커져갔고 워킹맘으로서 내가 성공할 능력이 있을지 의심이 들기 시작했다. 한때 슬로터는 (힐러리 클린턴이 국무 장관이던 시절) 국무부의 정책기획실장으로서 살인적인 업무 스케줄을 감당하며 누구보다 치열한 워킹맘으로 살았다. 그러다가 가족이 자신을 필요로 하자 고위 공직자의 자리를 미련 없이 내려놓고 가족의 품으로 돌아갔다. '어쩌면 나도 일을 그만둬야 할 수도 있겠구나' 하고 생각했고, 그날 밤 침대에 누워 한참을 울다가 잠이 들었다. 물론 이튿날 텔레비전에 출연해야 하는 사람으로서 해서는 안 되는 일이 바로 우는 것이었지만, 어쩔 수가 없었다.

다음 날 아침 나는 샌드버그의 테드 강연과 그녀가 바너드 칼리지 Barnard와 하버드 경영대학원 졸업식에서 한 연설을 다시 돌려 보면서 메모했다. 그러다가 용기를 내어 그녀에게 이메일을 보냈다. 그녀가 페이스북에서 보여준 눈부신 활약상을 기사화한 적은 있었지만 그녀에게 직접 연락하거나 만난 적이 없었고, 어쩌면 샌드버그는 내가 누군지 전혀 모를 수도 있었다. 하지만 나는 왠지 제 발로 세상에 나와서 많은 논란을 야기하는 안타까운 이 주제를 공론화해준 그녀에게 고맙다는 말 정도는 꼭 하고 싶었다. 당연히 나로서는 당시 그녀가 자전적 에세이《린인Lean In》을 집필하느라 바쁘다는 사실을 몰랐다. 나중의 일이지만 그녀의 저서는 베스트셀러를 넘어 하나의 세계적인 현상이 된다.

이메일을 보내고 30초가 지났을 즈음 샌드버그에게서 답장이 오자 나도 모르게 헉하는 소리가 절로 나왔다. 그녀는 먼저 내 임신을 축하해주었고, 나중에 내가 그녀와 직접 이야기하고 싶을 때를 위해 자신의 전화번호까지 알려주었다. 3주 후 마침내 우리는 전화 통화를 했고, 그녀는 일과 가정에 대한 자신의 많은 생각을 솔직하게 들려주었다. 2013년 초판이 발행된《린인》에는 내게 들려준 이야기를 포함해 일-가정 양립에 관한 그녀의 경험과 조언이 고스란히 담겨 있다. 심지어 나는 킴 스콧이 구글에서 경험한 샌드버그의 '까놓고 솔직한' 면을 살짝 맛볼 수도 있었다. 다행히도 나는 일을 그만두어야 하는 상황으로 몰리지는 않았다. 그래도 샌드버그와의 대화를 통해 나 자신에게 묻고 또 묻는 무수한 고민의 시간을 끊어내기 위해 필요한 동기부여와 자신감을 얻었다. 샌드버그는 워킹맘이 되고 싶어도 정말 괜찮을 뿐 아니라 좋은 엄마와 유능한 직장인으로 일-가정을 성공적으로 양립할 수 있다는 확신을 주었다.

내가 정식 인터뷰를 요청하려고 샌드버그에게 전화를 다시 걸었을 무렵, 출판되자마자 돌풍을 일으켰던 《린인》은 이미 세계적인 베스트셀러가 되어 있었다. 전 세계에서 수천 개의 '린인 서클(Lean In circle, 샌드버그가 여성들의 사회 진출을 돕기 위해 창단한 프로그램으로 소규모 그룹 형식으로 운영됨 -옮긴이)'이 조직되었고, 여성들은 정기적인 만남을 통해 서로의 이야기를 공유했다. 그러나 샌드버그의 저서는 작가들로 구성된 -대부분 여성이었다- '작은 산업'을 창조했고, 그 산업의 주된 '생산품'은 샌드버그에 대한 공격이었다. 말인즉 작가들은 샌드버그가 저서에서 들려주는 조언을 비판하기 위해 눈에 불을 켰다. '내가 셰릴 샌드버그를 싫어하는 이유' '셰릴 샌드버그의 변화이론은 거짓된 약속이다' '내가 린인하지 않으려는 이유' 등등 유력 신문과 학술지가 합세해 샌드버그를 공격하는 헤드라인 기사를 쏟아냈다. 많은 작가는 억만장자인 샌드버그는 가족을 먹여 살리기 위해 발을 동동 구르는 보통 엄마들의 어려움을 절대 이해할 수 없다고 단언했다. 개중에는 샌드버그와 메이어를 동시에 저격하는 작가들도 있었는데, 2013년 일간지 〈유에스에이 투데이〉에 '새로운 엄마 전쟁: 메이어와 샌드버그가 비록 좋은 의도일지라도 워킹맘들의 동기에 치명타를 입히다'라는 칼럼을 기고한 조앤 뱀버거Joanne Bamberger가 대표적이다.

또한 〈뉴욕 타임스〉는 언젠가 1면 기사에서 샌드버그가 "최선을 다해 열심히 노력하지 않는다고 다른 여성들을 비난한다"고 말한 한 여성 경영 컨설턴트의 발언을 소개했고, 동 신문의 옵에드 칼럼니스트 모린 다우드Marreen Dowd는 샌드버그가 "대의가 아니라 자신을 홍보하기 위해 여성주의 사회운동의 단어와 낭만을 끌어들였다"고 썼다. 《린인》에 대한 반발이 아주 거세 많은 방송 진행자는 그 책을 읽지 않았다고 공개적으로 인정하면서도 그 책을 대놓고 '까기' 바빴다

그것은 일종의 마녀사냥이었다. 그리고 내가 보기에는 그 정도의 비난을 받을 일은 아니었다. 샌드버그도 세상의 모든 여성이 자신과 똑같은 것을 원하지는 않는다고 인정한다. 저서에서 샌드버그는 많은 여성은 가정과 경력을 양립하거나 기업 사다리를 올라가고 싶은 마음이 없다고 분명히 밝힌다. 다만 그녀는 가정과 경력 모두에서 성공하고 싶어 하는 여성들에게 자신의 이야기를 들려줄 뿐이었다. 그런 여성 중 한 명으로서 나는 단언하건대, 그녀에게서 영감을 얻었다. 오늘날 나는 예전의 나처럼 자기 회의에 마음고생하는 다른 워킹맘들에게 내가 샌드버그에게서 들었던 것처럼 격려와 응원의 말을 들려주기 위해 많은 노력을 기울인다. 나는 샌드버그를 통해 여성들이 서로 도울 때 얼마나 강력해질 수 있는지를 깨달을 수 있었다.

샌드버그가 남편인 데이브 골드버그Dave Goldberg를 불의의 사고로 잃은 뒤에 두 번째 저서 《옵션 BOption B》를 발표했을 때 일종의 재방송 같은 상황이 연출되었다. 가장 깊은 절망의 한가운데서 샌드버그는 자신을 추슬러 열흘 만에 사무실에 출근했다. 일부 블로거들은 그녀가 너무 빨리 복귀했다며 싫은 소리를 했다. 더군다나 남편이 세상을 떠나고 열 달이 지났을 무렵 그녀가 데이트를 시작하자, 모든 사람이 한 마디씩 하고

싶어 좀이 쑤신 듯했다.

기자든 블로거든 누구든 당연히 샌드버그를 향해 자신의 목소리를 낼 자격이 있다(《린인》과 《옵션 B》에서 위안을 얻고 높이 평가하는 많은 작가와 독자도 마찬가지다). 일, 가정, 죽음 모두는 강렬한 감정을 불러일으키는 삶의 측면들이고, 하나의 사회로서 우리가 어떤 사람들인가의 핵심을 건드린다. 여성으로서 나는 경력과 양육에 관련해 내가 선택한 결정에 다른 사람들이 왈가왈부하며 평가할 때 방어적인 태도를 취하기가 아주 쉽다는 것을 잘 안다. 그렇긴 해도 언론들이 메이어와 샌드버그를 사자 앞의 고깃덩어리처럼 너덜너덜하도록 씹고 싶어 하는 욕구는 보이는 것이 다가 아니다. 그 욕구의 내면을 들여다보면 미국 사회에서 크게 무너진 무언가가 자리하고 있다. 우리 문화는 사회적으로 크게 성공한 여성들을 어떻게 대해야 하는지 알지 못한다. 언론이 메이어와 샌드버그를 부드럽게 다뤄주기를 기대하는 사람은 없다. 그러나 그들이 받은 가장 신랄하고 독선에 찬 비판은, 정작 그들이 소통하려고 노력하는 인구집단에서 나왔다. 우리는 남성들에게 절대 이렇게 하지 않는다.

만약 우리가 IT업계에서 소수자로 간신히 명맥을 이어가는 여성 슈퍼스타들을 '부숴버리고' 싶은 충동을 느낀다면, 가뜩이나 기근 현상이 극심한 그 경로를 누가 가고 싶어 하겠는가? 누가 임신한 CEO 2호가 되려 하겠는가? 오랜 시간 산전수전 겪고 얻은 귀중한 실질적인 조언을 누가 세상과 나누려 하겠는가?

페이스북에서의 역할과 《린인》으로 만든 교두보를 통해 샌드버그가 세상의 거의 모든 여성보다 더 큰 영향력을 획득했다고 주장할 수도 있다. 나와 대화를 하던 중에 샌드버그는 기술 산업에 여성들의 참여가 늘어나야 한다고 목소리를 높였다. 또한 여성을 채용하고 유지하는 것에 관한 한, 페이스북은 물론이고 업계 전부가 갈 길이 아주 멀다고 인정했다. "기술업계 종사자들이 우리의 문화에 지대한 영향을 미칩니다"라고 그녀가 지적했다. "페이스북에서 내 후임자는 기술 분야에 경험과 지식이 있는 사람일 가능성이 커요. 기술 산업만이 아니라 어떤 산업에서든 IT 관련 기술과 능력이 여성들에게 점점 중요해지고 있어요. 지금까지 보면 부동산, 건설, 금융 등등 어느 분야에서 경력을 추구하든 그런 기술과 능력이 갈수록 필수 스펙이 되었어요. 앞으로는 그런 현상이 더욱 심화되겠죠. 그래서 여성들이 기술 경험을 쌓고 기술 관련 학위를 취득했으면 좋겠어요. 그게 정말 중요해질 테니까요."

특히 실리콘밸리에서 여성들의 승진 속도가 유독 느린 이유가 무엇인지 내가 물었다. "여성들에게 어차피 빨리 승진할 수 없으니 기대도 하지 말라고 조언하는 사람들도 있고, 빠른 승진이 능사가 아니니 그렇게 하지 말라고 만류하는 사람들도 있어요. 확실한 건 전반적으로 볼 때 여성들은 자신이 필요한 지원을 받지 못한다는 사실이에요"라고 샌드버그가 대답했다. "성차별과 성추행을 포함해 여성들의 발목을 잡는 것이 아주 많아요. 게다가 오늘날 여성들을 힘들게 하는 많은 일은 사실 은밀하고 언제 어디서나 일어나는 사소한 것들이에요. 매일 그런 사건이 벌어지고, 그런 사건은 눈덩이처럼 아주 신속하게 불어날 수 있어요." 어쩌면 상사가 당신을 대놓고 방해할 것이다, 혹은 당신이 낸 아이디어이므로 마땅히 당신이 받아야 할 공을 다른 누군가에게 돌릴 것이다, 그렇다고 상사에게 이의를 제기하고 불만을 이야기하기도 힘들다. 가끔 상사는 자신이 그렇게 행동한다는 사실 자체도 인지하지 못하기 때문이라고 샌드버그가 안타까워하며 말했다.

내가 직접 만난 실리콘밸리의 많은 여성은 현실은 그보다 더 심각하다고 생각한다. 그들은 젖 먹던 힘까지 다해 열심히 '들이대고' 있지만 아무 효과가 없다고 좌절한다. 한 저명한 여성 경영자가 내게 말했다. "못을 박아 문을 막아버리면 아무리 열심히 달려들어도 늘 제자리예요."

그래서 나는 샌드버그에게 묻지 않을 수 없었다. 기술 산업의 일부 여성들은 자신의 환경이 매우 유독하다고 생각할 수도 있는데, 그런 생각에 동의하는지 알고 싶었다. "100퍼센트 동의해요. 왠지 아세요? 나도 늘 그랬거든요." 그러나 환경이나 태도가 변하기를 속절없이 기다리는 것은 샌드버그로서는 용납할 수 없는 선택이다. "여성 리더들은 더 많은 여성 리더가 나올 수 있는 환경을 만드는 데 도움이 될 거예요"라고 그녀가 말했다. 뾰족한 수가 없는 진퇴양난의 상황처럼 들릴지 몰라도 샌드버그는 단호히 못을 박았다. "여성들은 우리에게 필요한 제도적 변화를 만들어낼 거예요."

언젠가는 제도적 변화가 만들어질 거라고 믿는다. 문제는 그게 언제냐는 것이다. 그날이 얼마나 빨리 올지는, 다음 세대가 샌드버그와 메이어 그리고 워치츠키를 비롯해 많은 여성의 성공 신화를 어떻게 이야기하고 얼마나 이해하는가에 달려 있다. 실리콘 천장 여기저기에 금이 생겼을지는 몰라도 와장창 깨지기까지는 아직도 요원하다.

CHAPTER
4

티핑포인트
: 여성 엔지니어들이 목소리를 내다

2017년 2월 19일 수전 파울러라는 젊은 여성 엔지니어가 자신이 우버에서 일하는 동안 겪은 성추행을 신랄하게 폭로하는 장문의 글을 올렸다. 파울러는 자신의 개인 블로그에 그 글을 올렸지만 거의 즉각적으로 바이러스처럼 퍼져나갔다. 소셜 미디어는 우버제국을 성토하는 글로 도배되었다. 사실 우버는 그동안 이용자들의 불만이 끊이지 않아 구설수에 여러 차례 올랐는데 이번에는 충격적인 성추문까지 더해졌다. 곧이어 기술 관련 매체와 주류 언론이 우버 규탄에 동참했다. 그런 와중에도 파울러는 거의 침묵을 지켰다. 블로그에 처음 글을 올리고 7개월이 지나서야 마침내 파울러가 공개 석상에 등장했다. 그녀가 선택한 매체는 〈뉴욕 타임스〉였다. 그리고 며칠 후 그녀는 내 앞에 앉아 있었다. 방송을 위해서가 아니라 이 책을 위한 인터뷰를 하기 위해서였다.

　스물여섯 살의 파울러는 샌프란시스코 교외에 살고 있었다. 우리는 그녀의 집 인근에 있는 작은 식당에서 만나 아침을 함께 먹었다. 그녀는 첫아이를 임신한 7개월 차 임산부였고, 브로토피아의 내부 고발자이자 기술 산업 여성 종사자들의 옹호자라는 자신의 새로운 역할에 적응하려 노력 중이었다. "반응이 정말로 뜨거워 뭔가에 홀린 기분이었어요"라고 그녀가 내게 말했다. "흘러가는 대로 그냥 두었어요. 내가 보여준 것은 빙산의 일각임을 잘 알았거든요. 수면 위로 떠오를 것이 아주 많았어요."

파울러는 2015년 11월 사이트 신뢰성 엔지니어site reliability engineer, SRE 로 우버에 입사했고, 그녀의 팀은 거대한 애플리케이션을 유지하고 운영 하는 책임을 맡고 있었다. 파울러는 실리콘밸리의 순수 혈통 출신이 아 니었다. 애리조나의 이름 없는 시골 마을 야넬Yarnell에 있는 작은 복음교 회 목사의 딸로 태어난 파울러는 7형제 중에 둘째였고 고향에서 성장기 를 보냈다. "우리 집은 아주 가난했어요"라고 그녀가 말했다. 파울러의 가 족은 목사관에서 살았고, 파울러가 열두 살이 될 때까지 어머니가 자녀 7명을 홈스쿨링으로 가르쳤다. 열두 살 무렵부터 파울러는 집안을 돕기 위해 유모와 마구간 인부를 비롯해 최저임금 일자리를 전전하며 풀타임 으로 일하기 시작했다. 그러면서도 하루도 빠지지 않고 매일 밤 책을 읽었 고, 심지어 고등학교 과정을 스스로 짜고 독학으로 공부했다. 그녀는 학 교에 다니는 학생들을 절대 따라잡지 못할 거라고 생각했지만, 용케 애리 조나 주립대학교Arizona State University에 장학생으로 입학했다. 그런 다음 아이비리그 대학 중 하나인 펜실베이니아 대학교University of Pennsylvania 로 편입해 수학과 물리를 공부했다. 그녀가 코딩을 처음 알게 된 것은 물 리 실험실에서였다. "학생들은 대규모 물리 실험들을 수행해서 데이터 를 수집했어요. 그러고는 그 데이터를 분석하고 새로운 입자를 찾기 위 해 코드를 작성해야 했고요. 나는 코딩과 사랑에 빠졌어요. 코딩은 정말 놀라웠고 명료하며 논리적이었어요." 그녀는 대학원에 진학해 공부를 계속 해서 학자가 될까 고민하다가 실리콘밸리에서 자신의 운을 시험해 보기로 마음을 정했다.

비전통적인 배경을 가진 여성이 IT 산업에서 일자리를 구하는 것은 절대로 간단치 않았다. "면접을 볼 때마다 이런 의심을 수없이 받았어요. '아, 그런데 당신은 엄밀히 말하면 컴퓨터과학 전공자가 아니군요.'" 파울러가 예전 일을 떠올리며 말했다. "심지어 지금도 사람들은 '정말 엔지니어세요?'라고 물을걸요." 파울러는 어렵사리 취업 문을 넘어 스타트업 두 곳에서 일했고, 그러던 중 한 리크루터로가 우버에서의 일자리를 제안했다. 그녀에 따르면, 우버는 엔지니어링 팀에 여성 엔지니어 비율이 25퍼센트라고 말했다고 한다. "대학 시절 물리 실험실에서 나는 홍일점이었어요. 전 직장들에서도 마찬가지였고요. 그래서 여성 엔지니어가 25퍼센트인 우버의 제안이 더욱 마음에 들었죠." 하지만 문제는 우버의 말이 사실이 아니었다는 점이다. 한번은 그녀의 팀에 여성 엔지니어 비율이 6퍼센트 이하로 떨어진 적도 있었다. 그리고 그녀가 우버에 짐 보따리를 풀자마자 상황이 이상하게 전개되었다.

공식적인 근무 첫날이었다(2주간의 교육 훈련 기간이 있었다). 그녀의 직속 상사인 관리자가 직원 단체 대화방에서 수작을 걸어왔다. 그는 애인과 개방연애(open relationship, 파트너의 자유로운 성생활을 용인하는 관계 - 옮긴이)를 하고 있다면서, 여자 친구는 남자들을 쉽게 '갈아타는데' 자신은 그렇지 못하다고 한탄했다. "자신은 회사에서 문제를 일으키지 않으려고 하는데도 자꾸 말썽에 휘말린다면서, 이 모든 게 자신과 섹스할 여성을 찾고 있기 때문이라고 그가 말했다"고 파울러가 블로그 글에서 밝혔다.

"나를 자신의 침대로 끌어들이는 의도가 명백했다."

"너무 황당했다. 상사는 부하 직원에게 섹스를 하자고 수작을 걸지 않는다. 물론 늘 그래야 하지만 출근한 첫날 신입 직원에게는 더욱 그렇다." 파울러는 곧바로 그가 보낸 메시지 화면을 캡처해 인사 부서를 찾아가 그의 행태를 알렸다고 적었다. 그런데 놀라운 반응이 돌아왔다. 그녀의 상사가 성추행을 한 것은 이번이 처음이라면서 회사로서는 경고 조치만 하겠다고 했다. 더 어이가 없는 것은 그가 '실적이 매우 높고' 즉 그의 상사에게서 칭찬 일색의 업무평가를 받았고 그래서 회사는 '악의 없는 단순한 실수일 수도 있는 일' 때문에 그를 처벌하고 싶어 하지 않았다.

파울러는 자신이 다른 부서로 이동하는 것 외에 다른 선택이 없다고 생각했다. 그렇게 시간이 흐르면서 파울러는 동료 여성 엔지니어들과 친해졌고, 이내 충격적인 사실을 알게 되었다. 많은 여성 엔지니어가 자신과 비슷한 일을 겪었고, 심지어 자신에게 집적댔던 그 관리자에게 성추행을 당한 엔지니어들도 있었다. 말인즉, 파울러가 당한 일이 그가 처음으로 저지른 '악의 없는 단순한 실수'가 아니라는 뜻이었다. 파울러는 인사 부서를 다시 찾아가 다른 피해자들이 있다는 사실을 알렸지만, 이번에도 담당자는 부인으로 일관했다. "너무 뻔뻔한 거짓말이라서 내가 할 수 있는 일이 하나도 없었다"고 그녀가 글에서 밝혔다. 그리고 한참 후 문제의 그 관리자가 우버를 나갔지만 퇴사 이유는 명확하게 알려지지 않았다.

이 모든 일의 이면에는, 당시 '드라마 〈왕좌의 게임〉처럼 정치적 음모가 판치는 전쟁터'로 변질된 부서 문화가 있었다고 파울러가 폭로했다.

관리자들은 대놓고 서로 물어뜯었고 서로를 깎아내리기 바빴으며 프로젝트들은 나 몰라라 내팽개쳤고 우선순위도 뒤죽박죽이었다. "우리 모두는 팀이 해체될까 봐, 또다시 구조 조정의 칼바람이 불까 봐, 도저히 마감일을 맞출 수 없는 새로운 프로젝트를 시작해야 할까 봐 두려움 속에서 하루하루 살얼음판을 걷는 기분이었다"고 파울러가 회고했다. "완전히 무분별한 혼돈에 빠진 조직이었다."

관리자의 성추행은 어찌 보면 파울러에게는 고난의 시작에 불과했다. 이후 그녀가 겪은 일은 모욕적일 뿐 아니라 전 세계적으로 직원 수가 수만 명에 이르는 글로벌 기업에 어울리지 않는 치졸하고 어이없는 '갑질'이었다.

현재의 부서보다 '덜 혼돈스러운' 부서에서 일하고 싶은 마음에 파울러는 또다시 부서 이동을 신청했다. 그러나 '업무 수행과 관련해 문서화하지 않은 문제들'이 있어 전출이 불가하다는 대답이 돌아왔다. 파울러는 정말 당황스러웠다. 그녀가 직접 확인한 업무평가는 특이점은 하나 없었고 오히려 '업무평가서의 교과서' 같았으며 더욱이 그녀를 팀원으로 원하는 팀들도 있었기 때문이다. 그녀의 다음 번 업무평가는 긍정적이었고, 그래서 부서 이동을 또다시 시도했다. 이번에는 아직 그녀에게 부서를 이동할 자격이 없다며 거부당했다. 이유인즉, 그녀의 업무평가 점수가 소급해서 재산정이 되었다는 것이었다. 파울러에 따르면, 인사부서는 그녀가 '상향식 경력경로upward career trajectory'에 있는 것처럼 보이지 않으며 엔지니어로서 능력을 증명할 필요가 있다고 설명했다. 한마디로 그녀가 무능하다는 이야기였다. 그러나 인사 부서의 설명은 이해하기 힘들었고 심히 의심스러웠다. 무엇보다 그녀는《Production-Ready Microservices: Building Standardized Systems Across an Engineering Organization(즉시 개발 가능한 마이크로서비스: 엔지니어링 조직에서 표준화된 시스템 구축하기)》(마이크로서비스는 아키텍처이면서 소프트웨어 작성을 위한 하나의 방법임 -옮긴이) 제목으로 엔지니어링에 관한 저서를 출판한 어엿한 작가였다. 또한 주요한 여러 기술 콘퍼런스에 참석해 발표를 했고 평사원치고는 아주 인상적이었다는 평가도 받았다. 그런데 느닷없이 엔지니어로서 능력을 증명해 보이라니 어찌 의심이 들지 않겠는가. 파울러는 그날 밤 퇴근 후에 펑펑 울었다고 했다. 부정적인 새 업무평가는 그녀의 급여에 영향을 미치게 될 터였다. 또한 당시 그녀는 회사의 지원을 받아 스탠퍼드의 컴퓨터과학 대학원 프로그램에 다니고 있었는데 이제는 자격 미달로 그 공부를 계속할 수 없게 될 터였다.

얼마간의 시간이 흐른 후 파울러는 그녀의 상사에 관한 희한한 이야기를 우연히 들었다. 사내 다른 팀들은 '여성 엔지니어가 줄어드는' 반면 자신의 팀은 그럭저럭 숫자를 유지한다고 자랑한다는 말이었다. 이제야 궁금증이 속 시원히 풀렸다. 오직 자신의 좋은 이미지를 위해 그가 그녀의 부서 전출을 의도적으로 막았던 것이다. 그사이에 타 부서들에 비해 파울러가 소속된 부서의 여성 엔지니어의 수가 눈에 띌 정도로 계속 줄어들었다. 파울러는 전체 직원회의에서 부서 총괄이사에게 그 문제에 대해 공개적으로 질문했고, 책임의 화살을 여성 직원들에게 돌리는 대답을 들었다. 파울러는 글에서 "그의 대답을 간단히 정리하면 이랬다. 우버의 여성 직원들은 실력을 키워 더 좋은 엔지니어가 될 필요가 있다"고 썼다.

위계질서 속의 지독한 성차별만이 우버의 유일한 문제는 아니었다고 했다. "낮술 문화가 만연해 있었고 망측한 일도 수없이 일어났어요. 그리고 선동하는 사람은 주로 관리자나 기술 부문의 리더들이었죠. '자, 여러분, 나가서 술이나 한잔하죠' 혹은 '스트립 클럽에 갑시다'등 항상 이런 식이었어요." 파울러는 자신도 두어 번 함께 '낮 회식'을 했다가 그다음부터는 코를 처박고 코딩만 했다고 했다. "우버의 문화는 정말 역겨웠어요. 오죽하면 출근해서 내 할 일만 하다가 시간 되면 퇴근하고 누구와도 어울리지 않을 만큼 철저히 거리를 두고 싶은 마음이 들었어요."

파울러가 폭로한 것 중에 가장 어처구니없는 사건은 단연 가죽 재킷 사건이다. 우버는 엔지니어링 팀 소속의 남성 직원 모두를 위해 가죽 재킷을 주문하면서도 여성 직원들은 쏙 뺐다. 파울러가 부서의 최고책임자에게 항의하자 그가 이메일로 답장을 보내왔는데 그의 해명이 가관이었다. 남성 직원 수가 많아 대량 구매 할인을 받을 수 있었다고 했다. 그러나 여성 직원은 수가 너무 적어 대량 구매에만 적용되는 할인을 받을 수 없었고, 그래서 여성 엔지니어들을 위해 돈을 더 주고 주문할 명분이 없었다고 변명했다. "나는 우버의 SRE 사업부는 남성 직원 120명 이상에게 가죽 재킷을 사줄 여력이 있다면 여성 직원 6명에게 가죽 재킷을 사줄 돈은 충분히 마련할 수 있다는 내용으로 답장을 보냈다"고 그녀가 글에서 썼다. 이번에도 돌아온 건 역시 궤변이었다. "그 책임자는 내 이메일에 대해 여성들이 정말로 평등을 원한다면 우리가 가죽 재킷을 받지 않음으로써 평등을 쟁취한다는 사실을 깨달아야 한다는 내용의 답장을 보내왔다." 어쨌든 남성 직원들의 가죽 재킷보다 더 비싼 재킷을 여성들에게 주는 것은 '평등한 것도 공평한 것도' 아니라고 그가 말을 이었다. 그러면서 만약 재킷을 굳이 받고 싶다면 대량 구매로 할인을 받아 남성들에게 지급한 재킷과 가격이 똑같은 재킷을 여성 직원들이 직접 찾아보라고 했다.

파울러는 상사와 주고받은 '황당한 이메일 전부를 인사 부서'로 포워딩했고, 얼마 지나지 않아 만나자는 연락이 왔다. "인사 부서 담당자는 나를 만나자마자 대뜸 내가 이제까지 작성한 모든 보고서에서 '내'가 공통된 주제였음을 아는지, 내가 문제일 수도 있다는 것을 생각해본 적 있는지 물었다"고 파울러가 적었다. 심지어 1주일 후 파울러는 관리자와 일대일 면담을 했는데, 거의 협박에 가까운 말을 들었다. 그의 주장은 캘리포니아는 고용인의 특정 고용 기간이 보장되지 않는 '임의' 고용 정책 at-will employment을 시행하는 주로서 그녀가 이런 불만을 제기한 사실 하나로도 해고 사유가 된다고 말했다. 쉽게 말해 고용주는 이유 여부를 불문하고 언제든지 고용인의 고용 기간을 종료할 수 있다는 것이었다. 바로 그 순간 파울러는 우버를 떠나기로 결심했고, 1주일이 지나기 전에 다른 회사에서 입사 제안을 받았다.

파울러가 우버에서 겪은 성추행과 성차별을 폭로한 글에 설득력을 더하는 것은 그녀가 모든 면에서 완벽히 부정적이지는 않다는 점이다. 글의 말미에서 그녀는 자신의 팀을 아주 자랑스럽게 생각한다고 고백했다. "우리는 우리 일을 사랑했고 엔지니어링에 수반되는 여러 도전을 즐겼으며 우버라는 멋진 기계를 작동하는 일을 사랑했다"고 그녀가 적었다. 그러니 그녀의 글을 읽은 사람은 파울러가 무슨 일에도 행복할 줄 모르는 불평불만 분자라고 폄훼할 수 없다. 폭로 글이 세상에 알려진 이후 그녀의 험담거리를 파헤쳐 평판을 떨어뜨리기 위해 그녀의 지인들에게 접촉하는 등 그녀에 대한 인신공격성 '비방 모략'이 시작되었다고 파울러가 말했다. 우버는 그런 움직임의 배후라는 주장을 일축했다.

파울러의 글로 인해 우버는 또다시 대중 반발의 십자포화를 맞았다. 파울러의 일이 있기 불과 2주 전 사용자들 사이에 우버 앱 지우기 운동이 시작되었다. 당시 우버의 CEO로 '교통업계의 악동'으로 불리던 트래비스 캘러닉이 새 대통령 트럼프에게 협력하겠다는 뜻을 밝힌 것에 대한 항의의 의미였다. 그 일이 있기 전에는 캘러닉이 남성 잡지 〈GQ〉와의 인터뷰에서 여성들에게 미치는 그의 '마성의 매력'에 관한 질문을 농담으로 받아쳐 매서운 질타를 받았다. "맞아요, 우린 그걸 부버Boob-er라고 부르죠." 부버는 '주문형 여성women on demand' 속칭 콜걸을 의미했다. 그러나 우버 CEO의 고난은 여기서 끝이 아니었다. 오히려 최악의 악재가 똬리를 틀고 기다리고 있었다.

이후 몇 주간 블룸버그의 내 동료들은 캘러닉이 우버의 한 운전기사와 험악한 말싸움을 벌이는 영상을 지속적으로 내보냈다. 그리고 〈리코드〉는 우버의 신임 엔지니어링 책임자인 아밋 싱할이 성추행 의혹을 받은 후 전 직장인 구글을 퇴사했다고 보도했다. 또한 〈디 인포메이션〉은 캘러닉과 그의 당시 여자 친구를 포함해 몇몇 우버 고위 임원들이 서울 출장에서 여성 접대부가 나오는 단란주점을 갔다고 폭로했다. 더욱이 2014년 그날 저녁 고위 임원 네 명이 '경매장의 소처럼' 번호가 붙은 의상을 입고 한 줄로 서 있던 여성 접대부들 중에서 각자 파트너를 선택했다는 보도도 있었다. 연이어 터진 악재로 우버는 그야말로 사면초가 신세가 되었고, 성차별적이고 남성 우월적이며 성과 지상주의의 문화를 만들었다고 맹비난 받았다.

파울러의 이야기를 필두로 홍수처럼 쏟아지는 우버에 대한 언론의 악평은 실리콘밸리의 아픈 곳을 건드렸다. 몇 주 후 〈애틀랜틱〉은 신호를 기다렸다는 듯이 '실리콘밸리는 왜 여성들을 그토록 못살게 굴까?'라는 제목의 1면 기사를 내보냈다.

여성 엔지니어들과의 회동

공교롭게도 〈애틀랜틱〉이 위의 1면 기사를 내보낸 바로 그날 저녁, 나는 특별한 약속이 있었다. 여성 엔지니어 12명을 우리 집으로 초대해 저녁을 함께 먹기로 한 날이었다. 날이 날인지라 우리는 〈애틀랜틱〉이 공개적으로 제기한 그 문제에 대해 토론했다. 모두의 마음에 파울러의 이야기가 크게 자리하고 있었기 때문에 나는 다들 하고 싶은 말이 많을 거라고 짐작했다.

배달 앱 포스트메이츠Postmates로 주문한 음식이 도착할 때까지 우리 일행은 현관 입구에 서서 가벼운 대화를 나누었다. 우리 각자 접시에 음식을 가득 담아 거실 바닥에 빠짝 붙어 둥글게 둘러앉았다. 나이, 성 정체성, 인종, 경력 배경 등이 각양각색이었고, 다양한 스타트업은 물론이고 우버, 구글, 애플, 페이스북 같은 IT공룡들의 전·현직 직원들도 있었다. 스탠퍼드와 하버드 등 최고 명문대 졸업생들도 있었고 그런 대학보다 조금 떨어지는 준-명문대 출신들도 있었으며, 최소한 한 명은 대학 공부를 마치지 못했다. 2층에서 태어난 지 얼마 안 된 우리 아들의 울음소리가 들려왔다-그날 모임에 자녀를 둔 엄마가 둘 있었는데 그들은 어떤 상황 인지 십분 이해했다. 남편이 용케 달랬는지 2층이 금방 조용해졌다.

나는 첫 번째 질문부터 단도직입적으로 물었다. "수전 파울러를 어떻 게 생각하세요? 잠시 침묵이 흘렀다. 그러나 내가 약간 용기를 북돋워주 자 참석자들은 각자의 생각을 터놓기 시작했다.

"너무나 많은 사람이 '이건 정말 충격적이야'라고 말하는 걸 듣고 솔직 히 실망스러웠어요"라고 트레이시 처우Tracy Chou가 스타트를 끊었다. 그 녀는 이미지 공유 및 검색 사이트 핀터레스트Pinterest에서 소프트웨어 엔 지니어로 일하다가 독립해서 스타트업을 창업한 여성 기업인이었다. "'우리가 예전부터 누누이 말했잖아요'라는 심정이었어요. 게다가 그런 일이 우버에서만 일어나는 건 절대 아니에요. 트래비스는 그동안 욕먹기 딱 좋은 많은 일을 저질러 구설수에 단골로 올라 미운털이 박혔고 그래 서 우버가 목표물이 되었을 뿐이지, 수전의 글에서 폭로된 불미스러운 일들이 충격적일 만큼 특이하다고는 생각하지 않아요."

파울러의 경험은 지독히도 끔찍했다. 어쨌든 그녀는 공식적인 출근 첫 날에 성관계 제안을 받았고 인사 부서에서도 아무런 도움을 받지 못했 다. 그러나 그날 모인 여성 엔지니어들은 처우의 말에 모두가 한마음으 로 즉각 동의했다. 우버의 소프트웨어 엔지니어로 일하던 리디아 페르난 데스Lydia Fernandez는 소파에 앉은 채로 핏대를 올리며 말했다. "내가 알 기로 충격을 받은 사람들은 딱 한 부류였어요. 모두가 '남男' 자로 시작하 는 사람들이었죠."

참석자들은 정말 그렇다는 의미로 신음 소리를 냈다. 우버의 또 다른 엔지니어였던 애나 메디나Ana Medina는 "'내가 이 회사 직원이 맞나?'라는 의구심이 머릿속을 떠나지 않아요. 하루가 멀다 하고 말도 안 되는 많은 일이 벌어지기 때문이죠." 메디나는 우버의 SRE 팀에서 파울러와 함께 일한 동료였고, 파울러의 주장이 전부 사실이라고 확인해주었다.

고객 관계 관리 소프트웨어를 제공하는 세일즈포스닷컴Salesforce.com의 중역 레아 맥고원-헤어Leah McGowen-Hare는 독특한 관점을 들려주었다. 수전 파울러의 폭로 글에 대해 남성들에게서 들은 충격적인 반응을 2016년 미국 대선이 끝난 후 백인 진보주의자들이 보인 공포에 비유한 것이다. "파울러의 폭로 글에 대한 사람들의 반응을 들어보니 특히 남성들은 하나같이 '세상에, 어떻게 그런 일이 있지'라는 식이었어요. 그것은 트럼프가 대통령에 당선되었을 때 백인들이 '세상에, 인종차별주의가 아직도 남아 있었네'라고 탄식했던 것과 다를 바 없었어요. 나는 그런 반응이 더 놀라웠어요! 나는 무엇에도 충격을 받지 않아요. 이 땅의 여성으로서 그 모든 것을 겪어왔으니까요. 그리고 이 땅의 흑인 여성으로서 그 모든 차별을 경험했으니까요."

그렇다면 충격적인 내용이 하나도 없었는데 파울러의 글이 바이러스처럼 확산된 이유를 무엇이라고 생각하는지 내가 물었다. 처우는 파울러의 이야기가 거센 후폭풍을 불러온 것은 아무리 외면하고 싶어도 무시할 수 없어서라고 주장했다. 즉 그녀의 주장이 충격적이어서가 아니라 그녀가 완벽한 피해자였다는 것이다. "그녀는 백인 여성에 책을 출판할 만큼 기술적 전문성이 있었고 (자신이 당한 성추행에 대해) 설득력 있게 글을 아주 잘 썼어요"라고 처우가 말했다.

구글의 젊은 엔지니어였던 리아 콜리가도Lea Coligado도 처우의 말에 동의했다. "그녀는 (자신을 보호할) 유리한 위치에 있어요. 만약 파울러가 유색 인종의 여성이라면 그녀의 이야기가 이렇게까지 사회적인 파장을 불러왔을까요? 그러기 힘들었을 거라고 봐요. 오히려 분노에 찬 흑인 여성 혹은 뚜껑 열린 히스패닉 여성의 분풀이라는 등의 꼬리표가 붙어 다녔겠죠."

그들 모두는 파울러가 성추행의 상징적인 피해자에게 어울리는 다양한 특징을 갖고 있었다는 점을 완벽히 공감했다. 그렇지만 누구도 파울러가 용기를 내어 폭로한 것에 지지나 박수를 받을 자격이 없다는 말은 하지 않았다. 밤이 깊어갈수록 내 거실에 모인 12명의 여성들은 자신이 직접 경험했거나 목격한 성희롱과 성차별에 관한 이야기를 털어놓기 시작했다. 모두가 가슴속에 최소한 하나 이상의 이야기를 품고 있었다. 그러자 한 가지가 분명해졌다. 사석이라도 이렇게 조심스러운데, 대개의 경우 공개적으로 폭로하기로 결정하는 것은 개인적으로 아주 힘든 결심이라는 것이었다. 그들의 말대로 파울러가 완벽한 피해자였을지도 모른다. 그런데 대부분의 피해자는 파울러와 같은 상황이 아니니 오죽 힘들까 싶었다. 더욱이 그런 결정에는 완벽한 피해자든 아니든 심장이 오그라들 만큼 큰 위험이 따르는 것도 사실이다. 원치 않는 성 접촉에 대해 침묵하기를 거부하는 것이 당신의 평판과 승진 그리고 생계를 위험에 빠뜨릴 가치가 있을까? 그들이 내게 들려준 성추행 피해 사례들은 크게 두 가지였다. 하나는 그들 중 한 명이 '사소한 일들'이라고 한 것인데, 가끔은 그런 일들이 공개적으로 문제 삼기에 너무 하찮다고 생각되었지만 그런 일이 끊임없이 일어났고 이내 상습이 되었다. 반면에 큰 사건들은 종종 피해자들에게 수치심과 공포를 안겨주었고, 그래서 사람들은 긍정적으로 해결될 가능성이 낮을 때는 그런 경험을 폭로하기가 더욱 힘들었다.

1주일 7일 하루 24시간 원치 않는 성적 접근에 노출되다

내 '거실 회합'에 참석한 여성들에게 '수전 파울러'와 같은 경험을 말하고 싶은 사람이 있는지 물었을 때였다. 구글의 선임 제품관리자였던 로라 홈스가 첫 주자로 나섰다. 이야기를 시작하면서는 머뭇머뭇했지만 이내 안정적인 어조로 말을 이어갔다.

때는 2008년 여름, 우버와 숙박 공유 서비스업체 에어비앤비Airbnb를 포함해 IT업체들의 창업 행렬로 새로운 물결이 일기 시작하던 시점이었다. 당시 스탠퍼드 대학교의 컴퓨터과학도였던 홈스는 샌프란시스코에 있는 쿨리리스Cooliris에 인턴으로 들어갔다. 2006년에 설립된 쿨리리스는 사진 앱을 제공하는 스타트업으로 당시 인기가 한창 오르고 있었다. 어느 날 저녁 홈스는 동료들과 함께 루비 스카이Ruby Skye라는 나이트클럽에 가서 술을 마셨다. 새벽 2시 즈음 홈스는 남성 동료 한 명에게 조금 있다 집으로 돌아가야겠다고 말했다. 딱 봐도 만취한 게 분명했다. "그는 190센티미터나 되는 장신이었고 내가 그곳에 계속 남아 있게 될 거라더군요"라고 홈스가 말했다. "그러더니 갑자기 한 손으로 내 목을 감싸 힘껏 눌렀고, 나는 숨이 막혔어요."

이 대목에서 거실 여기저기서 헉하는 신음이 터져 나왔고, 이내 바늘 떨어지는 소리가 들릴 만큼 조용해졌다. 그의 행동은 단순히 불쾌한 장난이 아니었다며 홈스가 말을 이었다. 그는 화가 나 있었다. 순간 그녀에게 두려움이 엄습했다. "나도 모르게 울음을 터뜨리고 말았어"라고 홈스가 그 당시 상황을 기억했다. 그때 지나가던 어떤 사람이 끼어들어 그를 제지했고 홈스는 그의 손아귀에서 벗어날 수 있었다. 홈스는 쿨리리스의 직원 누구에게도 그 이야기를 하지 않았다. 실리콘밸리의 스타트업들이 흔히 그렇듯, 쿨리리스에도 별도의 인사 부서가 없었다고 홈스가 말했다. 대신에 홈스는 그 기억을 가슴속 깊이 묻었고 이튿날 아무 일 없었던 것처럼 출근했다. 그런데 가장 극적이기는 했어도 그 사건은 그녀가 인턴으로 있는 동안 경험한 유일한 성추행은 아니었다.

가끔은 고위 임원들이 성차별적인 행동을 한다. 홈스에 따르면 쿨리리스에서도 그랬다. 쿨리리스의 젊은 CEO 수자냐 붐카르Soujanya Bhumkar가 전 직원에게 다양한 성 행위를 그림과 함께 적나라하게 묘사하는《카마수트라》를 나눠주었다. 홈스는 붐카르가 "우리 회사에 인사팀이 없어서 정말 다행이다"라는 농담을 곧잘 했고, 다른 직원들도 그를 따라 그 말을 자주 입에 올렸다고 했다. 또 어느 날은 붐카르가 회사의 핵심적인 성과지표가 새겨진 칫솔을 직원들에게 돌렸다. "그는 '이제 여러분은 아침에 눈을 뜨면 회사의 성과지표에 대해 생각할 수 있게 되었습니다'라고 말했어요"라고 홈스가 붐카르의 말을 옮겼다. "그게 다가 아니었어요. 붐카르는 직원들이 밤에도 성과지표에 대해 생각하게끔 그 문구를 콘돔에도 새길 거라고 했어요." 어이없게도 그 말을 하면서 붐카르가 콘돔 3개들이 상자를 내보였다. 그나마 다행스러운 점은 그가 콘돔을 실제로 나눠주지 않았다는 것이다. 나는 홈스의 주장에 대해 그의 의견을 들어보려고 붐카르에게 수차례 연락을 시도했지만 한 번도 회신을 받지 못했다.

홈스는 인턴이 끝난 후 쿨리리스에 제품관리자로 정식으로 채용되고 싶었다. 그런 홈스에게 사람들은 엔지니어들과 유대감을 형성하기 위해 각별히 노력하라고 조언했고, 그래서 한 번씩 엔지니어들과 점심 약속을 잡곤 했다. 한번은 어떤 엔지니어와 약속 장소로 가던 길에 갑자기 상황이 아주 불편한 방향으로 흘러갔다.

"그는 '나는 사람들의 기분을 잡치는 재주가 있습니다. 장담하건대 당신의 기분을 엿 같게 만들 수 있습니다'라고 말했어요." 자신도 그들과 같은 '브로가 되고 싶었기' 때문에 홈스는 장단을 맞춰주기로 했다. "그가 얼굴을 가까이 들이밀더니 '너는 멍청하기가 무뇌아 수준이야. 쥐뿔도 모르는 주제에 나서기는. 네게 딱 맞는 유일한 일은 주차장 뒤로 끌려가서 강간당하는 거야'라고 말했어요." 그런 말을 듣고 그녀가 어떻게 반응했냐고요? "당신 말이 맞네요. 확실히 기분이 엿 같아요."

"주변에는 아무도 없었고 우리 둘뿐이었어요. 나는 속으로 생각했어요. '오, IT 바닥이 본래 이래. 물론 나쁜 문화지. 내가 바랐던 것도 아니고. 그래도 어떡하겠어? 적응해야지.'"라고 홈스가 말했다. "모든 게 너무 끔찍했어요. 소송을 제기할 수도 있었겠죠. 그러나 당시 세상 물정 모르는 스물세 살의 나는 내부 고발자가 되고 싶지 않았어요. 본격적인 사회생활도 시작하지 않았는데 내부 고발자라는 꼬리표가 붙는 게 싫었어요." 그녀는 이제 거의 변명조로 말했다. 그러나 방을 빙 둘러보고 그녀는 확실히 깨달았다. 거기 있던 누구도 그녀가 예전에 한 어려운 결정에 대해 이제 와서 이러쿵저러쿵 비판하지 않을 거라는 사실을 말이다. 야망이 있고 열심히 노력하는 여성들은 함께 일하는 것 외에 다른 선택이 거의 없는 졸렬하고 멍청한 몇몇 남성들 때문에 자신의 존재가 정의되거나 방해받는 것을 원하지 않는다.

홈스의 이야기가 멍석을 깔아주었다. 이후 3시간 동안 돌아가면서 각자 속 이야기를 털어놓았다.

처우가 홈스의 바통을 이어받아 2007년 구글에서 인턴 생활을 하며 겪은 경험을 들려주었다. "나는 하루 걸러 하루꼴로 성희롱을 당했어요"라고 처우가 말을 시작했다. "나보다 열한 살이 많은 어떤 사람과 프로젝트를 함께 맡았어요. 어느 날 그가 묻더군요. '나랑 회의실에 영화 보러 갈래요? 문을 잠근 다음 불도 끄고 블라인드도 치죠.'" 심지어 그는 처우에게 자신의 이름이 새겨진 티셔츠를 만들어 그녀의 책상 위에 올려놓아 그녀를 기겁하게 만들었다.

"사람들은 나를 진지하게 대해주지 않았어요"라고 처우가 말했다. "마치 그들의 '애완' 인턴으로 채용된 듯한 기분이 들었어요." 윗물이 맑아야 아랫물이 맑다고, 한번은 남성 인턴까지 그녀를 성희롱했다. 처우에게 긴장돼 보인다며 마사지를 해주겠다고 제안하면서 누워서 마사지를 받으면 훨씬 더 효과가 좋다고 말했다.

당시에는 처우가 불만을 제기하지 않았지만, 그런 경험으로 말미암아 그녀는 기술 산업이 변하는 것을 보고야 말겠다는 결심을 하게 되었다. 2013년 핀터레스트에서 엔지니어로 일하던 때였다. '여성 컴퓨터공학자를 위한 그레이스 호퍼 기념회'에 참석했다가 셰릴 샌드버그의 강연을 들었다. "셰릴이 강연하고 있었는데 기술 산업의 여성 종사자의 숫자가 급속도로 감소하고 있다고 열변을 토했어요. 나는 속으로 생각했죠. '과연 정확한 숫자를 아는 사람이 있을까? 여성 엔지니어가 감소한다는 것을 당신은 어떻게 아는데? 숫자에 대해서는 아무도 몰라.'" 그 순간 처우는 불현듯 어떤 사실을 깨달았다. 데이터 기반의 IT 산업이 그런 통계수치를 추적하고 공표하지 않는 것은 한심한 일이라고 말이다. 그리고 이제는 기업들이 책임을 지고 그 일을 해야 한다고 생각했다.

그 콘퍼런스에 참석한 후 처우는 기술 분야의 선두 기업들이 솔선수범해 자사 직원의 성별에 따른 통계 수치를 발표하라고 요구하는 글을 〈미디엄〉에 올렸다. 그녀는 회사의 허락을 받아 핀터레스트의 여성 엔지니어 비율을 (당시에는 12퍼센트였다) 맨 먼저 발표했고, 다른 기술 기업들에 동참하라고 압박을 가했다. 파울러의 블로그 글처럼 처우의 글도 실리콘밸리에서 화제가 되었다. 다소 시간이 걸리기는 했지만 거대 IT기업 대부분이 핀터레스트의 뒤를 따랐다. 2014년 애플과 구글과 페이스북은 자사의 다양성 데이터를 발표했고, 당연한 말이지만 상황이 아주 참담했다. 전체 숫자도 남성보다 크게 밑돌았지만, 무엇보다도 가장 영향력 있는 고위직에서는 여성들이 그야말로 참패였다. 실리콘밸리의 IT 공룡 3인방에서 일하는 여성은 남성에 비해 직급이 상대적으로 낮고, 이런 현상은 간혹 젊은 여성들의 승진을 방해하는 올드 보이 클럽의 권력역학을 유지하는 대들보다.

처우가 기술 산업으로 하여금 공표하게 만든 그 숫자에 내포된 의미는 그 산업에 종사하는 모든 여성에게는 아주 익숙한 무엇이었다. 엔지니어링 팀들은 대개 소수로만 구성되기 때문에 팀마다 '여성 기근 현상'이 심각했고 기껏해야 여성이 한 명뿐인 경우도 허다하다. 그런 여성은 남성들로 이뤄진 커다란 집단에서 하루 종일 혼자 지내고, 회사의 사외 행사에서도 퇴근 후 사교 모임에서도 늘 외톨이다. 그러다 보니 원치 않는 상황에 노출되기 십상이다. 그날 저녁 거실 회합에 참석한 여성들 중 상당수도 상습적으로 성추행을 당했다고 말했다. 그들은 사귀는 사람이 있다거나 그런 관계에 관심이 없다는 뜻을 전달하려고 아무리 노력해도 허사였다고 했다.

"1주일 7일 하루 24시간 내내 남성들로부터 성희롱을 당하고 그들의 성적인 접근을 견뎌야 해요"라고 애나 메디나가 말했다. "무엇보다도 번번이 거절해야 하니 감정적으로 매우 힘들어요." 그러다가 행여 불미스러운 일이 생겨도 회사에 고발하는 것조차 어렵다. 특히 사무실 밖에서 사교 활동을 하는 중에 그런 일이 자주 발생한다. "인사 부서에 가서 '나는 누구누구와 술을 마시고 있었는데 이런 일이 발생했습니다'라고 말할 수 있는 상황이 못 돼요."

실리콘밸리에 둥지를 튼 IT기업 직원들이 술을 정말 많이 마신다는 것은 공공연한 비밀이다. 파울러는 나를 만났을 때 우버 직원들도 술을 많이 마셨다고 주장했다. 우버의 직원이었던 메디나가 파울러의 주장을 확인해주었을 뿐 아니라 회사 곳곳에 맥주 통을 설치했다고 한술 더 떴다. 심지어 우버에서는 맥주를 하루 종일 마시는 것이 한동안 허용되었다고도 했다. 그러다가 회사가 오후 6시까지 맥주 통의 밸브를 잠그고 사내음주를 금지하는 새로운 정책을 시행했다. 하지만 그 규칙은 사실상 유명무실했다. 맥주 통 밸브가 다음 날 아침까지 열려 있는 경우가 비일비재했다. "나를 포함해 직원들이 낮 12시나 1시 정도부터 사무실에서 술을 마시기 시작했어요"라고 메디나가 폭로했다. "팀마다 바가 있었고 각자 정해진 술병이 있었어요. 때로는 외부에서 직접 사와 마시기도 했어요." 관리자들은 사내 음주에 대해 관대했다고 메디나가 덧붙였다. "업무에 지장을 주지 않는다면, 당신이 어디에 있건 숙취가 얼마나 심하건 지난밤에 무슨 짓을 했건 전혀 문제가 되지 않았어요. 벌건 대낮에 사무실을 나가서 그대로 퇴근하는 경우도 부지기수였어요."

메디나는 근무 시간에 술을 마시지 말았어야 했다고 후회했다. 팀원 모두가 그렇게 했건 말건, 사내 문화가 그런 행동을 용인했건 말건 간에 말이다. 그러나 메디나는 스물두 살 어린 나이에 소프트웨어 엔지니어링 인턴으로 우버에서 일하기 시작했고, 그녀와 같이 대학을 갓 졸업한 사회 초년생이 최선의 선택을 하는 경우는 거의 없다. 우버의 음주 문화는 "공짜 술을 마음껏 마실 수 있었고 재미도 있었다"고 그녀가 말했다. 단 한 가지, 동료들과 술 마시는 자리에서 가끔 그녀 자신이 성희롱 대상이 된다는 점만 빼고는 대체로 재미있었다고 메디나가 고백했다. "사람들은 술에 취했고 집요했어요. 그리고 상당수는 나와 친한 엔지니어들이었어요. 친한 직장 동료가 술에 취해 집에 바래다주겠다고 제안하거나 안고 싶다고 말한다고 상상해보세요. 정말 어색하고 난처한 상황이었어요. 모질게 하지 못하고 매번 눈감아주니 자꾸 그런 일이 생겼나 봐요. 내가 너무 착해서 탈이랄까요."

그날 모임에 참석한 여성들 중 상당수가 남성 동료와의 술자리를 거절하는 것은 양날의 칼이라고 지적했다. 그런 자리에 참석하지 않으면 성미가 깐깐하고 팀플레이어가 아니라고 생각한다. 또한 사람들과 친해지고 유대감을 쌓는 시간을 놓칠 위험이 있고, 그리하여 승진과 업무평가 같은 사내 정치적인 측면에서 개인적인 불이익을 입을지도 모른다. 반대로 참석해도 문제가 있다. 진중하지 못하고 가벼운 사람으로 여기고 심지어 성적인 대상이 되거나 홈스의 경우처럼 성추행을 당할 위험이 있다.

대화가 계속되자 '웃픈' 농담을 몇 번 주고받기도 했다. 그들은 남성 엔지니어들이 인터뷰 중에 자신의 가슴을 빤히 쳐다보거나 화이트보드에 코드를 쓰느라 뒤로 돌아서 있을 때 (이것은 IT 분야에서 표준적인 코딩 방식으로 화이트보드 코딩이라고 불린다) 자신의 뒷모습을 뚫어져라 쳐다보았다며 혀를 찼다. "그들이 내 엉덩이를 쳐다볼까 봐 늘 전전긍긍하죠. 그래서 가능한 한 몸매가 드러나지 않고 섹시하지 않은 옷을 입으려고 해요"라고 IBM에서 연구원으로 일하는 크리스틴 벡Kristen Beck이 말했다. "이제부터 여러분이 일부러 등지고 서는 거 아니에요? 뭐 아직 내 엉덩이가 쓸 만하다는 걸 나도 알아요." 몇몇이 웃음을 터뜨렸다. 그러나 현실에서 그런 일을 당하면 절대 재미있지 않았다.

실리콘밸리의 코끼리

최근까지는 기술 산업에서 벌어지는 성희롱과 성차별 그리고 암묵적인 '브로 문화'를 수치로 측정할 방법이 없었다. 덕분에 사람들은 수전 파울러의 블로그 글 같은 여성 혐오적인 이야기들은 일회성의 예외적인 사건들일 뿐 보편적인 현상이 아니라고 일갈할 수 있었다. 그러나 더 이상은 힘들게 됐다. 2016년 IT업계 내부자들이 스탠퍼드 대학교와 공동으로 IT업계 여성 종사자들과 그들이 실리콘밸리 직장에서 겪은 경험에 관한 설문조사를 진행했다. '실리콘밸리의 코끼리(Elephant in Valley, '방 안의 코끼리'라는 표현을 빌린 것으로 모두가 인지하면서도 입 밖에 내지 않는 문제를 일컬음 -옮긴이)'라고 명명된 그 설문조사 결과에 따르면 200명 이상 여성 응답자들의 (거의가 실리콘밸리 경력이 10년을 넘는 베테랑들이었다) 90퍼센트가 회사 연수와 콘퍼런스 등에서 성차별적인 행동을 목격했다고 대답했다. 그리고 60퍼센트는 성추행을 당했거나 원치 않는 성적 접근을 직접 경험했다고 주장했고, 대부분은 가해자가 자신보다 높은 직급이었다고 한다. 설문조사를 진행했던 사람들에 따르면 응답자의 25퍼센트가 (CFO, COO처럼) 앞에 'C'가 붙는 고위 임원이었고 11퍼센트는 창업자들이었다고 하니, 위의 수치들이 어떤 의미인지 짐작하리라 믿는다.

그들도 '사소한 일들'을 폭로했다. 응답자의 84퍼센트는 사무실에서 지나치게 공격적이라는 말을 들었고, 66퍼센트는 여성이라는 이유로 사교 활동이나 네트워킹 활동에서 제외된다는 기분을 느꼈으며, 59퍼센트는 직급이 같은 남성 동료들과 동등한 기회가 주어지지 않는다고 생각했다. 또한 대부분은 그들에게 직접 물어야 하는 질문들을 그들의 남성 동료들에게 물었다고 응답했고, 절반 가까운 응답자들은 메모나 음식 주문 등 비교적 수준 낮은 하찮은 일이어서 남성 동료들에게는 시키지 않는 일을 요청받았다고 했다.

'실리콘밸리의 코끼리' 조사자들은 위의 통계 수치 외에도 수백에 달하는 다양한 피해 사례를 수집했지만 이제까지 한 번도 외부에 발표한

적이 없다고 했다. 고맙게도 그들은 그런 익명 사례들을 이 책에 포함하도록 허락해주었다. 나는 무한의 끈기를 보여준 한 연구가의 도움을 받아 몇 시간에 걸쳐 그들의 사례를 '성추행' '근무 시간 사무실에서 음란물 보기' '브로 문화' '강간 소재 농담' '성폭행' 등을 포함해 여러 범주로 분류했다.

나는 IT업계 여성 종사자들이 경험한 약 250개의 사례를 포함해 전체 데이터를 거대한 스프레드시트 형태로 받았다. 그들의 이야기를 읽기가 정말로 힘들었다. 물론 양이 방대해서이기도 했지만 그 안에 담긴 감정적인 내용 때문에 '영혼이 탈탈 털리는' 기분이었다. 가장 많은 불만 사항은 동료나 상사 혹은 상급자들에게서 받은 부적절하고 원치 않는 성적 접근이었고, 나는 그런 사례를 성추행 범주에 포함시켰다. 100여 명의 남성 엔지니어들 속에서 일하는 한 여성은 반복적으로 성희롱을 당했다고 말했다. 특히 한 엔지니어는 그녀에게 "내가 스무 살만 젊었어도 네 세상이 뒤집히는 경험을 하게 해줄 텐데"라고 말했다고 한다. 강제로 입을 맞추고 몸을 더듬었다는 사례도 몇 건 있었고, 심지어 잠자리 같은 성적 접촉을 기대하면서 여성 동료의 집에까지 찾아와서는 가라고 말해도 듣지 않는 남성들에 대한 사연도 있었다.

음담패설도 응답자들의 이야기에서 공통된 주제였다. '혹시나'가 '역시나'였다. 성행위, 비아그라, 음란물 등은 물론이고 심지어 강간에 대한 농담과 발언들이 IT기업들과는 확실히 '환상의 짝꿍'처럼 보인다. 한 여성 응답자가 아주 충격적인 내용을 들려주었다. "남성 동료 몇 명과 점심시간에 회사 주변을 걸어가다 우연히 인적이 드문 곳을 지나게 되었다.

거기에는 낡고 문이 허름한 건물이 한 채 있었다. 그때 한 동료가 농담으로 말했다. '사람들이 오기 전에 서둘러! 움직이지 못하게 그녀의 다리를 꼭 잡아. 빨리 강간해버리자고!'" 또한 다수의 응답자들은 남성 동료들이 근무 시간에 사무실에서 음란물을 보는 광경을 직접 목격했고, 성적 매력을 토대로 등급을 매기듯 여직원들을 평가하는 말도 들었다고 했다.

설문조사를 통해 수집한 이야기들을 보면, 회사 연수나 사교 행사에서 종종 도를 넘는 상황들이 전개되었다. 가령 한 여성은 회사가 술과 식사를 판매하는 캐주얼 레스토랑 후터스Hooter's를 해피아워 장소로 지정했는데, 언젠가 그곳에서 상사가 자신의 부인에 대해 험담하는 것을 들었다고 한다. 당연히 스트립 클럽에 대한 이야기가 빠지지 않았고, 파티에서 귀에 대고 은밀하게 유혹하는 불쾌한 경험에 대한 이야기도 단골이었다. 심지어 한 여성은 회사 단합대회에 갔다가 온천욕을 하던 중에 몸을 더듬는 성추행을 당했다고 한다. 많은 여성은 행여 불이익을 받을까 울며 겨자 먹기로 그런 행사에 참석할 수밖에 없다는 기분이 들었고, 실제로 한 응답자는 "금요일 밤마다 CEO와 떠들썩한 파티를 열고 몸을 가누지 못할 정도로 술을 마시는 사람들만이 승진할 수 있었다"고 말했다.

'실리콘밸리의 코끼리'에 관한 익명 사연들을 수십 건 읽고 나자 여성들의 어조에서 어떤 놀라운 공통점이 눈에 들어왔다. 그들이 화가 나서 펄펄 뛰기보다는 답답함과 짜증과 넌덜머리가 뒤섞인 어조로 말했던 것이다. 우리 집 거실 회동에 참석했던 여성들과 마찬가지로, 그들도 자신들이 몸담은 유독한 문화에 지쳤고 또한 어차피 돌아서면 잊어버릴 사람들에게 구구절절 설명하는 데도 진저리가 났던 것이다. 우리가 문화적

티핑 포인트(tipping point, '갑자기 뒤집히는 점'이라는 뜻으로 아이디어, 사회적 행동, 현상 등이 서서히 진행되다가 한순간 들불처럼 번지는 마법의 순간을 일컬음 -옮긴이)에 도달한 것은 그들의 인내와 용기 덕분이라고 나는 생각한다. 이제부터는 '실리콘밸리의 코끼리'를 모른 척하는 것은 오직 의도적인 무시라고밖에 볼 수 없다. "세상에, 그런 일이 벌어지는지 감쪽같이 몰랐네"라거나 "그게 정말 그렇게 나쁜 짓이에요?" 같은 반응은 이제 더 이상 설 자리가 없다. 아니 절대 용인될 수 없다.

소송할까? 말까?

샌프란시스코에서 활동하는 고용 전문 변호사 테레스 롤리스Therese Lawless는 실리콘밸리에서 제기된 수백 건의 성차별 소송을 담당하고 있다. 특히 2015년에는 투자자 엘렌 파오Ellen Pao가 실리콘밸리의 전설적인 벤처캐피털업체 클라이너 퍼킨스 코필드 & 바이어스Kleiner Perkins Caufield & Byers, KPCB를 상대로 제기한 소송에서 파오를 변호하는 법률 팀에 합류했다. 그런 롤린스도 IT업계의 민낯에 혀를 내두른다. 그녀는 이제껏 다양한 산업에 종사하는 원고들을 변호해왔지만, IT업계가 최악의 가해자에 속한다고 말한다. 내가 '실리콘밸리의 코끼리' 사연을 읽은 후 느낀 스트레스도 롤리스가 매일 견디는 스트레스에 비하면 새 발의 피에 불과할 듯 싶다.

롤리스는 변호사로서 구체적인 내용을 발설해서는 안 되는 도의적 의무가 있지만, 기술 산업에서 벌어진 경악스러운 몇몇 사례에 대해 대략적으로 알려주었다. 한 의뢰인은 회사 연수에 갔다가 유부남인 동료에게 덤불 속에서 성폭행을 당했다. 또 다른 사례에서는 한 남성이 여성 동료의 호텔 방을 찾아와 이렇게 말했다. "5분만, 딱 5분이면 돼. 정말 5분이면 충분해." 심지어 그녀가 성관계를 거부하자 그녀가 보는 앞에서 자위를 시작했다. 롤리스는 일반적으로 볼 때 자신이 맡은 사건들은 '힘 있는 사람들이 여성에게 무언가를 약속하면서 자신과 관계를 맺도록 위력을 앞세워 강요하는 행위'를 포함한다고 말했다. 이른바 갑질 성추행이다.

한편 롤리스는 거의 모든 의뢰인이 법적 소송을 벌이는 것에 두려움을 갖는다고 덧붙였다. "여성들은 미혼이거나 가족을 부양하는 처지기 때문에 종종 폭로하는 것을 무서워해요. 또한 폭로했다가 자칫 평생 지워지지 않을 상처를 받고 가슴팍에 주홍글씨가 새겨지며 취업의 문이 닫혀 백수가 될까 봐 두려워하죠. 요컨대 피해 여성들은 그런 일로 상징적인 존재가 되고 싶어 하지 않아요."

롤리스에게 법률 조언을 구하는 여성 중 상당수는 결국에는 소송 카드를 접는다. 더욱이 형사소송을 제기하면 승리가 확실시되는데도 소송을 포기하는 피해자들도 있다. 예를 들어 덤불 속에서 남성 동료에게 성폭행을 당했던 위의 피해자는 법적 행동을 취하지 않기로 결정했는데, 수치스러움과 직장에서 겪을 후폭풍에 대한 2차 피해에 대한 두려움 때문이었다. 가끔 롤리스는 의뢰인들에게, 검사들은 승소 가능성이 낮기 때문에 "그가 말했다, 그녀가 말했다(he said, she said, 어떤 사건이나 상황에 대해 각 당사자가 반대되는 설명을 내놓는 것을 말하며, 1991년 로맨틱 코미디 영화로 낙태와 성희롱 등 다양한 주제에 대한 남녀 간의 뚜렷한 시각 차이를 보여주는 〈사랑할 수밖에 없는 그대 He said, She said〉 -옮긴이)" 식의 사건들을 꺼린다고 조언할 수밖에 없다. 심지어 롤리스는 확실한 DNA 증거가 있고 물리적 폭력에 대한 정황이 뚜렷한데도 검사들이 사건을 기각하는 경우도 보았다.

평균적으로 볼 때 성폭력에서는 민사소송이 승소할 가능성이 더 크지만, 어떤 소송이든 100퍼센트 승소를 확신할 수는 없다. 그래서인지 가끔 원고들은, 법원이 관련 서류를 공개하지 않고 모든 관련자가 혐의에 대해 공개적으로 말하지 않는다는 조건으로 공개재판을 거치지 않고 합의하자는 가해자들의 제안을 받아들이기도 한다. 내 개인적으로는 법원이 명령하는 이런 함구령을 지칭하는 법률 용어가 전체 법 체계에서 가장 부적절하다고 생각한다. 이른바 '공표 금지 명령(gag rule, 법정에서 심리 중인 사항에 관한 보도나 공표를 금지하는 것 –옮긴이)'이다. 실리콘밸리의 IT업체들은 직원들에게 고용계약이나 합의문의 일부로 비공개 동의서 nondisclosure agreement와 비방금지 동의서에 서명하도록 정기적으로 요청한다. 이는 무슨 뜻일까? 만약 여성들이 공개적으로 말한다면 법정에 설 수도 있다는 뜻이다. 그리하여 성추행과 성차별에 관한 이야기들은 암암리에 소문으로만 나돌거나 아무도 입 밖에 내지 않는 것이다.

롤리스는 자신이 제기했던 어떤 소송의 결과에 대해 뿌듯함이 가득한 목소리로 말했다. 성폭행 가해자는 회사에서 해고되었고 여성 피해자는 회사를 계속 다닐 수 있게 되었다고 했다. 물론 롤리스는 그런 결과가 극히 드물다고 덧붙였다.

그런 결과를 이끌어낼 수 있었던 가장 결정적인 요소가 무엇이었는지 내가 물었다.

"그 회사에는 막강한 여성들이 있었어요"라고 롤리스가 말했다. "그들은 눈앞에서 벌어지는 일련의 일들을 못마땅하게 생각했어요. 그래서 각자 파트너들에게 전화해 이런 일을 용납할 수 없다고 강경하게 말했어요."

'사소한' 모든 일을 이겨내라

그날 저녁 우리 집 거실에 모인 여성 중 한 명은 매우 독특한 관점을 갖고 있었다. 리디아 페르난데스는 남성의 눈과 여성의 눈으로 기술 산업을 바라본다. 성 전환자이기 때문이다. 우리의 첫 만남은 페르난데스가 남성이었던 2011년으로 거슬러 올라간다. 페르난데스는 흑인과 중남미계 출신자들을 기술 기업들에 취업시키는 비영리단체 코드2040Code2040에서 인턴으로 일하고 있었다. 그러다가 2014년 우버의 정직원으로 채용되기 직전에 성 전환자라고 커밍아웃 했고 이름을 리디아로 개명했다.

'공식'적인 남성으로 경력을 시작했으니 당연히 페르난데스는 여성이 된 후 자신이 견뎌야 했던 자칭 '사소한 일들'에 더욱 민감할 수밖에 없었다. 자신이 남성이었을 때 받던 대우와 여성이 된 이후에 받을 대우는 '낮과 밤'의 차이만큼 극명하게 달랐다고 말했다. 페르난데스는 "나는 이 테이블에서 양쪽에 다 앉아보았어요. 이것은 조작된 게임이에요"라고 선언했다.

예를 들어 공식적으로 남성으로 살았을 때는 말하는 중간에 누군가가 끼어든 적이 거의 없었다고 했다. 그러나 여성으로 커밍아웃 하고 난 이후에는 남성들이 갑자기 그녀의 말허리를 자르고 끼어들기 시작했다. 페르난데스는 갑작스러운 변화에 몹시 당황스러웠다. "갑자기 모든 것이 지난 20년간 (남성으로서의) 내 삶과 정반대로 흐르기 시작했어요"라고 그녀가 말했다. 비록 시간이 걸리긴 했지만 그녀는 확실히 자신감을 되찾았고, 얼마 지나지 않아 자신의 예전 자아로 돌아갈 수 있었다. 자신의 생각을 언제든 말할 준비가 되어 있는 선동가적인 페르난데스 말이다. 누군가가 중간에 끼어들면 그녀는 그러지 말라고 똑 부러지게 지적했다. 페르난데스는 자신의 그런 반응을 보고 '사람들은 흠칫 놀랐다가 뒤늦게 아차 했어요'라고 말했다. "그들은 여성이 '끼어들지 말고 내 말을 끝까지 들어보세요'라고 말하는 데에 익숙지 않았어요. 여성 동료들은 '당신처럼 하고 싶은 말을 서슴없이 다 하는 여성은 생전 처음 봐요'라고 말했죠. 나에게는 (대부분의 여성은 갖지 못한) 나만의 강력한 무기가 있었어요. 지난 20년간 살아오면서 사람들이 '네, 그래요, 당신의 의견은 들을 가치가 있죠'라고 말해왔다는 거예요."

그날 모임에 참석한 모두가 '사소한 일들'에 대한 페르난데스의 설명에 십분 공감했다. 그것은 작지만 일상으로 벌어지고 시간이 흐름에 따라 점점 강도가 세지는 모욕적인 언행을 말한다. 이런 행위가 반드시 의도적이거나 악의적이지는 않다. 하지만 분명 누적되는 효과가 있다. 내가 '맨스플레인(mansplain, 남성man과 설명하다explain의 합성어로 주로 남성이 여성에게 권위적인 태도로 아랫사람 훈계하듯 설명하는 것을 의미하는 신조어 -옮긴이)'이라는 단어를 사용했을 때 그곳에 모인 모든 여성이 그 용어의 뜻을 곧바로 이해하는 듯했고 아주 많은 사례를 들려주었다.

스타트업에서 엔지니어로 일하던 한 여성은, 남성 동료들이 그녀의 프로그래밍을 지속적으로 문제 삼으면서 억지로 수정하게 한 다음 나중에는 그녀의 처음 프로그래밍이 가장 좋았음을 인정한다고 말했다. 반면에 그녀가 그들과 똑같은 방식으로 그들의 일을 비판하면 그녀의 의견은 무시당하기 일쑤다. "내가 하는 모든 것이 틀렸다는 기분이 들어요"라고 그녀가 말했다. 결과적으로 말해 그녀의 기분은 단순히 한 여성의 소회가 아니다. 그것을 뒷받침해주는 연구 결과도 있다. 그 연구에 따르면, 오픈소스 소프트웨어 공유 사이트 깃허브GitHub에서 여성들이 작성한 코드가 남성들이 작성한 코드보다 더 자주 채택되지만, 여기에는 단서가 하나 붙는다. 작성자의 성별을 노출하지 않을 경우에만 그렇다. 작성자의 성별이 여성이라고 공개되면 코드 채택률이 감소했다. 또한 페이스북의 한 전직 엔지니어가 수집한 데이터에 따르면, 여성 엔지니어들이 작성한 코드가 거부되는 비율이 남성들보다 35퍼센트 더 높았다. 페이스북의 인프라스트럭처 엔지니어링 담당 책임자는 〈월스트리트 저널〉과의 인터뷰에서 그 차이는 엔지니어의 성별보다는 직급에 더욱 의존한다고 말했는데, 이는 또 다른 문제를 대두시켰다. 엔지니어링 분야의 고위직에 여성들이 부족하다는 문제였다. 한 엔지니어는 거대 기술 기업에서 일하는 것은 '러시안룰렛 게임과 비슷하다'고 말했다. 쉽게 말해 복불복 게임이다. 위대한 관리자를 만나면 여성들은 가치를 인정받고 존중받는다고 생각하는 반면, 나쁜 관리자를 만나면 험난한 가시밭길이 펼쳐진다.

우리 집 거실에 모였던 여성들 모두가 경험한 '사소한 일' 중 하나는, 자신들에게 긍정적인 피드백을 주거나 칭찬할 때도 남성들은 잘난 척하며 은근히 깔보는 식으로 말했다는 것이다. "굉장합니다, 아주 좋은 아이디어를 용케 생각해냈군요"라는 식으로 말이다. 또한 그들은 남성 직원들이 그들의 의상 선택에 대해 이러쿵저러쿵하는 것은 예사고 수시로 성적인 발언의 대상이 된다고 불만을 털어놓았다. 요컨대 여성들은 매일 미묘한 모욕적인 언행을 경험하고, 가끔 심할 때는 하루에도 5~10번씩 그런 모욕적인 상황에 노출된다.

핵심은 여성들을 기술 산업에서 밀어내거나 직장에서 비참한 기분을 느끼게 하는 것은 한 차례의 발언이나 일회성 사건이 아니라는 점이다. 기술 산업에서 여성들은 이른바 '감정노동자'다. 그들은 자신의 자리를 지키고 자신의 일을 하기 위해 매일 끊임없이 감정노동을 해야 한다. 가끔 여성들은 부당한 대우를 받거나 무시당한다고 느낄 때도, 당장 성차별이라고 항의하지 않을 것이다. 되레 화살을 자신에게 돌린다. "내게 무슨 문제가 있었을까? 아니면 내 의사를 명확히 밝히지 않아 헷갈리게 했나?"라는 식으로 생각할지도 모른다. 이런 걱정과 우려는 자긍심을 지속적으로 갉아먹는다. 고정관념에 맞서 싸우는 것은, 남성들 특히 백인 남성들은 감당할 필요가 없는 감정노동이다. 대신에 그들은 그 에너지를 유능한 엔지니어가 되는 일에 오롯이 쏟는다. 반면 여성과 소수자들은 감정적인 '적자 상태'에서 하루를 시작하고 마무리한다. '천 번 칼질에 의한 죽음death by a thousand cuts' 현상은 말 그대로 여성들을 서서히 피 말라 죽게 한다. 그들이 나약해서도 능력이 부족해서도 아니다. 단지 온갖 가욋일을 하느라 피가 마르는 것이다.

이중 혹은 삼중의 소수자들

실리콘밸리에서 모든 여성은 불리하고 버거운 싸움을 한다. 그렇다면 유색 인종 즉 흑인과 라틴계와 아시아계 여성들은 어떨까? 여성 트랜스젠더는, 장애 여성들은 또 어떨까? 이들은 실리콘밸리에서 다양성에 관한 담론에서 원천적으로 제외된다. 시스젠더(cisgender, 생물학적 성과 사회적 성이 일치하는 사람 -옮긴이)이고 신체 건강한 백인 중상층 여성들과는 처한 현실 자체가 다르기 때문이다. 그들은 암묵적이고 명백한 성차별과 싸울 뿐 아니라 가끔은 인종차별, 연령차별, 계급차별 등을 포함해 두세 가지의 다른 차별에도 맞서야 한다. 구글과 페이스북의 경우 남녀를 통틀어 흑인 비율은 2~3퍼센트, 라틴계는 4~5퍼센트로 극히 미미하다. 이것을 미국 전체 인구에서 흑인이 13퍼센트, 라틴계가 18퍼센트인 것과 비교해보라. 남녀 불문하고 실리콘밸리 전체 종사자 중에서 유색 인종은 소수에 불과하고, 당연히 그 유색 인종 중에서도 여성은 극히 드물다. 이런 상황이니 우리 집 거실 회합에서 실리콘밸리의 '이중 소수자'로서의 삶이라는 주제를 다루기 시작했을 때 토론이 매우 감정적으로 흐를 수밖에 없었다.

IT 산업에서 잔뼈가 굵은 25년 차 베테랑 레아 맥고원-헤어가 그 주제를 먼저 꺼냈다. 1980년대 말 그녀는 당대 히트를 기록한 뮤지컬 영화 〈페임Fame〉의 여주인공 아이린 카라Irene Cara에 깊은 감명을 받아 댄서를 꿈꾸었다. "아버지께서 '딱 2년 줄 테니 그 안에 댄서가 못 되면 포기하라'고 말씀하셨어요. 나는 너무 좋아서 빙글빙글 돌았죠"라고 맥고원이 회상했다. 그녀는 애초 무용과에 진학했지만, 결국에는 아버지의 압박에 못 이겨 엔지니어링으로 전과했다. 그리고 1990년대 말 인적자원관리 솔루션을 제공하는 피플소프트PeopleSoft에 입사했고, 2004년 회사가 세계 최대 비즈니스 하드웨어 및 소프트웨어 개발 회사 오라클Oracle에 인수될 때까지 근무했다. 물론 오늘날에도 실리콘밸리에서 흑인 여성 엔지니어는 매우 드문 편이다. 하지만 맥고원-헤어가 그 길을 가기 시작했을 때는 거의 외계인이나 다름없었다.

"내가 IT기업에서 승진 사다리를 하나씩 올라갈 수 있었던 것은 내게 주어진 일들과 내가 성공적으로 해낸 일들이 있었기 때문이라는 것은 확실해요. 그러나 매일 아침 출근할 직장이 있다는 사실에 나는 정말로 감사했고, 여러 가지 점에서 스스로를 과소평가하며 비굴해졌어요"라고 그녀가 고백했다. "나이가 어려서, 내 의사를 똑 부러지게 밝히지 못해서, 나 자신이나 내 경력을 블랙리스트에 올리고 싶지 않아서, 나는 당연하게 받아들이고 그런 일들이 계속 벌어지게 방관했어요."

거의 30년이 지난 후에도 실리콘밸리에서 여성 엔지니어들은 여전히 소수자이고, 그들의 현실은 크게 달라진 것이 없었다. 그사이 미국 전체 인구에서는 여성이 다수로 올라섰고 노동인구도 여성이 과반을 넘었지만 말이다. 가령 백인 여성 엔지니어가 '사소한 일들'을 하루에 다섯 번 내지 열 번을 경험한다면, 두 번째 소수계층에 속하는 여성들은 -혹은 트랜스젠더 흑인 여성이었던 페르난데스의 경우처럼 세 번째의 소수자 꼬리표가 붙는 여성들은- 그 숫자가 두세 배로 증가할 수 있다. 즉 소수자 타이틀이 하나씩 늘 때마다 횟수도 배가 된다.

"몇 년 전부터 나는 후보 선수처럼 경기장 바깥에 나와 경기장에서 벌어지는 일들을 예의 주시하며 어떻게든 강력한 영향을 미쳐 변화를 꾀할 방법을 찾기 위해 내 위치에서 할 수 있는 모든 노력을 다하고 있어요"라고 맥고원-헤어가 말했다. 그러나 기술업계에서는 아직도 남녀를 통틀어 흑인 종사자 수가 거의 '0'에 가깝다. 맥고원-헤어는 심지어 가장 진보적인 동료들조차 그것이 얼마나 큰 문제인지 이해하지 못한다고 했다. "2016년 대선 다음 날이었어요. 평소처럼 출근했지만 속은 말이 아니었어요. 마음이 아팠고 몹시 심란했죠. 지위 고하를 막론하고 회사 여직원들이 모두 울었어요. 회의에 참석해서도 진정이 되지 않아 자꾸 눈물을 흘렸고 하도 울어 눈까지 통통 부었어요." 맥고원-헤어는 그런 모습을 보다가 불현듯 몇 달 전 여름 일이 떠올랐다. 1주일 새에 흑인 남성 3명이 경찰관들이 쏜 총에 맞은 사건이었다. 당시 맥고원-헤어는 가슴이 무너지고 아팠지만, 지금 자기 눈앞에서 대통령 선거 결과에 분노해 눈물을 흘리는 여성들처럼, 자신의 감정을 공개적으로 표현할 수 있다고 생각하지 않았다. "나는 내 감정을 추스를 수가 없는데 다른 사람은 아무 일도 없는 것처럼 행동하는 바람에 결국 화장실에 숨어 울 수밖에 없었어요"라고 맥고원-헤어가 회상했다. "흑인 사회에 대한 공감은 눈을 씻고 찾아봐도 없었어요. 백인 여성들은 나로서는 언감생심 직장에서 자신의 감정을 당당히 드러낼 수 있었죠."

맥고원-헤어는 최근 실리콘밸리에서 성 편견에 관한 토론이 급증하는 것을 환영하지만, 중요한 무언가가 빠졌다고 말했다. "여성으로서는 당연히 아주 기뻐요. 그러나 흑인 여성으로서는 소외감을 느낄 뿐, 마냥 기쁘지가 않아요. 인종 다양성을 다루지 않는다면 결국에는 철저히 백인 남녀의 팽팽한 싸움으로 끝날 거예요." 그러면서 맥고원-헤어는 긍정적인 면에 초점을 맞추려고 애쓴다고 말했다. "나는 어린 여학생들이 나를 보고 '그녀도 실리콘밸리에서 일하고 있어. 나도 할 수 있어'라고 말했으면 좋겠어요. 나는 제약과 한계가 아니라 기회와 가능성을 대변하는 상징이 되고 싶어요."

우리 집 거실에서 맥고원-헤어의 맞은편에 앉아 있던 숄라 오예델Shola Oyedele도 다양성을 정의하는 방식이 1차원적이라는 데에 동의했다. "어딜 가나 인종차별이 아니라 성차별에 대해서만 이야기하고 싶어 하고, 또한 직장에서 내가 어려울 때 내 편이 되어주지 않을 여성들에게 둘러싸여 있었어요." 나이지리아 이민자 가정에서 태어난 오예델은 스탠퍼드 대학교에 진학하기 전까지 메릴랜드주에서 주민 대다수가 흑인인 동네에서 살았다. "스탠퍼드는 백인 학생들이 다수예요. 입학하고 한동안 나는 영문도 모른 채 학교에서 많은 문제에 맞닥뜨렸어요. 오랜 시간이 흐른 후에야 왜 그랬는지 깨달았죠. 그때까지는 내가 흑인이라는 사실을 의식하며 산 적도 없었고 더욱이 그것이 무슨 의미인지는 정말 몰랐어요"라고 오예델이 말했다. "우리 가족은 아프리카 이민자예요. 그래서 인종과 노예에 대해 내가 습득한 지식은 학교에서 배운 게 전부예요. 그런데 나는 오직 내 피부색 때문에, 온전히 내 것이 아닌 역사를 떠안아야 해요"라고 그녀가 덧붙였다. "기술업계에는 여성과 소수자들에 대한 저항이 아주 거세요. 동료들과 똑같이 인정받기 위해 나는 일을 아주 잘해야 할 뿐 아니라 내가 왜 이곳에 있을 가치가 있는지 스스로 증명해야 하죠. 단순히 잘하는 것으로는 충분하지 않아요. 특출하게 잘해야 해요."

특출한 사람들로 구성된 집단의 일부가 되면 종종 그 집단의 표준적인 행동이 여성에게는 허용되지 않을 때가 있다. "나만의 철칙이 있어요. 남들은 몰라도 나는 동료들과 술자리를 가져서는 절대 안 된다는 거예요. 만약 당신이 소수자라면 그것은 반드시 지켜야 하는 선이라고 생각해요. 이중의 소수자라면 더욱 그렇고요. 사람들은 소수자를 색안경 끼고 대하기 때문이에요"라고 라틴계인 애나 메디나가 말했다. "이런 사람들 대부분은 백인 남성일 확률이 높아요. 그들은 분명 당신을 업신여길 거예요. 그들은 그게 일종의 힘이라고 생각하죠. 당신은 그들이 즐거운 시간을 가질 수 있도록 끝까지 자리를 지켜 흥을 깨지 말아야 할 책임이 있고, 그들은 당신에게 하고 싶은 말을 마음대로 할 자격이 있다는 논리예요. 어떠한 말이든 그런 힘의 논리는 술이나 약물이 개입할 때 모습을 드러내요."

메디나는 실리콘밸리에서 선망받는 기업 중 하나인 우버에서 남들이 부러워하는 선망의 직업을 갖고 있는데도 가끔 "다 때려치우고 싶을 만큼 기분이 더러워요. 소수자라는 이유로 어디를 가든 끊임없이 능력을 증명해 보여야 한다는 사실이 정말로 지긋지긋하고 진이 빠지죠. 이력서에 기재할 '스펙'은 계속 늘어나는데도 사람들은 내 기술적인 능력을 항상 문제 삼아요." 우리 집 거실 모임의 참석자들이 하나둘 자신의 이야기를 털어놓는 와중에 문득 바네사 파리아스Vanessa Farias가 말을 거의 하지 않는다는 사실을 깨달았다. 그녀도 라틴계였는데, 긴급구호 조정관으로 일하다가 어도비Adobe가 견습 프로그램의 일부로 직장인을 대상으로 제공하던 코딩 수업을 듣기 시작했고, 결국에는 엔지니어로 어도비에 취업했다. 그녀는 처음 이야기를 시작했을 때부터 이미 목소리가 갈라져 있었다. 그리고 이내 두 눈이 눈물로 그렁그렁해지자 마음을 다스리기 위해 잠시 말을 멈추었다.

"나는 내 일을 진짜로 좋아해요. 그런데 힘든 날에는 나도 모르게 스스로에게 물어요. '내가 여기 왜 있는 거야? 내가 여길 다닐 가치가 있어?'"라고 그녀가 입을 뗐다. "내가 궁극적으로 하고 싶은 일은 다른 사람들을 위해 길을 개척하는 거예요. 내 아버지는 평생을 경비원으로 사셨어요. 내가 힘들었던 날에 대해 불평하는 것은…." 그녀의 목소리가 점점 잦아들었다. 파리아스는 매일 아침 샌프란시스코에 있는 사무실까지 1시간 반을 운전해서 출근하고, 가끔은 교통 혼잡을 피하려고 새벽 4시 45분에 집을 나선다. 그런데 한번은 사무실에 있다가 문득 동료들에게 자신이 투명인간 같다는 생각이 들었다. 그들이 나라는 사람이 동료라는 걸 알기나 할까? "내가 히스패닉이나 흑인인 누군가를 쳐다보면 상대방도 나를 인지한다는 걸 느낌으로 알아요"라고 그녀가 말했다. "가끔은 사무실에서 아무도 내 존재를 알아봐주지 않는다는 기분이 들어요. 지금 IT 업계에 일어나고 있는 일들이 하나의 운동이라면, 속도가 느려도 너무 느려요."

실리콘밸리에서는 백인 남성이 아닌 이상, 당신의 정체성은 커다란 쇠구슬이 달린 족쇄이고 당신은 절대 그 족쇄에서 빠져나올 수 없다. 기술 산업에서 백인 여성은 하나의 십자가를 짊어지고, 라틴계에게는 하나의 십자가가 더 얹히고, 흑인 여성의 어깨에는 또 하나가 추가된다. 한편 아시아계 출신은 타 유색 인종에 비해 기술 산업에서 존재감이 상당하지만 고위층에서는 미약하다. 이것은 실리콘밸리에서 또 다른 차원의 다양성 문제다. 언젠가 처우가 기술 산업에서 '아시아인으로 살아가는 불편한 현실'에 대해 이렇게 썼다. "백인만큼 '좋지'는 않아도 흑인이나 라틴계보다는 확실히 '더 낫다'. 우리의 개인적인 정체성, 직업 의식, 개인적인 성공 등이 인정받지 못하는 것에 불평하지 않을 만큼 우리의 상황은 충분히 좋다. 우리는 대나무 천장(bamboo ceiling, 아시아 국적이나 아시아계 미국인의 고위직 상승을 막는 보이지 않는 장벽 -옮긴이)에 대해 불평하지 않는다. 아니, 우리는 인종 문제에 대해서는 한 걸음 물러나 침묵으로 일관한다."

인종 외에도 개인의 정체성에는 여성들에게 더욱 깊은 소외감을 안겨줄 수 있는 아주 많은 측면이 있다. "나는 이중의 소수자예요"라고 라틴계인 메디나가 말했다. "그런데 내게는 또 다른 소수자 딱지가 있어요. 대학 중퇴자라는 거죠. 내 개인적으로는 대학 중퇴자여도 상관없지만, 실리콘밸리에서는 라틴계 여성보다 더 심각한 장애예요." 메디나는 대학 공부를 마치지 못했지만 트위터를 통해 강력한 인맥을 구축한 덕분에 IT 세상에 진입할 수 있었다.

백인 여성 채용을 늘리는 것만으로는 실리콘밸리의 다양성 문제를 해결할 수 없을 것이다. 만약 기술 산업이 정말로 미래를 대표하는 얼굴이 되려면, '엄친아'에 젊고 명문대 졸업장이 있으며 아이가 없는 백인 남성이 아닌 '진짜' 인재들을 받아들여야 한다.

똑똑한 멍청이들

파울러의 폭로가 기폭제가 되어 우버에 남성 우월적이고 성과지상주의적인 문화를 변화시키라는 압박이 사방에서 쏟아졌다. 우리의 거실 회합 이후 몇 주간에도 그 압박은 수그러질 기미가 보이지 않았을뿐더러 언론의 공세도 여전했다. 캘러닉은 회사와 자신에 관한 부정적인 이야기가 계속 터져 나오자 몇 번이고 사과했다. 파울러가 블로그에 올린 글에서 성추행을 폭로하고 난 뒤 우버는 철저한 진상 조사를 약속했고, 양 갈래의 조사를 시작했다. 하나는 직원 개인의 성추행 의혹에 대한 조사로 법무법인 퍼킨스 코이Perkins Coie에 맡겼다. 다른 하나는 회사의 전체 문화에 대한 전면적인 조사였는데, 미국 역사상 최초의 흑인 법무 장관을 지낸 에릭 홀더Eric Holder에게 조사를 일임했다. 캘러닉은 성명서에서 "파울러가 당한 일은 끔찍하고 우버가 지향하고 추구하는 모든 가치에 반한다"고 말했다.

직원들은 회사의 문화와 관련된 모든 문제에 대해 'TK'에게 책임의 화살을 돌리지는 않았다. TK는 직원들이 트래비스 캘러닉을 부르는 애칭이었다. "나는 그가 회사에서 벌어지는 일을 전부 알고 있지는 못했을 거라고 생각합니다. 그는 벤처캐피털 자금을 끌어오는 데에 온 정신이 팔려 있었기 때문입니다"라고 우버의 한 직원이 내게 말했다. "그저 다른 사람들을 믿고 회사의 운전대를 맡겼습니다. 그런데 하루아침에 우리는 활활 타오르는 불구덩이로 내던져졌습니다. 어느 순간부턴가 회사 문화가 추악한 집합소로 변질되었습니다." 이 말을 한 우버 직원은 우버의 문화가 반드시 나쁘기만 한 것은 아니었다고 아쉬움을 드러냈다. 하지만 일부 사람들이 나쁜 상황에 충분히 개입할 여지가 있었을 때 미연에 방지하지 않아 사태를 키웠다고 진단했다. "아주 못된 짓을 하는 소수의 사람과 방관자 증후군을 앓는 다수의 사람이 있다고 나는 생각합니다. 즉 많은 사람이 무슨 일이 벌어지는지 눈앞에서 뻔히 보면서도 뒷짐 진 채 아무 행동도 하지 않습니다." 직원들은 우선 TK가 공개적으로 책임을 지는 모습은 긍정적으로 평가했지만, 그가 실질적이고 구체적인 행동을 취해주길 기대했다. (나는 몇몇 사람에게서 트래비스 캘러닉이 '망나니'가 아니었다면 우버가 700억 달러짜리 회사가 절대 될 수 없었을 거라는 말을 들었다. 그러나 만약 캘러닉이 조금만 덜 '망나니'였다면 나는 우버가 1400억 달러짜리 회사도 될 수 있었다고 생각한다. 조금만 생각해봐도 누구나 알 수 있을 텐데, 아무도 그 말은 하지 않는다.)

한편 캘러닉이 자신의 '가신 그룹'으로 선택한 고위 임원들을 비난하는 직원들도 있었다. 구체적으로 말하면, 구글의 검색 최고책임자로 성추행 의혹을 받던 중 구글을 조용히 퇴사해 우버의 기술 수석부사장에 선임된 아밋 싱할, 회사 행사에서 여직원과 성관계를 갖던 중에 들켰다는 폭로가 연이어 터지는 와중에 사임한 에드 베이커Ed Baker 제품 담당 부사장, 서울 출장에서 캘러닉과 함께 여성 접대부가 나오는 유흥주점을 찾았던 에밀 마이클Emil Michael COO 등에게 비난의 화살을 돌렸다. 비록 캘러닉이 (우버의 한 운전기사와 치졸한 말싸움을 벌이는 동영상이 공개된 후에) '더 성장'하겠다고 약속했지만, 그의 철없음을 나이 탓으로 돌릴 수 없다. 2016년 캘러닉은 '불혹'이 되었다.

우버 이사회에서 유일한 여성 이사이자 인터넷 신문 〈허핑턴 포스트〉의 창업자로 홀더의 조사를 지원하는 임무를 부여받은 아리아나 허핑턴 Arianna Huffington은 우버가 '똑똑한 멍청이들brilliant jerks'을 다시는 채용하지 않을 거라고 선언했다. 한편 우버의 신임 인적자원관리 책임자인 리안 혼시Liane Hornsey는 〈뉴욕 타임스〉와의 인터뷰에서 "우버에 엄청난 성공을 가져다주었던 것이 -공격적인 저돌성, 불도저처럼 몰아붙이는 태도- 완전히 붕괴됐다. 이제 우버는 삭발하는 심정으로 심기일전할 필요가 있다"고 결연한 의지를 보였다. 우버가 하나같이 구구절절 옳은 말만 읊었지만, 일부 직원들에게는 너무 늦은 약속이었다.

파울러의 폭로 글이 널리 확산된 이후 우버의 직원들은 갈수록 화가 났다. 급기야는 자발적으로 디지털 흔적을 수집하기 시작했고 인사 부서와 캘러닉 본인에게 자신들의 불만 사항을 직접 제기하기에 이르렀다. 예전에는 의심스러운 사건들이 있어도 많은 사람이 회사에 정식으로 항의하지 않았는데, 한 직원의 말마따나 인사 부서가 이미 '무너진broken' 조직인 데다 어차피 아무것도 변하지 않을 것이기 때문이었다. 특히 애나 메디나는 자신이 직접 보고 겪은 우버의 문화를 상세히 설명하는 장문의 편지를 써서 캘러닉에게 보냈다. 메디나는 편지에서, 여성들의 승진 기회가 막히고 성희롱적인 발언들이 간과되며 못된 관리자들이 버젓이 활보하는 '성차별적이고 유독한 근무 환경'이라고 우버를 혹독하게 비판했다. 메디나가 이렇게까지 나온 데는 나름의 이유가 있었다. 파울러의 블로그 글에는 없었지만 파울러 사건과 관련해 자신이 무언가를 알고 있었기 때문이다. 몇몇 직원들이 파울러를 대신해 인사 부서를 찾아갔고 파울러를 성추행한 관리자가 해고는커녕 아무런 불이익 없이 자리를 보전하는 어이없는 상황에 대해 항의했던 것이다. "그 사람은 암적인 존재예요. 그를 해고시키기까지 오랜 시간이 걸렸어요"라고 메디나가 내게 말했다. "우리는 그 사람의 나쁜 행실을 알고 있었고, 여러 사람이 인사 부서를 찾아가 항의했지만 전혀 변하지 않았어요."

몇 주가 흐르는 동안 일부 직원들이 자신들에게 불똥이 튈까 전전긍긍하며 문젯거리가 될 만한 것을 모조리 은폐하는데도 정작 조사가 지지부진하고 불투명한 것 같아 메디나는 갈수록 화가 나서 미칠 지경이었다. 그녀는 캘러닉에게 일대일 면담을 신청하는 이메일을 보냈지만, 캘러닉에게서 "미안하지만 나는 겁 없는 많은 여직원을 이미 만났습니다"라는 답장을 받았다고 했다. 캘러닉의 답장은, 그동안 우버가 라틴계 여성을 포함해 다양한 인종의 여성 엔지니어들을 채용하는 데에 두 팔 걷어붙이고 도왔던 메디나에게 마치 자신이 이용당했고, 그런 노력이 당연하게 여겨지는 것 같은 배신감만 안겨주었다. "나는 '대체, 뭔 짓거리들이야'라는 기분이 들었어요. 겨우 15분만 내달라고 했을 뿐이잖아요." 파울러의 폭로 글이 나오고 거의 두 달이 흐른 4월에야 회사는 캘러닉 CEO와 여성 엔지니어 수십 명이 참석하는 공청회를 열었고, 메디나도 그 자리에 초대받았다.

캘러닉은 공청회에 뒤늦게 나타났고 우연히 메디나 옆에 앉게 되었다. 그는 여성들이 발언하는 동안 고개를 숙인 채 가끔 끄덕였다. 드디어 메디나의 차례가 되었다. 그녀는 의자에 앉은 채 몸을 돌려 캘러닉을 똑바로 쳐다보았다. "'어떻게 이런 말도 안 되는 일이 있습니까? 파울러가 블로그 글에서 폭로한 사건에 연루된 사람들이 회사를 멀쩡히 다니고 있습니다. 왜 그들을 정직 처분하지 않는 거죠? 우리는 왜 조사 진행 사항에 대해 더 자세히 들을 수 없는 겁니까?'라고 내가 말했어요." 이에 캘러닉은 조사의 투명성을 높일 필요가 있다고 인정했다. 그런 다음 메디나는 매우 개인적인 이야기를 털어놓았다. "지난 몇 달간 내가 정신을 잃지 않고 버텨낼 수 있었던 유일한 방법은 매일 퇴근 후 대마초에 취해 잠드는 거였습니다."(캘리포니아주는 1996년부터 의료용 대마초 사용을 합법화함 -옮긴이.) 그러자 그가 이렇게 반응했다. "오, 애나, 나는 대마초를 입에 대본 적도 없는데, 생전 처음으로 당신 덕분에 대마초를 피울 수도 있겠는데요." 메디나는 충격을 받았다. "나는 그 사람에게 '이보세요, 나는 이곳에서 일하기 위해 대마초를 피우고 있다고요'라고 말하는데 그는 어떻게 그런 말을 할 수 있는 거죠?"

그녀가 캘러닉에게 하고 싶은 말은, 우버에서의 경험이 그녀의 정신 상태를 나락으로 떨어뜨렸다는 것이었다. 그녀는 종종 욕지기가 올라와서 음식을 삼킬 수 없었고, 이틀에 한 번꼴로 속을 게워냈다. 그런데도 회사 일에 매진하느라 의사를 찾아갈 시간도 없었다. "나는 불안하고 초조했어요. 내 삶이 너무 싫었고 가끔 자살 충동이 들었어요"라고 메디나가 속마음을 털어놓았다. "심지어 자살 계획도 세웠고 자살이 무섭지도 않았어요. 정말로 그랬어요. 무슨 상관이겠어요. 내가 얼마나 노력하든, 누구에게 말하든, 어차피 아무것도 변하지 않을 텐데요, 뭘."

2017년 6월 첫째 주에 메디나는 병가를 냈고, 친구를 방문하기 위해 미네소타행 편도 비행기표를 샀다. 비행기가 활주로에 착륙할 즈음 메디나는 이메일을 받았다. 우버의 성추행 조사 결과 발표가 연기되었다는 내용이었다. 메디나는 그것 역시 깨진 약속같이 생각되었다. "그건 정말 나를 극한으로 몰아갔어요. 자살 충동이 잦아졌고 더 화가 났어요. 어떻게 이런 일이 일어날 수 있는지 믿을 수 없었어요." 그날 저녁 메디나는 미네소타 로체스터Rochester에 있는 마요 클리닉Mayo Clinic 응급실로 실려 갔고, 열흘간 입원했다. "내가 계속 중얼거렸던 말 중 하나는 '내가 인간 같지가 않아. 아무 감정을 느낄 수 없어. 무언가를 하고 싶은 열정도 창작하고 싶은 열의도 없어.' 그저 머릿속이 텅 빈 진공 상태 같은 기분이었어요." 메디나는 중증 우울증과 불안장애를 진단받았다. "그 진단을 받아들이기까지 시간이 조금 걸렸어요."

메디나가 입원해 있는 동안 〈리코드〉가 캘러닉의 추악한 얼굴을 추가 폭로했다. 2013년 플로리다주 마이애미에서 열리는 직원 워크숍을 앞두고 캘러닉이 직원들에게 보낸 이메일 전문을 공개한 것이다. 일명 성관계 가이드라인이었다. 이메일은 '엉덩이를 걷어차이고 싶지 않으면 이것을 꼭 읽을 것'이라는 말로 시작되었다. 캘러닉은 이메일에서 사내 성관계에 대한 지침을 하달했다. "직원들끼리의 성관계는 다음 조건이 충족되지 않는 한 금지된다. 첫째, 상대방에게 이와 같은 영광privilege이 허락되는지 물어보고, 이에 대해 상대방이 분명하게 '당신과 섹스하고 싶어요'라고 답한 경우. 둘째, 두 사람이 (또는 두 사람 이상이) 직접적인 지휘 라인의 상하 관계가 아닌 경우. 이는 곧 나는 이번 여행에서 독수공방할 수밖에 없다는 뜻. 지랄 맞은 CEO의 삶이라니."

내 직장 동료인 에릭 뉴커머Eric Newcomer도 인도에서 영업하던 우버의 한 운전기사가 연루된 강간 사건에 대한 회사의 대응 과정에서 나타난 의심스러운 정황을 보도했다. 그 운전기사는 승객을 성폭행했다는 혐의를 받았다. 뉴커머의 보도에 따르면, 캘러닉과 그의 오른팔 에밀 마이클은 그 사건이 인도에서 우버의 경쟁사인 올라Ola가 조작한 음모라는 의견을 주고받았다. 더욱이 우버의 아시아 지역 사업을 총괄하던 한 책임자는 피해자의 의료기록을 '불법'으로 입수했고, 경영진에게 그 기록에는 신체적 피해에 대한 언급이 전혀 없었다고 보고했다. 그러나 〈리코드〉는 다수의 제보자들의 주장을 인용하면서 그 서류에 피해자가 항문 성교를 당했다는 내용이 명시되어 있었다고 보도했다. 가해 운전기사가 법원에서 무기징역형을 선고받은 후에도 캘러닉은 실제로 성폭행이 있었는지 의심된다는 기존 주장을 이어갔다.

악재가 겹쳤던 6월 중순에 우버는 마침내 외부 기관에 의뢰한 성추행 조사 결과를 발표했다. 법무법인 퍼킨스 코이는 성추행 47건, 성차별 54건, 비전문가적 행동 45건을 포함해 총 215건의 의혹을 조사했다. 그 결과를 바탕으로 우버는 20명의 직원을 해고했다. 또한 우버는 회사의 전체 문화에 대한 홀더의 내부 감사 보고서도 발표했다. 우버의 이사회는 홀더의 보고서에 담긴 40개 이상의 권고 사항 전부를 채택했다. 관리자 대상의 추가 교육 실시, 회사의 가치관 재정립, 사내 음주 제한, 상사-부하 직원 간 개인적인 관계 금지, 여성과 소수자를 채용하기 위한 일명 루니-룰(rooney rule, 미식축구에서 코칭 스태프를 고용할 때 흑인 등의 소수자를 적어도 한 명은 면접 후보로 올리도록 규정한 제도 –옮긴이) 채택 등등이었다. 에밀 마이클은 우버를 떠났고, 캘러닉은 CEO 직책은 유지했지만 무기한 휴직한다고 발표했다. 그러나 캘러닉이 꺼낸 휴직 카드의 약발이 우버의 투자자들에게는 먹히지 않았다. 며칠 후 우버의 투자자들이 공식적인 CEO 사임을 요청하는 서한을 캘러닉에게 직접 전달했고, 몇 시간 고심 끝에 캘러닉은 사임했다. 그러나 캘러닉의 날개 없는 추락은 여기서 끝나지 않았다. 얼마 후 우버의 초기 투자자 중 하나였던 벤처캐피털업체 벤치마크Benchmark가 캘러닉이 이사회를 조종했다는 사기 혐의로 소송을 했다. 벤치마크는 캘러닉이 자신의 '이기적인 목적'에 사로잡혔다면서 이사회에서도 물러나야 한다고 주장했다. 캘러닉의 대변인은 그 소송이 아무런 가치가 없고 날조된 거짓말과 허위 사실뿐 진실이 한 톨도 없다고 반박했다. 이후 말도 많고 탈도 많은 인선 과정을 거쳐 우버의 이사회는 마침내 온라인 여행사 익스피디아Expedia의 다라 코스로샤히Dara Khosrowshahi CEO를 '콜택시' 회사의 신임 최고경영자에 선임했다.

"수전 파울러의 폭로는 우버에서 의미 있고 긍정적인 변화를 이끌어내는 촉매제가 되었습니다"라고 우버의 한 대변인이 내게 말했다. "우리는 그녀의 용기 있는 폭로에 감사하고, 그녀의 폭로는 회사 전반에서 중대한 문화적 변화로 이어졌습니다. 동일 가치노동에 대한 동일 임금 적용, 개정된 인사고과 시스템, 더욱 건전한 인사팀, 인적 구성에 다양성과 포용성 확대 등을 포함하는 이런 모든 개선은 직원 모두가 안전하고 존중받는다고 느끼는 환경을 조성하기 위한 우리 노력의 일부입니다."

자신이 촉발한 논란을 돌아보면서 파울러는 자신의 블로그 글이 트래비스 캘러닉을 CEO 자리에서 끌어내릴 거라고는 꿈에도 생각하지 못했다고 말했다. 하지만 캘러닉의 사임이 우버의 문화가 개선될 수 있는 유일한 방법처럼 생각된다고 덧붙였다. "어떤 종류든 자신들이 도덕적 품위 위에 군림한다는 생각은 죄다 고위층에서 나오죠"라고 파울러가 내게 말했다.

나를 만났을 때 파울러는 자신도 모르는 새에 밀려 올라간 단상을 어떻게 사용하면 좋을지 열심히 고민 중이었다. 그녀는 영국의 경제 일간지 〈파이낸셜 타임스〉에서는 올해의 인물Person of the Year로 선정되었고 영국의 시사 주간지 〈타임〉의 표지에 등장했으며, 미국의 연예 정보지 〈베니티 페어Vanity Fair〉가 해마다 IT 분야와 미디어 분야의 영향력 있는 인물을 발표하는 '새로운 선구자New Establishment' 명단에, 〈포춘〉의 '40세 이하 영향력 있는 인물 40인40 Under 40'에 각각 뽑혔다. "사람들이 내 말에 귀를 기울여주고 내가 하는 말을 듣고 싶어 해요. 이 기회를 허투루 쓰고 싶지 않아요. 좋은 일을 위해 사용하고 싶어요"라고 파울러가 내게 당찬 포부를 밝혔다. "좋은 게 어떤 걸까요? 변화를 만들려면 이 기회를 어떻게 사용해야 할까요?" 우버를 그만둔 후에 파울러는 온라인 결제 서비스를 제공하는 IT 스타트업 스트라이프Stripe에 새 둥지를 마련했고, 두 번째 저서를 집필 중이며, 자신의 이야기를 영화로 제작할 수 있는 권리를 팔았다. 그 영화는 〈히든 피겨스〉의 시나리오를 집필한 앨리슨 슈뢰더Allison Schroeder가 맡는다.

한편 파울러는 변호인들의 도움을 받아 대법원에서 진행되는 3건의 소송에 법적 의견서를 제출했다(우버와는 전혀 상관없다). 집단소송을 방해하는 조항이 포함되고 노동 관련 분쟁을 당사자끼리 합의토록 강제하는 고용계약은 미국의 연방노동법에 위배된다는 내용이었다. "불법적인 행위를 합법적으로 은폐하는 방법이 있어요"라고 파울러가 말했다. "반드시 여성들을 보호할 수 있도록 법률 체계를 만들어야 해요. 여성들이 공개적으로 나서서 모든 위험을 스스로 감수토록 하는 것은 공정하지 않아요."

개인적으로 그녀는 임신 중이라고 밝혔다. 딸이라고 했다. "나는 내 딸이 나와 똑같은 억울하고 분통 터지는 일을 당하지 않기를 바라요. 내 딸은 우버 같은 회사에서 일하는 일이 절대 없어야 해요. 아니 적어도 보복이나 차별을 걱정해서는 절대 안 돼요."

그럼에도 포기할 수 있는 것

2017년 봄, 여성 엔지니어들이 내 거실에 모여 함께 저녁을 먹으며 이야기를 나누었을 때, 우리 중 누구도 우리가 문화적 전환점에 서 있음을 전혀 알지 못했다. 또한 우리는 파울러의 블로그 글이 연쇄적인 일련의 사건을 일으켜 IT업계에서 강력한 CEO 중 한 명을 파멸시킬 거라고는 전혀 몰랐다. 그런 급진적인 변화는 불가능해 보였다. 우리의 토론이 서서히 마무리되어갈 즈음 분위기가 눈에 띄게 침울해졌다. 가뜩이나 우울한 이야기들을 아주 많이 나누다 보니 감정적으로 고갈된 탓이지 싶었다. 그러나 나는 마지막 질문을 하지 않을 수 없었다.

다행히도 그들은 게임에서 발을 빼지 않았지만, 매일 말없이 기술 산업을 떠나는 여성이 수없이 많다. 솔직히 말해 기술 산업을 등지는 여성의 이탈률이 남성보다 45퍼센트가 더 높다. 그날 모임에 참석한 여성들 중에 누구라도 기술 분야를 완전히 떠날 것을 고려해본 적이 있었을까? 대답은? 당연히 예스였다. 그렇지만 그들은 여전히 기술 산업에서 자리를 지키고 있었다.

애나 메디나는 극단적인 탈진 상태에서도 가까스로 살아남았고 이제는 다른 기업에서 일자리 제안을 받았다. 그러나 우버를 포기하기가 망설여졌다. "나는 중도에 포기하는 나약한 사람이 아니에요. 아무리 못난 곳이어도 우버를 떠나고 싶지 않아요. 부분적인 이유는, 아주 강력한 기술 기업에서 소수자로서 당당한 일원이 된다면 그것 자체가 다른 사람들에게 어떤 영감을 주기 때문이에요. '(그녀가) 10대 IT기업에 취업할 수 있다면 나도 할 수 있어'라는 영감 말이에요." 그로부터 몇 달 후 메디나는 이전보다 훨씬 강력해진 성명을 냈고 라틴계의 여성 엔지니어 두 명과 함께 성차별과 인종차별 혐의로 우버를 고소했다(아직은 비록 병가 중이었지만 우버의 직원이었다).

트레이시 처우는 메디나와는 다른 이유로 기술 산업에 잔류했다. "첫 직장에서 보낸 처음 1년간 나는 매일 밤 울면서 잠들던 시절이 있었어요" 라고 그녀가 말했다. "그 회사의 일원이라는 생각이 들지 않았어요. 그냥 없는 사람 대하듯 철저하게 무시당했어요. 동료들 중 누군가가 내 쪽으로 고개를 돌릴 때도 내 너머에 있는 벽을 쳐다볼 뿐 내가 존재한다는 걸 인정하지 않았어요. 그러나 나는 엔지니어의 일을 사랑했어요. 내가 만든 것을 사람들이 항상 사용할 수 있게끔 해주는 내 일이 좋았어요."

"이 모든 부당함에도 왜 아직도 기술 산업에 남아 있느냐고요?"라고 우버의 리디아 페르난데스가 반문했다. "쉬운 경력을 원했다면 고빈도 매매(high-frequency trading, 주가나 파생상품의 미세한 가격 변동을 이용해 1초에 수백 번에서 수천 번까지 매매해 수익을 올리는 거래 방식으로 초단타 매매 혹은 극초단타 매매라고도 함 -옮긴이) 업종으로 옮겨서 또다시 10년간 죽은 듯이 지냈겠죠. 하지만 내가 관심 있는 것은… 무언가를 더욱 신속하고 효율적으로 만드는 것이에요. 그리고 힘들게 얻은 지금의 내 모습을 유지하기 위해 노력하는 거 외에는 아무것도 관심 없어요." 그러면서 페르난데스는 자신의 치마와 긴 분홍색 머리를 사랑스럽다는 듯 가리켰다. "나머지 세상은 어떻게 되든 내 알 바 아니에요."

CHAPTER
5

슈퍼 영웅과 슈퍼 멍청이
: 벤처캐피털리스트들의 두 얼굴

"내 천적! 원수는 외나무다리에서 만난다더니!" 실리콘밸리 '미다스의 손'이자 전설의 투자자로 불리는 마이클 모리츠경Sir Michael Moritz은 나를 보자마자 대뜸 큰 소리로 외쳤다. 2016년 〈베니티 페어〉가 주최한 '새로운 선구자 정상회의New Establishment Summit'에서였다. 나는 앞서 열렸던 칵테일파티에서는 비록 부자연스럽기는 했어도 어떻게든 그와의 눈 맞춤을 용케 피할 수 있었다. 그런데 만찬에서 딱 걸렸다. 우리가 같은 테이블에 그것도 정면으로 마주 보는 자리에 배치된 것이었다. 나는 그가 오기 전에 좌석표를 바꿔버릴까 잠시 고민했지만 실행에 옮기지는 않았다. 드디어 '귀하신 몸'께서 우리 테이블에 도착했고, 아마도 실리콘밸리에서 자신이 가장 싫어할 기자가 반대편에 앉아 있는 걸 발견했다.

"그녀가 왜 당신 천적입니까?"라고 내 옆에 앉은 한 CEO가 물었다.

"당신의 질문에 대해서는 그녀가 직접 설명할 영광을 드리죠." 모리츠는 내키지 않는 얼굴로 의자에 앉으면서 말했다. 내 입장에서 굳이 변명을 하자면 이렇다. 그에게 두통거리를 안겨준 것은 내가 아니었다. 오히려 그가 자신에 대해 말한 것이 화근이었고 제 발등을 제가 찍었다. 그저 내 잘못이라면 그가 문제의 발언을 할 때 앞에 있었던 것이라고 할까.

우리의 악연은 그가 저서 《리딩Leading》을 -영국 축구 명가 맨체스터 유나이티드Manchester United의 전설적인 전 감독 알렉스 퍼거슨Alex Ferguson과 공동으로 집필했다- 출판하고 얼마 지나지 않았을 무렵인 1년 전으로 거슬러 올라간다. 나는 모리츠와 《리딩》에 대해 그리고 전설에 가까운 그의 실리콘밸리 경력에 대해 광범위한 TV 인터뷰를 했다. 평소 홍보 담당자들을 대거 거느리고 다니는 그가 웬일인지 그날은 혼자였고 약속 시간보다 조금 늦게 도착했다. 자타 공인 실리콘밸리 역사상 가장 성공적인 투자자인 사람치고는 아주 놀라운 행보였다. 모리츠는 초창기 구글과 야후 같은 기업에 투자해 막대한 부를 축적했고, 그가 현재 몸담고 있는 세쿼이아 캐피털은 실리콘밸리를 넘어 전 세계에서 선망받는 벤처캐피털업체 중 하나다. 2012년 모리츠는 자신이 '희귀 불치병'이라고 부르는 건강상의 이유로 세쿼이아의 경영 일선에서 물러났지만 오늘날까지도 세쿼이아에 깊숙이 관여한다. 2013년 그는 -투자자로서의 성공과 막대한 자선 기부금의 공을 인정받아- 기사 작위를 받았지만, TV 화면에 비친 그의 모습에서는 사람들이 세계에서 손꼽히는 부자 중 한 사람에게서 기대하는 분위기는 전혀 보이지 않았다.

모리츠가 카메라 앞에서 내가 던진 질문들에 대답하기 시작했을 때, 나는 그가 무엇 하나도 대충 하는 법이 없는 사람이라는 사실을 금방 깨달았다. 그는 단어 하나하나도 신중하게 고르면서 천천히 말했다. 마치 화가가 물감을 고르듯이 말이다. 솔직히 내 질문에 대한 그의 대답은 날카로웠고 통찰이 있었다. 그랬기에 자신의 벤처캐피털 회사에 여성 파트너가 없는 이유에 대한 그의 발언들은 매우 충격적이었다.

인터뷰하던 당시 최소한 미국에서는 세쿼이아에 여성 투자 파트너가 단 한 명도 없었다(중국에 3명, 인도에 2명이 있었다). 나는 세쿼이아가 여성 파트너를 채용해야 하는 책임에 대해 어떻게 생각하는지 모리츠에게 물었다. "우리는 그 책임을 진지하게 여깁니다. 우리 회사는 직원을 채용할 때 지원자의 성별과 종교와 배경을 전혀 보지 않는다고 생각하고 또 진심으로 그렇게 믿고 있습니다." 한마디로 그의 대답은 실리콘밸리의 모범 답안이었다. 과학을 공부하는 여성들이 너무 적고, 그래서 채용 가능한 여성 인력의 수가 남성보다 훨씬 적다는 파이프라인 논리 말이다.

내 귀에는 그의 설명이 너무 성의 없게 들렸다. 물론 STEM 즉 과학science, 기술technology, 공학engineering, 수학mathematics 분야를 공부하는 여성이 부족한 것은 맞다. 그러나 세쿼이아는 비교적 작은 조직이고 (내가 인터뷰했던 당시 미국 세쿼이아에서 투자 파트너가 여남은 명 정도였다), 게다가 기술 분야에 종사하는 뛰어난 여성 엔지니어가 수천 명이나 (여전히 턱없이 부족하다) 된다는 사실은 누구도 부인할 수 없다. 그런데도 세쿼이아가 단 한 명도 채용할 수 없었다는 것이 말이 될까? 그래서 나는 여성 파트너를 찾으려는 세쿼이아의 노력이 부족한 것이 아니냐고 이의를 제기하며 정면 돌파를 시도했다.

"오, 절대 그렇지 않습니다. 우리는 정말 많이 노력합니다"라고 모리츠가 발끈하며 말했다. 그런 다음 세쿼이아가 최근에도 스탠퍼드를 졸업한 젊은 여성을 실무자 직급에 채용했다고 덧붙였다. "그녀와 같은 여성 인재가 많다면 우리로서는 채용하지 않을 이유가 없습니다. 다만 우리는 아직 채용 기준을 낮출 준비가 되어 있지 않습니다."

이 발언이 결국 부메랑이 되어, 가까운 미래에 그를 끊임없이 괴롭히는 두통거리가 된다. 실리콘밸리의 이른바 '수다계급(사회 쟁점들에 대한 공론화를 좋아하는 언론, 정치, 학계의 지식인층을 조롱 투로 부르는 말 -옮긴이)'이 폭발했고 주류 언론도 마찬가지였다. 가령 〈베니티 페어〉는 이렇게 선언했다. "기술 분야 경력에 관심이 있는 총명하고 의욕적이며 유능한 많은 젊은 여성은 잘 들으세요. 당신들은 사실상 존재하지 않는 사람들입니다." 이후 몇 달간 벤처캐피털 종사자들은 어디서건 나를 보면 모리츠의 발언에 경악했다면서 나를 붙잡고 하소연했다. 세쿼이아가 자사의 높은 채용 기준에 부합하는 여성 인재를 찾을 수 없어 이제까지 단 한 명의 여성도 채용하지 않았다는 주장은 지나가는 소가 웃을 일이었다. 영국의 헤지펀드 전문운용사 애스펙트 캐피털Aspect Capital의 여성 벤처캐피털리스트 제니퍼 폰스태드Jennifer Fonstad는 모리츠의 발언이 '그의 묘비명'이 될 거라고 씩씩거렸다. 또한 보스턴에 본사가 있는 스파크 캐피털Spark Capital의 공동 창업자 비잔 사벳Bijan Sabet은 모리츠의 발언을 이렇게 해석했다. "돈방석에 앉으면 슈퍼 영웅이나 슈퍼 멍청이 둘 중 하나가 된다."

정말 모순적인 것은 모리츠 자신은 대학에서건 어디서건 과학 근처에도 가본 적 없으면서 실리콘밸리에서 가장 강력한 벤처캐피털리스트 반열에 올랐다는 점이다. 영국 웨일스Wales 출신으로 옥스퍼드 대학교에서 역사를 전공했고 펜실베이니아 대학교 와튼 경영대학원Wharton School에서 MBA를 취득했다. 그런 다음 〈타임〉에 들어가 샌프란시스코를 거점으로 기자 생활을 했고, 1983년에는 스티브 잡스와 애플에 관한 전기 형식의 책을 출간하기도 했다. 《The Little Kingdom 작은 왕국》이라는 제목의 그의 책은 많은 논란을 낳았다. 이후 1980년대 중반 세쿼이아의 창업자로 애플의 초기 투자자 중 하나였던 돈 발렌타인Don Valentine이 모리츠에게 세쿼이아에서 투자자로 일해보라고 제안했다. 기술적인 지식과 경험이 부족한데도 모리츠는 파트너로 초고속 승진했다.

"나는 대학에서 역사를 전공했고 기술에 대해서는 '기' 자도 모르고 실리콘밸리에 대해서도 완전한 문외한이었습니다"라고 모리츠가 나와의 TV 인터뷰에서 말했다. "결과적으로 볼 때 세쿼이아의 설립자 돈 발렌타인을 만난 건 내겐 대단한 행운이었습니다. 그가 내게 위험한 도박을 했습니다." 잠시 후 그가 이렇게 덧붙였다. "누군가의 배경만 보고 그가 벤처캐피털업계에서 성공할지 여부를 단정하기는 매우 어렵다고 생각합니다."

모리츠 말고도, 컴퓨터과학 학위 없이 실리콘밸리에서 벤처캐피털리스트로 성공한 사람들이 있다. 파운더스 펀드의 피터 틸(철학 학사 학위와 법학박사 학위를 취득했고 페이스북의 초기 투자자다), 벤치마크의 피터 펜턴(Peter Fenton, 철학 학사 학위와 경영학 석사 학위를 취득했고 트위터의 초기 투자자다)이 대표적이다. 그렇다면 나머지 벤처캐피털리스트들은 어떨까? 〈포브스〉는 2001년부터 탁월한 실적을 달성한 100인의 벤처 투자자들을 선정해 해마다 '미다스 명단Midas List'을 발표한다. 내가 모리츠를 인터뷰한 직후 기업가이자 엔젤 투자자(angel investor, 기술력은 있으나 자금이 부족한 창업 초기의 벤처기업에 자금 지원과 경영 지도를 해주는 개인 투자자 —옮긴이)

인 수킨더 싱 캐시디Sukhinder Singh Cassidy가 2015년 미다스 명단을 자세히 살펴보다가 명단에 있는 남성 투자자의 61퍼센트가 STEM 전공자라는 사실을 발견했다. 반면에 명단에 이름을 올린 여성 투자자는 단 한 명을 빼고 모두가 STEM 출신이었다. 물론 그 명단에 여성 투자자는 손에 꼽을 정도였다.

그런 수치를 뒤집어 생각해보면, STEM 학위가 없는 것은 모리츠가 (그리고 다른 많은 사람이) 생각하는 것만큼 성공적인 투자자가 되는 데에 결정적인 걸림돌이 아니다. 최고의 벤처캐피털리스트의 40퍼센트가 어차피 그런 학위가 없기 때문이다. 따라서 벤처캐피털업체들이 과학과 컴퓨터 학위를 취득하는 여성들이 충분하지 않아 여성을 채용하지 않는다는 변명은 '눈 가리고 아웅'하는 것으로 전혀 설득력이 없다.

나와의 인터뷰에 대한 후폭풍이 한창 몰아치던 와중에 모리츠는 자신의 지난 발언에 대한 오해를 풀고 싶다면서 이메일을 보내왔다. "벤처캐피털업계에서 성공할 수 있는 뛰어난 여성들이 많다는 것을 잘 압니다"라고 그가 운을 뗐다. "우리는 그런 인재를 찾기 위해 열심히 노력 중이고 세쿼이아든 어디든 벤처캐피털 회사에 더 많은 여성이 참여한다면 매우 기쁠 것입니다." 모리츠의 이메일에 이어 세쿼이아는 자사의 공식 트위터 계정에 이런 글을 트윗했다. "우리는 여성 채용을 확대하기 위해 더 노력할 필요가 있습니다."

몇 달 후 모리츠는 샌프란시스코 과학관San Francisco Exploratorium에서 기자들에게 질문을 받던 중 그 논란을 재점화했다. "우리는 소수 집단 우대 정책(프로그램)을 시행하지 않을 계획입니다. 여성 직원이든, 흑인 직원이든, 히스패닉 직원이든 성별이나 인종 때문에 세쿼이아가 자신들을 선택했다고 느끼게 하는 것은 그들에 대한 모욕이라는 생각이 문득 들었습니다. 우리 회사에 들어오고 싶어 하는 사람들은 최고가 되고 싶어 합니다." 그런 다음 이번에도 세쿼이아가 최근에 '굉장한' 여성 애널리스트를 채용했다고 덧붙였다. "그녀에게 언니와 여동생이 있다면 몇 명이라도 우리는 그들 모두를 채용할 것입니다."

모리츠의 발언은 낙인처럼 그를 따라다녔다. 또한 그것은 경력 후반부에 있는 벤처 투자자들이 예전과는 사뭇 달라진 오늘날의 낯선 환경을 헤쳐 나가면서 경험하는 코미디 같은 어려움들을 단적으로 보여주었다. 오직 실질적인 행동만을 기준으로 세쿼이아를 판단하더라도, 모리츠와 그의 동료들은 가장 느슨한 다양성 시험조차 통과하지 못할 성싶다. 세쿼이아는 창업 후 44년간 미국에서 단 한 명의 여성 투자자도 채용하지 않았기 때문이다.

나와 어색하게 만났던 만찬 행사가 있기 직전에 열린 공개 패널 토론회에서의 일이다. 모리츠는 '채용 기준을 낮추는 것'에 대한 지난 발언이 무슨 뜻인지 정확히 설명해달라는 요청을 -또다시- 받았다. 이번에는 한층 순화된 대답을 내놓았다. "세상에서 가장 명석한 일부 사람들이 포함된 인류의 절반을 배제한다는 것은 얼토당토않습니다. 많을수록 더 좋습니다."

전자제품업체를 넘어 세계 최대 글로벌 인프라 기업으로 성장한 제너럴 일렉트릭General Electric, GE의 부회장으로 모리츠와 함께 패널로 참가했던 베스 콤스톡Beth Comstock은 자신의 생각을 기탄없이 말하기로 작정한 것이 분명했다. "다양성은 혁신의 동력이에요"라고 콤스톡이 단호하게 말했다. "정말이지 그렇게 간단한 일이에요. 그런데 사람들이 유유상종의 습성을 버리지 못하는 것이 다양성으로 나아가는 하나의 걸림돌이죠. 자신과 비슷한 사람을 채용하고 싶은 욕심 말이에요"라고 그녀가 공세를 이어갔다. "도대체 채용 기준은 누가 만드는 거죠? 폭넓고 포용적인 채용 기준을 만들고 적절한 채용 접근법을 마련하기 위해 당신은 충분히 노력하고 계신가요? 당신과 생각이 다르고 당신과 비슷하지 않은 사람들을 채용하기 위해 정말로 열심히 노력해야 해요. 당신은 충분한 여성 지원자와 다양한 후보들을 내 앞에 데려오라고, 더 나은 후보들로 면접장을 채우라고 말해야 해요. 소프트웨어 분야에서 이렇게 할 수 있는 여성이 없다고요? 천부당만부당한 말입니다. 그런 여성들을 찾을 때까지 계속 멈추지 마세요!"

그런 공개적인 질책을 받았으니, 불과 몇 시간 후 만찬장에서 나와 같은 테이블에 앉아야 한다는 사실을 알았을 때 모리츠가 떨떠름해한 것도 충분히 이해가 되었다. 우리와 동석했던 CEO는 모리츠가 어째서 나를 자신의 천적으로 낙인찍었는지 내 설명을 듣고 난 다음 조심스럽게 입을 뗐다. 그는 모리츠가 정말로 하고 싶은 말이 무엇인지 이해할 수 있을 것 같다는 말이었다. "들으셨죠?"라고 모리츠가 마치 자신의 발언이 정당성을 입증받기라도 한 듯 의기양양해서 말했다. "어차피 당신이나 나나 무능한 사람들을 차별하기는 매한가지입니다."

모리츠와 세쿼이아는 얼마 지나지 않아 또다시 망신살이 뻗치게 된다. 이번에는 세쿼이아의 파트너였던 마이클 고겐Michael Goguen이 실리콘밸리 호사가들의 입방아에 올랐다. 전직 스트리퍼였던 앰버 로렐 밥티스트 Amber Laurel Baptiste가 13년간 성 노예로 살았다면서 고겐을 상대로 무려 4000만 달러의 손해배상을 청구하는 소송을 제기한 것이다. 고겐은 그녀를 돈을 갈취하려는 '꽃뱀'으로 몰아가며 성 노예 주장을 전면 부인했지만, 세쿼이아는 그 소송이 세상에 알려지자마자 그를 전격 해고했다. 한편 세쿼이아의 내부자들은 그의 사생활에 대해서는 아무것도 몰랐다고 선을 긋기 바빴다. 물론 밥티스트와의 관계는 철저히 개인적인 것으로 그의 직무와는 하등의 관련이 없었다. 그런데도 실리콘밸리가 그의 스캔들에 뜨거운 관심을 보인 까닭은 무엇일까? 고겐의 성적인 일탈이 많은 벤처캐피털 회사 내부에 존재하는 권력과 섹스에 대한 오만함의 상징이라는 생각 때문이 아니었을까? 업계 내에서는 벤처 투자자들의 일탈 행동에 대한 소문이 이미 파다했고, 나도 가끔 비공개를 조건으로 여러 이야기를 전해 듣기도 했다. 그러나 고겐의 스캔들이 터지고 2년이 지난 후에야 비로소 그런 추문들이 벤처캐피털의 담장 밖으로 흘러나오기 시작했다.

여성 벤처캐피털리스트들이 왜 그토록 부족할까?

벤처캐피털업체들은 대규모 기술혁신에 투자함으로써 명성을 얻지만, 그들의 비즈니스 자체는 혁신은커녕 시간이 흘러도 거의 변하지 않는 고인 물이었다. 미국 최초의 벤처 투자자들은 밴더빌트Vanderbilt와 록펠러Rockefeller 같은 19세기 말의 부자 가문으로, 그들 금융 명가는 철도와 철강과 석유 등 고수익 사업에 투자했다. 또한 전화기를 발명해 통신 혁명을 일으킨 발명가 알렉산더 그레이엄 벨Alexander Graham Bell을 포함해 기술 산업의 초창기 시절 일부 기업가에게도 자금을 지원했다. 그러다가 최초의 벤처캐피털업체들이 창업되기 시작한 1940년대에 들어 벤처캐피털 산업은 더욱 조직적인 체계를 갖추었다. 그로부터 30여 년이 지난 1970년대에는 새롭게 부상하는 기술 분야가 '엄청난 금맥'이라는 사실이 분명해졌고, 이에 발맞춰 기술에 전문적으로 투자하는 벤처캐피털업체들로 구성된 온전한 하위 산업sub-industry이 생겨났다. 가령 세쿼이아 캐피털과 클라이너 퍼킨스 코필드 & 바이어스KPCB는 1972년에 설립되었는데, 컴퓨터의 중앙처리장치CPU인 마이크로프로세스가 발명된 지 딱 1년 후였다. 이들 업체는 남성으로만 이뤄졌고, 인텔과 페어차일드 반도체Fairchild Semiconductor 같은 칩 생산업체 출신들이 파트너 자리를 대거 차지했다. 그러나 1970년대 이후 노동시장에 전면적으로 뛰어든 여성들이 그런 부자들의 밥상에 숟가락을 얹을 방법을 스스로 찾기 시작했다.

그러나 용케 그 밥상에 자리를 하나 만들어 끼어 앉은 여성은 극히 일부에 불과했다. 1999년 벤처캐피털 회사들에서 여성 파트너 비율이 10퍼센트에 가까스로 턱걸이했고, 이후 15년간 그 수가 실질적으로 감소해 2014년에는 6퍼센트로 주저앉았다. 벤처캐피털업체들로서는 변해야 할 동기도 굳이 변해서 얻을 것도 거의 없었다. 예컨대 실리콘밸리 벤처캐피털계의 두 '맏형' 격인 세쿼이아와 벤치마크 캐피털은 여성 파트너가 단 한 명도 없을 때에 이미 수십억 달러를 벌었다. 그런 마당에 여성 파트너를 채용해 혼란을 자초할 이유가 있을까? 다른 말로, 벤처캐피털리스트들은 자신들이 투자하는 스타트업들이 극단적인 위험을 감수하기를 기대하면서도 정작 자신들은 회사를 운영하는 방식에서 거의 위험을 무릅쓰지 않고 안전한 돌다리를 선택했다. 더욱이 불행한 일이지만, 변화를 감행했던 한 회사가 나머지 업계에 반면교사의 교훈을 준 것도 사실이다.

실리콘밸리 벤처캐피털업계를 떠받치는 두 축이었던 세쿼이아와 KPCB는 '유니콘들'을 포획함으로써 훗날 기업 가치가 10억 달러를 상회하는 스타트업들의 초창기에 투자함으로써 벤처캐피털 계층구조에서 맨 꼭대기에 올랐다. 닷컴 붐이 한창이던 시절 세쿼이아와 KPCB 각각에서 일약 스타 파트너가 탄생했다. 세쿼이아의 모리츠와 KPCB의 존 도어John Doerr였다. 모리츠와 도어는 검색엔진 스타트업 구글에 대한 자사의 투자를 주도하고 구글의 이사회 이사로 활동함으로써 회사에 막대한 수익을 안겨주었고, 가장 영향력 있는 실세 파트너로 등극했다. 그들의 권세가 어느 정도였느냐 하면, 투자자와 기업가와 연이어 거래를 체결했고 업계의 수많은 콘퍼런스에서 단골 연사가 되었으며 사내의 채용과 운영에 무소불위의 영향력을 행사했다.

구글이 유니콘을 넘어 공룡이 될 것이 확실해진 이후 모리츠와 도어는 각자 자신만의 방법으로 다음 10년을 책임져줄 유니콘 포획 작전을 개시했다. 세쿼이아는 양적으로나 질적으로 작고 유연한 조직 구조를 유지했고 유튜브, 에어비앤비, 왓츠앱WhatsApp 같은 IT업계의 최고 히트작 중 일부에 초기 투자자로 참여했다. 대부분의 창업자는 세쿼이아의 서명이든 수표를 받는 것이 꿈이다. 그렇게만 되면 투자자들이 줄을 잇고 심지어 어깨에 한껏 힘주고 우쭐해질 수 있는 권리까지 덤으로 얻을 수 있기 때문이다.

반면 KPCB는 기존의 접근법을 바꾸어 외형 확장에 공을 들였다. 이를 위해 직원 채용을 확대했고, 에너지와 친환경 기술 스타트업으로까지 투자 그물을 넓게 쳤다. 이런 변화들은 주로 도어의 전두지휘 아래 이뤄졌다. 새로운 파트너 군단에는 클린턴 행정부에서 부통령을 지낸 앨 고어Al Gore, 월스트리트의 유명한 애널리스트 메리 미커Mary Meeker, 존경받는 의학박사 베스 사이든버그Beth Seidenberg 같은 거물들이 포함되었다. 그리고 장래가 촉망되는 많은 여성이 주니어급 파트너에 합류했다. 그런데도 성이 차지 않았던 도어는 더 많은 여성을 찾아 데려오라고 리크루터들을 계속 압박했다. 심지어 다른 파트너들이 여성 채용 확대가 회사의 우선순위가 되어서는 안 된다고 난색을 표할 때도 뜻을 굽히지 않았다. 이런 채용 정책 덕분에 KPCB는 실리콘밸리의 최고 벤처캐피털업체들 사이에서 성 다양성 수준이 높은 조직 중 하나가 되었다.

그러나 야심 찬 확장에도 이후 10년간 KPCB는 연이은 악재로 명성에 큰 손상을 입게 된다. 무엇보다 페이스북과 트위터와 같이 웹 2.0(2000년대 중반 이후 개방, 참여, 공유의 정신을 바탕으로 사용자가 직접 정보를 생산해 쌍방향으로 소통하는 웹 기술을 말하며, 인터넷을 통해 일방적으로 정보를 제공했던 그전의 10년은 웹 1.0 시대로 불림 -옮긴이) 시대의 가장 성공적인 일부 기업들의 초기 투자자로 참여하지 못한 것이 뼈아팠다(나중에 페이스북과 트위터에 투자하지만 그때는 이미 두 업체 모두 가격이 크게 오른 뒤였다). 뿐만 아니라 KPCB는 혜성처럼 등장한 신예 벤처캐피털업체 앤드리슨 호로위츠

Andreessen Horowitz에 추월을 당하고 오히려 그 뒤를 쫓는 굴욕적인 신세로 전락했다. 그러나 KPCB의 고난은 거기서 끝나지 않았다. 최악의 치명타가 기다리고 있었다. 2012년 5월 10일 엘렌 파오라는 직원이 성차별을 당했다며 KPCB를 고소했다.

파오는 2005년 도어의 수석 보좌관으로 KPCB에 합류했다. 그녀는 프린스턴에서 전기공학을 전공했고 하버드에서 법학박사 학위와 경영학 석사를 취득했으며, KPCB에 입사하기 전에 이미 몇몇 IT기업에서 일한 경력이 있었다. KPCB에서 주니어 투자 파트너로 승진했지만, 회사가 구조 조정을 시행하는 바람에 결국 시니어 파트너의 직함은 갖지 못했다. 이를 두고 파오와 KPCB 측의 주장이 첨예하게 대립했다. 파오는 여성이라는 이유로 승진에서 차별을 받아 시니어 파트너가 되지 못했다고 주장했고, KPCB는 그녀가 시니어 파트너가 될 만한 실적을 보여주지 못했기 때문이라는 일관된 주장을 펼쳤다. 파오의 근무 태도에는 흠잡을 것이 하나도 없었다. 오히려 그녀는 일 중독자처럼 살았다. 오죽하면 도어가 "제발, 정말 부탁이니 휴가다운 휴가를 가게나. 자네는 그럴 자격이 충분해"라는 메모까지 썼을까. 그러나 KPCB의 많은 전·현직 직원들의 눈에는 열심히 일한 것이 능사가 아니었다. 그들도 파오가 열심히 일한 것은 인정한다. 그렇지만 투자자로서는 인상적인 실적을 보여주지 못하고 평범했다고 입을 모은다. KPCB의 현 파트너인 베스 사이든버그는 파오에 대해 이렇게 말한다. "파오는 회의에 참석할 때면 언제나 조용했고, 자신의 의견을 적극적으로 내는 것은 한 번도 본 적이 없다. 한마디로 그녀는 주요 보직을 맡을 만한 존재감을 보여주지 못했다. 파오가 많은 일을 했지만 하나같이 여성들의 위상에 별로 도움이 되지 않는 일들이다."
(시간이 흐른 뒤 파오는 존재감을 보여줄 기회조차 주어지지 않았다고 내게 말했다.)
그럼에도 도어는 파오에 대한 변함없는 지지를 보여주었고, 다른 파트너
들에게 파오가 자신의 능력을 증명할 시간을 좀 더 주자고 설득했다.

   그러나 상황은 갈수록 진흙탕으로 변했다. 파오는 주니어 파트너 아짓
나즈레Ajit Nazre와 연인 관계였는데, 문제는 나즈레가 유부남이었다는 사
실이다. 비록 불륜이었지만 누구의 말을 들어봐도 합의된 관계임에는 분
명했다. 그러나 이내 둘 사이가 틀어졌고, 파오는 관리자들에게 나즈레
가 자신을 성추행했을 뿐 아니라 중요한 이메일과 회의에서 자신을 배제
했다고 보고했다. 몇 년 후 나즈레는 또 다른 여성 주니어 파트너 트라에
바살로Trae Vassallo에게도 추파를 던졌고, 한번은 목욕 가운 차림에 와인
을 들고 그녀의 호텔 방을 찾아오기도 했다. 들리는 말에 따르면, 바살로
가 나즈레의 성추행을 회사에 보고했을 때 경영 파트너였던 레이 레인
Ray Lane이 바살로에게 나즈레의 관심에 되레 '우쭐했어야' 하는 것 아니
냐고 농담을 던졌다. 법정에 출두한 레인은 그 발언에 대해서는 부인했
지만, 나즈레의 성추행 의혹을 적절히 다루지 못했다는 점은 시인했다.

   KPCB는 나즈레의 성추행 의혹에 대해 내부적으로 조사를 실시했고,
조사 결과에 따라 그를 해고했다. 하지만 그러는 동안에도 파오 개인에
게 그리고 회사에 불미스러운 사건이 계속 터졌고, 결국 파오가 소송 카
드를 꺼내게 했다. 파오에 따르면, 한 시니어 파트너가 밸런타인데이를
맞아 그녀에게 캐나다 출신의 전설적인 시인이자 싱어송라이터였던 레
너드 코헨Leonard Cohen의 선정적인 시집을 선물했다. 또한 파오는 KPCB

의 남성 파트너 두 명과 어떤 CEO가 비즈니스 회의를 위해 개인 비행기로 이동하던 중에 성매매 종사자들이 좋다는 둥 유명 포르노 배우들이 어떻다는 둥 매우 부적절한 대화를 나누었다고 폭로했다. 그들 파트너는 테드 슐레인Ted Schlein과 매트 머피Matt Murphy였고, CEO는 온라인 교육 포털업체 체그Chegg의 댄 로젠스웨그Dan Rosensweig였다. 그들의 자세한 대화 내용은 훗날 그녀가 낸 자서전《Reset리셋》에 생생하게 묘사되어 있다. 하나만 살짝 들려주면, 슐레인이 '어린 백인 여성들 특히 동유럽 출신'이 좋다고 말했다고 한다. 뿐만 아니라 파오는 KPCB의 남성 직원들은 스키 여행과 저녁 모임에서 여성 직원들을 배제했다고 주장했다. 파오는 구체적인 사례로, 파트너였던 치화첸Chi-Hua Chien이 앨 고어가 주최하는 만찬 행사에 여성들이 '흥을 깬다'는 이유로 초대하지 말자고 제안했다고 소장에 기재했다.

첸은 법정에 나와 그런 말을 한 적이 없다고 부인했지만, 실제로 앨 고어의 집에서 남성 직원들만 참석한 저녁 모임이 있었다고 시인했고 고어의 집 거실 크기 때문에 부득불 참석 인원을 제한했노라고 말했다. 나아가 첸은 종종 비즈니스 거래로 이어질 수 있는 모임에 함께 참석하자고 파오에게 제안했지만 그녀가 너무 바빠 참석하지 못했다고 증언했다. KPCB의 변호인들은 첸의 증언을 뒷받침하기 위해 첸이 파오가 관심을 가질 만하다고 생각하는 모임에 그녀를 초대하는 내용을 담은 여러 통의 이메일을 법원에 제출했다. 이는 회사 내에서 자신의 입지를 높여줄 수도 있는 중요한 사교상의 기회를 파오 스스로가 발로 차버렸다는 뜻을 함축했다.

파오가 아예 초대를 받지 않았는지, 아니면 초대를 받았지만 참석하지 않았는지, 혹은 초대를 받았지만 환영받는다는 기분을 느끼지 못했는지 우리로서는 무엇이 맞는지 정확히 알 수 없다. 그러나 그녀의 경험이 벤처캐피털 회사 내에서 파트너 자리가 경쟁이 아주 치열하고 매우 정치적이라는 사실을 확실히 일깨워주는 상징임에는 확실하다. 외부적으로는 성공 가능성이 가장 높은 기업가들이 당신과 당신의 회사를 투자자로 선택하도록 설득해야 한다. 그리고 내부적으로는 그 스타트업의 가능성에 대해 당신보다 기대가 낮을 수도 있는 파트너들을 납득시켜야 한다. 그게 다가 아니다. 회사의 자금이 한정되어 있기 때문에, 당신이 선택한 투자처에 자금을 많이 투자할수록 다른 파트너들이 투자할 자금이 줄어든다. 그래서 당신이 추진하는 투자 거래가 최종 표결에 부쳐지면, 당신은 파트너들의 표심에 막대한 영향력을 발휘할 필요가 있다. 거래가 최종 승인을 얻을지 여부는 몇 가지 요인에 달려 있다. 당연한 말이지만 당신의 과거 실적과 당신에 대한 파트너들의 신뢰가 중요한 결정 인자가 된다. 아울러 당신의 어젠다를 조직 내부에서 얼마나 영리하게 추진하는가도 결과를 가르는 중대한 변수다. 만약 사내에서 정치적으로 당신을 밀어주는 지지 세력이 충분하지 않다면, 전혀 불가능하지는 않아도 원하는 결과를 얻기 힘들 수 있다. 예를 들어 파오는 KPCB가 트위터에 좀 더 일찍 투자해야 한다는 주장을 지지했고 다른 파트너들의 동의를 얻어내기 위해 설득했지만 성공하지 못했다고 주장한다.

승진 시기가 되었을 때 KPCB는 주니어 파트너 세 사람을 시니어 파트너로 승진시켰다. 모두 남성이었고 파오와 바살로는 승진에서 누락되었다. 파오는 그것이 절대 우연의 일치라고 생각하지 않았다. 2012년 존 도어에게 보내는 편지에서 파오는 이렇게 적었다. "최근에 성차별과 성추행 그리고 보복에 대해 이의를 제기한 두 사람은 더 낮은 직급으로 밀려났습니다." 아울러 파오는 깊은 실망감을 표현했고 변화가 필요하다고 촉구했다. 그리고 그해가 가기 전 그녀는 회사를 상대로 소송을 제기했다.

　이쯤에서 파오의 주장을 객관적으로 따져보기 위해 파오의 경력과 에일린 리Aileen Lee의 경력을 비교해보는 것이 좋겠다. 리는 1999년 KPCB에 어소시에이트 파트너로 입사했고 파오와 마찬가지로 도어의 직속 직원으로 일했다. KPCB에서 그들과 함께 일한 동료들의 말을 종합해보면 이랬다. 리는 파오보다 훨씬 성공적인 경력을 쌓았고, 이는 그녀가 개인적인 관계를 구축하기 위해 파오보다 더 열심히 노력했기 때문이다. 그리고 리는 마침내 시니어 파트너까지 올라갈 수 있었다. 둘의 운명은 회사의 구조 조정을 전후로 극명하게 갈렸다. 리는 회사가 구조 조정을 단행하기 직전에 시드 단계(seed, 씨앗을 심듯이 아이디어의 프로토타입 즉 시제품이나 베타 버전을 출시하기 위해 필요한 자금을 조달하는 단계 -옮긴이)의 스타트업에 투자하는 회사를 창업하기 위해 퇴사했고, 파오는 구조 조정의 직격탄을 맞아 해고되었으며 이후 회사를 상대로 소송을 제기했다. 그렇다면 리가 KPCB에 잔류했더라면 경영 파트너로 승진할 수 있었을까? 나는 리에게 그 가능성을 어떻게 예상하는지 직접 물었다. "내가 경영진 회의에 참석할 가능성은 없었을 거라고 봐요. 내부적으로 (KPCB에) 많은 변화가 있었고, 개인적으로는 그 변화들이 마냥 달갑지만은 않았어요. 회사 덩치가 아주 커졌어요. 시드 투자는 중요한 새로운 분야였고, 그 분야에서라면 내가 직접 씨앗을 뿌리고 큰 나무로 잘 키워 성공적으로 분갈이할 수 있겠다는 생각이 들었어요."

리는 파오와 KPCB와의 소송에 대해 구체적인 언급을 하지 않을 테지만, 나는 그녀에게 꼭 묻고 싶은 것이 있었다. 그녀가 KPCB에서 여성이라는 이유 때문에 차별받는다고 느낀 적이 있었느냐는 질문이었다. "어디까지가 보이 클럽의 문제였고 어디까지가 단순한 경영상의 문제였는지 구분하기 어려워요"라고 리가 대답했다. "벤처캐피털업계는 예나 지금이나 보이 클럽이라고 생각해요. 물론 그런 '보이'들 중에 훌륭한 의도를 가진 사람도 많아요. 하지만 그들조차 상당수는 자신들이 남성으로서 특히 백인 남성으로서 누리는 특혜를 인지하지 못해요. 게다가 자신들의 행동이나 말이 의도치 않게 다른 사람에게 소외감이나 불편함 혹은 좌절감을 안겨줄 수 있는지 짐작도 못 할 거예요. KPCB에 몸담고 있었을 때는 그런 것들이 성 편견이라고 생각하지는 않았어요. 그저 '그래, 이곳은 잘나가는 키즈 클럽이야. 안타깝지만 나는 이 클럽에 속하지 못해'라고만 생각했어요."

한편 리는 초대받지 못해서건, 초대받았지만 가고 싶지 않아서건 여성들이 남성들만의 사교 행사에 참석하지 않을 때 가끔 자신들이 무엇을 놓치는지 모른다고 덧붙였다. 자의든 타의든 그런 모임에 참석하지 않으면 "그곳에서 무슨 일이 벌어지는지 알 수 없어요. 그들은 서로의 거래 흐름(deal flow, 벤처 투자자, 엔젤 투자자, 사모펀드 투자자, 투자은행가 같은 금융 전문가들이 사업이나 투자 제안을 받는 비율 -옮긴이)을 챙겨주고 '핫'한 거래처

같은 최신의 업계 정보를 교환하죠"라고 리가 말했다. "그리고 '핫'한 거래처가 다음 번 투자 라운드에 돌입하면 누군가가 '누구에게 전화해야 할까요?'라고 말해요. 그러면 누군가가 대답하죠. '제프는 어때요?' 그리고 제프가 그 거래를 따내는 식이에요." 리에게 이런 환경을 성차별이라고 생각하는지 묻자 그녀는 잠시 생각하더니 대답했다. "벤처캐피털 회사에서 일하는 대부분의 여성에게, 아니 대부분의 직장 여성에게 그것은 원한다면 성차별이라고 주장할 수도 있을 것 같아요." 그런 다음 리가 자신의 경험 하나를 들려주었다. 그녀가 출산휴가로 회사를 쉬었을 때의 일이었다. KPCB의 포트폴리오 기업(portfolio company, 벤처캐피털 회사가 투자하는 기업 -옮긴이)으로 태양광 제품을 개발하던 미아솔Miasole의 이사회에서 그녀의 자리가 없어졌다. 미아솔은 이사회 구조를 개편하기로 결정했고, 그 일환으로 KPCB에 할당된 이사 자리 두 개를 한 개로 줄이기로 했다. 리와 함께 미아솔의 이사였던 도어가 이사직을 유지했고 그녀는 밀려났다. 그런데 일련의 과정에서 그녀에게 동의를 구하기는커녕 누구 하나 그녀에게 그런 사실을 알려주지 않았다. 결국 출산휴가를 마치고 복귀해서야 그녀는 그 사실을 알았다.

다시 엘렌 파오의 이야기를 해보자. 파오는 결국 소송에서 패했다. 배심원들은 성차별과 보복을 포함해 KPCB에 제기된 모든 혐의가 무죄라고 평결했다. 그러나 여론 재판에서는 KPCB의 평판이 크게 손상되었다. 파오의 패소 소식이 〈뉴욕 타임스〉 1면에 등장했고, IT 관련 블로그들이 마치 기다렸다는 듯 신이 나서 선정적인 세부 사항까지 까발리면서 KPCB의 무능한 경영진을 조롱했다.

파오의 소송을 둘러싼 논란에도 내가 도어에게 기술 산업에서 여성들이 마주하는 어려움에 관한 책을 집필 중이라고 말했을 때, 그는 선뜻 내 인터뷰 요청에 응해주었다.

"파트너십은 일종의 가족 사업이고, 즉흥연주와 비슷합니다"라고 그가 말했다. "앙상블처럼 조화가 생명입니다. 모두가 위험을 부담합니다. 만약 당신이 어려움에 처하면 당신이 더 잘할 수 있도록 파트너들이 두 팔 걷어붙이고 도와줍니다." 한편 파오에 관한 이야기를 하던 중에 도어는 파오가 KPCB에서 승진하고 자신의 능력을 펼치도록 도와주려던 자신의 노력이 오히려 반발을 불러왔다고 말했다. 그러면서 파오에게 KPCB의 포트폴리오 기업 중 하나에서 운영직을 맡기자는 파트너들의 간곡한 요청을 좀 더 신중하게 고려했어야 한다는 것을 뒤늦게 깨달았다고 덧붙였다. 도어는 만약 자신이 다르게 행동했더라면 파오가 소송을 제기하는 일이 없었을 수도 있다고 후회했다. "파오를 1년만 일찍 다른 곳으로 전출시켰더라면, 파트너들의 말에 귀를 기울였더라면, 법정에 서는 불명예는 피할 수 있었을 거라고 생각합니다." 도어는 파오의 사건이 터진 이후 이런 뒤늦은 후회로 수많은 밤을 뜬눈으로 지새웠다고 덧붙였다.

2016년 도어는 KPCB의 투자 부문에서 손을 뗐지만 지금까지도 회장직을 유지하면서 직원 채용에 많은 공을 들이고 있다. 그는 그동안 많은 일이 있었음에도 기술 산업의 다양한 사안들을 해결하기 위한 노력은 한순간도 포기하지 않았다고 말한다. "나는 다양성 문제가 조직의 초창기부터 시작한다고 생각합니다. 아시다시피 파이프라인 문제가 있고, '밑 빠진 독 문제'도 있습니다. 드러나지 않은 편견 문제도, 역할 모델 문제도 분명 존재합니다"라고 그가 말했다. "당신이 날마다 최우선적으로 해야 하는 일은, 당신의 조직 문화가 당신이 만들고 싶은 세상을 반영하는 데에 밑거름이 되어줄 뛰어난 인재들을 찾고 채용하기 위해 더욱 열심히 노력하는 것입니다."

KPCB는 파오의 소송으로 무너진 평판을 재건하기 위해 아직도 노력 중이지만, 파오의 개인적인 평판은 재판에서 패배한 이후 2년간 상당한 진전이 있었다. 재판이 끝난 후에 나는 벤처캐피털업계의 양측에서 파오의 이야기가 반면교사의 교훈으로 언급되는 것을 가끔 들었다.

내가 이야기를 나눠본 많은 여성은 파오의 용기를 칭찬했지만, 자신이 성차별 피해자라고 생각했던 일부 여성들은 파오의 경험을 일종의 경고등으로 즉 타산지석의 교훈으로 여겼다. 요컨대 그들은 절대로 소송하지 않을 거라고 다짐했는데, "엘런 파오와 같은 처지가 되고 싶지" 않아서였다.

파오의 소송은 벤처캐피털 회사들에도 가슴을 짓누르는 무거운 돌덩이 같았다. 일례로 그레이록의 리드 호프먼은 2016년에 내게 이렇게 말했다. "(KPCB는) 이번 사건에서 아주 공개적인 방식으로 3도 화상에 버금가는 지독한 손상을 입었습니다. 그들에 대한 여론 재판을 지켜본 업계의 다른 사람은 저도 모르게 이렇게 변명합니다. '잘 봐둬, KPCB가 옳은 일을 하려고 노력했는데 결국 어떤 꼴이 되었는지 말이야.'"

재판에서 패하고 1년이 지났을 무렵 나를 다시 만난 파오는, 다른 사람들에게는 할 수만 있다면 법적인 카드는 권하고 싶지 않다고 말했다. "만약 사람들이 당신의 말에 귀를 기울여줄 거라는 확신이 있다면 내부부터 바꾸기 위해 노력해야 해요. 그렇게 하려면 당신이 취하고 싶은 경로를 계속 밀어붙일 에너지가 있어야겠죠"라고 파오가 말했다. "나는 내부부터 변화시키려고 노력했지만 결국 실패했어요."

2017년 가을 실리콘밸리는 물론이고 미국 전역에서 성추행과 성차별 의혹이 봇물처럼 쏟아졌을 때 파오 자신은 심경이 복잡해 보였다. 지금과 같은 환경이라면 소송에서 이겼을 것으로 생각하는지 내가 물었다. "소송 결과야 모르지만, 내가 소송을 제기하지 않았더라도 우리가 지금과 같은 세상을 맞이할 수 있었을까요? 우리 여성이 성 담론 자체를 변화시켰어요. 이제 여성들은 스스로 보호할 수밖에 없다고 생각하지 않아도 돼요. '성추행을 당했고 성차별을 받았어요'라고 말하기가 한결 쉬워졌어요. 이제는 사람들이 그 말을 믿어주죠. 내가 소송을 제기한 이후 그토록 많은 여성이 당당히 나서서 자신의 부당한 사연을 세상에 알리지 않았더라면 지금과 같은 날은 오지 않았을 거예요."

파오가 불러온 나비 효과

이런 새로운 환경에서 일부 벤처캐피털 회사들은 여성 채용을 확대하기 시작했다. 개중에는 공개적인 항의나 비난이 나올까 두려워 울며 겨자 먹는 심정으로 그렇게 하는 것처럼 보이는 일부 회사도 있다. 그러나 나머지 회사들은 여성 채용 확대가 결국에는 경쟁 우위가 될 거라고 믿는다. 소셜 캐피털Social Capital의 창업자이자 CEO인 마트 팔리하피티야 Chamath Palihapitiya는 최근 자사가 세쿼이아를 제치고 여성 기업가가 운영하는 회사의 거래를 따냈다고 내게 말했다. "바로 어제였답니다. 천하의 멍청이들, 하수라고 생각했던 우리에게 크게 한 방 먹었어요. 우리가 그들을 크게 앞질렀고 바로 그들의 면전에서 계약을 따냈죠. 아마 그들은 스스로에게 묻는 날이 올 겁니다. '왜 우리는 그걸 몰랐지?'"

스리랑카 출신의 팔리하피티야는 소셜 캐피털이 인종적으로 종교적으로 다양한 배경을 가진 -남녀- 파트너들을 채용한 것이 다른 투자자들이 가지지 못한 기회라고 생각했다. (그의 아내 브리짓 라우Brigett Lau를 포함해 소셜 캐피털에는 4명의 여성 투자 파트너가 있다.) "우리 회사의 공감력 하나는 자부합니다"라고 그가 단정적으로 말했다. "우리 파트너들은 누구와 연결할지에 대해 말 그대로 감정이 이입된 결정을 합니다." 팔리하피티야는 실리콘밸리의 뼛속 깊은 불평등을 바로잡기 위한 노력을 하나의 토대로 삼아, 소셜 캐피털이라는 차별화된 브랜드를 구축했다. 과연 그의 주장이 마케팅 효과를 노린 허풍인지 아닌지는 두고 보면 알 일이다. (소셜 캐피털은 2017년에 핵심 남성 파트너를 KPCB에 빼앗겼다.) 물론 지금은 세쿼이아의 수익에 비하면 소셜 캐피털 같은 후발 업체들의 수익은 동네 구멍가게 수준이지만, 팔리하피티야는 앞으로 10년 동안 벤처캐피털업계의 계층구조에 지각변동이 일어날 거라고 호언장담한다. 최대 경쟁 업체 중 하나인 세쿼이아의 인지된 약점을 집중 공략하면서 그는 세쿼이아의 파트너들이 '영혼도 패기도 없는 약해빠진 브로들'이라고 깎아내린다. 또한 그들이 여성을 채용하지 않음으로써 거대한 맹점을 스스로 만들었다고 주장한다. "당신의 목표가 이기는 거라면 이런 식의 행태는 어떤 말로도 변명이 되지 않습니다."

소셜 캐피털과 비슷한 전략을 구사하는 벤처캐피털업체들이 많다. 그

중에서도 가나안 파트너스Canaan Partners가 단연 눈에 띈다. 가나안 파트너스는 대형 벤처캐피털업체로서는 한 명도 두 명도 아닌 무려 세 명의 여성 제너럴 파트너를 처음으로 채용한 회사다. 그들은 마하 이브라힘Maha Ibrahim, 웬디 허턴Wendy Hutton, 니나 키엘슨Nina Kjellson이다. 이브라힘은 여성 CEO들과 창업자들과 회의를 할 때면 "그들이 깜짝 놀라는 게 눈에 보일 정도예요. 테이블에 앉자마자 그들이 말하죠. '당신들 같은 회사는 본 적이 없어요. 여기서는 나도 할 말을 당당히 할 수 있고 내 의견도 묵살되지 않겠군요.'" 하지만 이브라힘은 벤처캐피털업계가 그리 빨리 변하지는 않을 거라고 생각한다. "편견이 지금도 엄연히 존재하고 앞으로도 꽤 오랫동안 그럴 거예요. 당신에게 해줄 수 있는 이야기가 얼마나 많은지 밤을 새워도 모자라요. 정말 슬프고 안타까운 상황이에요"라고 그녀가 말했다. "우리가 할 수 있는 것은 딱 하나뿐이에요. 한눈팔지 말고 그냥 한 우물만 파는 거예요."

반면에 일부 벤처캐피털업체들은 여성 채용으로 얻을 수 있는 잠재적 이익보다는 다른 것에 더욱 동기가 부여되는 듯하다. 자신들이 옳다고 생각하는 무언가를 하고 싶은 욕구다. 대표적인 업체가 그레이록 파트너스다. 링크트인의 창업자 리드 호프먼이 2009년 그레이록 파트너스에 합류했을 때 이미 그레이록 내부에서는 여성 채용에 대한 논의가 활발히 진행 중이었다고 그가 내게 말했다. "우리 회사에 여성 파트너가 한 명도 없다는 것은 수치스러운 일이라는 데에 모두가 전적으로 공감했습니다. 말하자면 이런 기분이었어요. '우리도 업계에 만연한 성차별 문제의 일부일까?'"라고 호프먼이 말했다. "여성 파트너를 찾기 위해서라면 지구

끝까지라도 가겠다고 우리는 다짐했습니다. 그리고 여성 파트너를 맞이할 때까지 주간 파트너 회의를 절대 중단하지 않을 작정이었지요."

이후 그레이록은 중대한 결정을 했다. 이제까지 자사가 고수했던 인재에 대한 정의를 다시 하는 것이었다. 모든 파트너가 기술적인 지식과 전문성을 꼭 갖출 필요가 있을까? 그런 대화들 중에 "우리는 마이크 모리츠와 그가 여성에 대해 발언한 이야기를 나누었습니다. 그는 문학을 전공한 사람입니다. 그러나 아시겠지만 그가 얄밉도록 뛰어난 투자자라는 데는 의심의 여지가 없습니다"라고 호프먼이 목소리를 높였다. 여성 파트너를 찾는 노력의 일환으로 그는 자신이 아는 모든 여성 인재와 접촉했고, 투자자로 그레이록에 합류할 가능성에 대해 의견을 나누었다고 호프먼이 말했다. 그리고 그레이록은 몇몇 여성들에게 함께 일하자고 손을 내밀었지만 그들이 거절했다. 그러던 중 그레이록은 사라 타벨Sarah Tavel이라는 보석을 찾아냈다. 하버드 대학교에서 철학을 공부한 타벨은 주니어 벤처캐피털리스트로 근무한 이력도 있었으니 금상첨화였다. 그러나 컴퓨터과학을 공부하지 않은 타벨이 그레이록을 사로잡은 한 방은 따로 있었다. 그레이록이 결정적인 역량이라고 평가한 무언가가 그녀에게 있었던 것이다. 핀터레스트의 원년 멤버 중 하나로 '평범한 스타트업을 유니콘으로 성장'시킨 경험이었다.

타벨은 엔지니어링 학위와 경험이 성공적인 벤처캐피털리스트가 되기 위한 필수 요건이라고 생각하지 않는다. "내가 기술적인 배경이 있었다면 내 삶이 좀 더 수월했을까요? 네, 그랬겠죠"라고 그녀가 자문자답했다. "하지만 나이가 들어 연륜이 쌓일수록 그것은 덜 중요해져요." 솔직히 말해 그녀는 철학을 공부함으로써 얻은 냉철하고 철저한 분석력이 그녀를 완벽히 준비시켜 주었다고 믿는다. "어떤 회사에 투자할 때는 나름대로 일련의 가설들을 세워야 해요"라고 타벨이 말한다. "언뜻 삼단논법과 비슷해요. 나는 세상이 이런 식으로 진화할 것으로 믿는다. 이 회사는 그 세상에 꼭 필요할 것이다. 따라서 당신이 그런 것들을 믿는다면 이 회사는 큰 회사로 성장할 것이다."

핀터레스트에 합류하기 전 타벨은 베서머 벤처 파트너스Bessemer Venture Partners에서 애널리스트로 일하다가 나중에는 어소시에이트로 승진했고, 가끔 홍일점인 상황에서 일했다. "내가 가장 어렸어요. 체구도 가장 작았고요. 모든 사람의 목소리가 당신의 목소리보다 훨씬 강력할 때 신체적 차이가 더욱 강하게 의식된답니다. 어떤 점에서는 내가 남성 지배적인 문화에 전혀 준비되어 있지 않은 것 같아 겁이 났고, 그런 것에 겁을 먹었다는 사실 때문에 나 자신을 책망했어요"라고 타벨이 말한다. "나 말고 애널리스트가 세 명 더 있었는데 모두 남성이었어요. 그들은 나와는 달리 파트너들과 허물없이 지냈고 이야기가 잘 통했어요. 나는 파트너들과 이야기할 때면 꾸어다 놓은 보릿자루같이 불편했는데 말이에요. 어쩌면 스포츠에 대한 이야기를 나누었을 수도 있어요. 아니, 굳이 남성들의 전형적인 대화 주제일 필요도 없었어요. 그저 그들의 대화 방식이 내게는 너무 어색해 그들처럼 자연스럽게 대화할 수가 없었어요." 그럼에도 타벨은 베서머에서 요직에 올랐고 궁극적으로는 베서머가 스타트업 핀터레스트에 투자할 때 공동 책임자가 되었다. 또한 그녀는 베서머에서 6년을 근무한 후에, 오늘날 구글의 아성에 도전하고 있는 검색 사이트의 첫 번째 제품관리자 중 하나가 되었다.

　나와 인터뷰하고 1년이 지났을 즈음 벤처캐피털업계에서 타벨에 관한 놀라운 소식이 들려왔다. 그녀가 그레이록에서 벤치마크로 이직한다는 소식이었다. 그것이 업계를 뒤흔든 이유는 이제까지 벤치마크는 세쿼이아와 더불어 철저한 금녀의 영역이었기 때문이다. 즉 타벨은 벤치마크호에 승선한 최초의 여성이었다. 타벨은 그레이록의 예전 동료들에 대해 하나부터 열까지 전부 좋은 이야기만 했다. 다만, 규모가 작고 관계가 더욱 친밀한 벤치마크 팀이 자신에게 더 잘 맞는 것 같다고 덧붙였다. 그녀의 소식은 내게 상반된 감정을 안겨주었다. 한편으로는 이제까지 남성들만의 제국으로 운영되던 실리콘밸리의 거물 벤처캐피털업체 중 하나가 드디어 여성에게 문을 개방하는 것을 보니 힘이 났다. 다른 한편으로는 업계의 두 거인이 다양한 여성 파트너들을 맞이해 전체 판을 키우기보다 한 여성을 두고 싸움을 벌였다는 사실이 못내 실망스러웠다.

　다시 세쿼이아의 이야기를 해보자. 내가 모리츠를 TV 방송에서 인터뷰를 하고 1년 정도 지났을 무렵 세쿼이아가 마침내 회사 역사상 처음으로 여성 파트너를 채용했다. 주인공은 스탠퍼드 대학교에서 컴퓨터과학을 전공하고 소셜 쇼핑 사이트 폴리보어Polyvore의 CEO로 있던 제스 리Jess Lee였다. 세쿼이아의 다른 파트너들은 그녀를 영입하기 위해 수년간 공을 들였고 모리츠가 문제의 발언을 하기 전에 그녀에게 함께하자고 제안했지만 리가 받아들이지 않았다. 당시 그녀는 자신의 오랜 멘토이자 폴리보어를 인수한 야후의 CEO 마리사 메이어를 위해 일하고 있었다. 세쿼이아는 그야말로 엄청난 설득 작업을 벌인 끝에 마침내 그녀의 입에서 "예스"를 이끌어낼 수 있었다.

"제스에게 정말로 중요했던 문제 중 하나는 그녀가 여성이라는 이유로 채용되는 것이 아니라는 확신이었습니다"라고 세쿼이아의 파트너 로엘로프 보타가 말했다. 세쿼이아의 미국 사업부 공동 대표를 맡고 있는 보타는 새로운 파트너들을 찾기 위해 개인적으로 정말 열심히 노력하고 있으며, 지난 3년간 수십 명의 여성들을 포함해 150명 이상을 면접했다고 내게 말했다. 세쿼이아의 전통적인 파트너 채용 접근법은 자사가 투자했던 포트폴리오 기업의 직원 중에서 영입하는 것이었다. (보타도 세쿼이아가 자금을 지원했던 페이팔 출신임을 잊지 마라.) 여성들을 포함해 뛰어난 후보자들을 물색하기 위해 오늘날 보타는 '명백한 용의자들' 너머로 눈을 돌리고 그물을 더 넓게 펼친다. 보타가 제스 리라는 '대어'를 낚은 것도 이런 접근법 덕분이었다.

"벤처캐피털 산업 전체와 세쿼이아는 다양성을 위해 좀 더 노력할 필요가 있습니다. 그리고 우리는 가시적인 변화를 이끌어내는 데에 도움이 되는 조치를 강구하고 있지만 아직 갈 길이 멉니다"라고 보타가 말했다.

2016년 세쿼이아는 기술업계의 여성과 벤처캐피털 산업의 고위직 여성을 멘토-멘티 관계로 이어주는 멘토십 프로그램을 발족했는데, 이름하여 어센트Ascent 프로그램이다. (멘토로 그 프로그램에 참여해달라는 요청을 받은 한 여성 창업자는 세쿼이아가 박수와 공은 모두 독차지하면서 자신에게는 무료 봉사를 요청하는 것 같아 기분이 좋지 않다고 말했다.) 또한 보타는 세쿼이아의 극도로 비밀스러운 '스카우트scout' 프로그램에 더 많은 여성을 참여시키기 위해 애를 쓰고 있다. 주로 기업가들로 구성된 대규모 집단인 스카우트들은 말하자면 세쿼이아의 '비공식적'인 투자자로 세쿼이아를 대신해 유망해 보이는 스타트업에 투자하고 그 수익의 일정 부분을 나눠 갖는다. 그것은 거래 흐름을 생성시키는 매우 독창적이고 기발한 방법이지만, 이 역시도 거의 남성들의 독무대다. 〈월스트리트 저널〉은 2015년 세쿼이아의 스카우트로 알려진 사람들의 명단을 작성했다. 총 78명 중 여성은 고작 5명, 다른 말로 6퍼센트를 조금 넘었다. 그러나 2017년 9월에는 여성 스카우트의 비중이 25퍼센트까지 급상승했다.

그러나 여성들이 벤처캐피털 세상에서 남성과 동등한 목소리를 내는 것은 고사하고 비슷한 목소리를 낼 수 있는 날마저도 아직 요원하다. 오늘날 많은 벤처캐피털업체가 채용 시에 성 다양성을 확보하기 위해 열심히 노력 중이라고 주장한다. 그러나 호프먼은 모든 업체가 자신들이 외부에 보여주고 싶은 것만큼 실제로 진지하게 노력하는 것은 아니라고 생각한다. 그가 "(실리콘밸리에서) 나는 인종차별보다 성차별을 더 많이 목격합니다"라고 말하면서, 특정 벤처캐피털업체가 남성 전용 클럽하우스인지 아닌지를 판별하는 확실한 단서 하나를 발견했다고 덧붙였다. "슈퍼모델 뺨치는 미모의 안내 데스크 직원들"이다. 그건 정말 "역겹습니다"라고 호프먼이 말한다. 외부인들이 가장 먼저 만나는 안내 데스크 직원들의 외모는, 그 회사가 여성들을 대하는 방식에 문제가 있는지를 알려주는 직접적인 징후다. "이제까지 내가 방문한 회사들을 보면, 그 예측이 빗나간 적이 단 한 번도 없습니다. 그야말로 백발백중입니다."

남성 벤처캐피털리스트들이 여성 창업자들을 만날 때

실리콘밸리에서 최고로 손꼽히는 벤처 투자자들의 힘은 아무리 높이 평가해도 지나치지 않다. 한마디로 무소불위다. 왜 그럴까? 물론 돈이면 다 좋지만, 돈이라고 다 똑같은 돈은 아니고 '출생지'에 따라서 급이 달라지기 때문이다. 스타트업 관점에서 볼 때 가장 좋은 돈은 최고 벤처캐피털 회사들의 금고에서 '출생'한 돈이다. 그들의 초기 투자가 궁극적으로 수많은 혜택을 가져다주기 때문이다. 가령 초창기 시리즈 A 단계에서 세쿼이아나 앤드리슨 호로위츠에서 투자를 받은 스타트업은 시리즈 B 단계에서 후속 투자자들을 찾는 데에 별다른 어려움이 없을 것이다. 그러나 당신의 투자자 팀에 최고의 벤처캐피털업체가 포함될 때 돈만이 유일한 이점은 아니다. 그들이 실리콘밸리의 생태계는 물론이고 더 큰 비즈니스 커뮤니티에서 활동하는 핵심 실세들에게 이어지는 문을 열어줄 수도 있다. 예컨대 마크 앤드리슨과 마크 저커버그의 개인적인 친분 관계는 어느 분야든 페이스북의 활동 무대에서 스타트업을 창업하는 기업가에게 결정적인 이점이 될지도 모른다. 뿐만 아니라 벤처캐피털업체들은 채용에도 도움이 되는데, 그들은 실리콘밸리의 최고 인재들을 손바닥 보듯 훤히 꿰뚫고 있기 때문이다. 더욱이 주식을 상장하거나 회사를 매각할 때는 그들 업체가 최고의 금융 전문가와 법률 회사들과 이어주는 가교 역할을 한다. 만약 기업가들이 실리콘밸리의 왕자들이라면, 몇몇 유명 벤처캐피털업체에 종사하는 수십 명의 투자 파트너들은 킹메이커들이다. 모든 창업자는 왕좌에 오를 수 있도록 최고 투자자가 도움의 손길을 내밀어주길 원한다. 그러나 각 투자자는 1년에 겨우 한두 건의 투자만 하고, 그래서 그들 킹메이커의 몸값이 올라가고 선택을 받기 위한 경쟁이 치열하다.

대부분의 벤처캐피털리스트는 남성이고, 그들은 거의 남성 기업가들을 지원한다. 솔직히 말해, 미국 전역에서 벤처캐피털 자금이 들어가는 기업의 92퍼센트가 남성이 경영한다. 아니, 아직 놀라기도 실망하기도 이르다. 〈블룸버그〉의 기사에 따르면, 여성 파트너들이 있는 벤처캐피털 업체들조차 여성 창업자들을 지원하는 건수가 극히 미미하고 모든 파트너가 남성인 업체들과 건수 면에서 조금도 차이가 없다고 한다. 도대체 어찌 된 영문일까? 이런 현상에 대해 일각에서는, 여성 벤처캐피털리스트들은 여성 기업가들에게 우호적인 편견을 갖는다는 소리를 들을까 봐 걱정할 뿐 아니라, 마치 자신의 실력을 더욱 증명해 보여야 한다고 생각하며 만에 하나의 실수도 없도록 더욱 엄격하게 실사(實査)하기 때문이라는 분석을 내놓는다. 어떤 경우든 패배자는 여성 창업자들이다. 2016년 벤처캐피털업계 전체로 볼 때 남성 창업자들의 회사에 투자한 금액이 580억 달러를 약간 상회한 반면, 여성 창업자들에 대한 투자액은 겨우 14억6000만 달러에 그쳤다. 한편 남성이 경영하는 기업 한 곳이 유치한 평균 투자금액은 약 1090만 달러였고, 전년도의 970만 달러에서 100만 달러 이상 증가했다. 그러나 여성이 이끄는 기업들은 평균적으로 450만 달러의 투자를 유치했고, 전년도는 610만 달러였으니 사실상 약 27퍼센트나 감소했다.

여성 기업가들은 종종 대부분이 남성 투자자들에게서 자금을 유치하려면 많은 어려움이 따른다고 토로한다. 그들 남성 투자자는 여성 기업가들과 쉽게 교감하지 못하거나 주로 여성 고객층을 겨냥하는 그들의 사업 아이디어를 이해하지 못할지도 모른다. (더욱이 그들이 자금을 투자하는 일부 기업들은 성차별적인 행동으로 혜택을 얻는다. 소셜 뉴스 웹사이트 레딧Reddit과 트위터에서의 트롤링(trolling, 인종차별적이거나 성차별적인 발언, 자극적인 정치적 발언 같은 인터넷 공간에 공격적이고 불쾌한 내용을 올려 다른 사람의 화를 부추기는 것처럼 공격적이고 반사회적인 반응을 유발하는 행위나 그런 행위를 하는 사람 -옮긴이)을 생각해보라.) 맞춤화한 패션 추천 서비스를 제공하는 온라인 쇼핑몰로 한때 실리콘밸리에서 전도유망한 스타트업 중 하나로 손꼽혔고, 2017년에 주식을 상장한 스티치 픽스의 창업자 카트리나 레이크도 그런 여성 기업가 중 한 명이다.

레이크는 허튼소리 하지 않고 직설적으로 말하는 CEO로, 공립학교 교사와 의사인 부모 밑에서 태어나 열다섯 살 무렵까지 샌프란시스코에서 살다가 미네소타주 미니애폴리스로 이사 가서 고등학교를 마쳤고 스탠퍼드 대학교에 진학하면서 샌프란시스코로 다시 돌아왔다. 스티치 픽스의 활기 넘치는 본사에서 나를 만났을 때 레이크는 어릴 적부터 언제나 강한 여성들에게 둘러싸여 살았다고 말했다. 특히 일본인이셨던 외할머니는 집안에서 결정한 중매결혼을 거부하신 이른바 '신여성'이셨고 - 할머니 시절의 일본에서는 거의가 중매로 결혼했다- 손녀에게는 다른 사람들이 아니라 자신의 뜻대로 인생을 살라고 용기를 북돋워주셨다. 그런 성장 환경 덕분에 레이크는 인습에 얽매이지 않는 전위적인 패션 감각이 있었다. 레이크의 고등학교 시절로 돌아간다면, 녹색 카고팬츠나 배기팬츠에 형광색의 화려한 부츠를 신은 레이크를 만날지도 모른다.

"희한한 것이 그런 차림을 하고 다녀도 친구들을 사귀는 데는 아무 문제가 없었어요."라고 레이크가 농담을 던졌다.

스탠퍼드에서 대학 생활을 시작했을 때만 해도 레이크는 의사가 될 생각이었다. 그래서 의대 준비 과정인 프리메드pre-med 수업들을 이수했고 MCAT에서 고득점을 받았다. 바로 그 즈음에 운명의 장난인지 페이스북이 슬슬 시동을 걸었고, 머잖아 스타트업의 우상이 되는 창업자도 덩달아 두각을 나타내기 시작했다. "마크 저커버그는 하버드를 중퇴한 다음 스탠퍼드에서 파티 '죽돌이'로 지냈어요."라고 레이크가 옛날을 회상했다. "그런 저커버그의 모습이 바로 내가 생각하는 기업가의 이미지였어요. 허름한 지하실에서 코딩하는 사람 말이에요."

학교에서 레이크는 경제학에 강하게 끌렸고, 결국 의사에서 경영 컨설턴트로 진로를 바꾸었고 의과대학을 미련 없이 포기했다. 졸업 후 레이크는 컨설팅업체인 파르테논 그룹Parthenon Group에 입사했고, 소매유통과 레스토랑에 대한 컨설팅 업무를 담당하면서 유통업에 서서히 눈을 떴다. 그러던 중 많은 소매업체가 고객 데이터를 아예 수집하지 않거나 데이터를 수집해도 효율적으로 사용하지 않는다는 사실을 깨달았다. 이후 그녀는 자신이 일하고 싶을 수도 있는 소매 스타트업을 찾기 바라는 마음으로, 파르테논을 떠나 소규모 벤처 회사에 어소시에이트로 들어갔다. 레이크는 수백 명의 기업가를 만나보았지만 자신의 고용주로서 구미가 당기는 회사가 단 한 곳도 없었다. 뿐만 아니라 모든 창업자가 마크 저커버그 같지 않다는 냉혹한 현실도 깨달았다.

"그건 영감이었어요."라고 레이크가 말한다. 꿈의 회사를 찾을 수 없다면 자신이 꿈꾸는 회사를 제 손으로 창업하면 된다는 것을 깨달은 레이 크는 하버드 경영대학원에 진학했고, 경영학 공부를 하면서 자신이 하고 싶은 창업 아이디어를 생각해냈다. 어느 날 그녀는 남성들과 맞춤형 쇼핑 스타일리스트들을 연결해주는 온라인 서비스에 관한 기사를 읽다가 무릎을 탁 쳤다. 여성들에게 비슷한 서비스를 제공하는 사업을 해보면 어떨까? 그녀는 스탠퍼드 시절 친구의 아내로 의류업체 제이크루J. Crew 에서 일한 경험이 있는 에린 모리슨 플린Erin Morrison Flynn과 함께 랙 해 빗Rack Habit을 창업했다. 둘은 학교 동기와 친구, 그리고 친구의 친구들 에게 각자 어떤 옷을 좋아하고 어떤 옷이 필요한지 '취향' 프로필을 작성 해달라고 요청했다. 그런 다음 의류 소매점에 가서 신용카드로 옷을 한 아름 샀고, 첫 번째 '고객들'에게 옷상자를 배달하기 시작했다. 그들은 배 달받은 옷 중에서 마음에 드는 옷은 비용을 냈고 나머지는 레이크와 플 린에게 돌려주었다. 그들은 이런 옷 추천 서비스로 아직까지는 10원 한 장 벌지 못했지만, 사업을 어떻게 운영해야 하는지에 대해 실질적인 현 장 감각을 익혔다. 요컨대 그들은 고객을 각자 마음에 드는 스타일로 꾸 며줄 자신이 생겼다. 비록 그들을 개인적으로 아는 사이가 아닐지라도 또한 고객들이 레이크의 회사가 추천해준 브랜드를 알지 못할지라도. 마 침내 그들은 주문 건당 추천 아이템 다섯 벌을 상자 하나에 담아 배송하 기 시작했고, 레이크는 그 서비스를 그들의 '픽스(fix에 속어로 마약이라는 뜻이 있음 -옮긴이)'라고 부른다. 그 서비스를 좋아하는 사람들은 그 서비 스에 중독되기 때문이다. 그리하여 레이크는 회사 이름을 스티치 픽스로 바꾸었다.

스티치 픽스가 출범할 수 있었던 데는 레이크의 멘토이자 여성 기업가인 수킨더 싱 캐시디가 해준 초기 투자의 공이 컸다.(레이크는 폴리보어에서 인턴으로 일할 때에 캐시디를 만났다.) 그리고 창업 동지였던 레이크와 플린은 얼마 후 각자의 길로 갈라섰다. "우리는 나무랄 데 없는 동업 관계를 유지했어요. 그러다가 회사가 계속 성장했고 그 와중에 우리는 서로 가고자 하는 방향이 달랐어요"라고 레이크가 내게 말했다. 한편 〈포브스〉의 기사에 따르면, 둘 사이에 소유권 분쟁과 소송 그리고 합의가 있었고 결과적으로 플린이 스티치 픽스를 떠났다고 한다. 스티치 픽스가 시리즈 A에서는 성공적으로 자금을 유치했지만, 시리즈 B단계에서는 자금 유치에 많은 어려움을 겪었다.

2012년 가을 스티치 픽스는 자금난에 허덕였다. 재구매하는 고객이 꾸준히 늘었고, 이것은 온라인 맞춤형 패션 제안 서비스의 미래가 밝을 수 있다는 것을 암시했다. 한편 스티치 픽스는 서비스 영역을 확장할 필요가 있었는데, 이는 곧 자금이 필요하다는 뜻이었다. 그녀는 투자를 받기 위해 약 50명의 벤처캐피털리스트들에게 손을 내밀었다. 그러나 스티치 픽스의 매출이 상당히 가파르게 성장하는데도 그들은 하나같이 투자를 고사했다. 그들의 설명을 종합해보면 두 가지 결론을 유추할 수 있었다. 여성들을 집중 공략하는 사업에 투자하고 싶지 않다거나 그 사업의 기회를 전혀 이해하지 못했다. "한 투자자는 1분도 고민하지 않고 말하더군요. '사람들이 이런 식의 서비스를 왜 원하는지 도무지 모르겠군요'"라고 레이크가 말했다. "많은 경우 남성들은 (여성들이 보는 것과) 똑같은 것을 보지 못해요."

일반적으로 볼 때 벤처캐피털리스트들은 여성들이 운영하는 스타트 업들을 벤처캐피털 창업자들과는 다른 눈으로 본다. 한 투자자가 내게 말했다. "개인적으로는 더 많은 여성에게 투자하고 싶지만, 더 이상 전자 상거래 회사에는 투자하고 싶지 않습니다!" 이 발언은 일부 벤처캐피털 리스트들이 내게 사석에서 불평했던 문제점과 맥을 같이했다. 인공지능 같이 성장 가능성이 아주 높은 분야보다 전자상거래와 자녀 양육과 교육 처럼 성장 속도가 상대적으로 느릴 것으로 예상되는 부문에서 창업하려 는 여성들이 너무 많다는 불만이었다. 많은 저성장 스타트업도 당연히 성공할 가능성이 높다. 다만 그런 스타트업은 투자 대상을 까다롭게 고 르기로 유명한 투자자들의 마음을 사로잡고 그들의 선택을 받을 만한 결 정적인 한 방이 없다는 이야기다. 2011년 미국의 대표적인 온라인 IT 매 체 〈매셔블Mashable〉의 기술 평론가 졸리 오델Jolie O'Dell은 트위터에 이런 글을 남겼다. "여성들에게 제발 바라건대 패션과 쇼핑과 육아에 관한 스 타트업을 창업하지 마시길… 부끄러운 줄 아시길." 그녀의 발언은 소셜 미디어 세상에서 전형적인 거센 반감을 불러일으켰지만, 그녀의 말에도 흘려들어서는 안 되는 진실의 편린이 있다.

미국 최대 IT 매체 〈테크크런치TechCrunch〉는 2017년에 실시한 대규 모 설문조사를 통해, 여성이 창업한 스타트업의 31퍼센트가 전자상거래 에 초점을 맞춘다는 결과를 얻었다. 그 외에 여성들에게 인기 있는 다른 부문들은 교육과 건강관리 그리고 미디어와 오락이었다. 그러나 2016년 대다수 벤처 자본은 핀테크(fintech, 금융의 finance와 기술의 technology를 합성 한 용어로 은행 업무와 은퇴 계획을 혼란에 빠뜨리는 애플리케이션 같은 금융 기술을 말한다), 보안, 유전학, 가상현실과 증강현실, 인공지능 등에 집중되었고, 운송에도 막대한 투자가 이뤄졌다.(우버와 리프트Lyft 등의 차량 호출 서비스에 대한 투자가 대부분이었다.) 이런 수치에서 알 수 있는 사실은, 주로 남성인 벤처캐피털리스트들이 좋아하는 사업 아이디어와 여성 기업가들이 좋아하는 사업 아이디어가 확연히 다르다는 것이다.

이것이 진정한 성별 차이일까? 물론 그럴 수도 있지만 반드시 그런 것은 아니다. 혹시 여성들은 그저 가용한 자원이 부족하기 때문에 진입비용entry cost 다른 말로 초기 투자비용이 낮은 저성장 분야를 의도적으로 선택하는 것은 아닐까? 실제로 이 아이디어를 뒷받침하는 증거도 있다. 여성들은 남성보다 벤처캐피털의 자본을 유치할 가능성이 낮을 뿐 아니라, 금융기관에서 사업자금 대출과 신용대출을 승인받을 가능성도 낮다. 한편 위의 데이터에서 여성 기업가들에 대한 또 다른 사실도 유추할 수 있다. 여성들은 상대적으로 적은 액수의 신용대출을 신청하고 부채 부담이 증가하는 것을 꺼린다는 것이다. 여성 리더십과 기업가 정신에 관한 권위자이자 작가인 샤론 헤이더리Sharon Hadary는 남성들은 비즈니스의 성장 목표치를 높게 설정하는 경향이 있는 반면에 여성들은 비즈니스의 지속 가능성을 유지하는 데에 초점을 맞춘다고 주장한다. 헤이더리는 여기에 두 가지 문제가 있다고 진단한다. "첫 번째 문제는 여성들이 자기 자신과 자신의 비즈니스 그리고 자신에게 주어지는 기회에 대해 스스로 제한적인 관점을 갖는다는 것이다. 그러나 이것 못지않게 중요한 또 다른 문제는 비즈니스 리더들에 대한 고정관념과 인식과 기대치다."

벤처캐피털리스트들이 남성 기업가와 여성 기업가에 대해 다르게 말한다는 것은 헤이더리의 관점을 뒷받침해주는 증거가 된다. 스웨덴에서 독특한 조사가 있었다. 일단의 투자자들이 (남성 5명과 여성 2명이었다) 미래의 투자 결정에 대해 토론하는 것을 조사했다. 투자자는 남성 창업자들에 대해서는 '젊고 미래가 촉망되는'이라고 묘사할 가능성이 더 컸던 반면, 젊은 여성 창업자들에 대해서는 '경험이 부족하다'고 평가했다. 신중함도 남성에게는 장점이었던 반면 여성에게는 단점으로 여겨졌다. 궁극적으로 볼 때 여성은 남성보다 투자 신청이 더 자주 거부되었고, 투자를 받아도 여성은 신청 금액의 25퍼센트를, 남성은 희망 금액의 52퍼센트를 받았다.

　위 데이터는 여성이 투자자들과 투자회의에 들어가는 순간부터 이미 불리한 입장이라는 점을 명백히 보여준다. 일단의 연구가들이 흥미로운 실험을 했다. 그들은 투자설명회에서 발표자들이 모습을 드러내지 않고 동일한 슬라이드 프레젠테이션을 토씨 하나까지 똑같은 내용으로 오직 목소리로만 발표하는 것을 조사했다. 결과는 어땠을까? 투자자들이 남성 목소리가 설명한 스타트업들에 투자한 건수가 여성 목소리로 설명한 스타트업들보다 60퍼센트 더 많았다. 한편 기업가들이 직접 발표자로 나왔을 때는, 남성의 경우 매력적인 외모가 확실히 설득력에 크게 도움이 되었던 반면, 여성의 경우는 매력적인 외모가 특별한 이점이 되지는 않았다. 심지어 직전 발표자로 나온 남성과 똑같은 내용을 발표했는데도 그랬다. 캘리포니아 대학교 샌타바버라 캠퍼스에서 사회학을 가르치는 사라 테보드Sarah Thébaud 교수도 비슷한 연구 결과를 발표했다. 테보드 교수에 따르면, 남녀를 불문하고 투자자들은 여성 기업가들에 대한 기대치가 낮을 뿐 아니라 그들의 능력과 기술을 체계적으로 평가절하 하는 경향이 있었다.

테보드는 미국의 시사 주간지 〈뉴스위크〉에 기고한 글에서 이렇게 주장했다. "종합적으로 볼 때, 이런 역학은 투자자들에게 설명하는 사람이 '적절한' 성별이 아니라는 단 하나의 이유만으로 성공적인 비즈니스로 꽃을 활짝 피우고 경제에 많은 혜택을 가져다주었을 수도 있는 무수히 많은 아이디어가 사장되었음을 의미한다. 이 조사 결과가 시사하는 바는 명백하다. 남성이 사업 아이디어를 제안할 때, 대개의 경우 투자자들이 위험-편익 계산risk-benefit calculation 결과를 토대로 반응할 거라고 기대할 수 있다. 위험-편익 계산은 벤처캐피털리스트라면 누구나 특정 프로젝트에 자금을 지원할지 여부를 결정할 때 사용할 가능성이 높은 기법이다. 그러나 여성이 동일한 아이디어를 제안할 때도 그렇게 기대할 수 있을까? 어림도 없다. 오히려 투자자들이 일제히 그녀에게서 그 아이디어를 성공시키는 데에 필요한 기술과 특성을 보유하고 있음을 보여주는 단서들을 찾아 눈을 부라릴 거라고 예상하는 편이 낫다. 그런 능력은 가끔, 오직 여성이라는 이유만으로 그녀에게 부족한 자질로 여겨진다." 요컨대 투자자들은 여성들을 과소평가하는 경향이 있다.

"이 산업에서 공공연히 '비전가' 혹은 '천재'라고 불리는 여성은 단 한 명도 떠올릴 수가 없어요"라고 온라인 의류 대여업체 렌트 더 런웨이rent the Runway의 창업자 겸 CEO 제니퍼 하이먼Jennifer Hyman이 내게 말했다. "그런데 미국에만도 그런 수식어가 붙는 남성들이 수십 명이 넘어요. 우리가 남성들에게 비전가와 천재라는 이름표를 달아주기 때문에 우리는 그들에게 더 많은 기회를 주고, 더 많이 실패할 수 있도록 허락해주고, 여성들에게는 절대 봐주지 않을 일에 대해서도 스스로 변명을 만들어내죠. 따라서 여성들의 사기를 북돋우고 인정해주는 환경을 만들려면, 우리 모두가 여성에게 남성과 똑같은 기회를 주는 환경을 조성하려면, 먼저 그런 행동을 지칭하는 대중의 언어가 바뀌어야 해요. 그렇지 않고서는 그런 변화는 찾아오지 않을 거예요."

벤처캐피털리스트들은 오히려 많은 여성 기업가에게 자신들을 과소평가하는 책임이 있다고 주장할 것이다. 남성들은 큰 비전을 제시하는 것이 비교적 자연스러운 데에 반해, 여성들은 종종 높은 비전을 설득하기보다는 자신의 기술과 데이터와 성과지표를 알리는 데에 초점을 맞춘다고, 투자자들이 내게 말했다. 그 비전이 너무 거창하고 실현 가능성이 거의 없을지 모르지만 그럼에도 달콤하게 들리는 것은 분명하다. 투자자들은 이른바 대박 아이디어에 자금을 대고 싶어 하고 따라서 좋은 이야기로 그들의 귀를 달콤하게 해주는 것이 매우 중요하다. 이렇기 때문에 투자자들이 종종 아이디어보다 사람들에게 투자한다고 공언하는 것이다. 잠깐, 오해하지 마라. 벤처캐피털리스트들이 기업가의 아이디어를 믿지 않는다는 말이 아니다. 당연히 아이디어에 가치를 두고 싶어 한다. 다만 아이디어보다는 크게 생각하겠다는 기업가의 강인한 의지와 어떤 대가를 치르더라도 성공하고 말겠다는 굳은 야망에 더 큰 가치를 두고 싶어 할 뿐이다. 하지만 이 논리가 남녀 기업가 모두에게 적용되지는 않을 성싶다. 앞서 말했듯이, 투자자들은 애초에 여성들에게 높은 수익을 달성하는 데에 필요한 자질이 있는지 의심하는 경향이 있기 때문이다.

그런 마당에 여성들이 아무리 높은 수익을 달성하겠다고 말한들 과연 먹힐까? 벤처캐피털리스트들이 무엇을 원하는지는 명백하다. 10억 달러짜리 기회라는 것처럼 특정 아이디어를 실현하는 데에 따르는 재무적 위험을 정당화해줄 대담한 비전을 제시하는 투자 프레젠테이션이다. 그렇지만 여성 기업가가 비전을 제시하는 프레젠테이션을 하더라도, 투자자는 곧이곧대로 듣지 않는다. 오히려 그녀에게 그 비전을 실현할 능력이 있는지 의심하는 경향이 있다. 그러면서도 남성들에게는 지극히 관대하다. 세상에 노력해서 안 되는 일이 어디 있느냐는 마음으로 남성들의 능력에 기꺼운 신뢰를 아끼지 않는 것이다.

대체로 벤처캐피털리스트들은 자신들이 자금을 지원하기로 선택한 소수의 창업자들과 수년에 걸쳐 긴밀하게 협업하면서 그들이 꿈을 실현하도록 물심양면으로 돕는다. 그토록 깊은 헌신을 고려할 때 그들이 진실로 열정을 갖는 기업들에 투자하고 싶은 것도 당연하다. 그러나 여기에 출구 없는 딜레마가 있다. 대부분의 벤처캐피털리스트는 남성이고, 그들은 남성들에게 '잘 먹히는' 아이디어에 더욱 강한 열정을 느낄 가능성이 더 크다는 점이다. 일례로 레이크가 시드 라운드에서 자금을 모집할 때의 일이다. 한번은 상당한 수의 유소년 야구 코칭 애플리케이션이 투자를 유치했다는 사실을 알게 되었다. "나는 '그런 비즈니스가 얼마나 크다고 투자를 받아? 정말로 티-볼(T-ball, 야구를 변형시킨 스포츠로 투수가 없고 대신에 타자는 배팅 티 위에 놓인 공을 침 -옮긴이) 리그가 맞는 거야?'라고 생각했어요. 그런데 내가 간과한 사실이 있어요. 프레젠테이션을 듣는 청중은 아들이 속한 티-볼 팀에 코치로 참여하는 투자자들이라는 점이에요"라고 레이크가 말했다. "사람들이 무엇에 열정을 쏟고, 무엇에 관심을 갖고, 어떤 산업을 이해하고 무엇에 친밀감을 느끼는지에 관련해 분명 편견이 존재해요. 그리고 나는 이 모든 편견이 여성들이 가장 잘할 수 있는 분야에 대한 편견으로 귀결된다고 생각해요. 이건 어쩔 수가 없어요."

그러나 확실히 짚어야 할 것이 있다. 벤처캐피털리스트들이 무조건 여성 기업가를 부당하게 대우하는 것이 아니라는 점이다. 가끔이지만 여성들에게 투자할 때 그들을 정당하게 평가하고 대우한다. 줄리아 하츠Julia Hartz는 자신의 남편이자 페이팔 이사회의 초기 멤버였던 케빈Kevin과 공동으로 이벤트 검색과 티켓팅 플랫폼 서비스를 제공하는 이벤트브라이트Eventbrite를 창업했다. 세쿼이아가 이벤트브라이트에 자금을 지원했고, 로엘로프 보타가 이벤트브라이트의 이사회에 이름을 올렸다. 2016년 케빈이 이벤트브라이트의 CEO에서 물러났을 때 줄리아가 CEO에 취임했고, 이로써 실리콘밸리에서 극소수인 여성 스타트업 CEO 중 하나가 되었다. "흔히 여성들은 이런 생각이 들기 시작해요. '용케 여기까지 왔다만 내가 여기서 실패할 수 있는 길은 백만 가지나 돼'"라고 하츠가 말했다. "그래서 자신을 지지해줄 사람들이 누구인지, 반대로 자신을 평가할 사람들이 누구인지 두 눈 크게 뜨고 찾아요." 세쿼이아는 분명 첫 번째 범주에 해당했다고 하츠가 말했다. 그녀는 매달 세쿼이아의 사무실을 찾아가 보타와 함께 전략에 대해 토론한다. "내가 (그들에게) 곁들이 반찬이 아니라는 느낌이 들어요"라고 그녀가 말했다. "심지어 나는 그들이 이용하려는 대상도 아니에요. 그들에게 나는 그저 다른

CEO들과 똑같은 투자처이고, 그들은 언제나 내게 힘이 되어주죠." 여성을 채용하려면 세쿼이아의 채용 기준을 낮춰야 할 거라는 모리츠의 발언에 대해 하츠는 이렇게 말했다. "내가 세쿼이아에서 경험하는 것과는 명백히 정반대예요."

홈 인테리어 전문 스타트업 하우즈Houzz의 CEO 아디 타타코Adi Tatarko도 세쿼이아에 대해 비슷한 말을 했다. 세쿼이아에서 자신의 회사를 담당하는 투자자들은 자신이 워킹맘으로서 겪는 애로 사항에 대해 깊은 이해심을 보여준다고 했다. 예컨대 아들들의 생일과 야구 경기 때문에 일정을 조정해야 할 때 그들은 기꺼이 그녀의 상황을 배려해주었다. "내가 이렇게 말한다고 마이크(모리츠)든 아니면 세쿼이아의 누구든 그들을 편들려는 게 절대 아니에요. 혹은 입에 발린 소리를 하려는 것도 아니고요"라고 타타코가 말했다. "나는 이제까지 그들과 수많은 것에 대해 허심탄회하게 상의했어요. 그들은 더 많은 일을 하고 더 많이 투자하고 더 많이 지원하기 위해 더 많은 방법을 찾고 있는 게 눈에 보이고 유능한 더 많은 여성이 창업할 수 있게 해줘요."

다시 카트리나 레이크의 이야기를 해보자. 결과적으로 말해 레이크는 스티치 픽스의 시리즈 B 투자 라운드를 성공적으로 마쳤다. 벤치마크로에서 자금을 유치한 것이다. 그리고 벤치마크의 제너럴 파트너이며 존경받는 투자자 빌 걸리Bill Burley가 스티치 픽스의 이사회에 합류했다. 여기서 흥미로운 이야기가 하나 있다. 걸리는 자신의 한 여성 보좌진을 통해 스티치 픽스를 알게 되었는데, 그녀는 수입의 상당 부분을 개인 맞춤형 쇼핑 서비스를 받는 데에 쓴다. 레이크를 만나자마자 걸리는 깊은 인상을 받았다. 그녀는 '똑똑하다 못해 살짝 맛이 간' 사람이라고 2016년 5월 걸리가 내게 말했다. 레이크가 프레젠테이션을 시작하고 15분이 흘렀을 무렵 그는 스티치 픽스의 현금 흐름에 대해 좀 더 자세히 설명해달라고 요청했다. "그녀는 노트북을 열고 '자, 여길 보세요'라고 말했죠. 그녀는 향후 3개년에 대한 완벽한 금융 모델, 대차대조표, 손익계산서, 현금흐름표 등을 준비해왔어요. 20년간 이 일을 해왔지만 이렇게까지 준비가 철저한 기업가는 본 적이 없습니다"라고 걸리가 말했다.

스티치 픽스는 창업 후 불과 몇 년 만에 실리콘밸리에서 유망한 전자상거래 회사 중 하나가 되었다. 2017년 스티치 픽스는 기업공개를 신청했고, 연매출 9억7700만 달러에 상당한 영업이익을 달성했으며 직원 수가 6000명에 육박했다. 다른 여성 기업가들은 비록 입 밖에 내지 않았어도 레이크에 거는 기대가 상당했다. 레이크가 모든 벤처캐피털리스트에게 왜 더 많은 여성에게 투자해야 하는지를 확실히 증명해주길 내심 바란 것이다. 하지만 공교롭게도 스티치 픽스가 주식을 공개한 그해에 추악한 스캔들이 터졌고, 아무리 크게 성공해도 한 여성 창업자의 힘만으로는 전체 산업을 변화시키지 못할 것임이 분명해졌다. 벤처캐피털 산업 전체가 이제까지 자인해왔던 것보다 훨씬 더 큰 문제로 속이 곪아 있을 때는 변화가 요원했다. 그 문제란 남성 투자자들이 여성 기업가들을 성추행한다는 것이었고, 레이크는 유명한 피해자 중에 한 명이었다.

벤처캐피털산업의 포식자들

2013년 라이트스피드 벤처 파트너스Lightspeed Venture Partners가 스티

치 픽스에 초기 투자를 단행했다. 그 투자를 주도한 이는 저스틴 콜드벡이라는 투자자였고, 그는 스티치 픽스의 이사회 참관인board observer으로 위촉되었다. 당시 레이크와 가까웠던 많은 사람의 증언을 종합해보면, 스티치 픽스가 새로운 경영진을 구성하기 위해 고위 임원들을 영입하는 일을 포함해 콜드벡이 처음에는 미래가 촉망되는 그 스타트업에 물심양면으로 도움을 주었다고 한다. 하지만 어느 순간부터 레이크는 콜드벡이 마음에 걸리기 시작했고, 급기야는 그가 너무 불편한 나머지 라이트스피드에 그를 이사에서 해임해달라고 요청하기에 이르렀다. 다음 해에 콜드벡은 라이트스피드를 나갔고, 표면적인 퇴사 이유는 투자 회사를 창업하고 싶다는 것이었다. 실제로도 바이너리 캐피털Binary Capital이라는 회사를 창업하기도 했다. 그리고 콜드벡은 레이크에게 둘 사이에 있었던 모든 일에 대해 쌍방이 발설하는 것을 금지하는 비방금지 합의서에 서명하라고 요구했다.

　라이트스피드의 전무이사 제러미 류Jeremy Liew는 내게 "저스틴이 우리 회사에서 일한 기간은 몇 년 되지 않지만 매우 성공적인 투자를 몇 건 성사시켰습니다. 그리고 회사는 그의 동의 아래 그가 펀드-텐Fund 10에 합류하지 않는 걸로 결론 내렸습니다"라고 말했다. 펀드-텐은 라이트스피드가 조성한 벤처펀드였다. 일부 업계 종사자들은 그것을 '그가 해고되었다'는 의미로 받아들였다. 반면 내가 이야기해본 다른 투자자들은 콜드벡이 불미스러운 행동으로 징계를 받았다는 소문을 한 번도 들어본 적이 없다고 딱 잘라 말했다. 콜드벡과 그의 새 파트너 조너선 테오Jonathan Teo는 바이너리 캐피털의 1호 펀드를 위해 1억2500만 달러를 모집할 수 있었고, 눈에 띄는 것은 라이트스피드의 파트너 라비 마트레 Ravi Mhatre가 그 펀드에 개인적으로 투자했다는 점이다. 바이너리는 이후 2년간 몇 건의 투자를 성사시켰다. 그러는 동안 몇몇 여성 기업가들은 서로 이야기를 나누다가 콜드벡에게 성추행을 당한 피해자가 자신들만이 아니라는 사실을 알게 되었다.

콜드벡은 미국 남부의 명문 사립대인 듀크 대학교Duke University에 농구 특기생으로 입학했고, 하버드에서 MBA 학위를 취득했으며 세계 최고의 경영 컨설팅업체 매킨지 앤드 컴퍼니와 베인 캐피털 벤처스를 거쳐 라이트스피드에 합류했다. 한때 나는 그가 '걸어 다니는 링크트인'이라는 말을 들었다. 누구든 자신을 소개할 수 있는 투자자라는 뜻이었다. "그는 저돌적인 성격이었어요"라고 한 여성 기업가가 내게 말했다. "그는 계약을 척척 따내고 적절한 사람들을 제 편으로 끌어들이는 재주가 있어요. 한마디로 그는 사막에서 모래를 팔 수 있는 타고난 수완가예요." 결과적으로 말해 콜드벡이 단순히 비즈니스 거래만 잘하는 수완가가 아니라는 사실이 드러났다.

2010년 구글의 전직 직원 니니앤 왕은 선파이어Sunfire라고 불리는 엘리트 기업가들을 위한 공유-오피스(co-working space, 개인이나 기업이 사무실을 공유하면서 자유롭게 정보, 기술, 아이디어 등을 나누며 함께 일하는 협업과 교류의 공간 -옮긴이) 사업을 시작했다. 세쿼이아와 벤치마크를 포함해 다수의 벤처캐피털업체들이 선파이어에 투자했고, 그 대가로 전도유망한 창업자들의 사무실을 방문하고 그들과 상호 작용할 수 있는 기회를 확보했다. 당시 콜드벡이 근무하던 베인 캐피털 벤처스도 선파이어에 투자했고, 콜드벡을 회사 대표로 파견했다. 매주 화요일 선파이어는 인근의 술집에서 저녁 6시부터 7시까지 간단한 술 모임을 마련했다. 어느 날 콜드벡이 왕에게 어떤 패션 스타트업에 대한 그녀의 의견을 듣고 싶다면서 술 모임이 끝난 후에 잠깐 시간을 내줄 수 있는지 물었다. 그날 모임 전에 회의 약속이 잡혀 있어 늦게 합류한다고 덧붙였다. 그가 도착했을 때에는 이미 모두가 돌아가고 왕만 남아 있었다. 그녀가 그 스타트업에 대해 말하기 시작했을 때 콜드벡이 그녀의 말을 잘랐다. "우리 일 이야기는 하지 말아요"라고 그가 말했다. 그런 다음 콜드벡은 그녀의 연애사에 대해 꼬치꼬치 캐물었고, 잘 어울린다면서 그녀의 의상에 대해 칭찬을 늘어놓았다. "그가 칸막이가 되어 있는 작은 부스로 자리를 옮기자고 말하더군요"라고 왕이 내게 말했다. "그가 너무 가까이 앉아 있어서 그의 몸이 내 몸에 닿았어요. 그리고 한번은 그가 나를 포옹하도록 허락하기도 했어요." 그녀는 콜드벡의 차로 집에 돌아갔는데, 가는 내내 콜드벡은 함께 밤을 보내자고 계속 졸랐고, 그녀는 겨우겨우 설득해서 그를 돌려보냈다고 말했다.

왕은 마치 불시에 기습 공격을 당한 기분이었다고 했다. "당시 나는 이런 일이 일어날 수 있다거나 일어날 거라는 사실에 대해 마음의 준비가 전혀 되어 있지 않았어요. 그래서 무엇을 어떻게 해야 할지에 대해서도 감정적으로 아무런 준비가 되어 있지 않았죠. 투자자와 관계를 끝낸다는 것은 아주 심각한 사안이에요. 덫에 걸린 기분이었어요. 개인적인 관계라면 좀 더 단호하게 거절할 수 있었겠죠. 그렇지만 나는 너무 강하게 거절했다가 다른 사람들의 재정적인 상황에 악영향을 미칠까 봐 걱정스러웠어요." 그녀가 말하는 다른 사람들에는 선파이어에서 사무실을 공유하는 다른 기업가들도 포함되어 있다.

왕의 말에 따르면, 그날 밤 이후 콜드벡이 스토커처럼 집요하게 그녀를 쫓아다녔다. 시간에 구애받지 않고 아무 때고 문자메시지를 보내고 전화했을 뿐 아니라 원한다면 비밀 연애를 하자고 제안하기도 했다. "계속 거절했어요. 그러니까 그가 작전을 바꿨어요. 이번에는 부적절한 시간에 업무 관련 메시지를 수없이 보내지 뭐예요." 콜드벡은 그녀의 공유 오피스를 계속 방문했고, 그것이 왕을 더욱 불편하게 했다. 그녀가 베인 캐피털 측에 콜드벡의 행동을 알린 적은 없지만, 재계약 시점이 되었을 때 베인과의 계약을 갱신하지 않기로 결정했다. "내가 무슨 말이라도 하면, 행여 나 자신만이 아니라 내가 아끼는 다른 사람들에게도 피해가 될까 봐 항상 걱정스러웠어요. 그런 걱정 때문에 많이 망설였어요"라고 왕이 말했다.

하지만 결국 왕도 인내심에 한계가 왔다. 그녀는 한 여성 기업가에게 콜드벡의 행동을 털어놓았고, 알고 보니 그녀도 콜드벡 때문에 불편한 경험을 겪었다는 게 아닌가. "세상에, 콜드벡이 나한테도 집적댔어요"라고 그녀가 말했다. 몇 년 후 왕은 콜드벡과 불쾌하게 얽힌 또 다른 여성에 관한 이야기를 들었다. 그사이에 콜드벡은 독립해서 바이너리 캐피털을 창업했다. "콜드벡에게 추행을 당한 여성들에 대한 소문이 계속 들려왔어요"라고 왕이 말했다. 그러나 정작 콜드벡은 말짱하게 돌아다녔다. "얄밉게도 그에게는 아무 문제도 없는 것 같았어요"라고 왕이 내게 말했다. "그의 회사는 날로 성장했어요. 듣자 하니 콜드벡은 계속 여성들을 괴롭히고 있었어요. 심지어 점점 더 대담해지는 것 같았어요." 콜드벡을 처음 만나고 7년이 흐른 후에 왕은 더 이상 그의 만행을 두고 볼 수 없었고 "이제는 내가 나서서 그를 저지해야 한다는 생각이 들었어요"라고 말했다. 왕은 〈디 인포메이션〉의 리드 앨버고티Reed Albergotti 기자에게 콜드벡과의 경험을 털어놓았고, 다른 피해 여성들도 앨버고티와 이야기하라고 몇 시간에 걸쳐 설득했다. 그리하여 총 6명의 여성이 콜드백과의 불쾌한 경험에 대해 폭로했지만, 모두는 앨버고티에게 익명을 요구했다. 왕에 따르면, 〈디 인포메이션〉의 편집자들은 피해를 호소하는 여성 중 일부라도 개인 신상을 공개할 필요가 있다고 가닥을 잡았다. "이 기사가 세상에 나오게 하는 방법은 딱 한 가지, 내 실명을 공개하는 방법뿐이었어요"라고 왕이 말했다. "나는 어차피 얻을 것도 없었고 잃을 것도 많지 않았어요." 하지만 왕은 콜드벡의 성추행으로 이미 많은 고통을 당했기 때문에 콜드벡의 만행을 알릴 수만 있다면 약간의 고통은 기꺼이 감내하자고 결심했다. 게다가 그녀는 자신의 경력에서도 아무나 함부로 대하지 못할 만큼 강력한 입지를 굳힌 상태였다. 온라인 디자인 마켓 플레이스 민티드Minted의 최고기술책임자CTO로 구글 검색에서 유명 인사가 되었고, 최근에는 에버툰Evertoon이라는 회사도 설립한 어엿한 창업주였다.

왕은 자신의 신상을 공개하기로 결심했고, 콜드벡에게 성추행을 당했다고 주장하는 다른 두 명의 기업가도 실명을 공개하자고 설득했다. 여행 관련 스타트업 저니Journey를 공동 창업한 수전 호Susan Ho와 레이티쉬Leiti Hsu였다. 호의 주장에 따르면, 투자회의가 끝난 후 콜드벡에게서 만나자고 요구하는 문자메시지를 받았는데 그때 시간이 새벽 1시였다고 한다. 호는 콜드백을 다시 만나기가 마뜩하지 않았지만 선택의 여지가 없다고 마음을 고쳐먹었다. "당시 우리 회사는 살아남느냐 망하느냐 갈림길에 있었어요"라고 호가 내게 말했다. 말인즉 콜드백은 생사여탈권을 쥔 슈퍼-갑이었다. 혼자가 아니면 안전할 거라는 생각에 호는 쉬에게 같이 가달라고 요청했다. 회의를 하던 중에 콜드백이 탁자 아래로 손을 넣어 쉬의 허벅지를 움켜쥐었다. "난데없이 급습을 당한 기분이었다고 할까요?"라고 쉬가 과거를 떠올리며 내게 말했다. "'와, 실리콘밸리의 부유하고 강력한 투자자라는 말이 무슨 뜻인지 이제 알겠어. 내 허벅지를 더듬고 있는 이 남자를 말하는 거야'라는 생각이 들었어요." 쉬는 그의 손을 강하게 밀쳤다고 했다.

〈디 인포메이션〉이 왕과 호 그리고 쉬의 실명을 공개하면서 콜드백에 대한 성추행 의혹을 보도했을 때, 콜드백과 바이너리가 발표한 성명서는 자신만만하다 못해 뻔뻔할 지경이었다. 콜드백은 이렇게 주장했다. "〈디 인포메이션〉의 보도는 내 인격에 대한 모독이며 모든 의혹을 강하게 부인한다. 나는 언제나 여성 창업자, 여성 사업 파트너, 여성 투자자들과 서로 존중하는 좋은 관계를 유지했다." 한편 바이너리 캐피털은 콜드백에게 제기된 의혹은 죄다 '거짓'이고, 〈디 인포메이션〉은 "저스틴이 과거에 업무적으로 만난 여성들과 가끔 데이트하거나 추행했다는 것을 보여주는 몇몇 사례를 확인했다지만, 솔직히 저스틴이 위법적인 행위를 했다는 증거는 어디에도 없다. 또한 그의 투자 결정이 한 건이라도 그의 사회적 관심사에 영향을 받았다고 의심할 만한 증거도 전혀 없다"고 주장했다.

〈디 인포메이션〉의 기사가 발표되고 몇 시간이 지나도록 평소 뉴스거리만 있으면 쑤셔놓은 벌집 같기로 유명한 실리콘밸리의 트위터 세상은 고요하고 적막감마저 흘렀다. 왕이 생각했던 최악의 두려움이 현실이 되는 것 같았다. 왕은 다른 여성들을 설득해 이제껏 쌓아온 경력 전체를 위험에 빠뜨리는 결정을 하게 만들었는데 아무도 그들에게 신경을 쓰지 않을까 봐 가장 두려웠다. 그나마 일부 여성들이 즉각 왕을 공개적으로 지지했다. 가령 IT 전문 온라인 매체 〈판도데일리PandoDaily〉의 사라 레이시 Sarah Lacy는 "분노는 어디에 있는가?"라고 호소하는 글을 올렸다. 엘런 파오는 왕에게 그녀의 용기를 칭찬하는 메시지를 보냈다. 뿐만 아니라 파오는 몇몇 벤처캐피털리스트들이 콜드벡의 행동을 비난하는 글을 트윗하자 "우리가 솔직하게 말하지 않으면 우리 손으로 여성들을 IT 세상에서 끌어내는 것이다"라고 덧붙여 리트윗했다.

다음 날 리드 호프먼이 블로그에 올린 '여성 기업가들의 인권'이라는 제목의 장황한 글에서 목소리를 높였다. "이것은 완전히 부도덕하고 터무니없는 짓이다"라고 맹비난했다. 그런데 어째서 분노하는 사람이 많지 않은 걸까? "사람들은 '글쎄, 나쁜 짓이기는 한데 내 문제는 아니다'라고 생각할지도 모르겠다. 만약 당신도 그렇게 생각한다면 여기 벤처캐피털 세상에서 일하는 것을 다시 생각해보라"고 호프먼이 강하게 호소했다. "우리 모두가 이 문제를 해결해야 한다. 당신이 침묵한다면, 행동하지 않는다면, 이 문제가 끊임없이 반복되도록 방관하는 것이다." 블로그 글에서 호프먼이 무언가를 제안했는데, 사실 그것은 그전부터 기술 분야의 몇몇 여성들이 내게 제안한 것이었다. '산업 전체를 아우르는 인적자원 관리 조직'을 만들어 투자자와 기업가 사이의 상호작용을 관리 감독하고 각 회사가 제기된 의혹을 무시하지 못하도록 규제토록 하자는 것이었다. 또한 호프먼은 여성에 대한 이런 몹쓸 짓에 반대하는 투자자들에게 온라인상에서 분명히 목소리를 내고 #DecencyPledge라는 해시태그를 달아 품위서약운동에 동참하라고 촉구했다.

드디어 세쿼이아의 로엘로프 보타를 포함해 몇몇 투자자들이 호프먼의 촉구에 반응을 보였다. 특히 보타는 트위터를 통해 "세쿼이아에서 우리는 #DecencyPledge를 지지한다"고 트윗했다. 벤처캐피털업계의 자성 섞인 행동을 촉구하는 호프먼의 외침은 여성 창업자들에게 그들이 중요한 존재라는 강력한 메시지를 전달했을 뿐 아니라, 그레이록이 사내에 쌓인 '더러운 세탁물' 일부를 스스로 세탁하는 움직임으로 이어졌다. 일례로 그레이록 내부에서 최고운영책임자 톰 프랜지오네Tom Frangione가 한 여성 직원과 부적절한 관계를 맺었다는 의혹이 불거졌다. 의혹이 제기되고 사흘 만에 그레이록은 자체적으로 조사를 진행했고, 프랜지오네에게 사임하라고 요구했다. 그레이록은 프랜지오네의 행위가 회사의 가치관에 '어긋나는' '중대한 판단상의 실수'라고 말했다. "사람은 자신의 말을 행동으로 실천할 수 있어야 합니다. 우리 모두는 그런 언행일치를 위해 매우 신속하게 움직였습니다"라고 호프먼이 내게 프랜지오네의 사건에 대해 말했다. 또한 호프먼에 따르면, 그레이록의 파트너들이 회의를 열어 직원들에게 아직 알려지지 않은 부당한 행위에 대해 하나라도 알고 있다면 부담 없이 회사에 솔직히 알려달라고 당부했다.

이후 며칠 동안, 지난 1년 이상 내가 추적하던 벤처캐피털업계의 성차별에 관한 이야기들이 움직이는 과녁이 되었다. 의혹을 공개적으로 제기한 여성들 중 일부는 유색 인종이었다. "마치 무법천지 같았어요"라고 한 여성 기업가가 내게 말했다. "그들은 가장 약한 사람들을 착취했던 거예요." 이제까지 모두가 속삭이던 일들이 만천하에 드러났다. 내가 그동안 여성들에게서 '나쁜 남자들'이라고 제보를 받은 투자자들의 면면이 하나둘 공개되었다. 나는 지난 몇 달 내게 자신의 피해 사실을 털어놓은 여성들에게 뒤로 숨지 말고 공개적으로 나서라고 설득했다. 대부분의 피해 여성은 너무 수치스럽거나 겁이 나서 혹은 극심한 공포심에 휩싸여 공개적으로 폭로하기를 꺼렸다. 그러나 콜드벡이 공공의 적으로 전락하자 갑자기 내게 이메일이 폭주했다. 여성들은 투자자들에게서 받은 피해 사실을 공개적으로 알리고 싶다고 말했다. 자신의 호텔 방으로 부른 투자자들도 있었고, 억지로 입맞춤을 시도한 투자자들도 있었으며, 심지어 립스틱에 대해 소름 끼치는 말을 한 투자자도 있었다. 그들은 이제 자신의 피해를 당당히 밝힐 용기가 생겼고 자신감을 얻었다. 그리고 솔직히 말해 그들은 피해자이면서도 숨어야 하는 처지에 신물도 났다.

비록 느리기는 해도 판도라의 상자가 열렸다. 실리콘밸리에서 투자를 받으려 했던 대부분의 여성은 누군가가 자신을 어떻게 불편하게 했는지에 대해 사람들에게 들려주고 싶은 이야기가 다 있었다. 한두 개? 아니다. 그들은 셀 수 없을 만큼 많은 이야기를 가슴에 묻고 외면하면서 살아왔다. "면전에 대고 구박을 하거나 아니면 좀 강하다 싶은 포옹 등은 언제나 일어나는 사건이에요"라고 쉬가 말했다.

콜드벡에 대한 의혹이 폭로되고 1주일 후 〈뉴욕 타임스〉의 케이티 베너Katie Benner가 쐐기를 박는 기사를 내보냈다. 24명의 여성이 유명한 투자자 몇 명에게 성추행을 당했다고 폭로한 것이다. 가령 오래전부터 기업가로 활동했던 수전 우Sasan Wu는 그 기사에서, 콜드벡만이 아니라 억만장자 벤처캐피털리스트 크리스 사카Chris Sacca와도 불쾌한 경험이 있었다면서 사카가 한번은 파티에서 그녀의 얼굴을 쓰다듬어 심히 불편했다고 말했다. 특히 구글 임원 출신으로 로어케이스 캐피털Lowercase Capital의 설립자이자 우버의 투자자로 유명한 사카는 선수를 쳤다. 그 기사가 나오기 몇 시간 전에 '죄송합니다'라는 단어가 다섯 번이나 포함된 장문의 글을 SNS에 올린 것이다. 나중에 사카는 수전 우의 의혹 제기에 대해서는 반박했지만, 업계에 만연한 성차별 문제에서는 자신도 자유롭지 못하다면서 사실상 모종의 역할을 했다고 인정했다. "내 말과 행동으로 일부 여성을 어색하고, 불편하고, 불안하고, 낙담하게 했다는 점에는 변명의 여지가 없다"고 사카가 사과문에서 말했다.

초기 단계의 스타트업에 투자하는 벤처캐피털 500스타트업500 Startups의 공동 창업자로 '슈퍼 엔젤'로 불리는 데이브 매클루어Dave MaClure도 성추행 가해자로 지목됐다. 여성 기업가 사라 쿤스트Sarah Kunst가 〈뉴욕타임스〉의 기사에서 매클루어가 그녀에게 동의하지 않은 성적인 접촉을 시도했다고 폭로한 것이다. 쿤스트가 500스타트업에 취업 면접을 보았는데, 나중에 매클루어가 그녀에게 "당신을 채용해야 할지 작업을 걸어야 할지 정말 헷갈렸다"는 페이스북 메시지를 보냈다. 매클루어는 자신에게 제기된 성추행 주장에 대해 장황하게 사과했다. 제목은 "나는 못난 놈입니다. 사과드립니다I'm a Creep. I'm Sorry"였다. 그는 성추행 의혹 때문에 500스타트업의 CEO에서 이미 사임했다고 몸을 낮추었으면서도 투자자들에게 수탁자로서 의무를 다하기 위해 회사에서 완전히 손을 떼지는 않을 거라고 말했다. 그러나 매클루어에게 성희롱을 당했다고 폭로한 여성 CEO 셰릴 여Cheryl Yeoh는 그 정도의 사과는 어림도 없다고 일갈했다. 그녀는 자신의 회사에 투자했던 매클루어가 그녀의 아파트에서 열린 기술 종사자들의 모임에서 그녀에게 억지로 술을 먹여 취하게 했다고 주장했다.

여는 그날 밤에 있었던 일을 상세히 설명했다. "데이브는 내 잔에 위스키를 계속 부었다. 갑자기 데이브만 빼고 모든 참석자가 돌아가려고 택시를 불렀다. 나는 이때다 싶어 데이브에게 다른 사람들처럼 지금 돌아가겠냐고 물었지만 그는 남겠다고 했다. 당황스러웠지만 어쨌든 나는 그에게 소파나 손님 방에서 자고 가라면서 그에게 손님 방을 보여주었고, 그런 다음 내 방으로 돌아갔다. 그런데 그가 내 방까지 따라왔고, 나와 자고 싶다고 말했다. 나는 싫다고 거절했고, 그를 문 쪽으로 안내하며 나가 달라고 요구했다. 나가는가 싶더니 그가 갑자기 내 쪽으로 몸을 강하게 밀어붙였고 나는 뒷걸음질 쳐서 구석까지 몰렸다. 그는 정확히 알아듣기 힘든 말을 중얼거리면서 내 몸을 누르고 키스했다. '딱 한 번만. 제발 이번 한 번만'과 비슷한 말이었지 싶다. 그러고는 나처럼 강하고 똑똑한 여성을 정말 좋아한다고 말했다. 역겹고 얼마나 화가 났던지. 나는 이번에도 싫다고 단호히 거절했고 그를 강하게 밀쳐 내 방에서 몰아냈다." 셰릴 여의 폭로 이후 500스타트업의 한 여성 파트너가 회사를 그만두었고, 매클루어에 대해 제기된 의혹들을 회사 차원에서 고의로 은폐하려 했다고 주장했다. 바로 그날 매클루어는 500스타트업과 영원히 작별했다. 벤처캐피털업계에서는 아주 오래전부터 나쁜 행동을 용인하거나 묵과하고 혹은 심각하게 여기지 않았다는 사실이 갈수록 분명해졌다. 그리고 모두가 아직 추악한 얼굴이 폭로되지 않은 투자자가 얼마나 많을지, 영원히 세상에 드러나지 않고 묻힐 사건이 얼마나 많고 영원히 빠져나갈 투자자가 얼마나 많을지, 계속해서 침묵을 지킬 피해 여성이 얼마나 많을지 궁금해졌다.

"일반적으로 가해자는 자신의 일이니만큼, 세상에 알려진 것보다 드러나지 않은 사건이 훨씬 더 많다는 것을 잘 알아요. 자신의 피해 사실을 당당히 밝히는 여성은 원치 않는 성적 접근에 굴복하지 않았고 성관계를 갖지 않은 사람이기 때문이에요"라고 니니앤 왕이 말했다. "벤처 투자자들은 구구절절한 사과를 내놓죠. 그리고 사람들은 시답잖은 그 사과에 깜빡 속아 넘어가요. 사람들은 이렇게 말해요. '음, 그가 그녀의 몸을 더듬었다네. 그게 뭐 그리 나쁜 짓은 아니지.' 아니, 그건 정말 나쁜 짓이에요."

2017년 여름 끝자락에서 흔히 DFJ라고 불리는 벤처캐피털업체 드레이퍼 피셔 저벳슨Draper Fisher Jurvetson은 독자적인 사내 조사를 시작했다. DFJ의 공동 창업자이자, 일론 머스크의 오랜 친구이며 테슬라와 스페이스엑스에 투자한 스티브 저벳슨에 제기된 각종 의혹을 조사하기 위해서였다. 그리고 두어 달이 지난 10월, 여성 기업가 케리 크루컬Keri Krukal이 페이스북에 글을 올렸다. "DFJ의 공동 창업자 한 사람이 접근해올 때는 각별히 조심해야 한다. 약탈적인 행동으로 악명이 높다." 그로부터 얼마 지나지 않아 저벳슨은 DFJ의 투자 파트너에서 물러났고 이사로 활동하던 테슬라와 스페이스엑스의 이사회에도 병가를 냈다. 그는 페이스북에 올린 글에서 자신이 DFJ를 떠난 이유는 파트너들과의 '대인 관계상 역학 interpersonal dynamics' 때문이며, 자신에게 제기된 성추행 의혹은 업무보다는 사생활과 관련 있다는 뉘앙스를 풍겼다. "사람들은 내가 DFJ를 떠났기 때문에 성적인 약탈 행위와 직장 내 성희롱에 대한 악의적이고 완전히 날조된 주장에 어느 정도 신빙성이 있음이 분명하다고 신문의 잉크가 마르기도 전에 금방 믿어버렸다. 그것이 나를 너무 아프게 한다. 한 치의 거짓도 없이 분명하게 말한다. 그런 주장에는 한 톨의 진실도 없다"고 저 벳슨이 썼다. 무슨 일이 벌어졌든 그나마 기술 산업의 남성들은 결과적으로 자신의 행동에 책임을 지게 되었다.

그로부터 불과 몇 주 후 나는 〈블룸버그〉를 통해 다양한 여성들이 또 다른 유명 투자자 셔빈 피셔버에게 성폭행이나 성추행을 당했다고 주장한다는 기사를 냈다. 때는 2014년 12월이었다. 우버의 초기 투자자로 이름을 날렸던 피셔버는, 1920년대를 주제로 하는 우버의 사내 크리스마스 파티 '광란의 20년대Roaring 20'에 산타클로스 모자를 쓰고 가죽 줄에 매인 조랑말 한 마리를 끌고 참석했다. 그러나 풍문에 따르면, 그날 그의 기행은 그것만이 아니었다고 한다. 당시 마흔 살이었던 피셔버는 우버의 직원으로 당시 서른 살이었던 오스틴 가이트Austin Geidt에게 접근했고, 그녀의 다리 위에 손을 올린 다음 드레스 속으로 손을 집어넣어 몸을 더듬었다고 그녀의 전·현직 동료들이 증언했다. 그리고 가이트는 몸을 비틀면서 피셔버의 손아귀에서 빠져나왔다고 동료들이 말했다.

민주당의 주요 기부자로 오바마 대통령을 위한 정치헌금을 모금했고, 힐러리 클린턴이 대선에 출마했을 때는 영화배우 조지 클루니와 함께 기금모금 행사를 주최하기도 한 피셔버는, 우버의 영향력 있는 투자자 중 한 사람이었다. 무엇보다도 우버의 공동 창업자 트래비스 캘러닉과 막역한 관계를 유지했다. 한편 우버가 채용한 네 번째 직원이자 첫 번째 여성 직원이었던 가이트는 당시 새로운 도시들에서 우버의 서비스를 출범시키는 임무를 맡고 있었다. 피셔버가 가이트에게 한 행동을 직접 목격한 어떤 사람이 2014년 크리스마스 파티에서 있었던 일이 사실이라고 확인해주었다. 비록 가이트는 그 이야기가 처음 터져 나왔을 때 직접 언급하기를 거부했지만, 피셔버가 위력을 쓸 수 있는 입장이었던 것은 분명했다. 피셔버는 최근에 셰르파 캐피털Sherpa Capital이라는 벤처캐피털업체와 미래형 열차운송 회사 하이퍼루프 원Hyperloop One을 공동으로 창업했다.(하이퍼루프는 테슬라의 일론 머스크가 제안한 신개념 고속철도로 공기 저항이 없거나 미미한 진공에 가까운 터널에서 시속 약 500킬로미터로 달릴 수 있다고 함 -옮긴이). 피셔버는 자신의 변호인을 통해 성추행 의혹을 일체 부인했고 〈블룸버그〉와의 인터뷰에서는 자신과 가이트가 언제나 '우호적인 업무 관계'를 유지했다고 말했다. 또한 그의 법률 대리인들은 우리에게 그날 파티에 참석한 어떤 사람을 소개해주면서 그의 이야기도 들어보라고 했다. 익명을 요구한 그 사람은 피셔버가 그날 밤 누군가를 더듬을 형편이 되지 못했다고 주장했다. 한 손으로는 술잔을 다른 손으로는 조랑말을 묶은 가죽 끈을 잡고 있느라 그랬다는 것이었다. 그들의 '조랑말 변호'는 소셜 미디어상에서 커다란 조롱거리가 되었다.

나는 다른 여성 6명에게서 피셔버가 그들에게 자신의 영향력을 앞세워 원치 않는 성적 접촉을 시도했다는 증언을 들었지만, 그들은 그가 보복하고 자신들의 경력을 무너뜨릴까 봐 두렵다면서 익명을 요구했다. 그들 중 한 명은 여성 기업가였는데, 그녀의 회사에 대한 투자를 의논하는 저녁 식사 자리에서 그가 수작을 걸기 시작했고, 나중에는 강압적으로 키스하고 몸을 더듬기까지 했다고 내게 말했다. 기술업계에 종사하던 또 다른 여성은 2013년에 피셔버를 처음 만났고, 경력상의 기회를 의논하기 위해 저녁을 함께 먹었다고 했다. 이후 그가 그녀를 자신의 집으로 초대했고, 그녀의 말에 따르면 그의 집에서 "그가 말 그대로 내게 달려들었고 혀를 내 입안 깊숙이까지 밀어 넣으려고 했어요. 내가 가까스로 막아냈죠." 세 번째 피해 여성도 같은 해에 성추행을 당했다. 피셔버는 그녀를 직원으로 채용한 다음, 자신과 잠자리를 하자고 지속적으로 압박했다고 그녀가 말했다. 그녀는 내게도 보여준 페이스북 메시지에서 그에게 연애 관계에 관심이 없다고 거절했지만, 둘이 출장을 갔을 때 그가 호텔 방을 하나만 예약했다. 그녀의 이야기에 따르면, 그곳에서 피셔버가 오럴 섹스를 시도하려 했고 그녀가 이런저런 말로 겨우 설득해 위기를 모면했다. "무언가가 단단히 잘못됐다는 생각이 들었지만 당시에는 뭐가 뭔지 무척이나 혼란스러웠어요"라고 그녀가 내게 말했다. "분명히 기억나는 건 그의 커다란 몸이 내 위에 올라타 나를 짓눌렀다는 거예요. 당시 나는 그의 딸뻘 되는 나이였어요." 2013년 11월 유럽 최대 IT 콘퍼런스 웹 서밋web Summit 회의에서 피셔버는 테슬라의 일론 머스크 CEO와 함께 무대에 올라 강연을 했다. 여기서 네 번째 피해자가 나왔다. 피셔버가 호텔에 뒤풀이 파티를 준비했고 그녀도 그 파티에 참석했다. 어쩌다 보니 그녀는 피셔버와 또 다른 남성 한 명과 같은 소파에 앉게 되었다. 누구의 휴대전화였는지는 잘 기억이 나지 않지만 피셔버가 휴대전화를 들고 있었고, 희희낙락한 얼굴로 자신에게 여성들의 음부를 찍은 사진들을 보여주었다고 그녀가 회상했다. 피셔버와 또 다른 남성은 사진 속 주인공들은 자신들과 성관계를 맺은 여성들이라고 했다. 다섯 번째 피해자는 2015년 피셔버가 직접 채용한 직원이었다. 사건은 LA에서 열린 어떤 파티에서 벌어졌다. 피셔버의 초대로 참석한 그 파티에서 그는 그녀에게 강제로 키스했고, 이후 수주에 걸쳐 데이트를 하자고 사실상 협박하다시피 했다.

이런 의혹 제기에 대해 피셔버의 법률 대리인들은 "이런 주장 모두가 거짓임이 밝혀질 걸로 믿어 의심치 않는다"며 단호히 부인했다. 당시에는 2017년 5월 런던에서 한 여성이 강간 혐의로 그를 신고한 이후 그가 체포되었다는 언론 보도와 한창 공방을 벌이던 중이었다. 런던 경찰청은 그가 조사를 받던 중에 석방되었고 기소되지 않았다고 확인해주었다. 그의 변호인도 피셔버가 잠깐 구금되었지만 성폭행 주장에 대해 강력히 부인했다고 전하면서 "그는 광범위하고 상세한 경찰 조사에 전적으로 협조했다. 지난 7월에 피셔버는 런던 경찰 당국으로부터 더 이상 추가적인 조치가 없을 거라는 사실을 통보받았고 증거 불충분으로 '체포 사실 자체가 삭제(de-arrest, 영국의 법률 용어다)'되었다"고 덧붙였다. 민주당 지지자인 피셔버는 공화당을 지지하는 한 '뒷조사'업체가 비방 캠페인의 일환으로 자신에 관한 허위 정보를 퍼뜨렸다고 주장하면서 그 회사를 상대로 소송을 제기했다. 이에 그 회사는 피셔버에 대해 어떤 활동도 진행한 적이 없으며 그의 주장은 순전히 '망상'이라고 일갈했다. 피셔버의 성추행을 폭로하는 내 기사가 나오고 며칠이 지나지 않아, 또 다른 여성 기업가로 라 피턴Laura Fitton이 피셔버에게서 성폭행과 성추행을 당했다고 공개적으로 주장했다. 이번 역시도 피셔버는 전면 부인했고 '근거 없는 인신공격'이라는 입장을 고수했지만, 셰르파 캐피털에서 사임했다. 피셔버의 사건은 '성추행밸리'로 전락한 실리콘밸리에서 힘을 가진 남성들이 저지르는 잘못된 '갑질' 행동에 대한 극적인 이야기 중 하나임에 분명했다.

〈디 인포메이션〉의 성추행 보도가 나오고 사흘 만에 저스틴 콜드벡이 바이너리 캐피털에서 물러났고, 자신이 처음 발표한 사과문을 조금 수정해 다시 발표했다. "이번에 제기된 일련의 의혹들로 인해 나 자신도 매우 혼란스럽다. 비록 〈디 인포메이션〉이 보도한 사건들에서 중요한 맥락이 빠져 있지만, 누군가에게 불편한 기분을 느끼게 한 점에 대해서는 깊이 후회한다. 이것이 벤처캐피털업계에서 큰 문제라는 것에 변명의 여지가 없고 내 행동이 그 문제를 심화해 심히 유감스럽게 생각한다." 바이너리 캐피털의 자금 모집은 전면 중단되었고, 사실상 폐업의 수순을 밟기 시작했다. 그리고 콜드벡의 파트너로 사건이 터진 직후 그를 감쌌던 조너선 테오도 사임하겠다고 발표했다.

콜드벡의 성추행 스캔들이 정점이었을 때 바이너리 캐피털의 전직 직원이었던 앤 라이Ann Lai가 퇴직 후 괴롭힘을 당했다며 바이너리 캐피털을 고소했다. 라이는 성차별적인 환경 탓에 바이너리 캐피털을 그만두었다고 주장했다. 여성 직원들에 대한 부적절한 행위가 만연했고 자신은 물론이고 투자를 받고 싶어 하는 여성 창업자들의 외모에 대한 발언도 흔한 일이었다는 것이다. 그녀의 법적 증언에 따르면, 그녀가 회사를 그만둔 이후 괴롭힘이 시작되었다. 그리고 콜드벡은 만약 라이가 바이너리 캐피털에 대해 안 좋은 이야기를 한다면 "다시는 어디서도 취업할 수 없게 하겠다'고 협박했고, 그녀는 그런 내용이 담긴 상세한 메시지를 법원에 증거로 제출했다. 라이는 콜드벡만이 아니라 바이너리 캐피털도 투자 수익 중에서 그녀의 몫을 지급하지 않겠다며 협박했다고 주장했다. 뿐만 아니라 바이너리는 라이가 접촉한 미래 고용주들에게 그녀가 실적이 나빠서 해고되었다고 거짓말했고 그리하여 공학박사 학위를 포함해 하버드 학위가 세 개나 되는 라이가 새 직장을 구하기 힘들었다고, 고소장에 적시되어 있다.

바이너리의 운영 방식을 굳이 자세히 살펴보지 않아도 그 회사가 어떻게 운영되는지 금방 알 수 있다. 콜드벡과 테오는 예전의 양조장을 개조해 새로운 사무실로 꾸미는 데에 상당한 돈을 들였고, 심지어 기다란 대리석 바도 들여놓았다. "그들은 사무실을 고급 클럽이나 고급 아파트처럼 꾸미고 싶어 했어요. 전형적인 사무 공간처럼 보이는 것을 원치 않았어요"라고 인테리어 디자이너 애리얼 애슈(Arial Ashe가 바이너리 캐피털의 새 사무실을 소개하는 건축 잡지 〈아키텍처럴 다이제스트Architectural Digest〉의 특집 기사에서 말했다. "바이너리의 사무실은 '놀이터' 같은 환경에 초점이 맞춰졌어요. 그들은 사무실에서 파티를 할 수 있기를 바랐어요." 콜드벡과 테오는 기업가들과 투자자들 사이에서 라스베이거스를 제 집 드나들듯 하는 '파티광 벤처캐피털리스트들'로 명성이 자자했다. 솔직히 말해 둘이 처음 만난 장소도 라스베이거스였다. 당시는 테오가 벤치마크 캐피털에서 일할 때였는데, 콜드벡이 테오의 비서와 춤을 추다가 테오를 만났다. 그러고 보니 둘은 환락의 천국이자 죄악의 도시(Sin City, 라스베이거스의 별칭 ─ 옮긴이)가 맺어준 천생연분이었다.

바이러니 캐피털에 대해 잘 아는 어떤 사람이 내게 말하기를, 콜드벡과 테오 사이에 불문율이 하나 있었다고 한다. 오후 5시 30분 이후에는 콜드벡이 술집에서 여성 기업가들을 만나서는 안 된다는 규칙이었다. 이유는 단순했다. 콜드벡이 선을 넘지 않을 거라고 믿을 수 없었기 때문이었다.(콜드벡은 이 주장을 부인했다.) 그 사람은 콜드벡에 대해 다른 비화도 들려주었다. 특정 여성들에게 너무 노골적으로 들이댄다고 한소리 들으면 콜드벡이 "그냥 저녁이나 먹자고 했을 뿐"이라거나 "영계들은 진짜 멍청하다니까" 같은 말을 중얼거리곤 했다는 것이다. 나는 콜드벡에게 추행을 당한 어떤 여성이 그에게서 받은 여러 문자메시지를 직접 보았는데, 성적인 의도가 노골적으로 담겨 있었다. 구체적으로 말하면 콜드벡은 그녀를 떠올리면서 자위하는 행위를 외설적인 언어로 상세히 설명하고 있었다.

콜드벡의 성추행에 대한 폭로가 줄줄이 사탕처럼 터져 나오자 〈리코드〉는 콜드벡의 피해자 명단에 카트리나 레이크의 이름을 추가했다. 레이크가 성추행을 당했을 당시 콜드벡의 직장이었던 라이트스피드는 자사 트위터를 통해 '콜드벡과 관련해 이제까지 드러난 사실로 보건대 우리가 진즉에 좀 더 강력한 조치를 취하지 않은 것을 후회한다'고 트윗했다. 그리고 라이트스피드의 파트너 라비 마트레는 바이너리에 투자한 자금을 즉각 회수했다.

나는 콜드벡을 만나 제기된 모든 혐의에 대한 그의 입장을 직접 듣고 싶었다. 그래서 콜드벡이 사임하고 '자연인'으로 돌아가고 석 달 후 동료 마크 밀리안Mark Milian을 대동해 그를 만났다. 콜드벡은 낯빛이 어두웠고 뉘우치는 기색이 역력했으며, 자신이 멍청한 짓을 반복해서 저질렀다고 인정했다. 특히 자신의 예전 자아는 '자기 인식 능력이 없었다'고 unselfaware me했다. 그는 성추행 피해를 폭로한 모든 여성에게 사과 편지를 쓰는 중이라고 했다.(아직 부치지는 않았다고 했다.) 그는 카트리나 레이크 사이에 있었던 일을 포함해 구체적인 모든 의혹에 대해 공식적인 입장을 표명하려 하지 않았다.

그로부터 며칠 후 콜드벡은 '책임성의 등불'이 되고 '정직한 자기 성찰과 긍정적인 변화를 촉발하는' 데에 일조하겠다는 성명서를 발표했다. 그의 새로운 사명에는 대학생들에게 강연하는 것도 포함될 듯하다. "그동안 열심히 치료를 받는 한편 성추행에 대해 많이 공부했다. 그리하여 직장 내 성추행으로 정의되는 행동이 많은 남자 대학생 사이에서도 널리 퍼져 있다는 사실을 알게 되었다. 이 행동은 종종 마초적인 브로-문화로 일컬어진다. 앞으로는 남성들의 의식을 고양시킴으로써 브로 문화를 뿌리 뽑고 여성들을 위한 긍정적인 변화를 창조하는 밑거름이 되는 데에 헌신하려 한다."

나는 공개적인 망신을 당하기 전에 '전적으로 내 잘못이다'라고 사과 했더라면 훨씬 설득력 있고 진정성 있게 들렸을 거라고 생각한다. 그런 기본적인 통찰을 얻기 위해 정말로 '많은 공부'가 필요했을까? 그의 성명서 하나만 봐도, 실리콘밸리에서 힘 있는 일부 남성들이 얼마나 세상과 단절되고 폐쇄적일 수 있을지 분명히 알 수 있다.

누가 벤처 세상을 변하게 했을까

비방금지 합의서에 서명한 처지라 레이크도 콜드벡과의 불쾌한 경험에 대해 끝까지 입을 다물 것이다. 하지만 그녀는 아주 중요한 문제점을 하나 제기한다. 벤처캐피털리스트-기업가 관계를 관리하는 지침이 전무하다는 것이다. 일반적으로 벤처캐피털 회사들은 규모가 아주 작아서 별도의 인사 부서를 운영하지 않고, 벤처캐피털업계의 구체적인 행동 강령도 없다. 벤처캐피털리스트들은 자신의 경력 전체가 자신의 평판에 달려 있기 때문에, 적절하게 행동하라는 무언의 압박을 받는다고 주장한다. 가령 어떤 벤처캐피털리스트가 멍청한 짓을 한다면, 기업가들 사이에 소문이 퍼질 것이고, 그들은 그의 투자를 받고 싶어 하지 않을 것이다. 따라서 벤처캐피털리스트들의 주장인즉, 그런 무언의 압박으로 나쁜 행동을 충분히 예방할 수 있다는 것이다. 그렇지만 벤처캐피털리스들과 그들의 돈이 절실히 필요한 창업자들 사이에는 일종의 '갑-을' 관계가 형성되고 힘의 균형추가 벤처 투자자들에게로 크게 기울 수밖에 없다. 그리고 그런 막대한 힘의 차이를 고려할 때 단순히 나쁜 행동을 자제시키는 반-유인책dis-incentive의 효과가 극히 미미할 수밖에 없는 것은 당연한 이치다. 실제로도 이것을 뒷받침해주는 널리 알려진 나쁜 행동이 있다. 실리콘밸리에서 벤처캐피털리스트들보다 더 강력한 힘을 가진 사람들은, 또한 여성들에게 나쁜 행동을 한 투자자들을 혼내줄 만큼 많은 힘을 가진 사람들은, 딱 한 집단뿐이다. 바로 유한 파트너라고 불리는 LP들이다. 즉 벤처 투자자들이 기업들에 투자할 수 있는 돈줄을 대는 개인과 집단 말이다. 쉽게 말해 '전주(錢主)'들이다.

"벤처캐피털리스트들을 평가하는, 즉 그들의 성공을 측정하는 유일한 가늠자는 오로지 수익을 토대로 평가하는 방법뿐이에요"라고 레이크가 내게 말했다. "그들에게 '착하게' 돈을 벌어야 하는 책임을 지울 수 있는 사람은 하늘 아래 없어요. LP들을 위해 많은 돈을 벌기만 하면 그만이죠. 그들이 돈을 어떻게 버는지는 LP들에게 별로 중요하지 않아요."

벤처캐피털업계의 먹이사슬을 쉽게 정리해보자. LP들이 벤처캐피털리스트들에게 돈을 대고, 그들이 다시 기업가들에게 돈을 댄다. (가끔은 회사가 허용할 경우 벤처 투자자들이 포트폴리오 기업들에 개인적으로 '소액'을 투자하기도 한다.) 어떤 경우든 LP들이 벤처캐피털 펀드에 투자하는 돈이 절대적으로 중요하다. 그리고 이 돈은 연기금, 학교발전기금과 재단기금, 개인 자산가, 헤지펀드 등등에서 나온다. 스타트업들이 지분을 제공하는 대가로 벤처캐피털 회사들에서 투자를 받듯, 그들 회사의 제너럴 파트너들 즉 GP들은 LP들에게서 일정한 기간에 걸쳐 -대개는 10년- 높은 수익률을 약속하는 대가로 자금을 받는다.

그렇다면 바이너리의 LP들은 저스틴 콜드백의 평판을 인지했을까? 우리로서는 그것을 알 길이 없다. 한 LP는 콜드백의 사임에 얽힌 전모를 알려주지 않았다고 라이트스피드를 비난했다. 그러나 그는 콜드백과 레이크와의 불화에 관한 소문을 들은 후에도 바이너리와의 투자 계약을 갱신했다고 말했다. 몇몇 LP들은 그 소문에 대해 콜드백에게 직접 물었고, 절대 그런 일이 없었다는 콜드백의 말을 그대로 믿었다. 한 LP는 내 동료인 사라 맥브라이드Sarah McBride에게 콜드벡과 테오의 업계 평판을 확인하러 40명에 가까운 사람들에게 전화를 돌렸다고 했다. "사람들은 하나같이 그들의 평판에 대해 좋게 이야기했습니다. 솔직히 우리가 들어본 중 가장 열정적인 반응이었습니다." 이 말에 고개를 갸웃거리는 사람들도 있다. 내가 이 책을 쓰기 시작했을 때는 니니앤 왕이 〈디 인포메이션〉을 통해 콜드벡의 지저분한 얼굴을 만천하에 공개하기 딱 1년 전이었지만, 이미 당시에도 콜드벡의 행동은 성추행밸리의 공공연한 비밀이었기 때문이다.

콜드벡에 관한 성추문이 본격적으로 터지기 한참 전인 2016년, 나는 포어러너 벤처스Forerunner Ventures의 설립자이자 CEO인 커스틴 그린Kirsten Green을 만났다. 그녀는 단도직입적으로 말했다. "우리는 그들과 거래하지 않아요." 그리고 그녀는 다른 LP들에게도 똑같이 말했다고 주장했다. "그들이 단기간에 펀드를 조성했을 때 '도대체 다들 정신이 있는 거야?'라는 생각이 들었어요. 물론 그들은 재미있는 사람들이에요. 그렇지만 재미있는 사람들이라고 돈을 대요? 이해가 안 돼요. 당신의 돈을 믿고 맡길 만한 사람들이 주변에 차고 넘치는데 굳이 그들의 펀드에 돈을 투자해야 할 필요가 있을지 의문이네요." 캔버스 벤처스Canvas Ventures의 파트너 레베카 린Rebecca Lynn은 내게 이렇게 말했다. "모든 LP가 알았다고는 생각하지 않지만 일부 LP는 알았다고 확신해요. 그들은 콜드벡이 자신들의 무리에 포함되는 것이 좋다고 생각하죠. 그들 모두는 오랫동안 알고 지냈고 그의 나쁜 손버릇 따위는 누구도 상관하지 않았어요. 두어 군데만 전화를 돌려보면 당신도 금방 알게 될 거예요."

그 문제의 한편에는 LP들 본인도 최고의 벤처캐피털 펀드에 돈을 투자하기 위해 치열하게 경쟁한다는 점이 자리한다. 2014년부터 2017년까지 미국에서 벤처 투자자들이 스타트업들에 투자하기 위해 LP들로부터 끌어온 돈이 총 1300억 달러나 된다. 한 LP는 내게 "내가 원하는 것은 최고의 GP들입니다. 그들이 누군지 어떤 사람인지는 관심 없습니다. 내가 원하는 것은 딱 하나, 최고의 수익률입니다. 최고의 GP들 중에 개인적으로는 가장 좋은 사람이 아니지만 일에서만은 최고의 수익률을 달성하는 파트너들이 일부 있습니다."

벤처 투자자들의 돈이 어디서 나오는지 조사하기 시작했을 당시 나는 실리콘밸리에서 대부분의 LP가 백인 남성일 거라고 막연히 예상했다. 그런데 내 예상이 보기 좋게 빗나갔다. 벤처캐피털 회사들에서보다 LP들 사이에 여성들이 훨씬 많아 깜짝 놀랐다. 예를 들어 워싱턴 DC에 있는 스미스소니언협회Smithsonian Institute부터 뉴욕의 메트로폴리탄 미술관Metropolitan Museum of Art에 이르기까지 가장 명망 있는 대규모 기금을 운영하는 상당수 기관들에서 최고투자책임자가 여성이었다. 안타깝게도 그들은 벤처캐피털업계의 나쁜 남자들을 혼내주는 '경찰 역할'을 하는 데는 관심이 없다.

"LP 커뮤니티에 여성들이 아주 많아요. 그러나 우리 모두는 똑같은 말을 할 거예요"라고 액셀Accel과 앤드리슨 호로위츠를 포함해 다양한 벤처캐피털업체들에 출자하는 유한합자회사limited partnership 어콜레이드 파트너스Accolade Partners의 설립자 조엘 케이든Joelle Kayden이 말했다.(액셀과 앤드리슨 호로위츠 둘 다 2017년 여성 투자 파트너는 한 명도 없었다.) "(벤처캐피털 회사들에서) 더 많은 여성이 활동하는 것을 보고 싶지만, 만약 당신이 우리 머리에 총부리를 겨눈다면 우리는 수익률을 토대로 투자를 결정할 거예요." 결국 케이든의 역할은 자신을 믿고 돈을 맡겨준 투자자들을 위해 수익을 내는 것이다.

내가 케이든을 만났을 때는 세쿼이아가 최초의 여성 파트너를 채용한 직후였고 벤치마크는 여전히 철저한 금녀의 영역이었다. 케이든이 내게 "부분적인 문제는 (그 두 회사가) 업계 전체에서 수익률이 가장 높다는 점입니다. 그런 그들에게 투자하지 않는다면 도대체 어디에 투자하겠어요? 솔직히 나는 그들의 펀드에 투자하고 싶어 미치겠어요. 그들 회사에 여성 파트너가 없다는 이유로 그들에게 투자할 기회를 놓치지는 않을 거예요. 솔직히 높은 수익만 얻을 수 있다면 무슨 일이든 할 거예요."

여성들이 독자적 행동을 취하다

따라서 만약 벤처캐피털업계의 돈줄을 쥔 사람들이 변화를 강요하지 않을 거라면, 그 업계가 변할 수 있는 방법은 하나뿐이다. 내부부터 변하는 것이다. 오늘날 많은 여성 투자자가 직접 행동에 나서고 있다. 에일린 리가 KPCB에서 근무했을 때 그녀는 회사가 최첨단 모터스쿠터 세그웨이Segway에 투자하기 위해 실사 업무를 맡았었다. 사실 지금 와서 돌아보면 세그웨이는 지나치게 과대평가되었다. 그녀는 세그웨이를 직접 타보았고 몇 가지 단점이 있음을 금방 깨달았다.(비싼 데다가 사용하려면 연습이 필요했고 지갑, 휴대전화 같은 소지품이나 서류가방을 넣어둘 공간 혹은 음식이나 음료를 보관할 공간이 없었다). "직감적으로 세그웨이가 대박 상품이 되지 못할 거라는 촉이 왔어요. 내가 세그웨이의 그런 단점을 좀 더 효과적으로 설득했더라면 좋았겠지만, 내가 함께 일하는 사람들은 업계의 전설적인 투자자들이었고, 그래서 그들이 더 잘 알 거라고 생각했어요."

공정하게 말하면 투자자는 저마다 지나고 나서 후회하는 '그랬을 텐데, 그랬어야 했는데, 그럴 수 있었는데woulda, shoulda, coulda'라는 말을 한다. 그랬더라도 만약 에일린 리가 자신의 의견을 솔직하고 강력히 주장했더라면 KPCB는 많은 돈을 날리지 않았을지도 모른다. 다시 말해 전설적인 투자자들이 그녀의 말에 귀를 기울였더라면 말이다. 몇 년 후 리는 KPCB에 급성장하는 어떤 차량호출 회사에 시드 단계부터 투자하자고 제안했다. 그 회사가 바로 우버였다. 그러나 당시 KPCB는 스타트업의 초기 단계에서는 대개 발을 담그지 않았다. 심지어 몇 년 후 우버가 시리즈 B단계의 자금을 모집했을 때 그녀가 파트너들에게 당시 우버의 CEO 였던 트래비스 캘러닉을 만나보라고 권유했지만 그들은 관심을 보이지 않았다. 비록 내부 문화와 관련해서는 논란이 있지만, 어쨌든 우버가 전 세계 차량호출업계를 호령하는 거대한 공룡이 되었다는 점을 고려하면, KPCB에게는 놓친 기회임이 분명했다. (앞서도 말했지만 KPCB는 우버의 몸값이 크게 뛴 뒤에 우버의 투자자 열차에 몸을 실었다.) 이런 일련의 경험을 통해 에일린 리는 창업해 독자적으로 투자한다면 훨씬 크게 성공할 수 있겠다는 믿음이 생기기 시작했다.

리는 2012년 시드 투자 전문의 카우보이 벤처스Cowboy Venture를 설립했고, KPCB의 도움으로 시드 펀드를 위해 본격적인 자금 모집에 나섰다. 시드 투자는 위험성이 높은 새로운 분야였지만, 리는 충분한 자금을 모집할 자신이 있었다. 그동안 벤처캐피털업계에서 일하며 많은 투자자와 우호적인 관계를 구축했고 그들이 그녀를 적절한 LP들에게 소개해주었기 때문이다. 그러나 실제로 부딪힌 현실은 결코 녹록지 않았다. 한번은 어떤 LP와 회의를 하던 중에 상대방이 그녀에게 아이가 있는지 물었고, 그녀는 아이가 셋이라고 대답했다. "'와우, 대단하시네요. 그런데 어떻게 이 일을 성공적으로 할 수 있겠습니까? 펀드를 운영하는 동시에 아이 셋을 보살필 수 있겠어요?'라고 그가 말하더군요. 그래서 내가 대답했죠. '아뇨, 둘 다 하기는 힘들겠죠. 그래서 아이들을 포기하려고요'"라고 리가 자조 섞인 농담을 했다.

결과적으로 말하면 그 LP가 운용하던 펀드는 카우보이 벤처스에 투자했다. "나는 상처뿐인 영광만 남은 심정이었어요. 그들의 돈을 받아야 할까? 그들은 내가 워킹맘이라고 무슨 괴물 보듯 하잖아"라며 그녀가 옛일을 떠올렸다. 하지만 그녀는 마음을 다잡았다. "본때를 보여줄 거야. 잘하면 워킹맘에 대한 그들의 비뚤어진 인식을 바꿀 수 있을지 누가 알아?"

리의 회사는 현재 초기 단계지만, 그녀는 큰 욕심 부리지 않고 널리 존중받는 브랜드를 차분히 구축해가고 있다. 참, 이 말을 해야겠다. 오늘날 널리 사용되는 '유니콘'이라는 용어를 만들어낸 사람이 바로 에일린 리다. 앞에서도 말했지만 유니콘은 초기 투자금 회수 단계에서 기업 가치가 10억 달러를 상회하는 비상장 스타트업을 가리킨다. 2016년 그녀는 카우보이의 포트폴리오 기업 명단에 처음으로 유니콘을 포함시켰다. 유니레버가 10억 달러를 주고 인수한 면도날 정기구독 서비스 스타트업 달러 셰이브 클럽Dollar Shave Club이었다.(리는 KPCB에 재직할 당시 처음으로 달러 셰이브 클럽에 투자했고 나중에 카우보이가 또다시 투자했다.) 그런데 여성 투자자인 리는 주 고객층이 남성인 서비스의 잠재력을 어떻게 알아본 걸까? "면도날 사업은 남성만, 생리대 사업은 여성만 담당해야 하는 법 있나요?"라고 그녀가 정곡을 찔렀다.

하지만 리와 같은 여성들이 벤처캐피털 세상에서 새로운 길을 개척하는 오늘날에도, 비즈니스 세상에서 배타적인 보이 클럽 중 하나로의 진입을 가로막는 장벽들은 여전히 견고하다. 2014년 한 기자는 남성 벤처캐피털리스트들로 구성된 남성 전용 비밀 클럽이 있다는 제보를 입수했다. 클럽 이름은 VC21이었고, 회원은 KPCB와 액셀, 그레이록을 비롯해 다양한 벤처캐피털업체들에 소속된 남성 파트너들로 구성되었다. 클럽 회원들도 언론에서 냄새를 맡았다는 사실을 알게 되자 몇몇 여성 투자자들을 회원으로 맞아들여 선수를 쳤다. 덕분에 하마터면 언론의 먹잇감이 되어 이미지가 실추될 뻔했던 상황을 모면할 수 있었다. 이후 VC21은 벤처 소셜 클럽Venture Social Club, VSC으로 개명했다.

2017년 3월 VSC 회원들이 받은 이메일에는, 멘로 파크에 위치한 로즈우드Rosewood 호텔의 주말 무료 숙박권과 하와이 마우이섬에 있는 몽타주Montage 리조트에서 보내는 '선셋 크루즈, 해양 스포츠, 프라이빗 디너가 포함된' '최고급' 무료 주말 여행에 대한 광고가 들어 있었다. VSC의 회원들은 내게도 그런 것과 비슷한 여행에 대해 말해주었다. 웅장한 대저택에 머물면서 헬리-스키 같은 고급 스포츠를 즐기고 음료가 무제한 제공되며 포도주 200병이 곁들여진 정성스러운 저녁 만찬이 포함된 여행들이었다. 그렇다면 이런 모든 호사 비용은 누가 지불하는 걸까? 다양한 금융기관, 법률 회사, 유한 파트너들로 하나같이 '대박' 거래에 숟가락을 올리고 싶은 사람들이다. "그들은 수년간 벤처 투자자들을 지원해오고 있습니다. 그리고 마사지에 이르기까지 모든 비용이 그들의 주머니에서 나옵니다"라고 한 회원이 말했다.

이들이 돈이 남아돌아서 그런 비용을 대는 것이 아니다. 그들을 통해 많은 거래가 이뤄지기 때문에 지갑을 여는 것이다. 술자리에서 격의 없이 주고받는 잡담이나 스키 리프트를 타고 올라가는 10분이 10억 달러짜리 거래가 되어 돌아올 수도 있다. 요컨대 그곳에서는 우연한 만남과 기회가 있지만, 그 클럽에 초대받지 못한 여성들에게는 그런 만남과 기회가 언감생심이다.

클럽 회원들이 주고받은 이메일을 보면 회원들이 거래 흐름에 대해 의논하고 높은 수익률로 투자를 성공적으로 회수exit하면 서로를 축하해준다. 그런 메시지에는 "당신 정말 상남자요! 거하게 한잔 쏘슈!" "당신, 굉장히 멋지십니다! 부럽소이다!" 같이 지나치게 친한 척하며 과한 칭찬이 오간다고 한 회원이 말했다. 짐작하겠지만 많은 여성이 불편을 느낄 만한 환경이다. 그럼에도 오늘날 일부 여성 벤처 투자자들이 그 클럽의 회원으로 활동하는 것은 멋진 일이다. 하지만 그들이 지난 10년 가까이 인맥을 쌓을 수 있는 그런 기회를 놓쳤다는 것은 안타깝다.

내가 여성 투자자들에게 벤처 소셜 클럽을 어떻게 생각하는지 물었을 때 대부분은 짜증 난다는 듯 눈을 희번덕거렸다. "바깥에서 보면 소수의 선택된 회원들만 들어가는 컨트리클럽과 다르지 않아요"라고 한 여성 벤처캐피털리스트가 말했다. 그런 다음 내게 되물었다. "그 클럽의 존재

이유가 무엇인지 말해주세요. 당신이 그게 차별적인 클럽이 아니라고 말할 수 있으면 나도 다시 생각해볼게요." 모든 벤처캐피털리스트가 남들보다 앞서나가고 싶다면 경기장에서 펼쳐지는 게임을 해야 한다는 것을 잘 안다.

하지만 잘 생각해보면 그 게임이 변하기 시작했는지도 모른다. 포어러너의 설립자이자 CEO인 커스틴 그린이 2017년 〈테크크런치〉가 선정하는 올해의 벤처캐피털리스트에 뽑혔다.(그녀는 유니레버가 인수한 달러 세이브 클럽만이 아니라 월마트가 30억 달러에 인수한 온라인 쇼핑몰 젯닷컴Jet.com에도 투자했다.) 그리고 그녀는 남성 벤처 투자자들과 사교 활동을 하지 않는다고 해서 기회를 놓칠까 봐 크게 불안해하지 않는다. "그곳이 어디든 남성 벤처 투자자들이 우르르 몰려다니는 여행에 동행하지 않았다는 이유로 거래에서 배제되고 싶지는 않아요. 결국 가장 중요한 것은 내가 그런 여행에 끼고 싶은 마음이 없다는 거예요"라고 그린이 말했다. "어쩌면 여성 투자자들끼리 우리만의 무언가를 만들 필요가 있을지도 모르겠어요." 그런 움직임의 하나로 최근 그린은 코미디언 에이미 슈머Amy Schumer의 쇼를 보기 위해 귀빈석을 다량 구매해 여성 동료들을 초대했다. "관심을 갖고 열심히 찾아본다면 벤처캐피털업계에 내가 아주 많이 좋아하고 거래하고 싶은 정말 멋진 여성 투자자들이 있지 않겠어요?"

마지막으로 에일린 리의 이야기를 하면, 현재 그녀는 영향력 있는 여성들을 자신의 집으로 초대해 연례 모임을 갖는다. 그리고 그 모임에서는 참석자들의 남편과 파트너가 정장을 차려입고 음료를 대접한다. 가장 최근에 있었던 모임에 참석했을 때 차마트 팔리하피티야가 친절하게도 내게 스파클링 생수를 갖다주었다. 소셜 캐피털의 CEO인 차마트는 투자 파트너이자 자신의 아내인 브리짓 라우와 함께 그 파티에 참석했었다.

자신의 의도가 분명하게 전달되지 않았을 경우를 대비해 리는 그 모임을 레이디페스트Lafyfest 즉 '여성들의 축제'라고 불렀다.

CHAPTER
6

**섹스 앤 더 실리콘밸리
: 남성은 쾌락을, 여성은 돈을 좇다**

한 달에 한 번꼴로 금요일이나 토요일 밤, 실리콘밸리를 주무르는 선택된 사람들이 마약을 투약하고 난잡한 섹스를 즐기는 파티를 벌인다. 파티가 열리는 장소는 다양하다. 가끔 샌프란시스코 부촌인 퍼시픽 하이츠Pacific Heights에 있는 고풍스러운 저택에서, 또 가끔은 샌프란시스코 인근 고급 주거지 애서턴Atherton이나 힐즈버러Hillsborough의 언덕에 자리잡은 호화 주택에서 파티가 열린다. 특별한 경우에는 샌프란시스코 북부의 내퍼 밸리에 있는 대저택이나 말리부 해변의 사유지에서 모이고, 또 심지어는 환락의 천국이라 불리는 지중해 섬 이비사Ibaza에서 선상 파티를 벌이기도 한다. 이렇게 열리는 흥청망청한 술판은 주말 내내 혹은 더 오래 이어지는 것이 다반사다. 파티 장소는 변할지언정, 참석자들 중 상당수의 면면이 겹치고 목적 또한 한결같다.

　그런 파티에 직접 참석했거나 그런 파티에 대해 잘 아는 스무 명 남짓한 사람들에게서 내가 들은 이야기는 귀를 의심케 하는 내용이 수두룩하다. 많은 참석자가 부끄러움은커녕 쑥스러워하는 기색조차 없어 보인다. 오히려 자신들이 지배하는 기술 세상에서와 똑같이 사생활에서도 전통과 패러다임을 어떻게 바꾸고 있는지를 말하는 그들의 목소리에서는 자랑스러움이 묻어난다. 실리콘밸리의 거물들은 자신들에게 쏟아지는 따가운 비난에 눈썹 하나 까닥하지 않은 채 이런 행동에 대해 자화자찬식의 말투로 말한다. 이것은 폭로 전문 사이트 위키리크스WikiLeaks의 운영자 줄리언 어산지Julian Assange가 민족국가 개념을 맹렬히 비난하는 모양새를 떠올리게 한다. 호화로운 파티에서 자행되는 그들의 행동은 진보성과 개방성의 -원한다면 담대함이라고 불러도 좋다- 연장선에 있는 것으로, 실리콘밸리의 창업자들에게 자신들이 세상을 바꿀 수 있다는 믿음을 심어준다. 게다가 그들은 파괴자로서 자신들의 권리가 비단 기술 분야에만 국한되는 것이 아니라고 생각한다. 자신들에게 사회를 파괴하고 변화시킬 자격이 있다고 생각하는 것이다. 하지만 내가 인터뷰한 파티 참석자들 대부분은 익명을 보장해주지 않으면 파티에서 벌어지는 일들에 대해 입을 열려고 하지 않았다.

섹스 파티는 비록 도를 넘는 난잡함으로 충격을 안겨주기는 해도, 오늘날 성에 대해 개방적인 실리콘밸리의 여러 얼굴 중 하나에 지나지 않는다. 실리콘밸리의 모든 사람이 자신의 성생활과 성관계를 실험하고 있는 듯하다. 가령 모르는 남녀가 만나 즉석 섹스를 즐기는 훅업hook-up 문화는 범블Bumble과 틴더Tinder 같은 소개팅 애플리케이션을 등에 업고 실리콘밸리에서 유행하고 있다. 또한 파트너의 자유로운 성생활을 용인하는 개방연애가 보편적일뿐더러 실질적인 폴리아모리polyamory 즉 다자연애 커뮤니티도 존재한다. 한편 젊고 이성애자이며 테크 산업에 종사하면서 10만 달러 이상의 고소득을 올리는 많은 남성 사이에는 성매매가

횡행한다. 여기에는 스트립 클럽, 온라인 에스코트 서비스에 대한 쉬운 접근성, 남성들이 관계에 대한 대가로 여성들에게 규칙적으로 비용을 지불하는 수많은 '기둥서방sugar-daddy' 웹사이트들이 부추기는 새로운 형태의 매춘 등이 포함된다.

만약 이런 행위가 사생활로만 국한된다면 누가 뭐랄까. 그러나 안타깝게도 이런 섹스 파티에서 벌어지는 일들은 파티에서 그치지 않는다-차차 알아보겠지만 이는 스트립 클럽과 개방연애에서 벌어지는 작태들도 마찬가지다. 고위자들부터 평직원에 이르기까지 이른바 '공돌이'들이 추구하는 자유분방한 성생활은 실리콘밸리에 둥지를 튼 기업들의 운영 방식에도 영향을 미친다.

IT 거물과 유명인들의 섹스 파티

그런 파티에 참석했던 사람들의 증언에 따르면, 막강한 힘을 가진 초기 투자자first-round investor들과 내로라하는 유명 기업가들 그리고 고위 경영자들이 섹스 파티를 주최하고 참석한다. 그들 중에는 실리콘밸리의 거물들과 누구나 아는 유력 인사들은 물론이고 기술 관련 잡지와 경영 잡지의 표지를 장식하는 인물들도 일부 포함된다. 억만장자도 차고 넘친다. 반면에 여성 참석자들은 남성 참석자들과는 다른 '스펙'을 요구한다. (일반적으로) 젊고 매력적이며 적극적인 성격의 여성이라면, 직업이 무엇이든 은행 잔고가 얼마든 걱정할 필요가 없다. 일부 여성 참석자들은 실리콘밸리를 포함하는 베이 에이리어 일대에서 일하지만, 나머지는 LA나 더 먼 타지에서 '원정 온' 여성들로 부동산과 퍼스널 트레이닝 그리고 홍보같이 IT 종사자들과 공생 관계에 있는 업종에 종사한다. 어떤 파티들은 여성 대 남성 부자의 비율이 거의 2 대 1에 이르고, 이는 당연히 남성들이 여성들을 '고를' 수 있는 선택의 폭을 넓혀준다. 기술 분야에 전문적으로 투자하는 한 남성 투자자가 "그런 파티가 어떤지 잘 아실 겁니다"라고 내게 말했다. "기술 분야의 일반적인 파티에서는 여성들을 거의 보기 힘듭니다. 그러나 그런 섹스 파티에서는 여성들이 발에 차일 정도입니다."

지난 2년간 나는 수많은 사람에게서 실리콘밸리에 이런 문화가 만연하다는 이야기를 들었다. 솔직히 6장의 내용은 이 책을 준비하면서 가장 힘든 부분이었다. 많은 잠재적 제보자가 특히 여성 제보자가 나와 만나기로 약속한 당일에 갑자기 약속을 취소하는가 하면, 보복이 두려워 실명을 공개하지 말아달라고 요구하는 제보자들도 많았다.

그래도 나는 포기할 수 없었다. 아니, 이런 사교 모임에 참석하는 여성들이 심지어 자의로 참석할지언정 종종 어떻게 홀대받는지와 관련해 꼭 해야 하는 중요한 이야기가 있다고 믿는다. 내가 연락하기 전부터 이 문화에 대한 소문을 익히 들은 한 여성 투자자는 "여성들은 삶이 나아지기를 꿈꾸며 그런 파티에 참석하죠. 그들은 실리콘밸리에서 하층민이에요"라고 단언했다. 강력한 IT 거물 중 한 사람을 위해 일하는 어떤 남성 투자자의 말을 들어보자. "사람들을 몰고 다니면서 10여 명의 여성들과 동시에 잠자리를 갖는 남성들을 많이 보았습니다. 하지만 상대 여성들이 문제 삼지 않는다면 그것이 명백한 범죄라고 할 수 있을까요? 물론 추악하고 역겹다고 말할 수는 있지만 불법은 아닙니다. 그것이 바로 여성들을 억압하는 성차별적인 문화를 지탱해줍니다."

실험적인 성행위를 즐기는 다양한 파티가 존재하는 것은 틀림없는 사실이다. 오직 섹스만이 목적인 일부 파티는 (안전과 성 기능을 촉진하기 위해) 마약과 알코올이 일절 금지되고 남녀의 성비를 적절히 균형 맞출지도 모른다. 반면에 다른 파티들에서는 마약이 판을 치고 여성의 수가 훨씬 많으며, 대개는 다수의 남녀가 서로 부둥켜안고 뒹구는 '커들 퍼들 cuddle puddle' 장면이 연출된다. 이런 행위는 조금 더 신중한 성적 접촉으로 이어지는 전초전일 뿐이다. 여성들이 '님도 보고 뽕도 하는' 이런 섹스 파티에 발을 담그는 경로가 남성들과는 사뭇 다르다. 일례로 기술 분야에 종사하는 한 여성의 경우를 보자. 그녀는 유선방송 채널 브라보Bravo가 실리콘밸리를 소재로 제작한 리얼리티 쇼를 축하하는 파티에 참석한 후, 개방적이고 잘나가는 사람들과 친분을 갖게 되었다고 한다. "대학을 갓 졸업했을 때 실리콘밸리의 어떤 고급 주택에서 열리는 파티에 초대를 받았어요. 어린 마음에 그 파티가 재미있고 멋질 것 같았어요"라고 그녀가 말했다. 그 파티는 그녀를 새로운 세상으로 데려갔다. IT업체 창업자들과 기술자들이 참석하고 알몸 상태인 여성들의 몸을 쟁반 삼아 음식을 제공하는 섹스 파티를 포함해 예상치 못한 일련의 경험을 하게 된 것이다. 몇 년 후 그녀는 기업 가치가 수십억 달러에 이르는 어떤 스타트업 주식을 보유한 한 투자자를 만났는데, 그는 유통시장(secondary market, 증권시장의 하나로 기업이나 정부 등이 주식이나 채권을 새로 발행해 자금을 조달하는 발행시장과는 달리 이미 발행된 유가증권이 투자자들 사이에서 매매, 거래, 이전되는 시장을 일컬음 -옮긴이)에서 보유 주식의 일부를 매각하고 싶어 했다. 그녀는 소개비를 받고 그에게 잠재 구매자들을 연결해주었다. 이후 둘은 데이트를 시작했고, 그녀는 그 투자자를 따라서 비공개로 열리는 디너 파티들에 참석했으며, 그중 하나는 결국 섹스 파티로 끝이 났다. 내가 좀 더 자세히 말해달라고 부탁했지만 그녀는 입을 열지 않았다. 그런 모임에 대해 누구든 외부인에게 발설하는 것은 궁극적인 배신이라고 말했다.

남성들은 주최자가 직접 초대한 경우에만 파티에 참석할 수 있고, 자신이 원하는 수만큼 여성들을 대동해도 무관하지만 남성 동행은 절대 금지다(자칫 바람직한 성비를 무너뜨릴 위험이 있어서다). 초대는 구두, 페이스북, 스냅챗Snapchat은 물론이고 심지어 온라인 초대장이라고 불리는 페이퍼리스 포스트Paperless Post를 통해 이뤄진다. 특히 메시지가 최대 10초 내에 사라지는 스냅챗은 완벽한 수단이다. 초대 문구에는 '섹스 파티'나 '커들 퍼들' 같은 단어는 흔적도 찾아볼 수 없다. 행여 초대장이 제3자에게 전달되거나 누군가가 화면을 캡처할 때를 대비해서지만, 어차피 그런 단어를 말할 필요조차 없다. 초대를 받은 사람들은 그게 어떤 파티인지 잘 알기 때문이다. 여성들도 동성 친구들에게 파티 소문을 퍼뜨릴 것이고, 그들은 짜릿한 파티에 대한 기대를 거의 숨기지 않는다. "그들은 이렇게 말할 거예요. '아무나 못 가는 굉장한 비밀 파티가 있는데 같이 갈래? 주제는 본디지bondage야. 성적인 구속놀이를 하는 거라고 보면 돼'"라고 한 여성 기업가가 내게 말했다. "그러고는 이렇게 덧붙이죠. '파티는 벤처캐피털리스트인지 창업자인지 어쨌든 돈이 무지 많은 남자의 집에서 열리는데 그가 너도 같이 오라고 했어.'"

어쩌면 섹스 파티 문화는 성적으로 진보적인 베이 에이리어가 낳은 여러 자식 중에 하나일 뿐이며, 버닝맨(Burning Man, 매년 1주일간 열리는 축제로 처음에는 샌프란시스코 해변에서 열렸지만 시 당국이 해변에서의 방화를 금지해 네바다주 블랙록Black Rock으로 옮겼고, 거대한 목각 인형 즉 '맨'을 태우는 데서 이름이 유래되었음 -옮긴이)이라는 사막 축제도 그 문화에서 파생했다. 극단적인 자기표현의 기치를 표방하는 대규모 공동체 축제인 버닝맨은 오늘날 IT 분야 엘리트들이 자주 참석하는 걸로 유명하다. 하지만 실리콘밸리의 대다수 사람들은 이런 식의 섹스 파티가 열리는지조차도 모른다. 섹스 파티 이야기를 읽다가 고개를 저으며 "이것은 내가 아는 실리콘밸리가 아냐"라는 생각이 든다면, 당신은 부유하고 유행을 선도하는 남성 창업자나 투자자 혹은 20대 여성 기술인이 아닐 가능성이 짙다. 아니, 꼭 그런 사람이 아닐지라도 실리콘밸리의 이런 모습을 이해하지 못할 수도 있다. "외부인의 눈에는 실리콘밸리의 파티 문화가 어떻게 보일까요? 십중팔구는 '맙소사, 정말 세상 말조야'라고 말할 거예요"라고 한 여성 기업가가 내게 말했다. "그렇지만 내부자들은 그런 문화를 전혀 다르게 생각해요."

이쯤에서 실리콘밸리의 섹스 파티를 잠깐 들여다보자. 참석자들은 저녁 만찬이 시작되기 전에 도착하고, 사설 경호원들이 신원을 일일이 확인해 명단에 없는 사람들은 돌려보낸다. 가끔은 출장 연회를 사용하기도 하지만, 가장 친밀한 모임에서는 도우미들의 손을 빌리지 않고 참석자들이 직접 저녁을 준비한다. 그래야 식사가 완전히 끝난 후에 파티 도우미들을 돌려보낼 필요 없이 곧바로 '2부'를 진행할 수 있기 때문이다. 알코올 덕분에 대화가 화기애애하게 이어지고 마침내 마지막 코스가 끝나면 합성마약(designer drug, 법으로 통제되는 마약의 화학성분을 임의로 조절해 만든 마약으로 흔히 신종 마약으로 불림 -옮긴이)이 등장한다. 엑스터시Ecstasy나 몰리Molly로 불리고 서먹한 사이도 세상에 둘도 없는 절친한 사이로 만들어주는 것으로 유명한 MDMA(MethyleneDioxy-MethAmphetamine, 메틸렌 디옥시 메탐페타민, 우리나라에서는 '도리도리'로 많이 알려져 있음 -옮긴이)가 포함된 마약은 절대 빠지지 않는다. 특히 알약 형태의 몰리는 테슬라와 스냅챗 같은 유명한 일부 IT기업들의 로고 형태를 본뜬 것이 사용되기도 하고, 엑스터시가 판 치는 이런 파티를 'E-파티E-party'라고 부르는 사람들까지 있다. "그런 파티에서는 사람들이 몰리를 마치 사탕 먹듯이 복용해요"라고 파티에 참석한 경험이 있는 한 여성이 말했다. MDMA는 마약 중에서 맛이 가장 쓴 편에 속해 MDMA 가루를 과일 맛 음료에 타서 마시거나 코코넛에 넣어 마시는 사람들도 있다.

MDMA는 효과가 강력하고 오래 지속되는 마약으로, 기분을 극도로 황홀하게 하고 에너지를 솟구치게 만들어 서너 시간 정도는 거뜬히 구름 속을 걷게 해준다. "MDMA에 취하면 세상의 모든 사람을 사랑하는 기분이 들어요"라고 한 여성 기업가가 말했다. 뇌의 신경 전달 호르몬 도파민 dopamine이 분출함에 따라 사방에서 끈적한 불꽃이 튀고 평소의 자제심 따위는 흔적도 없이 사라진다. 참석자들은 서로 부둥켜안고 몸을 비비며 입을 맞추는 등 짙은 애정 행각에 몰두한다. 엄밀히 말하면 이런 행위가 집단 성교는 아니지만, 참석자들은 둘이나 서너씩 혹은 다섯 이상이 무리를 지어 엉키기 시작한다. 그런 다음 어떤 방으로 슬그머니 사라지는 사람들이 있는가 하면, 아예 공개된 장소에서 뒹구는 사람들도 생긴다. 환락의 밤이 지나고 아침이 밝으면 사람들은 아침을 먹으러 다시 모이고, 일부는 아침을 먹은 후 다시 모닝 섹스로 성욕을 해소하러 침대로 돌아간다. 말 그대로 '먹고 마약하고 섹스하고'가 쳇바퀴처럼 반복된다.

부유하고 유명한 벤처캐피털리스트와 창업자 무리에서는 이런 섹스 파티가 하도 자주 열려, 스캔들은 고사하고 심지어 비밀도 아니라고 누군가가 말했다. 그저 스스로 선택하는 하나의 삶의 방식일 뿐이라는 말이다. 지금은 1920년대 금주법 시절의 미국도 반공주의를 부르짖던 1950년대의 매카시 시대도 아니지 않느냐고 사람들이 말한다. 이곳은 21세기 개명 천지의 실리콘밸리다. 강요나 강압에 못 이겨 억지로 참석하는 사람도 없고, 아무것도 숨기지 않는다. 설령 결혼을 했거나 미래를 약속한 상대가 있어도 마찬가지다. 그저 그들은 주어진 현실에 맞춰 행동할 뿐이다. 심지어 부부 동반이나 애인과 함께 초대되는 경우도 있는데, 그들 사이에서는 개방연애가 새로운 규범으로 자리 잡아 문제가 되지 않기 때문이다.

일부 파티는 마약과 섹스가 주요 목적일지도 모른다. 하지만 그런 사실을 교묘히 감추는 파티들도 있을 수 있고, 그래서 아무것도 모른 채 우연히 그런 파티에 참석하는 사람들이 생긴다. 2017년 6월 한 젊은 여성이 –실명을 밝히고 싶어 하지 않으니 제인 도(Jane Doe, 여성의 이름을 모르거나 비밀로 할 경우에 쓰는 가명이고 남성은 존 도John Doe라고 함 –옮긴이)라고 부르자– 페이퍼리스 포스트로 '세상 끝에서 열리는 파티'의 초대장을 받았다. 초대장에는 파티가 '해안가의 카사 저비Casa Jurvey by the Sea'에서 열리고 '미녀 여걸 스타일의 모험가나 세련된 사파리 복장 혹은 정글 부족 의상'을 착용해야 한다고 드레스 코드가 명시되어 있었다. 카사 저비는 샌프란시스코 남쪽의 해양 휴양지 하프문 베이Half Moon Bay에 있는 벤처 캐피털리스트 스티브 저벳슨의 저택을 말했다. 나중에 알고 보니 이 파티는 저벳슨의 벤처캐피털 회사 DFJ가 해마다 '크게 생각하라Big Think'라는 이름으로 IT업계 종사자들을 초대해 여는 콘퍼런스의 뒤풀이 파티였다. 그러나 말이 콘퍼런스지 테키들을 위한 테키들만의 사사로운 행사에 지나지 않았다. 한편 호랑이가 그려진 무거운 색조의 선정적인 페이퍼리스 초대장 말고, 일부 참석자들에게는 또 다른 종류의 초대장이 발송되었다. DFJ가 직접 보낸 공식적인 이메일 초대장으로, '전문가가 진행하는 소규모 회의'와 저벳슨의 저택에서 열리는 '사후 점검Afterthought' 파티가 포함된 주간(晝間) 수련회에 초대한다고 되어 있었다. 한 치 앞도 모르는 것이 사람의 일이라고, 저벳슨은 조만간 자신의 처지가 어떻게 변할지 꿈에도 몰랐다. 불과 넉 달 후에 그는 성추행 의혹으로 DFJ를 불명예 퇴진하게 된다.

페이스북의 비공개 그룹에 올라온 그 파티 사진들을 보면 유력 인사들이 줄줄이 등장한다. 저벳슨의 오랜 친구이자 테슬라의 CEO인 일론 머스크는 은색 스파이크와 체인으로 장식된 갑옷 같은 검은색 의상을 입고 있었고, 저벳슨은 깃털이 달린 조끼와 모자 차림이었다. 한편 구글의 공동 창업자 세르게이 브린은 맨가슴에 조끼만 입었으며, 저스틴 콜드벡의 사업 파트너 조너선 테오도 브린과 같은 복장이었다. 특히 테오는 나중에 페이스북에 올린 글에서 그 파티가 '마법' 같았다고 말했다. 삶이 참으로 얄궂은 것이, 그 파티는 언론에서 저스틴 콜드벡에 대한 성추행 의혹을 보도하고 겨우 1주일 후에 열렸다. 하지만 그런 사실이 적어도 일부 참석자들에게는 별다른 영향을 주지 못한 듯했다. 그들은 공개된 장소에서 사람들의 눈을 아랑곳하지 않고 진한 애정 행각을 벌였으니 말이다.

"당시는 바이너리 사태로 한창 뒤숭숭하던 때였어요"라고 제인 도가 바이너리 캐피털의 스캔들을 들먹이며 내게 말했다. "모든 것이 너무 어이없었어요." 도는 문득 정신을 차리고 보니 자신이 다른 두 커플과 함께 바닥에 누워 있었는데, 충격적이게도 한 커플은 남편이 기업가인 부부였다. 거실 바닥에는 푹신한 흰색 인조털 담요가 깔려 있었고 사방에 베개가 널브러져 있었다. 밤이 깊어지자 몇몇 사람들이 바닥에 드러눕더니 서로의 몸을 만지기 시작했고, 그러다가 상당히 큰 커들 퍼들이 만들어졌다고 도가 말했다. 실제로 당시 파티 장면을 찍은 사진들을 보면, 한 무리 남녀가 한 덩어리로 엉켜 누워서 키스를 하고 서로를 어루만지고 있다. 저벳슨은 훗날 페이스북에서 그 사진에 '깊은 커플'이라는 댓글을 달았다. 토끼로 분장한 (도대체 토끼 복장이 '세상 끝에서 열리는 파티'라는 주제와 무슨 관련이 있는지 모르겠다) 한 벤처캐피털리스트가 도에게 비닐봉투에 담긴 가루를 권했는데, 몰리였다. "그 가루가 긴장을 풀어주고 스킨십을 즐기게 해줄 거라고 말했어요"라고 도가 당시를 떠올리며 말했다.

바짝 긴장한 채로 도는 손가락에 가루를 살짝 묻혀 입에 넣었다. 얼마 지나지 않아 그녀는 이른바 '경계의 담장'이 무너졌다. 때를 기다렸다는 듯 그녀에게 몰리를 권했던 창업자가 키스해도 되는지 물었다. "정말 이상했어요"라고 도가 말했다. "'당신 아내가 바로 저기 있는데, 다른 여자랑 키스해도 괜찮대요?'라고 내가 말했어요." 그 창업자의 아내는 남편이 그녀와 키스를 해도 괜찮다고 순순히 허락했다. 스스로를 모험심이 강하고 열린 사고의 소유자라고 생각하는 제인 도는 그 창업자에게 키스했고, 이내 자신이 무언가에 압박을 당하거나 표적이 된 것 같은 기분에 불편해졌다. "내가 무슨 짓을 하고 있는지 몰랐어요. 그냥 바보 멍청이가 된 기분이었어요. 마약을 해본 적이 없었기 때문에 나는 금방 마약에 취했고, 그도 내가 마약이 처음인 걸 잘 알고 있었어요." 그녀는 어서 그 창업자에게서 벗어나고 싶은 마음뿐이었다. "그 사람의 수작에 동조한 나 자신이 역겨웠어요. 내가 가는 곳마다 그 사람이 계속 쫓아왔고, 나는 그를 피해 이리저리 숨어 다녔어요. 한번은 그에게 이런 말을 한 기억이 나요. '사람들이 이상하게 생각하지 않을까요?' 그러자 그가 이렇게 대답했어요. '나를 아는 사람들은 무슨 일인지 잘 알 터이고, 나를 모르는 사람들은 그들이 무슨 생각을 하든 내 알 바 아니에요.'" 동이 트기 전에 그녀는 가까스로 파티장을 나와 자동차를 몰고 집으로 돌아왔다. "그 파티가 정말로 싫었던 것은 돈과 권력 냄새가 진동했다는 점이에요. 그건 정말 문제예요. 권력을 남용하는 것이니까요. 다시는 그런 곳에 발을 들이고 싶지 않아요."

제인 도는 마약과의 첫 경험이 불시에 기습 공격을 당한 기분이었다. 그러나 친구와 함께 그런 상황에 있다면 어떨까? 만약 당신이 마약 경험이 없다면, 마약을 하면 어떻게 되는지 친구가 자세히 알려줄 수도 있지 않을까. 그리고 친구는 당신이 그 비밀을 지켜주리라고 기대한다. 한편 직장 동료와 함께 마약을 한다면, 누구에게도 그것에 대해 말하면 안 된다는 것을 당사자 모두가 잘 안다. 섹스도 마찬가지다. 말인즉 우리는 아무것도 숨기지 않지만, 실제로는 무언가를 숨기는 것이다. 그런 파티를 주최하는 사람은 기꺼이 동참하고 입에 자물쇠를 채울 거라고 믿을 수 있는 사람만 초대하기 마련이다. "당신이 (특정한) 누군가와는 섹스를 하지 않기로 선택할 수 있습니다. 그러나 일단 파티에 참석하면 아무하고도 섹스를 하지 않을 수는 없습니다. 그런 행동은 관음증입니다. 그러니 함께 어울릴 생각이 없다면 아예 파티에 오면 안 됩니다"라고 시쳇말로 파티의 '프로 참가러'인 한 기업가가 말했다. 그는 야심이 크고 외국을 이웃집 드나들듯 하는 기업가로 편의상 그를 창업자 X라고 부르자. 일반적으로 볼 때, 테크 가이들 사이에 인기가 높은 버닝 맨 축제의 화려한 파티에도 그와 똑같은 정신이 적용된다. '구경꾼 사절'이 그 플라야(playa, 본래는 사막의 내륙 분지의 가장 낮은 부분에서 볼 수 있는 평탄한 지형을 말하며, 버닝 맨에서는 축제 참가자들이 공동 생활하는 염전을 일컬음 —옮긴이)의 슬로건이고, 실리콘밸리로 돌아가서도 마찬가지다.

물론 그들은 자신들이 성적 약탈자라고 생각하지 않는다. 오히려 자신들이 사회적 관행과 가치의 경계를 무너뜨림으로써 새로운 행동 패러다임을 구축하는 일종의 개척자라고 생각한다. "우리가 이런 파티를 할 수 있는 원동력이 어디서 나오는지 아세요? 우리가 독창적이고 혁신적인 아이디어를 생각해낼 수 있게 해준 것과 똑같습니다. 바로 진보성과 개방성입니다"라고 창업자 X가 내게 말했다. 내가 제인 도의 경험에 대해 묻자 그는 이렇게 대답했다. "그것은 돈과 힘을 가진 사람들끼리 모이고 싶어 하는 사적인 파티입니다. 그리고 여성이고 남성이고 마약에 취한 사람들이 많습니다. 어떤 파티든 사람들이 선을 넘는 상황이 발생할 수 있습니다. 누군가는 마약에 취하고 누군가는 선을 넘지만, 문제는 커플

퍼들이 아닙니다. 선을 넘기 때문입니다. 그런데 어디서든 그런 사람들이 있지 않습니까?" 그의 주장에 백번 양보해도 이런 질문을 하지 않을 수 없다. 이런 성적인 모험이 정말로 진보적이라면, 남성들의 이성애적 환상을 충족시키는 것에 지나치게 초점을 맞추는 것처럼 보이는 까닭은 무엇이냐고 말이다. 여성 참석자들은 종종 '제2'의 여성과 함께 일명 스리섬(threesome, 3명이 함께하는 성행위 -옮긴이)을 할 거라고 기대한다. 반면에 남성이 동성애 혹은 양성애적 행동을 하는 것은 거의 찾아볼 수 없다. "왜 그런지는 몰라도, 남성들이 양성애자이거나 양성 매념(bi-curious, 양성애자나 동성애자가 아니면서 양쪽 성 모두에 호기심을 느끼는 사람 혹은 그런 생각이나 취향을 말함 -옮긴이)일 거라는 생각은 해본 적도 없습니다"라고 유부남으로 그런 파티에 뻔질나게 드나드는 한 벤처캐피털리스트가 말했다. 그도 실명을 밝히고 싶어 하지 않으니 편의상 유부남 벤처 투자자라고 부르자. "그건 철저히 이중적인 잣대입니다." 다른 말로, 그런 파티에서 남성들끼리는 '속궁합'을 맞추지 않는다. 그리고 다양한 신종 마약만 빼면, 오늘날 실리콘밸리의 섹스 파티가 1972년경 플레이보이 맨션(Playboy Mansion, 미국 성인 잡지 〈플레이보이〉의 발행인 휴 헤프너Hugh Hefner의 LA 저택으로 유명 인사들을 초대해 〈플레이보이〉 잡지 모델들과 초호화판 파티를 즐겨 유명함 -옮긴이)에서 있었을 법한 이야기와 판박이처럼 닮았을지도 모른다.

각설하고, 실리콘밸리의 먹이사슬에서 맨 꼭대기를 차지한 소수의 선택된 사람들은 전통적인 성적 기대치를 무너뜨리는 것이 자신들의 의무라고 생각한다. 그런 그들에게 섹스 파티는 자신이 누구이고 어떤 사람인지를 표현하는 수단일 뿐이다. 창업자 X는 그것을 이렇게 요약했다.

"당신이 실리콘밸리의 창업자라고 해봅시다. 당신은 당신을 위해 일하는 팀을 구축하고 당신이 주인공인 현실을 만듭니다. 그런데 어떻게 그런 사실이 성생활을 포함해 성에 대한 당신의 관점에 영향을 미치지 않을 수 있겠습니까?"

오늘날의 실리콘밸리는 대담함과 기이한 행위 그리고 부가 혼재해 독특한 환경을 만들어낸다. 나는 트위터의 공동 창업자 에번 윌리엄스Evan Williams를 만나 실리콘밸리의 그런 독특한 환경에 대해 심도 깊은 많은 이야기를 나누었다. 2007년 결혼해서 슬하에 두 아이를 둔 윌리엄스는 자신이 첫 번째로 설립한 회사 블로거Blogger 덕분에 인터넷 명사가 되었다. 그는 이제껏 자신이 3박자가 맞아떨어진 적이 없었다고, 즉 유명하고 부자인 독신 남성이었던 적이 없었다고 강조했다. 또한 유명한 부자가 된 지금도 자신은 그런 문화의 일부가 아니라고 덧붙였다. 그러나 그는 실리콘밸리 동료들이 왜 그런 섹스 파티에 빠지는지에 대해서는 솔직히 말해주었다. "실리콘밸리는 세상에서 다시없는 이상한 곳입니다. 믿을 수 없을 만큼 혁신적인 물건들이 이곳에서 탄생했습니다. 그래서 이상한 유형의 사람들이 자신을 성공하게 만들어줄 수 있는 실리콘밸리로 몰려들죠. 불확실한 상황에서 모든 것을 시험하는데 사람들이 어떻게 이상하고 극적이지 않을 수 있겠습니까?" 한편 그는 "다른 사람들과 똑같이 생각해서는 미래를 창조할 수 없습니다"라고 단정하면서도 가끔은 이것이 '재앙에 이르는 지름길'이라는 경고를 잊지 않았다.

부자 남성들이 여성들과의 손쉬운 성적 접촉을 기대하는 것은 실리콘밸리를 지배하는 새로운 패러다임이 절대 아니다. 실리콘밸리의 많은 유명 인사들 사이에는 독특한 공통점이 있다. 이성과의 접촉이 없는 외로운 청소년기를 보냈다는 점이다. 요즘 유행하는 말로 모태솔로였다. 유부남 벤처 투자자는 10대 시절 내내 컴퓨터게임만 했고 스무 살 때에 첫 데이트를 했을 정도로 연애에는 숙맥이었다고 한다. 그런데 지금 그의 모습은 자신도 놀랄 정도다. 믿을 수 있고 모험심이 강할 뿐 아니라 누구의 눈치도 볼 필요 없이 자신들의 모든 욕구를 추구할 수 있을 만큼 부와 자원이 풍부한 테크-가이들과 어울리는 것이다. 금욕과 성적 열망 속에 오랜 시간을 보낸 후에 이제 그는 환상의 세계 속에 살고 있다. 그리고 그의 아내도 그 세상에 함께 산다. 솔직히 말해 창업자 X를 대담한 새로운 이 세상에 끌어들인 장본인도 유부남 벤처 투자자 부부였고, 창업자 X 말고도 그들의 손에 이끌려 이 세상에 발을 담근 '새내기'들이 더 있다.

실리콘밸리에서 나는 유부남 벤처 투자자와 비슷한 이야기를 수없이 접했다. 즉 청소년기에 성적인 욕구가 충족되지 못해 뒤늦게 이런 욕구를 채우고자 부문별하게 성에 탐닉하는 것이다.

창업자 사냥꾼

실리콘밸리에는 오직 돈 때문에 부유한 IT 거물과 결혼하고 싶어 하는 여성들로 넘쳐난다는 이야기가 종종 들려온다. 실제로도 들리는 소문만큼 그런 여성이 많을지는 아무도 알 수 없다. 그렇지만 일명 '꽃뱀'에 관한 이야기는 적어도 그들의 먹잇감이 될까 봐 걱정하는 부유한 남성들 사이에서는 실화다. 솔직히 그들끼리 자신들을 노리는 여성들을 부르는 별도의 용어가 있을 정도다. 바로 창업자 사냥꾼founder hounder이다.

나는 창업자 X에게 섹스 파티에서 여성들을 노리개로 만들려고 그들에게 환각 성분의 마약을 먹이느냐고 물었다. 그러자 그는 발끈하면서 이용당하는 쪽은 오히려 자신과 자신의 부족들이라고 항변했다. 자신들의 돈을 노리고 접근하는 여성들에게 자신들이 되레 호구가 된다는 것이었다.

젊은 창업자들은 황금 보따리가 기다리는 성공의 사다리를 올라갈수록, 사교 기술이 부족하거나 촌스럽고 혹은 못생겼는데도 희한하게 점점 더 많은 여성이 들러붙는 것 같다고 말했다. 소셜 뉴스 웹사이트 레딧의 공동 창업자 알렉시스 오해니언Alexis Ohanian은 회사의 초창기 시절 공동 창업자 스티브 허프먼Steve Huffman과 술집에 자주 들렀다고 한다. 그들은 레딧 로고가 선명하게 새겨진 티셔츠를 자랑스레 입고 있었지만, 당시는 레딧이 유명해지기 훨씬 전이라 여성들은 누구 하나 거들떠보지 않았다. 그런데 레딧이 점차 유명해지자 사정이 180도 달라졌다. 회사 티셔츠가 마치 쇠붙이를 끌어당기는 자석처럼 점점 더 많은 관심을 끌어당겼고, 급기야는 오해니언이 회사 이름이 들어간 티셔츠만이 아니라 회사 홍보를 위해 제작된 모든 상품을 착용하고 외출하는 것을 아예 포기했다. 오죽하면 데이트할 때조차도 레딧이라는 단어를 절대 입에 올리지 않았다.

"상대 여성들이 내가 어디서 일하는지 알아내기까지 얼마나 걸릴지 궁금해서 일 이야기를 의도적으로 피했습니다"라고 오해니언이 말했다. 당연히 인터넷 덕분에 그런 정보를 오랫동안 숨기는 것은 불가능하다. "망할 자식, 말도 안 돼, 당신이 레딧 창업자라니"라고 한 여성이 데이트를 몇 번 한 후에 문자메시지를 보냈다. 그녀가 오해니언의 정체에 감명을 받았는지 아니면 속았다는 기분을 느꼈는지는 확실치 않았다. 어쨌든 오해니언은 이 문제를 확실히 해결했다. 자신보다 훨씬 더 유명한 누군가와 결혼한 것이다. '테니스 여제' '테니스의 살아 있는 전설' '흑진주' 등으로 불리며 세계 랭킹 1위를 다섯 차례나 차지한 세레나 윌리엄스 Serena Williams였다.

창업자 사냥꾼들이 실제로 많건 적건, 실리콘밸리 창업자들에게는 그들 존재 자체가 요주의 1순위다. 그녀들에 대한 생각이 커다란 돌덩어리가 되어 마음 한구석을 늘 짓누르기 때문에 창업자들은 각자가 데이트했던 사냥꾼들에 대한 정보를 교환하기도 했다. 창업자 X가 말했듯 "이제 우리는 여자를 딱 보면 거머리 같은 꽃뱀인지 아닌지 한눈에 알 수 있고, 덕분에 그런 여성의 지갑 노릇은 피할 수 있습니다."

젊은 여성 기업가인 아바Ava에게 내가 이 이야기를 했을 때 그녀는 황당하다는 듯 눈을 치켜떴다. 아바는 내게 자신의 정체를 드러내고 싶지 않다며 가명을 써달라고 요청했다. 어쨌든 몇몇 창업자들과 데이트를 해보았다는 그녀의 말에 따르면, 부와 명예에 집착하는 것처럼 보이는 쪽은 여성이 아니라 남성이라고 한다. 그녀는 이국적인 장소로 날아가 고급 호텔에 투숙하는 등등 부유한 남성들이 그녀의 환심을 사기 위해 돈을 물 쓰듯 했다고 말했다. 그녀의 주장을 뒷받침해주는 증거가 필요하다면 데이트 애플리케이션을 잠깐 살펴보아도 된다. IT 회사에 다닌다거나 스타트업을 창업했다고 자랑질하는 남성들의 프로필을 쉽게 찾을 수 있다. 그들의 온라인 프로필을 보면 대부분 이런 내용이다. "안녕하세요? 전망 좋은 내 아파트로 놀러 와서 스톡옵션도 덤으로 구경할래요?"

하지만 아바의 경험에서 보면, 이런 남성들이 일단 한 여성과 깊은 관계가 되고 나면 이내 그녀를 헌신짝처럼 차버린다. 호화로운 몇 번의 데이트를 하고 나서 여성이 앞으로의 관계에 대해 진지한 대화를 먼저 시작한다고 아바가 말했다. 이쯤 되면 남성들이 이별 선언을 하고, 몇몇은 똑같은 변명을 한다. "그들은 이런 식으로 변명해요. '내가 잃어버린 시간을 보상받으려면 아직 멀었습니다. 난 스물다섯 살이 되어서야 첫 경험을 했습니다'"라고 아바가 내게 말했다. "그러면 내가 말하죠. '스물다섯 살 때 첫 경험을 했어도 지금은 서른세 살이잖아요. 그런데도 아직 부족해요?' 다른 상황이었더라면 (이런 사치스러운 데이트가) 사랑의 감정으로 이어졌을 수도 있지만, 고등학교 시절에 성 경험을 하지 못했다는 박탈감 때문에 그런 관계가 하나의 보상이 되고 말아요. 솔직히 나는 그들이 정말로 원하는 것은 이제까지 여성들이 자신을 거들떠보지 않기 때문에 그 세월에 대한 보상을 받는 것이라고 생각해요."

만약 돈을 밝히는 골드 디거gold-digger에 대한 그들의 집착이 심각한 무언가를 숨기는 가면이 아니라면, 실리콘밸리의 신흥 벼락부자들을 색안경 너머로 바라보는 아바의 관점을 재미있다고 생각할 수도 있다. 여성들에게 스토킹을 당한다는 주장은 종종 IT업계의 일부 슈퍼스타들이 자신의 약탈적인 행위를 정당화하기 위해 사용하는 변명이 된다.

그것이 결국에는 거대한 자아의식으로 이어진다. 창업자 X는 자신의 스타트업에 대해 "모든 게 다 좋습니다. 투자를 많이 받아 재정 상태도 탄탄하고 착실한 성장 궤도를 보여주고 있습니다"라고 말한다. 그러나 사무실 바깥에서는 "내가 왜 양보해야 해? 내가 왜 벌써 결혼해서 품절

남이 돼야 해? 내가 왜 한 여자에게 매여 살아야 해? 당신이 남성이라고 해보죠. 당신에게 관심을 보이는 여성이 두 명이라면 당신이 만남의 조건을 정하고 원하는 것을 분명히 말하면 됩니다. '당신과 데이트하는 것은 즐겁지만 한 여자에게 매이지 않고 자유롭게 살고 싶습니다.' 이것은 고등학교 시절에 여자 친구를 사귀지 못했던 모태솔로 남성들에게 큰 밑천이 되고 있습니다." 그의 전반적인 인생 계획은 이렇다. "30대가 가기 전에 회사를 매각한 다음 가정을 꾸리고 40대에는 아이들을 갖고 싶습니다."

더욱이 실리콘밸리를 접수한 거물급 창업자, CEO, 벤처캐피털리스트들은 날아가는 새도 떨어뜨린다는 금융 전문가나 세계적인 영화배우 혹은 천문학적인 돈을 버는 프로 운동선수보다 자신들의 영향력이 훨씬 더 크다고 생각한다.

"우리는 일반적인 여느 부자들과는 차원이 다릅니다. 우리는 많은 사람의 삶에 파고드는 제품을 만들기 때문입니다"라고 창업자 X가 말했다. "당신이 영화를 제작하면 사람들은 주말에 한 번 당신 영화를 보고 말겠지만, 제품을 만들면 수년에 걸쳐 사람들의 삶에 지속적으로 영향을 끼칩니다. 내가 속옷 모델로 유명한 미란다 커Miranda Kerr라도, 올랜도 블룸(Orlando Bloom, 〈반지의 제왕〉 등에 나온 세계적인 영화배우이자 커의 전 남편)보다 에번 스피겔(Evan Spiegel, 스냅챗의 공동 창업자이자 커의 현재 남편)을 훨씬 안정적인 남편감으로 생각했을 겁니다." 블룸은 잘생기고 거액의 출연료를 받는 배우일 뿐이지 않느냐고, 그런 걸로는 스피겔의 적수가 될 수 없다고 창업자 X가 말했다. "그는 수십억 달러의 자산가이고, 자신만의 제국도 건설했습니다."

　최소한 재정적인 측면에서만 보면 창업자 X의 주장도 일리가 있다. 세계적인 유명 영화배우들과 월스트리트 '늑대'들의 수입이 실리콘밸리 엘리트들의 수입에 비하면 그다지 인상적이지 못하다. 최고 투자은행의 전무급이 되면 연봉으로 100만 달러를 받고 오랜 기간 근무한 후에 은퇴하면 수천만 달러의 재산을 모을지도 모른다. 하지만 우버, 에어이앤비, 스냅챗 같은 IT기업들의 원년 직원들은 단 몇 년 만에 그것의 몇 배 넘는 돈을 거머쥘 수도 있다. 애슈턴 커처Ashton Kutcher, 재러드 레토Jared Leto, 리어나도 디캐프리오Leonard DiCaprio 같은 할리우드의 셀럽들은 실리콘밸리라는 권력열차에 올라탔고 요즘도 '할리우드의 엔젤 투자가'로서 IT기업들에 개인적으로 투자한다. 심지어 한때 '제2의 마이클 조던'으로 불리며 미국 프로농구NBA를 주름잡았던 코비 브라이언트Kobe Bryant는 은퇴 후에 벤처캐피털 회사를 직접 설립했다. 현역 NBA 최고 선수인 르브론 제임스LeBron James는 농구 코트만이 아니라 투자자와 기업가로 활동 영역을 넓혔다.

　유명 배우와 운동선수들이 IT 게임에 참여하고 싶어 몸이 달았기 때문에, 실리콘밸리의 일각에서는 그들의 매력적인 외모와 대중적인 인지도는 물론이고 그들이 성생활에서 기대하거나 당연하게 여기는 것을 높이 평가하는 것도 당연하지 싶다. 실리콘밸리에서는 이런 기대가 가끔은 마치 계몽된 행위인 양 취급된다. 즉 인간 행동의 진화에 도움이 되는 요인으로 생각된다.

　하지만 많은 여성은 생각이 다르다. 그것이 전통적인 남성 우월적인 권력 구조를 강화하고 여성들을 비하하며 역사상 가장 비대해진 남성들의 일부 자아만 더욱 고양시키는 새로운 미성숙함의 소치일 뿐이라고 주장한다. 다른 말로 고상한 척 미사여구의 옷으로 그럴싸하게 포장된 성차별적인 행동 이상도 이하도 아니라는 말이다. 요컨대 브로토피아의 또 다른 표현이다.

이것이 '진화된' 행동과 거리가 멀다는 하나의 단서는 실리콘밸리에 만연한 마약 남용이 될 수 있다. "다양한 마약에 의존하게 되면 당신의 정신 상태는 좋은 의사 결정을 할 수 없는 지경에 이릅니다"라고 한 여성 기업가가 내게 말했다. "요점부터 말하면, 마약이 불법으로 규정된 데는 많은 이유가 있어요. 마약을 복용하면 기분이 미친 듯이 좋아지지만, 마약에서 깨어나면 공허함만 남죠. 실리콘밸리에는 심각한 도덕적 해이 문제가 있고, 그 문제의 중심에는 자신들은 무슨 짓을 해도 용납된다고 생각하는 황금만능주의에 젖은 부자들이 있어요. 많은 남성은 운이 따라줘서 억만장자 주식부자가 되었고, 그러자 자신들이 우주의 왕이 된 것처럼 착각해요. 이런 일은 어디서나 일어나지만, 적어도 뉴욕에서는 별로 좋은 평가를 받지 못해요. 그런데 실리콘밸리에서는 어떤 이유에선지 용납되는 것은 물론이고 멋진 행동으로 통해요."

내가 엘리자베스 셰프Elizabeth Sheff에게 실리콘밸리의 섹스 파티, 특히 여성 참석자들의 수가 남성보다 월등히 많은 섹스 파티에 대해 말했을 때 그녀는 격앙된 반응을 보였다. 셰프는 테네시주 채터누가Chattanooga를 본거지로 활동하는 작가이자 교수로서 20년에 걸쳐 개방연애에 대해 연구했다. "그것은 착취예요. 고루하고 개도 안 물어갈 남성적인 오만함이며 합법과 불법의 경계에 있는 매춘이에요"라며 그녀가 열변을 토했다. "남성들은 돈이 있으니 자신의 몸을 팔 필요가 없어요. '나는 돈이 많으니까 내가 원하는 여성과 섹스를 할 수 있어야 해.' 이건 전혀 진보적인 행동이 아니에요. 지금까지 귀에 못이 박히도록 들어온 헛소리일 뿐이죠. 새로운 태도로 희석해서 기존의 태도를 유지하려는 작태예요. 기존의 그런 태도는 남성우월적인 가부장제에 뿌리를 두죠. 그러니 여성들의 희생이 따를 수밖에 없는 거예요."

버닝맨 축제에서 인기 있는 캠프 미스틱Camp Mystic을 운영하는 제니퍼 러셀Jennifer Russell은 섹스 파티에 대해 셰프보다 좀 더 동정적인 태도를 보였다. "성적인 표현을 완벽히 발산하게 해주는 체계를 만들고 싶은 마음은 남성이나 여성이나 똑같아요. 그리고 버닝맨 같은 행사들은 그런 욕구를 약간 분출해볼 수 있는 안전한 공간이에요"라고 그녀가 말했다. "문란한 섹스 파티보다 마음이 훨씬 편해요. 버닝맨은 비록 임시이기는 해도 당신의 집인 데다가 당신이 아는 사람들로 둘러싸이기 때문이에요."

그러나 유부남 벤처 투자자는 러셀과 상반되는 이야기를 들려주었다. 많은 남성에게 이런 파티들이 자기표현의 창구라기보다는 말 그대로 섹스를 즐기기 위한 기회에 불과하다고 인정한 것이다. "어떤 남성들은 이제껏 자신이 잠자리를 한 여성들의 사진을 휴대전화에 저장했다가 마치 트로피처럼 자랑합니다"라고 그가 말했다. "어쩌면 이것은 월스트리트에서 노상 벌어지던 행동일 겁니다. 그렇지만 그들 금융가는 그 행동을 솔직하게 인정하기라도 했죠. 실리콘밸리의 창업자들은 그들과 똑같은 짓거리를 하면서도 인정은커녕 미꾸라지처럼 빠져나갑니다. 이쪽에서는 다양성에 대해 말하면서도 다른 쪽에서는 허무맹랑한 주장을 하니, 그들은 그야말로 한 입으로 두말하기의 달인입니다."

실리콘밸리가 여성들을 진퇴양난으로 내몰다

실리콘밸리에서 성공한 여성들에게는 마약과 섹스로 얼룩진 파티가 어떻게든 통과해야 하는 지뢰밭이다. 베이 에이리어 지역의 기술업계 여성 종사자들이 유독 고상한 척 내숭쟁이들이기 때문일까? 절대 그렇지 않다. 예부터 성적인 경계를 탐험하는 데서 좀 더 모험적이거나 적극적인 여성들이 있었다고 나는 생각한다. 문제는 오늘날 실리콘밸리를 장악한 성적 모험주의sexual adventurism의 문화가 남성보다 여성에게 더욱 불리한 영향을 미치는 경향이 있다는 점이다. 특히 기술업계의 경력과 관련해서는 더욱 그렇다.

여러 스타트업을 창업한 경험이 있는 여성 기업가 에스터 크로퍼드Esther Crawford를 예로 들어보자. 크로퍼드는 섹스 파티에도 (구체적으로 말해 남녀 성비가 균형을 이루고 상호 합의 아래 성관계를 한다는 엄격한 규칙이 있는 섹스 파티) 친숙할뿐더러 자신의 성적 경험과 개방연애에 대해서도 솔직하게 말한다. 그녀는 구글과 우버의 전직 직원이자 해시태그를 만든 것으로 유명한 크리스 메시나Chris Messina와 4년간이나 '비독점적 관계' 즉 합의된 다자연애 관계를 지속했다(그들은 그것을 '모노게미시monogamish' 관계라고 부른다). 내가 그들을 마지막으로 만났을 때 크로퍼드와 메시나는 몰리 Molly라는 스타트업을 공동으로 창업할 계획이라고 말했다—내 생각에는 마약 이름과 똑같은 것은 우연의 일치인 듯하다. 그들은 일종의 '무엇이든 물어보세요' 서비스를 제공하는 몰리가 "열린 사고를 하는 인공지능 AI 친구가 당신이 자신을 찾아가는 길에 유익한 길동무가 되어줍니다"라고 광고했다. 또한 그들은 그간의 개방연애를 접고 한동안 서로에게만 올인하는 관계를 갖기로 선택했다. 그러나 상황이 갈수록 복잡해졌다. "관계의 미래는 인간만이 아니라 AI와의 관계도 포함해요"라고 크로퍼드가 내게 말했다. 2017년 12월 그들은 몰리를 위해 150만 달러의 투자를 받았다. 한편 크로퍼드는 자신이 여성 기업가로서 남성들보다 훨씬 더 많은 어려움에 직면한다는 가혹한 현실을 뼈저리게 느낀다. 그간의 경험을 통해 그녀는 여성으로서 개인적인 성적 경계선을 밀어붙이는 데는 대가가 따른다는 결론을 얻었다.

2011년 크로퍼드가 자신의 생애 두 번째 스타트업인 소셜 미디어 애플리케이션 글름프스Glmps를 위해 투자를 받으려고 동분서주했을 때의 일이다. 한번은 어떤 엔젤 투자자와 샌프란시스코 발렌시아가Valencia Street에 있는 고급 식당에서 저녁을 먹었다. 식사를 마칠 즈음 그가 그녀에게 2만 달러짜리 수표를 건넸고, 그런 다음 곧바로 그녀에게 키스를 시도했다. "하늘에 맹세코 그에게 추파를 던지려는 마음도 그런 행동을 한 적도 없어요"라고 그녀가 단정적으로 말했다. "그가 키스를 하려기에 나는 몸을 약간 뒤로 뺐고, 그러자 그가 우버 택시를 불러주었어요. 내가 한 말은 '집에 가고 싶어요'가 다였어요." 크로퍼드는 그 엔젤 투자자가 그녀의 성적 개방성에 대해 알았고 그래서 그녀를 잠재적 섹스 상대가 아닌 어엿한 기업가로 대하기 어려웠을 거라고 생각한다. 이 경험은 여성들이 '우리 모두는 섹스에 개방적이다'라는 기치를 내건 환경에 발을 담그기로 선택할 때 맞닥뜨리는 독특한 대가다.

아바가 예전에 구글에서 경영진의 보좌진으로 일했을 때의 일이다. 한 번은 샌프란시스코 시내에 있는 클럽에 갔다가 우연히 유부남인 직장 상사를 마주쳤다. 민망하게도 그곳은 스트립 클럽으로 댄서들이 상의를 입지 않은 채 변태적인 성관계를 연상케 하는 춤을 추는 곳이었다. 상사는 스팽킹 벤치(spanking bench, 성적인 쾌감이나 만족을 위해 상대방의 엉덩이를 때리는 행위가 스팽킹이고 그런 목적에 사용되는 일종의 의자가 스팽킹 벤치임 —옮긴이)에 묶인 한 여성에게서 오럴 섹스를 받고 있었고, 또 다른 남성이 그녀의 뒤에서 후위 섹스를 하고 있었다. 엔지니어였던 상사와 그녀는 눈이 마주쳤지만 서로를 못 본 척했고, 이후에도 둘은 그 만남을 일절 입에 담지 않았다. 그런데 몇 달 후 구글이 직원들을 위해 마련한 외부 행사에서 유부남이었던 한 동료가 그녀에게 접근했다. "그가 수작을 걸었어요. 나는 '뭐 하는 짓이에요? 내 몸에 손대지 마세요. 대체 왜 이러시는 거죠?'라고 말했어요. 그러자 그 동료가 황당한 말을 했어요. '나는 당신이 어떤 여자인지 잘 압니다. 사람들에게 듣자니 당신이 이런 걸 좋아한다던데.'" 누군가가 그 문제의 클럽에 대한 소문을 퍼뜨린 것이었다. 그 사건이 있고 얼마 지나지 않아 아바는 구글을 그만두었다. "신뢰는 한쪽에만 적용돼요"라고 아바가 말했다. "일단 여성이 스트립 클럽에 갔다는 오명을 쓰면 씻기 힘들어요. 모두가 개방적이고 관대한 이 업계에서 유독 여성에게 가해지는 불이익은 알려지지 않은 것이 훨씬 더 많아요."

크로퍼드가 남성들에게서 수없이 들은 황당한 말도 있다. IT업계에는 남성의 수가 월등히 많으니 적당한 데이트 상대를 고르기가 얼마나 쉽냐면서, 그녀가 운수 대통했다는 말이었다. "IT 세상에 존재하는 모든 특권 중에서 그것은 내가 선택하고 싶은 것이 아니에요"라고 그녀가 목소리를 높였다. "나는 동일 노동에 대한 동일 임금을 선택하고 싶어요. 자본과 힘에 더욱 쉽게 접근할 수 있는 권한을 갖고 싶어요. 승진에서 누락되지 않을 권리를 획득하고 싶어요. 성폭력을 당한 23.1퍼센트의 여대생 중 하나가 될까 봐 걱정하지 않을 권리를 선택하고 싶어요.(2015년 미국대학협회가 실시한 여론조사에 따르면 여학생 응답자 중 23.1퍼센트가 대학 입학 후 원치 않는 성 접촉과 같은 성범죄 피해를 당했다고 응답했음. -옮긴이) 행여 내가 나의 성적 취향을 추구하기로 선택하더라도 헤픈 여자라고 손가락질 당하지 않을 권리를 선택하고 싶어요."

크로퍼드는 법적으로 성관계 동의 결정을 할 수 있다고 판단되는 연령대의 성인consenting adult이 자신에게 맞는 성적 관계를 추구할 수 있어야 한다는 아이디어를 지지한다. 그렇지만 이런 우려도 드러냈다. "힘을 가진 사람들은 사생활에서 누구와 어떻게 관계를 가질지에 대해 훨씬 더 신중할 필요가 있어요. 실리콘밸리는 가뜩이나 아주 작은 생태계인데, 창업자들에게 미치는 벤처캐피털리스트들의 막강한 힘 때문에 그 생태계가 좀 더 복잡해져요. 이런 사실을 생태계의 모든 사람이 반드시 알아야 해요. 벤처캐피털리스트가 투자를 미끼로 여성 창업자에게 작업을 걸거나 성관계를 제안하는 것은 옳지 않아요. 이 문제에 관한 한 여성 동료 벤처캐피털리스들에게도 마찬가지예요!"

유부남 벤처 투자자는 섹스 파티에서 만난 여성을 채용하지도 그녀에게 투자하지도 않을 거라고 솔직히 인정한다. "친구의 친구이거나 버닝맨 축제에서 상의를 벗은 모습을 봤다든가 하는 그런 모든 연결고리가 사업에서 중요하게 작용합니다"라고 그가 말했다. "그런 일들이 실제로 일어납니다. 모두가 모두와 데이트를 하기 때문에 샌프란시스코가 한 다리 건너면 다 안다고 할 만큼 아주 좁다고 느껴지죠." 남성들은 실제로 섹스 파티와 스트립 클럽에서 비즈니스를 성사시킨다. 그러나 여성들이 그런 상황에 발을 담글 때는 신뢰성과 존경을 잃을 위험을 무릅쓰는 것이다.

물론 여성들이 그런 파티를 피할 수도 있다. 그러나 그렇게 한다면 결국에는 또 다른 불리한 상황에 처하게 된다. 이는 리사 유Lisa Yu의 경험이 잘 보여준다. 그녀가 사무 공간의 에어비앤비가 되겠다는 야심 찬 목표를 가지고 자신의 생애 첫 회사인 오피스북OfficeBook을 창업했을 때였다. 창업 직후 그녀는 영향력 있는 어떤 엔젤 투자자가 자신의 펜트하우스에서 여는 파티에 초대받았다. 그는 이베이의 원년 멤버로 돈벼락을 맞은 다음 엔젤 투자자로 변신한 인물이었다. 유는 그의 파티에서 부유한 투자자 한 명을 만났다. "그는 정말 친절했고 내 아이디어에 진심으로 귀를 기울여주었어요. 그리고 '와우, 대단하네요. 내 비즈니스 파트너와 연결해드려야겠어요'라는 말도 했어요." 그런 다음 그가 뜬금없이 자신의 저택과 요트를 찍은 사진을 몇 장 보여주면서 그곳에서 파티를 연다고 자랑스럽게 덧붙였다고 말했다. 유는 아예 대놓고 돈 냄새를 풍기는 요트 사진들이 못마땅했지만 내색을 하지는 않았다. 대신에 그가 자신의 회사에 도움을 줄 수도 있다는 제안에 집중했다. "나는 이렇게 생각했어요. '굉장해, 잘하면 비즈니스 파트너십을 맺을 수도 있을 거야.'"

다음 날 유는 그 투자자에게서 자신의 요트에서 저녁 식사를 하자는 문자메시지를 받았다. "'초대는 감사하지만 식사는 좋은 생각이 아닌 것 같아요'라고 답장을 보냈어요"라고 유가 말했다. "나는 그의 초대를 정중하게 거절했고 그도 '신경 쓰지 마세요'라고 말하며 내 거절을 대수롭지 않게 받아들였어요." 그러나 그 투자자는 겉으로 보여주고 싶은 만큼 그녀의 거절이 '대수롭지 않았던 것이 아님'이 분명했다. 며칠 후 유는 투자자인 조너선 테오가 여는 생일 파티에 참석했다. 유에게는 그 파티가 새로운 잠재적 투자자들을 만나고 동료 여성 창업자들과 어울릴 수 있는 절호의 기회였다. 그런데 그곳에서 '요트 가이'를 또다시 마주쳤다. "나는 속으로 '오, 쓰레기'라고 생각했어요"라고 그녀가 당시를 회상했다. 유는 저녁 내내 이리저리 그를 용케 피해 다녔지만 파티가 끝날 무렵 운이 다한 듯했다. 그가 그녀를 구석으로 몰아붙이더니 소리를 지르기 시작했다. 그녀가 자신의 초대를 거절함으로써 굴러온 사업 기회를 발로 차버렸다고 목소리를 높였다. 유는 너무 무서워 그대로 얼어붙었다. "공격당하는 기분이었고 겁을 잔뜩 집어먹었어요. 술 취한 남자가 당신에게 고래고래 소리를 지르며 구석으로 몰고 간다고 생각해보세요. 겁에 질리는 것 말고 달리 뭘 할 수 있겠어요?"

다행히 그들 사이에 유의 친구가 끼어들면서 말했다. "당신은 리사에게 관심이 있는 거예요? 아니면 그녀의 회사에 관심이 있으세요? 당신이 헷갈리게 하니까 여쭙는 거예요." 그러자 요트 가이가 몸을 홱 돌렸고, 유와 그녀의 친구에게 나중에 열리는 뒤풀이 파티에 참석하라고 설득했다. "그 파티에서 무슨 일이 벌어질지 눈에 선했어요. 마약과 섹스지 뭐겠어요."라고 유가 내게 말했다. "우리는 그에게 말했어요. '초대는 감사하지만 우리는 곧 집에 돌아갈 생각이에요.'"

그녀는 집에 돌아와 펑펑 울면서 신세 한탄을 하다가 라면까지 먹고는 새벽 3시경에 겨우 잠이 들었다고 했다. "좌절감이 너무 커서 회사를 접을까도 생각했어요. 만약 회사를 창업하기 위해 이렇게까지 해야 한다면 정말 회사를 창업하고 싶은지 잘 모르겠어요." IT 전문 투자자들과 어울리려면 어느 정도의 사교 활동은 불가피하고, 이런 식의 상호작용은 그녀가 바란 것도 기대한 것도 아니었다. "그런 파티에 간다면 그건 성적 대상이 되겠다고 호랑이 굴에 제 발로 걸어 들어가는 꼴이에요. 가끔은 자신이 어떤 상황에 처하게 될지조차 모르죠. 검은 내막이 있을지 아닐지 당신은 전혀 몰라요."

유는 사업을 포기하는 대신에 투자자들과의 만남을 잠정적으로 중단했다. 그러고는 사업을 유기적으로 성장시키는 데에 모든 노력을 기울였다. "나는 내실을 다지기 시작했어요. 고객들에게 초점을 맞추었고 몇 달 지나지 않아 수익을 낼 수 있었어요."라고 유가 뿌듯한 목소리로 말했다. 그녀는 사업이 탄탄할수록 자신이 원하는 조건대로 더 많은 투자를 받을 수 있음을 잘 알았다. 이는 곧 수상한 투자자 파티에 참석할 필요가 없다는 뜻이다. "투자자들이 속내가 빤히 보이는 파티에 초대를 해요. 하지만 한번 호되게 데었기 때문에 그런 파티에서 무슨 꼴을 당할지 너무나도 잘 알기에 거절해요."

요즘에는 그런 파티가 너무 많아서 여성 기업가들은 그런 파티 초대를 거절하면 '못난이 아이들' 취급을 받는다고 자조적으로 말한다. "여성 기업가가 남성 투자자와 개인적인 관계를 맺기는 아주 어려워요. 더욱이 그들은 성공한 여성 기업가에게 이성적인 감정을 가져요"라고 한 여성 기업가가 내게 말했다. "그들은 성공한 여성 기업가는 당연히 자신들이 속한 배타적인 무리의 일원이라고 생각해요. 샌프란시스코에서 그것은 술과 섹스가 결합된 질펀한 모임에 초대를 받는다는 뜻이죠. 샌프란시스코에서는 그것을 피할 방법이 없었어요. 그런 모임에 참석하지 않으면 문제가 생겼거든요." 그녀가 섹스 파티에 참석하는 것을 이상하게 생각하기보다 사람들은 그녀가 참석하지 않는 것을 이해하지 못했다고 그녀가 말했다. "그들 사이에서는 그런 파티에 참석하지 않는다는 사실 자체가 비정상적인 거예요"라고 그녀가 말했다. 그리고 '프로 불참러'가 된다는 것은 중요한 대화에서 빠진다는 것을 의미한다. "그들은 그런 파티에서 사업에 대해 이야기하고 실제로 거래가 성사되기도 해요"라고 그녀가 말했다. "그들은 그런 파티에서 중요한 사업상의 결정을 하죠." 궁극적으로 말해 그녀는 이런 문화에 넌덜머리가 났고 결국 실리콘밸리와 정반대편에 있는 뉴욕으로 이사하고 스타트업도 이전했으며 실리콘밸리와는 영원히 작별했다.

그런 파티의 초대를 받아들여도 여성들이 사업적으로 큰 혜택을 얻는 경우는 거의 없다. "그런 식의 모임에 끼고 싶고 초대받고 싶은 욕구가 있긴 해요. 가끔은 그런 모임에 참석하면 도움이 될 것 같다고 생각했어요. 솔직히 이런 식으로 인맥을 쌓으면 더 빨리 성공할 수 있을 것 같기도 했거든요"라고 IT업계에 종사하는 한 여성이 내게 말했다. "그러나 시간이 흐르면서 그것은 철저한 속임수이고 여성들이 생각하는 것처럼 성공으로 이어지는 동아줄이 아니라는 사실을 깨달았어요. 오히려 썩은 새끼줄로 매우 위험해요. 일단 그 무리에 들어가서 그들의 게임을 하기로 선택하면 발을 뺄 수 없어요. 혹시라도 경력에서 중요한 도움이 될 거라고 진실로 믿는다면 그건 망상이에요."

또 다른 여성 기업가는 그런 파티 문화가 생성하는 불공평한 힘의 논리에 대해 들려주었다. "마음 한구석에는 성공하기 위해 몸을 파는 것 같은 찜찜한 기분이 항상 있어요. 톡 까놓고 말해, 힘 있는 누군가와 데이트를 한다면 당신에게 기회의 문이 열릴 수 있기 때문이죠. 득실을 철저히 계산해 그 게임을 하기로 선택하는 여성들이 얻고자 하는 것도 바로 그거예요. 그러나 세상에 공짜는 없어요. 여성들은 그런 기회에 얼마나 많은 위험이 따르는지 알지 못해요"라고 그녀가 말했다. "그런 섹스 파티에 발을 들이는 순간, 창업하거나 누군가에게 투자받을 생각일랑 아예 포기해야 해요. 그런 기회의 문이 당신 코앞에서 쾅 하고 닫히죠. 그러나 그런 파티에 참여하지 않아도 결과는 다르지 않아요. 어차피 당신에게는 그 문이 열리지 않아요. 말 그대로 당신은 해도 욕먹고 안 해도 욕먹어요."

실리콘밸리에서 여성으로 살아가는 것은 쉽지 않다. 만약 주말의 난잡한 술판에 끼지 않는다면, 고상한 척하고 세련되지 못하다는 낙인이 찍히는 것은 당연하고, 도움이 될 수도 있는 인맥을 형성할 기회도 놓치게 된다. 반대로 그런 모임에 참석한다면, 입방아에 오르게 되고 누군가의 침대 기둥에 눈금 하나를 늘려주는 신세로 전락한다. 한편 기존 체제를 파괴한다고 자랑하는 남성들의 현실은 여성들이 맞닥뜨리는 이런 진퇴양난의 상황과는 전혀 다르다. 오히려 그들은 기존 체제 중에서도 가장 못난 구태의 전형적인 사례를 보여준다. 자신과 자신의 친구들에게는 완벽한 면책권을 주면서도 자신들과 똑같은 행동을 하는 여성들에게는 씻을 수 없는 수치심을 안겨주는 것이다. 그들은 마티니를 마시며 자신들이 정복한 비서들에 대해 낄낄대며 뒷말하는 돈 드레이퍼와 로저 스털링(1960년대를 배경으로 하는 미국 드라마 〈매드맨Mad Men〉의 두 주인공으로 매드맨은 1950~1960년대 뉴욕 매디슨가에서 광고업에 종사하는 사람들을 자칭하는 용어임 -옮긴이)의 슬픈 짝퉁이라는 말이 딱 어울리지 싶다. 그들은 경계선을 확장하지 않는다. 버닝맨 축제에 얼마나 자주 참여하든 얼마나 많은 마약을 복용하든 그들은 '경계선'을 넓힐 생각이 없다. 그들이 청소년 시절에 너드였던 아니든, 지금의 그들은 자신들이 그토록 경멸하던 운동선수와 남학생 클럽 멤버와 은행가를 뒤섞어놓은 '괴물'이 되었다.

위대한 기업은 너드가 세 번 연달아 섹스한다고 마법 지팡이를 휘두른 듯 뿅하고 만들어지지 않는다. 위대한 기업은 팀원 모두가 일치단결해 열심히 일하는 사무실에서 탄생한다. 문제는 주말에 여성들을 성적 대상과 창업자 사냥꾼으로 생각하는 것이 평일에 여성들을 동료로 기업가로, 동지로 생각하는 데에 영향을 미칠 수밖에 없다는 점이다.

일대일 남녀 관계의 담장을 허물다

다시 우버의 전직 직원이었던 수전 파울러 이야기를 해보자. 파울러는 우버에서 일할 당시 관리자가 사내의 직원 단체 대화방을 통해 그녀에게 작업을 거는 하나의 방법으로 합의된 다자연애 관계를 들먹였다는 내용을 블로그에서 폭로했다. 세상에 널리 알려지며 충격을 주었던 그녀의 글을 이쯤에서 다시 살펴보는 것이 좋을 것 같다. "그는 애인과 개방연애를 하고 있다면서, 여자 친구는 남자들을 쉽게 '갈아타는데' 자신은 그렇지 못하다고 말했다." 개방적인 다자연애 관계는 -파울러의 관리자가 묘사했던 것과 같은 관계- 실리콘밸리의 많은 IT 종사자 사이에서 새로운 유행으로 자리 잡으며 확산하고 있다. 유행한다고 해서 그것이 반드시 당사자 모두를 만족시킨다는 뜻은 아니다. 파울러가 경험했듯, 한 사람에게 헌신하지 않고 여러 사람과 동시에 데이트하는 이런 환경은 사무 공간까지 오염시켜 여러 가지 부정적인 결과를 맞이할 수 있다. 그녀가 관리자의 성추행을 고발했을 때 우버가 보인 반응을 보면, 그의 개방적인 성생활에 함께하자고 초대받는 것 정도는 대수로운 일이 아니라고 생각하는 듯했다. 파울러에 따르면, 우버는 "악의 없는 단순한 실수일 수도 있는 일로 그를 처벌하고 싶어 하지 않았다."

우버의 그런 뜨뜻미지근한 반응은 이미 사내 최고위자들 사이에 공개연애가 만연했다는 점에서 볼 때 놀랄 일이 아닐지도 모른다. 당시 우버의 CEO 트래비스 캘러닉은 바이올리니스트였던 개비 홀츠워스Gabi Holzwarth와 사귀고 있었다. 홀츠워스가 실리콘밸리의 무대에 등장한 것은 2013년 우버의 투자자인 셔빈 피셔버가 주최한 어느 파티에서였다. 열혈 민주당 지지자로 유명한 피셔버는 뉴저지주 뉴어크Newark의 전직 시장 코리 부커Cory Booker를 위해 자신의 집에서 기금모금 행사를 열면서 홀츠워스를 연주자로 고용했다. 여담이지만 부커는 피셔버의 행사가 있고 얼마 지나지 않아 '민주당의 샛별'이라는 찬사를 받으며 뉴저지주 상원의원에 당선되었다. 그곳에서 홀츠워스는 캘러닉을 처음 만났고, 둘은 만나자마자 불꽃이 튀었다. 그러나 훗날 그녀는, 당시에는 캘러닉이 전통적인 남녀 관계를 원하지 않는다는 사실을 전혀 몰랐다고 말했다.

캘러닉과 헤어지고 1년이 지났을 무렵 홀츠워스는 나를 만나서 캘러닉과 사귀던 시절에 있었던 일들을 상세히 들려주었다. 거기에는 캘러닉이 공적인 일에 사적인 쾌락을 결부시켰던 사건들도 포함되었다. 그녀는 〈디 인포메이션〉이 최초로 보도한 일화에 대해서도 자세히 설명해주었다. 캘러닉이 우버 고위 임원들과 함께 서울로 출장 갔을 때 접대부가 나오는 유흥주점에서 '회포'를 풀었다는 그날 밤 이야기 말이다. 그 일행에는 캘러닉의 오른팔로 최고비즈니스책임자 에밀 마이클도 있었다. "캘러닉 일행이 빙 둘러앉았고 그 가운데에 접대 여성들이 미니스커트를 입고 벌벌 떨면서 앉아 있었어요"라고 홀츠워스가 당시 술자리에 대해 말했다. 한편 여성들의 옷에는 캘러닉 일행이 좀 더 은밀한 만남을 이어갈 마음에 드는 여성을 고르기 쉽도록 번호표가 붙어 있었다. 그날 술자리에 있었던 우버의 한 여성 고위 임원은 약 1년 후에 회사 HR 부서에 그 사건을 고발하면서 '끔찍한 기분'을 느꼈다고 말했다.

홀츠워스는 파울러의 폭로가 있은 이후 우버에 관한 불미스러운 이야기가 연일 언론을 장식하자, 마이클이 자신에게 전화를 걸어 그날 밤에 대해 공개적으로 발설하지 말도록 요구했다고 말했다. 하지만 마이클은 "기자들이 그녀에게 접촉해올 수도 있음을 미리 알려주기" 위해 전화했을 뿐이라고 해명했다. 진위가 무엇이든 마이클의 전화는 분명 역풍을 몰고 왔다. 마이클이 자신의 입을 막으려 협박한다고 생각한 그녀가 오히려 내부 고발자가 되기로 결심한 것이다. 홀츠워스가 서울 출장의 일탈에 대해서만 폭로한 것이 아니었다. 2017년 10월 자신의 페이스북에 이런 글을 올렸다. "아무리 여성들이 당신 무리에 끼려 사족을 못 쓰더라도 당신은 그들이 여성들을 노리개처럼 데리고 놀도록 포주 노릇을 해서는 안 된다. 당신은 여성들의 몸매에 점수를 매기고 너무 못생겨서 혹은 너무 뚱뚱해서 같이 다니기 창피하다고 말해서는 안 된다. 당신은 그들이 서로 경쟁하듯 한 번에 몇 명의 여성과 성관계를 했는지 자랑하는 말을 가만히 듣고만 있으면 안 된다." 나는 그녀의 페이스북 글이 무슨 뜻인지 정확히 듣고 싶어 홀츠워스에게 전화를 걸었다가 놀라운 사실을 알게 되었다. 캘러닉이 홀츠워스에게 함께 스리섬 할 여성들을 찾아보라고 수시로 종용했다는 것이었다. 뿐만 아니라 캘러닉과 마이클은 그녀가 있는 자리에서도 아랑곳하지 않고 자신들의 성적 모험에 대해 떠벌렸다고 한다. "캘러닉은 개방적인 남녀 관계를 좋아하는 남성들을 자신의 주변에 두었어요. 그런 남성일수록 캘러닉의 마음을 얻기가 더 쉬웠어요"라고 홀츠워스가 내게 말했다.

회사 문화는 구성원들의 말과 행동이 합쳐져서 만들어진다. 다른 말로 그들이 집단적으로 지지하는 규범과 기준과 가치가 곧 회사 문화다. 캘러닉과 마이클이 서울 출장에서 접대 여성이 나오는 유흥주점에서 그랬듯, 회사에서 가장 영향력 있는 최고위 리더 두 사람이 물건처럼 취급되는 여성들과 엮인다면 그것이 조직에 어떤 영향을 미칠지 능히 짐작이 된다. 회사 문화를 오염시키는 것은 물론이고 수전 파울러와 같은 성추행 사건들이 묵살되는 결과를 맞게 될 수도 있다. 앞서도 말했지만 우버가 연이은 성추행 의혹으로 여론의 뭇매를 맞고 외부에 의뢰한 독립 조사팀은 사내 성추행을 47건 적발했다.

홀더의 조사 결과에 따라서 -사임인지 퇴출인지는 확실치 않지만- 에밀 마이클이 우버를 떠나고 약 다섯 달이 지났을 무렵 나는 그에게 연락을 했다. 그는 일단 사과문에서 방어적인 한편 사죄하는 제스처를 취했다. 우버의 방종한 사내 문화와 그가 그 문화에 일조한 역할에 대한 대중의 분노를 의식한 것이 틀림없었다. 그는 우버에서 여성들을 포함해 다양성을 고려한 팀을 구축하기 위해 열심히 노력했다고 내게 말했다. 그러면서 회사 간부들이 서울에서 여성 접대부가 나오는 술집에 가는 것을 "말리지 못했을 뿐 아니라 그 자리에 함께 있었던 것"을 깊이 후회한다고 고백했다. "그날 밤 내 판단력 부족이 (내) 평소 가치관을 의미하지는 않습니다"라고 그가 변명했다. "사건이 터진 직후부터, 나는 물론이고 모든 리더가 그런 상황에서 솔선수범해야 하는 의무에 대해 많은 교훈을 얻었습니다. 아울러 리더들의 결정이 좋건 나쁘건 조직 전체에 지속적인 영향을 미칠 수 있다는 것에 대해서도 많이 배웠습니다."

실리콘밸리에서 개방연애의 스펙트럼은 넓게 퍼져 있다. 그 스펙트럼의 한 극단에는 '다자연애'가 존재하고, 그것은 동시에 한 명 이상과 사랑에 빠지거나 연애 감정으로 엮이는 상태라고 정의된다. 다자연애polyamory는 '복혼제polygamy'와 라틴어 어원이 같고, 일처다부제와 일부다처제를 아우르는 복혼제는 한 명 이상의 배우자와 결혼하는 것을 말한다. 다들 알겠지만 서구 사회에서는 일반적으로 복혼제가 금기시되지만, 다자간 연애는 최소한 베이 에이리어에서 광범위하게 용인되는 하나의 사회 트렌드가 되었다. 실리콘밸리 일대에서 부분적으로든 철저하게든 다자간 연애주의를 실천하는 사람이 얼마인지 정확한 숫자는 알 수 없다. 그러나 내가 이야기해본 전문가들은 그들의 절대다수가 IT업계 종사자라고 봐도 무방하다고 말했다.

다자간 연애가 실리콘밸리에서 유행하기 훨씬 전부터 그 현상을 연구해온 사회학자 엘리자베스 셰프는 다자간 연애주의자들의 보편적인 특징을 발견했다. 전국적으로 볼 때 대부분의 다자간 연애주의자들은 고등교육을 받은 중상층 이상으로 성생활을 실험할 여유가 있고, 또한 일이 틀어질 경우에 유능한 변호사를 고용할 재력을 갖춘 백인들이라고 그녀가 말한다. "내가 보기에 특히 IT업계 사람들이 무엇이 가능한지에 대해 많이 생각하는 것 같아요"라고 셰프가 말했다. "이를테면 당신의 마음속 목소리가 끊임없이 속삭이는 거예요. '꼭 이런 식이어야 하는 것은 아니잖아.' 혹은 '무엇이든 다른 방법이 있을 거야. 새로운 방법에 대해 생각해보자.' 그렇게 당신은 이진법 코드를 생각하다 이중 관계, 이성 관계, 결혼 이런 식으로 생각의 갈래가 뻗어가죠."

"다자간 연애는 하나의 라이프 핵(life hack, 컴퓨터 프로그래머들에게서 나온 개념으로 '해킹'의 해크를 뜻하며 문제 해결, 과제 단순화, 좌절감 축소 같은 개인의 일상생활을 더 쉽고 효율적으로 만드는 도구나 기술을 일컬음 -옮긴이)"이라고 트위터의 공동 창업자 에번 윌리엄스가 말했다(잠깐, 그는 절대 다자간 연애 신봉자가 아니다). "사랑과 안정성과 흥분과 참신함의 문제를 한꺼번에 해결하려는 것입니다. 다자연애가 실리콘밸리에서 인기 있는 이유는 사람들이 그것을 더 똑똑한 삶의 방식이라고 생각하기 때문입니다."

캔더스 로클리어Candace Locklear는 IT 전문 홍보 회사인 마이티Mighty의 파트너이고, 마이티의 고객 명단에는 페이스북, 트위터, 판도라 등이 포함된다. 2016년 내가 캔더스를 만났을 때 로클리어 부부는 2년 전부터 다른 부부와 데이트를 하고 있다고 했다. 속칭 스와핑(swapping, 부부끼리 배우자를 바꿔가며 성행위를 하는 것 -옮긴이) 관계다. 쉽게 말해 캔더스는 그 부부의 남편과 잠을 자는 사이고, 캔더스의 남편은 캔더스의 잠자리 상대의 부인과 성관계를 했다.

"우리 넷은 메신저 애플리케이션 와츠앱Whatsapp을 사용해요. 데이트를 하기 위해 조정해야 할 것이 아주 많죠. 서로 집을 바꿀 수 있을 때에 밤 데이트를 해요"라고 로클리어가 내게 말했다. 그들이 스와핑을 시작했을 때의 규칙은 절대 '사랑에 빠지지 않기'였다. 그런데 그녀는 "망할, 우리 넷 모두가 사랑에 빠졌어요"라고 말했다. 로클리어는 스와핑이 자신의 결혼 생활을 더욱 단단하게 해주었다고 단언했다. 다른 여성의 눈으로 남편을 보게 되면서 자신의 남편과 다시 사랑에 빠졌기 때문이라고 했다. 물론 두 부부 모두 슬하에 자녀가 있고 (내가 만났을 당시에는 여섯 살과 열두 살이었다) 아이들도 엄마 아빠의 애정 생활에 대해 알고 있을 뿐 아니라 심지어 이해해준다고 했다. 그래도 엄마로서 로클리어는 자신들의 비전통적인 사각관계가 사춘기 직전인 열두 살짜리 딸에게 (여섯 살 아이는 상대 부부의 자녀였다) 나쁜 영향을 줄까 봐 걱정스러웠다. 하지만 딸에게 가능한 한 많은 관심을 기울이고 자신들의 관계를 이해시키기 위해 끊임없이 설명하려 노력한다고 말했다.

여기서 명확히 하고 싶은 것이 있다. 비독점적 남녀 관계의 범주에 포함되는 모든 행위와 다자간 연애 사이에는 중요한 차이가 있다. 예컨대 당신과 당신의 연인은 (크로퍼드와 메시나처럼) '모노게미시'일 수도 있다. 말인즉 서로가 다른 사람을 만나는 것을 허용하지만, 상호 합의한 특정한 규칙들이 있다는 뜻이다. 규칙은 커플마다 다르다. 어떤 커플은 허리 위로 약간의 스킨십을 허용하는 규칙을 합의했을 수도 있고, 다른 커플에게는 '하룻밤의 섹스' 혹은 가벼운 '바람'을 묵인해주는 것이 규칙일지도 모르겠다.

다자간 연애는 여러 명과 무분별하게 성관계를 하기보다는, 로클리어의 경우에서처럼 깊은 감정적 연결고리가 포함된다는 점에서 그런 관계와는 확연히 다르다. 다자간 연애주의자들은 사랑은 무한하고 동시에 여러 사람에게서 사랑을 느낄 수 있다고 믿는다. 그들은 그것을 '헌신적인 비독점적 다자연애committed non-monogamy'라고 부른다. 이런 여러 이유로 대부분의 다자간 연애주의자들은 1970년대의 '스윙어swinger' 즉 프리섹스주의자들과 비교되는 것을 좋아하지 않는다. 다자연애 옹호자들은 자신들의 행위를 인간관계에 대한 용감한 실험이라고 묘사한다. 그러나 직장이 성생활 실험실이 된다면 어떻게 될까?

물론 다자간 연애가 IT 세상의 발명품은 아니다. 그러나 IT 세상이 다자간 연애를 열렬히 받아들인 것만은 확실하다. 소문에 따르면, 심지어 구글 내부에 집단 성교를 위한 즉석만남 그룹이 존재한다. 그러나 '섹스에 관대한' 문화가 조직에 어떤 혼란을 야기할 수 있는지에 대한 사례는 차고 넘친다. 수전 파울러의 경험이 좋은 예다. 그런 혼란은 조직 깊숙이 파고들고 불편한 힘의 논리를 강화할 수 있다.

크리스 메시나는 파울러의 블로그 글이 세상에 드러났을 때 우버에 몸 담고 있었다. "사방팔방에서 사람들이 파울러의 사건에 대해 물었습니다. 나는 그럴 때마다 '내가 다자간 연애주의자라고 해서 사내에서 벌어지는 나쁜 행동을 묵과하지는 않겠다'고 말했습니다"라고 메시나가 내게 말했다. "많은 사람이 나쁜 행동에 대해 변명거리를 찾는다는 것을 잘 압니다. '나는 원할 때면 언제나 누구와도 성관계를 가질 권리가 있어요'라는 식입니다. 하지만 직장에서 이렇게 행동하는 것은 절대 옳지 않습니다. 직장에서는 모두에게 예외 없이 똑같은 규칙을 적용해야 합니다. 내가 걱정하는 것은, 다자간 연애라는 개념 자체가 자신의 행동에 책임을 지지 않는 것을 정당화해주는 하나의 명분으로 사용된다는 점입니다. 다자연애의 본질은 절대 그런 것이 아닙니다. 죄를 지어도 빠져나갈 수 있는 면죄부(get-out-of-jail-free card, 본래는 모노폴리 게임에서 곤란한 상황에서 탈출하게 하는 카드로 어려운 상황을 모면하게 해주는 카드라는 뜻으로 사용됨 -옮긴이)가 아닙니다. 더욱이 그것은 또 다른 문제도 야기합니다. 여성들에게는 그런 변명조차 허락되지 않는 환경이 만들어지는 겁니다."

엘리자베스 셰프는 다자간 연애를 포함해 비독점적 남녀 관계의 등장이 불러올 수 있는 또 다른 문제에 대해 경고한다. 남성들이 지배하는 직장에서 일하는 여성들에게 직업적으로 매우 위험한 결과를 가져올 수 있다는 것이다. "결혼했다고 당신을 '품절녀'라고 생각해줄 거라고 기대해서는 안 됩니다"라고 그녀가 말했다. 그것은 사귀는 사람이 있을 경우에도 마찬가지다. "심지어 결혼했더라도 '시장에 나온 매물' 신세가 되어 그런 환경에서 일하는 것은 정말 피곤한 일일 수 있어요. 특히나 직장에서 약자일 수밖에 없는 여성일 경우에는 더욱 가혹하죠. 요즘에는 아슬아슬한 줄타기하듯 이전보다 더 많은 노력이 필요해요. 시장에 나와 있는 매물 신세는 절대 끝나지 않을 테니까요."

섹스를 하는 남녀는 독점적인 일대일 관계여야 한다는 전통적인 성 의식을 표현할 때 혹은 제안을 지속적으로 거절할 때 종종 사회적인 대가가 따른다. 셰프의 말마따나 "그런 행동이 편협하고 고상한 척 얌전빼다고 여겨지는 독특한 상황들이 있어요."

한편 셰프는 우버의 사례가 또 다른 현상의 사례를 보여준다고 주장한다. 이처럼 다양한 유형의 남녀 관계에서 나타나는 변화가 새로운 형태의 성추행을 숨기는 은폐물의 역할을 할 수도 있다는 것이다. "그것은 절대 다자간 연애가 아니에요. 그냥 범죄예요"라고 우리가 파울러의 사례에 대한 이야기를 하던 중에 그녀가 일갈했다. "직장에서 사람들을 그런 상황에 몰아넣는 것은 온당치 못해요. 자신이 스티브 잡스라고 생각할지 몰라도 실제로는 버니 샌더스(Bernie Sanders, 연방 상원의원이자 2016년 민주당 대통령 경선에서 힐러리 클린턴에게 패했으며, 트럼프 대통령이 과거 성추문에 책임을 지고 사임해야 한다고 주장함 –옮긴이)의 문신을 한 빌 오라일리(미국 폭스TV의 간판 앵커였지만 잇따른 성추문으로 퇴출됨 –옮긴이)나 로저 에일리스(폭스TV의 전 회장 겸 CEO로 성추문으로 사임함 –옮긴이)예요."

비독점적 남녀 관계를 추구하는 여성도 문제를 만날 수 있다. "가령 어떤 여성이 다자간 연애주의자라는 사실이 알려지면 '그녀는 아무하고나 데이트할 거야'라는 인식이 퍼지게 됩니다"라고 셰프가 말했다. "그런 그녀가 초대에 응하지 않으면 불감증의 얼음마녀라고 낙인찍히죠. 다자간 연애를 지향하는 여성은 특히 이중고에 처할 수도 있어요. 다른 여성들에게도 곱지 않은 시선을 받을 뿐 아니라, '좋아, 넌 어차피 걸레야. 그러니 나와도 한번 어때?'라고 생각하는 남성들한테도 괄시받기 때문이에요." 사고방식이 아주 개방적이고 IT업계에 종사하는 한 여성이 원치 않는 접촉을 해오는 남성 동료들을 물리치는 독특한 방법을 내게 알려주었다. 일방적으로 다가오는 남성 동료들을 정중하게 거절할 때 즐겨 사용하는 핑곗거리가 있다고 했다. 여성과 데이트하는 것을 더 좋아한다고 말하는 것이었다. 그녀의 경우 그건 순전히 거짓말은 아니었고, 절반은 진실이었다.

한편 남녀가 일종의 개방연애에 합의했다고 해도, 남성들이 그런 관계를 먼저 제안하는 경우가 훨씬 많다고 셰프가 말했다. "공식 연인 사이인 두 사람 중 한 명이 '우리 이제부터 서로에게 얽매이지 말고 다른 사람들도 사귀어보자'고 제안할 때 남자인 경우가 훨씬 많아요. 분명 그들 사이에는 남자 쪽이 먼저 '오, 자기야, 이리 와봐, 우리 이렇게 하자'고 제안하는 역학 관계가 존재해요"라고 셰프가 말했다. "그렇지만 가끔은 남자가 원하는 방향으로 상황이 흘러가지 않을 때도 있어요. 일단 서로에 대한 구속을 풀어주고 나면, 여자 쪽이 데이트 상대를 더 쉽게 구하는 경향이 있거든요." 파울러에게 성추행을 했던 관리자의 상황이 딱 그랬다.

셰프는 남녀 관계에서 고상한 척 얌전 빼는 스타일이 아니다. 오히려 오늘날의 다자간 연애 방식은 여성들에게 더 많은 힘을 준다고 그녀는 생각한다. 또한 개중에는 다자간 연애를 먼저 제안하는 여성들도 있다고 확신한다. "우리가 아는 전통적인 모든 사회에서 부유한 남성들이 자신들이 원하는 만큼 많은 여성과 관계를 맺죠. 중국, 프랑스, 몽골, 페루, 캐나다 등등 세상 어디서나 다 그래요. 기원전 300년이든 2017년이든 부유한 남성은 많은 여성을 취할 수 있어요. 다만 옛날과 지금의 큰 차이라면, 여성들도 다양한 파트너를 가질 수 있다는 점이죠. 물론 모든 다자간 연애 관계가 여성들에게 유리하지는 않아요. 그렇지만 여성들에게 무조건 약탈적이지 않은 것도 사실이에요."

동서고금을 막론하고 사랑을 찾고 사랑을 유지하는 것이 인간들에게는 정답이 없는 혼란스러운 문제였다. 그러나 오늘날 새로운 세대의 IT 종사자들이 대담하고 혁신적인 접근법으로 그 어려운 문제에 도전하는 것에 다소 감명을 받는 사람도 있을 수 있다. 그렇지만 IT업계의 사무실에는 사회적 삶과 직업적 삶이 거의 분리되지 않을 뿐 아니라 힘의 역학 관계가 명백히 작용하고, 결과적으로 다자간 연애와 비독점적 남녀 관계가 야기한 로맨틱한 혼란이 그 공간을 침범하고 오해의 가능성과 긴장을 증가시킨다.

회의실 G

샌프란시스코는 예부터 성적 규범을 파괴하고 성적 일탈을 조장하는 문화의 대명사였다. 샌프란시스코 노스 비치North Beach 구역에 가면, 1960년대에 상반신을 노출하고 춤을 추는 토플리스 댄스를 개척한 곳으로 추앙받는 클럽이 있다. 그런 식의 유흥은 오늘날에는 선정적이고 은밀한 랩 댄스(lap dance, 누드 댄서가 관객의 무릎에 앉아 추는 선정적인 춤 -옮긴이)가 더해졌고, 어쨌든 약간 구식처럼 보이는 것이 사실이다. 그런데 시내의 한 스트립 클럽은 요즘도 벌건 대낮부터 젊은 공돌이들로 발 디딜 틈이 없다는 이야기를 들었을 때, 나는 결심했다. 선글라스를 쓰고 내가 직접 그곳을 가보리라.

나는 어느 금요일 오전 11시 45분에 샌프란시스코 하워드가Howard Street에 위치한 골드 클럽Gold Club으로 출발했다. 내가 도착했을 때 클럽은 이미 사람들로 북적였고, 정오가 되자 실내에는 빈자리가 하나도 없었으며, 뷔페 줄이 가장자리를 따라서 실내를 한 바퀴 빙 돌았다. 골드 클럽이 이렇게 인기 있는 이유 하나는, 샌프란시스코에서 점심 식사값이 가장 싸기 때문일지도 모른다. 단돈 5달러만 내면 모든 것을 즐길 수 있다. 먹음직스러운 프라이드치킨, 육즙을 가득 머금은 두툼한 소갈비, 닭고기로 속을 채운 튀김, 다양한 후식이 진열된 디저트 코너까지 배가 터지도록 먹어도 단돈 5달러면 된다. 그러나 골드 클럽이 사람들로 북적이는 또 다른 이유도 있다. 토플리스 댄스를 지겨울 때까지 마음껏 감상할 수 있기 때문이다.

나는 취재를 위한 남세스러운 이번 클럽 탐방에 여성 동료 한 명을 억지로 끌고 갔다. 우리는 뒤쪽 벽에서 가까운 탁자에 앉았고, 나는 분위기에 압도되어 입도 벙긋 못 하는 순진한 시골뜨기가 된 기분이었다. 골드 클럽은 IT 스타트업들이 즐비한 샌프란시스코 소마 구역에서 유일한 스트립 클럽이고, 세계 최대의 IT 콘퍼런스들이 -애플의 세계 개발자 콘퍼런스Worldwide Developers Conference, 고객관계관리 솔루션업체 세일즈포스닷컴의 드림포스Dreamforce, 오라클의 오픈월드OpenWorld- 개최되는 모스콘 센터Moscone Center에서 한 블록 거리에 있다. 옐프도 불과 몇 블록 떨어져 있고 링크트인의 26층짜리 신축 본사도 길만 몇 번 건너면 갈 수 있다.

골드 클럽에 발을 들이는 순간 LED 조명이 번쩍거리는 라스베이거스의 한 나이트클럽으로 순간 이동한 것 같은 착각이 든다. 그러나 이곳 사람들은 심야 카지노에서 흔히 만날 수 있는 그런 부류의 손님들이 아니다. 점심 식사를 하러 온 건설 노동자들의 옆 테이블에는 말쑥한 양복 차림의 남성들과 후드-티와 티셔츠를 입은 테크 가이들이 앉아 있고, 일부 무리에는 여성 한두 명이 끼어 있다. 클럽의 정중앙에 있는 본 무대에는 반라의 댄서가 4.5미터짜리 봉을 타고 오르내리며 선정적인 춤을 춘다.

정오 즈음 되면 여성 종업원들이 테이블 사이를 돌아다니기 시작하고 프라이드치킨보다 좀 더 친밀한 무언가를 원할 수도 있는 손님들과 눈을 마주친다. 골드 클럽에는 여성 종업원들이 아주 다양해 원한다면 누구라도 자신의 취향에 맞는 여성을 만날 수 있을 것 같다. 흑발, 금발, 아시아계, 라틴계, 장신, 단신, 글래머, 가슴이 아담한 여성, 문신을 한 여성, '자연산' 여성 등등.

반짝거리는 순백의 브래지어와 팬티 차림의 한 댄서가 우리 테이블로 다가왔을 때 나는 기자라고 나를 소개했고 취재차 그곳을 방문했다고 솔직하게 말했다. 그녀는 클럽에서 사용하는 예명인 조라 로즈Zorah Rose로 자신을 소개했고, 버클리에 있는 한 공립 중학교 교사인데 여름방학 동안 생활비에 보태기 위해 이곳에서 아르바이트한다고 했다. 그녀는 인근에 있는 유명 IT기업들에서 일하는 테키들을 두루 만나보았다면서 우버, 웹 기반의 파일 공유 서비스업체 드롭박스Dropbox, 트위터, 에어비앤비를 구체적으로 언급했다. "세일즈포스 직원들은 이곳의 주요 고객이에요"라고 그녀가 덧붙였다. "특히 옐프 직원들은 이곳을 'G 회의실'이라고 부르죠."

나는 로즈에게 댄싱과 뷔페 말고 정확히 어떤 '메뉴'가 있는지 물었다. 그녀는 점심시간이 지나면 손님들이 거의 떠나 클럽이 휑하고, 그래서 "점심시간이 끝난 후에도 아직 클럽에 남아 있는 사람들은 무언가를 더 원한다고 생각해도 돼요." 점심 식사만 빼면 골드 클럽에는 저렴한 것이 하나도 없다. (심지어 실내에 있는 ATM에서 돈을 인출하는 데도 10달러의 수수료가 붙는다.) 랩 댄스는 댄서가 손님의 무릎 위에서 얼마나 오랫동안 춤을 추고 얼마나 노출이 심한가에 따라서 20달러나 60달러 혹은 100달러까지 내야 한다. 혹은 사람들의 시선에 신경 쓰지 않고 질펀하게 놀아보고 싶을 때면 밀실을 예약할 수 있는데 30분에 375달러다.

"이곳의 여성 종업원은 손님들과 진도를 어디까지 나가고 싶은지 스스로 결정해요"라고 한 댄서가 내게 말했다. "밀실에서는 불가능한 일이 없어요." 또 다른 댄서는 현금을 내면 성관계도 가능하다고 확인해주었다.

로즈는 자신을 찾는 특정한 손님 유형이 있다고 말했다. "내 손님들은 하나같이 IT기업의 고위 임원으로 40대 중반의 백인 유부남들이에요"라고 그녀가 설명했다. 한편 그녀는 예전에 시카고에서도 댄서로 일한 적이 있었는데, 당시에는 변호사, 의사, 판매원 등이 주요 고객이었다고 했다. 그러면서 샌프란시스코의 IT업계에 종사하는 지금의 고객들과 예전

시카고 고객들을 비교하기도 했다. 골드 클럽의 고객은 다른 모든 서비스 외에도 특히 대화를 하는 데에 매우 깊은 관심을 보인다는 것이었다. "사실상 그들이 원하는 것은 몇 시간 같이 있어줄 스트리퍼 여자 친구예요"라고 로즈가 말했다. "나는 그것을 '섹시 의상 치료법'이라고 부르죠."

나는 또 다른 댄서인 니키 달링Nikki Darling과는 나중에 따로 전화 통화하기로 약속했다. 그녀 역시도 IT업계 종사자들이 자신의 주요 고객층이라고 말했다. "가끔은 단체 손님이 오는데, 그들이 '오예, 저기 저분이 내 직속 상사입니다'라고 말할 때도 있어요." 그녀는 골드 클럽에서 하루 종일 비즈니스 거래가 이뤄진다고 귀띔해주었다. 뭐, 어쨌든 당사자 모두 기분이 아주 좋을 때에 거래를 마무리하기가 훨씬 쉬운 법이니까.

달링은 외부에서도 만나는 단골 고객이 두 명 있다면서, 한 명은 미혼의 구글 직원이고 다른 한 명은 벤처캐피털리스트로 유부남이라고 털어놓았다. 그리고 일부 테크 가이 고객들은 점잖지만, 그녀도 실리콘밸리의 '진상'들을 많이 만났다고 했다. "그들은 젊은 나이에 돈을 벌었고 지금도 비교적 젊은 축에 들어요. 그래서인지 허세가 있고 무례하게 행동해도 된다고 생각하며 약간의 특권 의식에 절어 있어요"라고 그녀가 말했다. "그들은 자신에게 돈이나 권력이 있는 반면에 다른 사람들이 자신의 돈을 원한다는 사실을 잘 알죠. 그러다 보니 자연스레 권력역학이 그들에게로 크게 기울고 그들은 그것을 다소 볼썽사나운 방식으로 휘둘러요."

이제까지의 설명으로도 명확하게 이해되지 않는 사람들을 위해 덧붙이자면, 실리콘밸리에서 스트립 클럽은 사무실 동료 서넛이 가끔씩 스트레스를 풀러 가는 곳과는 성격이 다르다. 심지어 어떤 기업들에서는 그것이 하나의 기업 문화가 되었고, 경우에 따라서는 최고위 경영진의 승인 아래 이뤄지고 스트립 클럽 비용을 회사에 청구해 정산받기도 한다.

스트립 클럽과 비즈니스는 오랜 동반자 관계였다. 특히 앞만 보고 죽으라고 달리는 IT 문화의 일부였다. 적어도 1990년대 트릴로지의 전성기 시절 이후부터는 확실히 그랬다. 트릴로지의 CEO로 일명 100달러 조라는 별명으로 불리던 조 라이만트는 라스베이거스로의 순례 행렬에 감수성이 예민해서 분위기에 쉽게 휩쓸리는 젊은 직원들을 대동했고, 알겠지만 그곳에서는 도박과 벌거벗은 여성들과의 유흥이 주요 행사였다.

미국의 레스토랑 예약 사이트 오픈테이블OpenTable의 CEO인 크리스타 퀄스Christa Quarles는 언젠가 한 IT업체와의 인터뷰가 끝날 무렵 −입사 면접이었다!− 골드 클럽으로 가게 되었다. "이런 식이었어요. '자, 여러분, 이 지원자가 우리와 사회적으로 잘 맞을지 모두 가서 직접 확인합시다'"라고 퀄스가 당시 상황을 설명했다. 그녀는 그것이 명백히 면접의 일부라고 생각했다. 그녀의 말마따나 그녀가 '브로 문화에 잘 융화될지' 알아보기 위한 일종의 시험이었다.

심히 불편했지만 그녀는 아무런 불만을 제기하지 않았다. "성공하려면 어떻게든 그들 무리에 들어가야 한다고 생각했어요"라고 그녀가 말했다. 결과적으로 말해 퀄스는 그 일자리를 얻기 위한 '경주'에서 스스로 기권했고 다른 일자리를 알아보았다.

또 다른 여성 창업자는 예전에 남성 기업가와 사무실을 함께 사용했었는데, 그는 매주 골드 클럽 뷔페를 가기 위해 친구들을 만났다고 내게 말했다. 그것이 그의 일과에서 일상적인 부분이 되었고, 그리하여 남녀를 불문하고 신입 직원이 들어올 때마다 오리엔테이션 겸 점심 식사를 한다는 명분으로 그들을 골드 클럽으로 데려갔다.

당연한 말이지만 직원들이 개인 시간을 어디에 쓰는지는 아무도 간섭할 수 없는 개인적인 문제다. 그렇지만 주중에 직장 동료들과 스트립 클럽에 가는 것은 회사 문화에 치명적인 영향을 미칠 것은 두말하면 잔소리다. 그런데 정작 당사자들은 이것이 문제가 될 소지가 있다는 사실을 인지하지 못하는 듯했다. 창업자이자 투자자인 한 남성이 내게 말하기를, 친구들과 최소 다섯 번 골드 클럽을 방문했고 우연히도 그 친구들과 동업을 하게 되었다고 했다. 내가 그에게 그런 식의 외부 활동은 스타트업 내부의 마초적인 문화에 영향을 미칠지도 모른다고 지적했을 때 그도 동의했다. "실제로 우리는 여성들을 채용하기가 힘들었습니다. 아니 솔직히 말하면 우리는 단 한 명의 여성 직원도 받지 못했고, 그래서 요즘은 그런 행동을 하지 않으려고 각별히 주의합니다. 스트립 클럽 부분에서는 나도 도덕군자가 아닙니다"라고 그가 인정했다.

내가 링크트인의 공동 창업자 리드 호프먼에게 IT업계 종사자들이 'G 회의실'에 정기적으로 들락거리는 행태에 대해 말했을 때 호프먼은 "그건 옳지 않습니다"라고 일갈했다. 근무 시간 외에 직원들이 스트립 클럽을 정기적으로 찾는 것이 (그리고 섹스 파티에 가는 것이) 문제가 될지 내가 물었을 때도 그는 "물론이죠. 당연히 문제가 됩니다"라고 단언했다. "인간은 습관의 동물입니다. 누구나 자신의 습관이 회사 일에 방해가 되지 않도록 별도의 노력을 기울여야 합니다."

스트립 클럽에 가는 것이 신입 팀원을 검증하는 일종의 시험일 경우에는 특히 문제가 된다. 가령 여성이 입사 면접을 볼 때 스트립 클럽에 가자는 초대를 거절하는 것은 합격 가능성에 악영향을 미칠 것이 틀림없다. 그렇지만 입사 희망자만이 아니라 기존 여성 직원들에게도 스트립 클럽에 가자는 초대는 이래도 지고 저래도 지는 게임이다. 초대를 받아들여 동료들 앞에서 수치심과 어색함을 느낄 상황을 자초할 수도 있고, 아니면 초대를 거절함으로써 그곳에서 이뤄질 비즈니스 대화와 유대감에서 배제될 위험을 감수할 수 있다. 어느 쪽이든 지는 패인 것만은 분명하다. 우버에서 엔지니어로 일하는 애나 메디나는 동료들과 함께 골드 클럽에 가자는 '공개적인 초대'를 받았지만 "절대로 받아들이지 않았어요. 뿐만 아니라 다른 스트립 클럽과 술집에 함께 가자고 말하는 엔지니어들도 있었어요. 그럴 때면 나는 늘 이런 식으로 말했어요. '이런 게 도대체 뭐예요? SF 소설 같은 건가요? 아니면 실리콘밸리의 전통인가요? 이 회사가 얼마나 엉망이기에 이런 이야기가 버젓이 오가는 거죠?'"

당연한 말이지만 여성들이 처음부터 초대를 받지 못하는 경우도 왕왕 있다. 한 여성 창업자는 팀원들과 함께 콘퍼런스에 갈 때마다 남성 팀원들끼리 똘똘 뭉쳐 '자신들만의 모험'을 떠난다고 말했다. "어느 순간이 되면 다들 나가고 나만 덩그러니 남았어요. 그런 장소들에서 얼마나 많은 비즈니스가 이뤄지는지 당신은 절대 모를 거예요."

호화로운 섹스 파티와 마찬가지로, 스트립 클럽도 실리콘밸리에서 여성으로 살아가기 위해 버텨내고 극복해야 하는 배경소음의 일부다. 가끔은 그런 문화가 여성들을 매우 불안정한 상황으로 내몰기도 한다. 하지만 남성들에게는 그러한 문제가 없다. 실리콘밸리에서는 일과 개인 생활이 뚜렷한 경계 없이 뒤섞인다. 더군다나 새로운 성적 모험주의는 남성들이 절대다수인 사무 공간이 절대소수인 여성 직원들을 어떻게 인식하는가에 영향을 줄 수밖에 없다. 베이 에어리어에서 활동하는 한 섹스 치료사의 말마따나 "여성들은 성적 대상으로 여겨져요. 그들은 어디서나 성적 쾌락을 위한 도구, 즉 성적 대상화sexual objectification가 됩니다."

복지 혜택이 다가 아니다
: 기술 산업이 가정을 어떻게 파괴할까?

2014년 페이스북과 애플은 여성 직원들에게 회사가 전액 부담하는 궁극적인 라이프 핵을 제공하기로 결정했다. 오늘날 두 회사는 복지 혜택의 하나로 1인당 최대 2만 달러까지 여성 직원들의 난자 냉동 비용을 지원하고 있다. 말 그대로 여성의 가임력을 냉동 보존하는 것이다. 나는 당시 페이스북의 최고운영책임자 셰릴 샌드버그에게서 난자 냉동 비용을 지원한다는 아이디어가 어떻게 나왔는지 들을 수 있었다. 최근 암 진단을 받은 한 여성 직원이 있었는데, 샌드버그에게 항암치료를 시작하기 전에 난자를 냉동해서 보관해두지 않으면 평생 임신이 불가능할 거라고 말했다. "나는 인적자원관리 최고책임자와 그 문제를 의논했고 '안됐잖아요, 회사가 비용을 내줘야 해요'라고 말했어요"라고 2015년 내가 진행하던 블룸버그 TV 프로그램에 출연해 말했다. "그 책임자와 나는 서로를 쳐다보면서 '암 진단을 받은 여성 직원들에게만 난자 냉동 비용을 지원해야 할까요? 이 혜택을 좀 더 확대해서 시행하면 어떨까요?'라고 말했어요." 페이스북과 애플이 모범을 보이며 스타트를 끊은 후에 구글이 그 행렬에 동참했고 얼마 지나지 않아 인텔, 세계 최대 음원 스트리밍업체 스포티파이Spotify, 세일즈포스 등도 그 복지 혜택을 제공하기로 했다.

겉으로만 보면 그것은 여성 직원들에게 더 많은 선택지를 주기 위한 진정성 있고 관대한 시도였을 뿐 아니라, 가뜩이나 여성 기근이 심한 업종에서 여성 인재들을 유치하고 보유하기 위한 독창적인 방법이었다. 아직 적절한 배우자를 만나지 못했나요? 아직 아이를 가질 준비가 되어 있지 않나요? 지금은 일에만 집중하고 싶나요? 좋아요, 회사가 도와줄게요. 생체 시계에 대해 걱정하는 여성들은 이제 스누즈 버튼(snooze button, 시계가 울린 후에 알람을 늦추는 버튼 – 옮긴이)을 눌러 시간을 벌 수 있게 되었다.

난자 냉동은 기술 산업이 일–생활 균형이라는 까다로운 문제를 해결하기 위해 어떤 식으로 접근하는지를 보여주는 하나의 사례일 뿐이다. 솔직히 말해 기술 산업의 일각에서는 일과 생활을 균형 맞추는 것은 거의 불가능하므로 '균형balance'이라는 단어 자체가 비현실적이라고 거부감을 보인다. 대신에 그들은 일–생활 '혼합blend'이나 '통합integration' 같은 현실적인 용어를 사용하자고 주장한다. 오늘날은 기업들이 어느 시대보다 직원들에게 더 많은 시간을 요구하는 것처럼 보인다. 이런 시대를 맞아 실리콘밸리는 후한 임금과 스톡옵션만이 아니라 직원들이 더욱 쉽고 즐겁게 일중독자가 될 수 있도록 인센티브와 라이프 핵들을 제공한다.

스타트업 딱지를 뗀 성공적인 IT기업 대부분은 직원들에게 음식과 술을 공짜로 제공하고, 그런 혜택이 자사의 장점이라고 홍보한다. "세부적인 일들은 회사가 알아서 처리할 테니 여러분은 정말 중요한 일에만 집중하세요. 아침, 점심, 저녁 삼시 세끼 뭘 먹을까 고민할 필요가 전혀 없습니다"라고 파일 공유 서비스업체 드롭박스Dropbox가 자사 웹사이트에서 자랑한다. 그러고는 "우리는 일상의 스트레스를 날려버릴 방법을 늘 고민합니다"라고 덧붙인다. 페이스북과 구글의 본사에는 마사지사, 의사, 치과 의사 등이 상주하고 원하는 시간과 장소를 예약하면 일명 '미용실 트럭'도 출동한다. 테이블 축구라고 불리는 푸스볼foosball 테이블과 탁구대는 어딜 가나 볼 수 있고, 일부 기업들은 사내 피트니스 강좌, 헬스클럽 회원권 할인쿠폰, 땀 흘린 운동복 세탁 서비스를 제공한다. 심지어 반려동물과 함께 출근하는 것을 장려하고 반려동물 산책 서비스 이용 할인권, 반려동물을 위한 보험, 반려동물 용품 구매 할인쿠폰을 주는 기업들도 있다.

이런 복지 혜택의 일부는 성별, 나이, 직급을 떠나 모든 직원을 겨냥하지만, 많은 혜택은 젊은 독신 직원들의 입맛을 집중 공략한다. 그런데 눈이 휘둥그레지게 하는 수많은 복지 혜택 중에서 딱 하나 보이지 않는 것이 있다. 바로 보육 시설이다. 보육료를 지원해주는 회사는 손에 꼽을 정도고, 사내 보육 시설을 제공하는 회사는 더 적다. 출근할 때 반려동물을 데려올 수는 있어도 (대개의 경우) 영유아 자녀는 직원들이 알아서 해야 한다.

왜 그럴까? 실리콘밸리 IT기업들의 탄생 스토리에 그 이유가 있다. 거의 모든 회사가 대부분이 젊고 남성이며 자녀가 없는 창업자들의 이미지를 반영해 설립되었기 때문이다. 그들이 회사를 '캠퍼스'라고 부르는 데에는 그만한 이유가 있다. 가령 페이스북 직원들은, 샌드버그가 회사 문화에 가늠하기 힘들 만큼 지대한 영향을 미친 것은 맞지만 (페이스북은 웹사이트에서 직원들이 '삶의 모든 단계에서' 번성하도록 돕고 싶다는 의지를 명백히 밝힌다) 페이스북은 언제까지라도 열아홉 살짜리들의 기숙사와 약간 비슷한 느낌을 어느 정도 유지할 거라고 내게 말했다. 구글은 열아홉 살짜리 기숙사에서 약간 나이가 들어, 박사과정을 공부하는 독신 대학원생들의 연구실과 비슷하다. 집에서 기다리는 아이들이 없고 대학을 갓 졸업한 많은 젊은 독신 직원에게는 직장 생활이 곧 삶의 전부나 다름없다. 게다가 이것은 IT기업들이 두 팔 벌려 기꺼이 실현시켜 주는 현상이다. 그들 기업이 언뜻 관대해 보이는 복지 혜택을 제공하는 덕분에 직원들은 잠을 자기 위해 퇴근할 때를 빼고는 구글이나 페이스북의 캠퍼스를 벗어날 필요가 없다(심지어 일부 스타트업의 경우 직원들이 아예 퇴근할 필요가 없도록 각자의 책상 밑에 간이침대가 있다는 말도 들었다). 명석한 두뇌를 가진 사람들과 창조적인 환경에서 일하다가 점심시간이 되면 탁구 토너먼트를 벌이거나 마사지를 받고, 목이 마르면 사내에 구비된 냉장고에서 시원한 맥주를 공짜로 꺼내 마시며 무선인터넷을 사용할 수 있는 통근버스를 타고 퇴근한다. 마운틴뷰에 있는 구글 캠퍼스의 경우 마지막 통근버스가 밤 10시 30분에 회사를 출발하고, 샌프란시스코 시내에 있는 집에 도착해 잘 준비를 마치고 침대에 누우면 자정이 다 되어간다. 그런 생활이 어울리는 삶의 단계에 있는 사람에게는 구글이 천국일 수 있다. 그러나 30대 중반을 넘긴 여성들은 대체로 그런 부류에 해당하지 않고, 회사가 제공하는 보편적인 복지 혜택은 그 나이대의 수많은 여성이 퇴사를 결심하는 이유를 해결해주지 못한다.

기술 산업의 '밑 빠진 독'

　여성들은 남성들보다 훨씬 빠른 속도로 기술 산업을 떠난다. 이탈 속도가 얼마나 빠른지 놀랄 정도다. 한 연구 결과에 따르면 여성들이 IT 직장을 포기할 가능성이 남성보다 두 배 이상 높다고 한다. 또한 다른 산업들과 비교해도 IT 산업 여성 종사자들의 이탈 속도가 훨씬 더 빠르다. 2013년 일단의 연구가들이 12년간 추적한 흥미로운 연구 결과를 발표했다. 그 결과에서 보면, 조사 기간 동안 STEM 분야 여성 종사자 둘 중 한 명이, 즉 50퍼센트가 다른 분야의 경력을 찾아 STEM 분야를 떠났다고 한다. 반면 동 기간에 다른 직업군들에서 여성의 평균 이탈률은 20%에 불과했고, 30년간 한 우물을 판 이들도 적지 않았다. STEM 분야에 종사하는 여성의 80퍼센트가 자신의 일을 사랑한다고 말하지만, 응답자의 32퍼센트는 1년 안에 퇴사할 가능성이 높다고 말했다. 많은 여성이 주장하는 퇴사 이유는 지금까지 이 책에서 토론했던 것들이다(부당함, 낮은 승진 가능성, 악의적인 마초 문화, 소외감과 고립감). 또한 이런 "투쟁 혹은 도주(fight or flight, 스트레스를 유발하는 갑작스러운 외부 자극에 대하여 본능적으로 투쟁과 도주 중 하나를 선택하는 것 -옮긴이)" 반응은 임신, 출산, 자녀 양육이라는 중대한 삶의 단계에서 뚜렷이 나타난다. 그렇다면 '밑 빠진 독' 문제는 '가까이하기엔 너무 먼 당신인' 일-생활 균형과 (혹은 통합과) 얼마나 밀접한 관련이 있을까?

　일단의 연구진이 'STEM이 왜 그토록 특별한가?'라는 광범위한 보고서에서, 가정생활에서 비롯하는 부담이 다른 어떤 직업군보다 STEM 분야의 여성 종사자들에게 훨씬 극적인 영향을 미친다고 주장했다. 또한 그들은 결혼생활을 유지하고 둘째 아이를 갖는 문제가 여성들이 STEM 노동 인구에서 이탈할 가능성을 크게 증가시키며, 근무 시간과 이탈 가능성이 정비례한다고 결론 내렸다. 그들은 소득, 가족 수 등등 가정 상황의 다양한 차이를 고려할 때, STEM 분야의 여성 종사자들이 (응답자 대부분이 엔지니어와 이른바 컴퓨터 '전문가'들이었다) 여타 직업군에 종사하는 여성들에 비해 퇴사할 가능성이 807퍼센트 더 높다는 사실을 발견했다. 아니, 잘못 본 게 아니다. 807퍼센트가 맞다. 그렇다고 그들이 노동시장을 완전히 떠나는 것은 아니며 다른 산업에서 일자리를 찾는다. 그리고 일단 STEM을 떠난 다음에는 거의 돌아오지 않는다. 이 모든 수치가 충격적인 것은, STEM 분야 여성들의 임금이 타 분야 여성 종사자들에 비해 대개가 높은 수준이고 또한 가정에서의 성 역할에 대해서도 그들은 대체로 양성평등주의적인 관점을 갖기 때문이라고 연구가들이 주장한다. 말인즉 높은 임금과 양성평등주의적 의식을 놓고 볼 때 여성들이 다른 어떤 분야보다 STEM 분야에서 더 오래 일할 거라고 예상하기 쉽다. 그러나 현실은 정반대다. 이는 그들의 직장생활에 가정생활과 병행하기 힘든 여러 특징들이 있고, 그런 어려움은 여성들의 지위가 높아질수록 심화된다는 것을 보여준다. 최근의 한 설문조사에 따르면 여성 엔지니어들은 일-생활 불균형이 IT 산업을 떠나는 큰 이유 중 하나라고 대답했다.

여성들은 경력의 각 단계에서 IT 산업을 떠나지만, 특히 IT 세상에서 활짝 꽃을 피울 절정기라고 할 수 있는 30대 여성의 이탈이 못내 아쉽다. IT 분야의 30대 여성 종사자들은 유의미한 많은 경험을 축적할 만큼 연륜이 있는 동시에 업계의 최신 추세를 따라갈 수 있을 만큼 젊다고 여겨지기 때문이다. (연령차별은 IT 분야에 만연한 또 다른 편견이다.) 또한 30대는 IT 세상에서 확실히 자리를 잡은 기술 기업들에서 실질적인 영향을 미칠 수 있는 지위로 승진하는 시기다. 실리콘밸리에서 창업자 교육과 스타트업 창업을 지원하는 창업자 연구소Founder Institute가 실시한 연구 조사에 따르면, 최대 마흔 살까지는 기업가가 나이를 먹을수록 성공 가능성이 증가하는 경향이 있지만, 마흔 살을 넘으면 아무런 상관이 없다고 한다. 이는 무슨 뜻일까? 이제까지 우리는 젊은 창업자의 이미지를 우상화하고 미화해왔지만, 저커버그 같은 이야기는 아주 예외적인 것이고 절대 성공법칙이 아니다.

컴퓨터 엔지니어들이 주당 60~80시간을 일한다는 고정관념은 신화가 아니다. 오늘날에도 실리콘밸리의 IT기업이 성공하려면 프로그래머들은 초인적인 시간을 투자해야 한다고 믿는 사람들이 많다. 이 믿음은 컴퓨터 천재 소년이라는 고정관념만큼이나 실리콘밸리에 널리 퍼져 있다. 하지만 더는 안 된다. 이제는 반격할 시간이다. IT 기술이 우리네 삶과 문화 곳곳을 파괴했듯이, 이제는 역으로 우리가 그 믿음을 파괴할 시간이 되었다.

1984년 1월 역사적인 출시를 위해 매킨토시 팀이 기울인 초인적인 노력은 아직도 업계 전설로 통한다. 수십 명의 프로그래머들로 구성된 매킨토시 팀의 핵심 집단은 20대와 30대가 대부분이었고, 가정이나 아이가 있는 프로그래머는 거의 없었다. 그들의 노력에 헌정하는 특별한 옷이 제작되었고 (아마도 그 옷은 오늘날 세계 어딜 가나 볼 수 있는 회색 후드 티셔츠의 원조일 것이다) 등 뒤에는 '주당 90시간 이상 즐겁게 일할 것'이라는 문구가 새겨졌다.

그런 초인적인 노력이 실리콘밸리에서 매일 반복되지는 않지만, 여전히 업계의 이상향으로 남아 있다. 개발자들이 모여 새로운 프로젝트와 프로토타입을 '해킹(hacking, 보통 해킹은 불법적으로 컴퓨터나 네트워크를 공격하는 행위로 여겨지지만, 해킹의 실제 의미는 그 반대로 난도 높은 프로그래밍을 구축하거나 그 작업 과정에서 느껴지는 순순한 즐거움을 뜻함 -옮긴이)'하듯 만들어내는 밤샘 해커톤(hackathon, '해커'와 '마라톤'의 합성어로 마라톤처럼 쉬지 않고 기획에서 프로그래밍을 거쳐 프로토타입의 결과물을 만들어내는 것으로 일종의 소프트웨어 마라톤임 -옮긴이)을 생각해보라. 페이스북은 2012년 기업공개 전날 밤에 열렸던 것을 포함해 창사 이래 최소 50번의 해커톤을 열었다. 하지만 매일 직원들은 사무실에서 식사를 해결하고 야근을 하거나 주말에 출근하며 밤늦게까지 메시지에 반응하는 (요즘 가장 인기 있는 기업용 사내 메신저 애플리케이션 슬랙Slack이 주로 이용된다) 등등 좀 더 일상적인 방식으로 회사에 대한 헌신을 보여주도록 기대된다. 실리콘밸리 역사를 돌아보면, 퇴근 시간 이후 회사 주차장에 주차되어 있는 자동차 대수를 세고 일요일에 출근하지 않았다고 직원들에게 호통을 치는 CEO들에 관한 이야기가 차고 넘친다는 것은 굳이 입 아프게 말하고 싶지 않다.

이런 식의 태도와 기대는 꼴불견 집단이 형성되는 것뿐만 아니라 성인들을 위한 전문적이고 포용적인 작업 환경 대신에 대학 기숙사풍의 놀이공원 같은 캠퍼스가 탄생하는 배경이 되었다.

수년간 우버는 저녁 식사를 무료로 제공하되 저녁 8시 15분부터 식사가 가능했다. 하필 왜 그렇게 늦은 시간에 식사를 제공한 걸까? 직원들이 그 시간까지 일할 거라고 기대해서는 아니었을까? 우버의 경영자들은 절대 그런 것이 아니라고 손사래를 쳤다. 순수한 직원 복지 차원이라는 것이었다. 자발적이건 선택의 여지가 없었건 혹은 그래야 할 것 같은 기분이 들어서건 아니면 어떻게 하다 보니 그 시간까지 사무실에 남아 있게 되었건, 어떤 이유에서건 직원들이 회사에서 저녁을 해결하는 것은 저녁 늦게까지 그리고 행여 결혼을 하고 아이를 '만들' 시간을 낼 수 있었던 직원들은 아이가 잠들 때까지 업무와 무관하게 사무실에서 시간을 보낼 수 있었다는 뜻이다.

당연한 말이지만 그런 환상적인 복지 혜택은 대부분 거대 IT기업의 이야기다. 첫발을 떼기 위해 아등바등 애쓰는 수천 개의 소규모 스타트업에는 그런 복지가 그림의 떡이다. 그들은 살인적인 근무 시간을 견뎌야 하면서도 코코넛 워터, 에너지 음료, 맥주가 채워진 냉장고 말고는 딱히 이렇다 할 복지 혜택이 거의 없다. 직원들을 오랫동안 붙잡아두기 위한 고용 유지 정책에 대해서는 철저히 무관심한 태도로 일관하고, 대신에 지금 당장 직원 각자에게서 최대한을 쥐어짜내야 하는 긴급성만 있다. 어쨌건 신제품을 성공적으로 출시하거나 가시적인 새로운 성과를 달성하느냐의 여부가, 다음 라운드의 투자 유치로 나아가느냐 아니면 이대로 문을 닫느냐를 가를 수 있다.

IT업계 종사자들은 회사의 처우와는 상관없이 이직할 가능성이 매우 높다. 세계 최대 취업정보 사이트 인디드Indeed에 따르면 샌프란시스코에서 활동하는 소프트웨어 엔지니어들의 평균 근무 기간이 (2년을 약간 넘는다) 미국의 다른 모든 대도시에서 활동하는 소프트웨어 엔지니어들보다 짧다고 한다. 많은 이유가 있겠지만 두 가지 이유를 들면, 첫째는 인디드가 '매우 야심적인 노동인구'라고 명명한 특징 때문이다. 그리고 다른 하나는 실리콘밸리 일대에서 매일 새로운 기술과 기업들이 혜성처럼 등장함으로써 기회가 거의 무한으로 공급되기 때문이다. 일자리 개수가 '기가바이트'에 달하고, 그래서 엔지니어들은 한곳에 오래 머물기보다 메뚜기처럼 잠시 머물다 다른 곳으로 떠나는 것이 보편적이다.

기술업계 종사자들의 이런 메뚜기 성향과 많은 IT기업들의 짧은 수명이 맞물려, 실리콘밸리는 직원들의 성인기 수명adult life span에 초점을 맞추도록 장려되지도 동기가 부여되지도 않았다. 오히려 실리콘밸리 기업들로서는 인재를 유인하기 위해 눈이 휘둥그레지는 '넘사벽' 복지 혜택을 제공하는 편이 합리적인 선택이다. 그러나 회사의 처우와는 상관없이 직원들이 어차피 메뚜기족일 바에야, 차라리 장기적인 관점에서 일과 생활의 균형 맞추는 데에 투자하는 것이 낫지 않을까? 이론상으로는 그렇지만, 그것은 난자 냉동 비용을 지원하는 혜택이 탄생하게 된 IT업계의 오랜 전통에 정면으로 위배된다.

스타트업들에서 직원들의 임신 및 출산에 대한 복지 접근법은 매우 원시적이다. 기업이 신중하게 계획된 육아휴직 정책을 제공할 가능성은 거의 없고, 직원들이 미래를 위해 난자를 냉동하려면 상당한 뭉칫돈을 직접 지불해야 할 것이다. 대부분의 창업자는 직원 중에 1호 임산부가 등장할 때까지는 육아휴직 정책이 필요한지조차도 인지하지 못한다.

하지만 최고 IT기업들에서는 상황이 하늘과 땅 차이다. 난자 냉동 비용은 IT 대기업들이 직원들에게 제공하는 유일한 혜택이 아니다. 정자은행, 광범위한 체외수정 시술, 신생아를 위한 제대혈 은행 등의 비용까지 가끔은 복지 혜택에 포함될 뿐 아니라 입양과 대리 출산 비용도 지원한다. 셰릴 샌드버그가 구글에 재직할 당시 세르게이 브린에게 건물 입구에서 가까운 곳에 임산부를 위한 전용 주차 공간을 만들자고 건의한 것은 널리 알려져 있다. 또한 샌드버그는 페이스북으로 옮기면서 그 정책도 함께 들여왔다. (이 책을 위해 샌드버그를 인터뷰하러 페이스북 본사를 방문했을 때 임신 8개월이었던 나는 그녀의 덕을 톡톡히 봤다.) 대체로 IT기업들은 관대한 유급휴가 및 가족휴가 제도를 시행한다. 구글이 유급 출산휴가 기간을 12주에서 18주로 늘렸을 때 수전 워치츠키는 〈월스트리트 저널〉과의 인터뷰에서 출산으로 인한 퇴직자 수가 50퍼센트 감소했다고 말했다. 페이스북은 남녀 직원 모두에게 최대 4개월의 유급 육아휴직을 보장하고, 마크 저커버그가 두 아이가 태어날 때마다 2개월씩 육아휴직을 사용함으로써 직원들이 마음 편하게 육아휴직을 사용할 수 있도록 솔선수범을 보였다. 심지어 넷플릭스와 링크트인을 포함해 일부 기업들은 원하는 기간만큼 휴가를 갈 수 있는 무제한 휴가 정책을 시행한다.

실리콘밸리는 본능적으로 획기적이고 혁신적인 솔루션을 찾고, 이론적으로는 그 모든 게 좋아 보인다. 물론 직원들의 임신과 관련해 최첨단 기술을 접목한 복지 혜택을 제공하는 것은 기업의 이미지를 좋게 만드는 효과가 있다. 그러나 난자와 정자를 냉동시키는 비용을 지원하는 최신 혜택들이 당면한 문제를 해결하지 못한다는 것을 뒷받침하는 매우 설득력 있는 증거도 있다. 어쨌든 임신은 부모 역할의 시작일 뿐이다. 직원들이 특히 여성 직원들이 정말로 바라는 것은 임신 기간과 출산 전후만이 아니라 자녀 양육에 신경을 써야 하는 수십 년간 일하는 부모 즉 워킹맘과 워킹 대디들에게 우호적인 문화다.

오래 열심히 영리하게 일하라

아마존의 창업자 제프 베조스Jeff Bezos는 1997년 주주들에게 보내는 공개서한에서 기술 산업에서 성공하기 위해 필요한 조건에 대한 핵심적인 믿음을 간단명료하게 밝혔다. "당신은 오래 혹은 열심히 혹은 영리하게 일할 수 있습니다. 그러나 아마존닷컴에서는 이 셋 중 둘만 고를 수 없습니다."

이 믿음은 즉 IT기업들이 성공하기 위해서는 직원들이 매일 오랜 시간 열심히 그리고 영리하게 일해야 한다는 생각은, 여성 직원들이 엄마가 되는 것을 아주 힘들게 하는 하나의 원인이다. 아빠들의 자녀 양육 참여가 늘어나고 있지만 아직까지도 대부분은 엄마의 몫이다. 뿐만 아니라 아빠들은 모유 수유를 위해 아이에게 직접 젖을 물리거나 유축기로 모유를 짤 수 없고 임신 증상이라고 널리 알려진 의학적 증상을 직접 겪지도 않는다.

베조스가 "오래 혹은 열심히 혹은 영리하게"의 발언을 한 지 딱 20년이 흐른 2017년, 테키에서 벤처캐피털리스트로 변신한 블레이크 로빈스Blake Robbins는 폭풍 트윗을 올렸다. "기술 산업에 처음 발을 들였을 때는 주말이나 휴일에 출근해서 일하는 것이 '쌈박하다'고 생각되었다. 그러나 얼마 지나지 않아 그것이 재앙의 지름길임을 깨달았다. 일하느라 친구들과 어울리지 못하는 것은 조금도 '쌈박하지' 않다. 일에 치여 탈진하는 것은 '쌈박하지' 않다. 경쟁자들이 이기는 것은 그들이 당신보다 더 많은 시간을 일하기 때문이 아니다. 그들이 더 영리하게 일하기 때문이다."

당연한 말이지만 그는 저항에 부딪혔다. 페이팔 마피아 단원이자 벤처 캐피털리스트인 키스 라보이스가 로빈스의 트윗에 대해 반박하는 짧은 글을 트윗했다. '순 거짓말.' 그런 다음 좀 더 다듬어진 글을 트윗했다. "일론 머스크의 전기를 읽어보라. 혹은 아마존에 관한 책도 좋다. 아니면 페이스북의 초창기 4년에 관한 책을 봐도 된다. 이도 저도 아니면 페이팔에 관한 이야기를 찾아보라."

블레이크와 라보이스 사이의 트위터 설전은 피터 틸이 공동으로 설립한 빅데이터 분석업체 팰런티어의 고위 임원 시암 산카르Shyam Sankar가 2015년에 작성한 에세이를 수면 위로 다시 끌어올렸다. '일-생활 균형을 반대하다'는 제목의 에세이에서 산카르는 나이가 들수록 학습 속도가 느려지기 때문에 일에 아주 오랜 시간을 투자하는 시기는 젊을 때이고 또한 희생할 목적이 있는 것은 희생을 받아들이게 한다고 주장했다. 아울러 산카르는 젊은 엔지니어들에게 커다란 자극과 최대한의 안락함 둘 모두를 제공한다고 광고하는 일자리에 유의하라고 촉구한다.

"목적이 있다고 가정할 때, 지속할 수 없는 속도로 질주하는 것은 엄청난 낙관주의에서 나오는 행위다"라고 그가 에세이에서 말했다. "우리는 균형을 이루기 위해 일보다는 개인적인 생활을 선택하라는 말을 계속해서 들어왔다. 대신에 나는 미래의 주인이 되고 싶다면, 특히 경력의 초반기에서는 균형보다 생활을 선택하라고 말하고 싶다. 또한 일에 아주 큰 의미를 부여함으로써 일이 더는 생활과 분리된 하나의 독립된 개념이 되지 않도록 하라고 촉구한다. 단언하건대 그래야 당신이 꿈꾸는 미래의 주인공이 될 수 있다."

산카르의 주장에 대해 나는 개인적으로 동의하는 부분도 있고 동의할 수 없는 부분도 있다. 특히 가치 있는 무언가를 한다면 한동안은 일과 생활이 균형을 이루지 못해도 충분히 가치 있을 수 있다는 그의 주장은 상당한 설득력이 있고 나도 그것에 동의한다(내가 이 책을 쓰는 동안 세 아이와 직장생활 사이에서 아슬아슬 곡예를 해오고 있듯이 말이다). 그러나 일을 위해 균형을 장기적으로 희생시킬 수 있다는 주장에는 동의할 수 없다. 누군가의 하룻밤 새 벼락 성공이 실리콘밸리를 떠들썩하게 하는 이야깃거리가 된다는 것은 그런 일이 극히 드물다는 것을 반증한다. 실리콘밸리에서는 하룻밤 새에 아무것도 이뤄지지 않는다(단, 해커톤은 예외다). 오히려 대부분의 기업은 완전한 잠재력을 꽃피우기까지 수년이 족히 걸린다.

산카르가 에세이에서 언급하지 않았던 중요한 사실도 하나 있다. 실리콘밸리의 모든 일자리가 하나의 범주에 포함되는 것이 아니라는 점이다. 오늘날 기술 산업은 재택근무나 유연근무제 같은 다양한 업무 방식을 수용할 수 있을 만큼 충분히 성숙했기 때문이다. 대학을 갓 졸업한 스물두 살의 사회 초년생이 일을 최우선으로 하는 삶을 만들어가고 싶다면야 주당 60시간 이상을 일한들 누가 뭐라 할까. 오히려 그런 노력은 칭찬받아

마땅하다. 실제로 많은 스타트업의 창업자들과 초기 직원들이 분명 그런 식으로 일을 했고, 막대한 성공을 거머쥔 사람들도 많다. 그러나 이것만이 유일한 업무 방식이라거나 경력 내내 이런 식으로 일해야 한다는 아이디어는 지나가던 소가 웃을 일이다. 실리콘밸리에 필요한 것은 또 하나의 획기적인 라이프 핵이 아니다. 정말로 필요한 것은 전혀 새로운 운영 시스템이다.

일에 집착하는 실리콘밸리 문화에서 뒷전으로 밀려나는 것은 가정만이 아니다. 예전에는 주당 근무 시간이 아이들을 돌보는 것은 물론이고 지역사회, 종교생활, 자원봉사, 사교 활동 등에 쓸 수 있도록 여유 시간을 허락했다. 그런데 오늘날 기업들은 직원들에게 돈과 스톡옵션과 복지 혜택으로 보상해줌으로써 그런 여유 시간을 업무에 사용하도록 장려한다. 또한 기업들은 가령 직원들에게 회사에서 삼시 세끼를 해결하거나 사무실에서 사교 활동을 하도록 음으로 양으로 독려함으로써, 지역사회의 근간을 이루었던 전통적인 사회적 관계망을 대체할 방법을 강구한다. 그래서 직원들은 계산기를 두드려 수지 타산을 맞춰볼 필요가 있다. 구글이 내 개인 시간을 업무에 쓰는 대가로 보상해주려는 것들이 그 시간을 나자신이나 내 가족을 위해 쓸 때보다 더 가치 있을까? 나이를 먹을수록 계산 결과가 달라지고, 아이들이 생기면 직장을 계속 다니느냐 퇴사하느냐 사이에서 저울질하게 된다.

셰릴 샌드버그는 2012년, 한 인터뷰에서 매일 5시 30분에 칼같이 퇴근한다고 밝힘으로써 실리콘밸리를 충격에 빠뜨렸다. 그토록 중요한 여성 고위 임원이 그토록 이른 시간에 퇴근할 수 있다는 것과 그런 사실을 공개적으로 인정했다는 사실 중에서, 사람들이 무엇에 더 충격을 받았는지 단언하기 힘들다. 모든 언론이 샌드버그의 '고백'을 떠들썩하게 보도했고, 그러자 샌드버그는 이런 뜨거운 반응에 대해 한 친구에게 "만약 도끼로 사람을 죽였다고 해도 이보다 더 언론의 주목을 받지 못했을 것"이라고 말했다. 샌드버그는 경제 잡지 〈블룸버그 비즈니스위크〉와의 인터뷰에서 야후의 전체 법률 팀의 이름으로 꽃이 배달되었고 카드에는 "감사합니다. 덕분에 이제 우리도 5시 30분에 퇴근합니다"라고 적혀 있었다고 말했다.

샌드버그는 오랫동안 자신의 퇴근 시간을 들키지 않으려 무진 애를 썼노라고 고백했다. 직원들이 그녀가 아직 퇴근 전이고 회사 어딘가에서 회의를 하고 있겠거니 생각하도록 의자 위에 재킷을 걸쳐두기도 했고, 그녀가 자동차를 타러 가는 걸 직원들이 볼 수 없도록 오후 회의는 다른 건물에서 진행하도록 일정을 짰다. 그리고 밤낮없이 일하는 것처럼 보이려고 밤 늦게 그리고 아침 일찍 이메일을 보내기도 했다. 이제 그녀는 아이들과 저녁 식사를 함께하기 위해 5시 30분에 퇴근한다는 사실을 당당히 밝힐 수 있을 만큼 (이제야 마음의 짐을 내려놓았다) 자신의 성취에 확고한 자신감이 생겼다. 그러나 샌드버그는 아이들이 잠자리에 든 후 컴퓨터를 켜고 서류를 다시 꺼내 일을 하지 않는 것처럼 연기하지 않는다. "당연히 아이들이 잠든 후에 업무를 봐요. 그렇게 집에서 밤에 일하기 때문에 일찍 퇴근할 여유가 생기는 거예요."라고 그녀가 2017년 나와의 인터뷰에서 말했다. 샌드버그는 고용주들이 "직원들과 소통을 잘할 필요가 있다"고 생각한다. "모든 일이 다 긴급하지는 않아요. 나는 밤 늦게 이메일을 보내요. 나와 함께 일하는 직원들과 나 사이에 어떤 체계가 있어요"라고 그녀가 자세히 설명했다. "만약 중요한 내용이라서 대답을 듣고 싶을 때는 빨간 깃발 표시를 해요. 그 표시가 없다면 직원들은 곧바로 답장을 보내지 않아도 되죠."

샌드버그의 메시지를 간략히 정리해보자. 사람들은 훌륭한 직원이 되는 것과 훌륭한 엄마, 아빠, 남편, 아내, 딸, 아들이 되는 것 중에 하나를 선택할 필요가 없고 회사는 직원들이 그런 생각을 실천할 수 있도록 도와줄 필요가 있다. "기업들은 일과 개인생활이 충돌하는 상황에 개입할 기회도 있고 그래야 할 의무도 있어요"라고 그녀가 말했다. "기업들이 이해해야 하는 중요한 사실은 이것이 똑바로 일하는 것과 영리하게 일하는 것 사이의 양자택일 상황이 아니라는 점이에요. 둘 다예요. 똑바른 일인 동시에 영리한 일인 거예요. 기업들이 직원들에게 깊이 헌신할 때 직원들도 회사에 깊은 헌신을 돌려줘요."

샌드버그는 유급 가족휴가 같은 복지 혜택을 중심으로 기업 차원의 더 나은 공공 정책이 필요하다고 목소리를 높일 뿐 아니라 기업과 관리자들에게 직원들의 개인적, 정서적 니즈에 좀 더 집중하라고 촉구한다. 특히 샌드버그는 회사가 제공하는 공짜 저녁에 대해 이렇게 말했다. "회사가 저녁을 제공하지만 반드시 구내식당에서만 식사를 해야 하는 건 아니에요. 퇴근할 때 도시락으로 싸가는 직원들도 있어요." 그런 다음 아까 한 말을 되풀이했다. "기업들은 할 수 있는 것을 해야 하는 의무가 있다고 나는 생각해요."

안타깝게도 대부분의 기업은 샌드버그의 조언대로 자발적으로 나서지 않는다. 등 떠밀릴 때까지 기다린다. 일례로 우버는 전직 법무 장관 에릭 홀더의 보고서가 나오고 나서야 비로소 구내식당의 저녁 시간을 8시 15분에서 7시로 앞당겼다. 홀더 전 장관은 수전 파울러의 성추행 폭로가 백일하에 드러난 이후 우버의 전반적인 사내 문화를 조사하는 임무를 맡았다. 홀더는 저녁 식사 시간을 앞당기면 '더 다양한 직원들'이 -'배우자나 가족이 집에서 기다리고 있는' 직원들을 포함해- 그 혜택을 누릴 수 있을 뿐 아니라 하루 업무가 좀 더 일찍 끝난다는 신호가 될 수 있다고 지적했다. 그리고 우버가 홀더의 권고안을 받아들였다.

2017년 4월, 내가 이 책을 쓰고 있던 중에 애플이 거대한 우주선을 닮은 새로운 캠퍼스 애플 파크Apple Park를 공개했다. 총 건설비용이 50억 달러로 애플은 신사옥을 짓는 데에 정말로 돈을 아끼지 않았다. 입이 쩍 벌어지게 하는 몇 가지 구내 시설만 둘러보자. 4층짜리 슬라이딩 유리문, 360도 회전이 가능한 엘리베이터, (2층짜리 요가실을 포함해) 10만 제곱피트(약 9290제곱미터)에 달하는 피트니스 센터, 탄소섬유를 사용한 지붕, 가뭄에 강한 9000그루의 나무 등등. 눈치챘는지 모르겠지만, 없는 것이 하나 있다. 탁아 시설이다. 어떤 블로거가 혹평했듯 애플의 새 캠퍼스는 "애플 직원들이 꿈꿀 수 있는 모든 시설을 갖췄다. 단, 아이가 없는 직원에 해당하는 말이다. 아이가 있는 직원에게는 빛 좋은 개살구다."

물론 보육 정책은 실행하기 어려울 수도 있다. 그래도 실리콘밸리가 어떤 곳인가? 자칭 평범함을 거부하고 어려운 문제에서 회피하지 않는다고 자부하는 곳이 아닌가. 가령 IT 대기업들은 호화 통근버스 함대를 베이 에어리어 일대에 운항함으로써 출퇴근 풍경을 재창조했다고 할 수 있다. 탁아 시설이 여성 직원들을 유지시키는 효과적인 방법임이 이미 증명되었는데도, 획기적인 솔루션을 가장 자랑스럽게 생각하는 산업에서 어째서 그 문제가 충분한 관심을 받지 못하는지 의아스럽다. 어쩌면 원인은 실리콘밸리의 인식 부족에 있을지 모르겠다. 구체적으로 말해, IT 산업이 종사자들의 가정을 얼마나 심각하게 파괴하고 있는지를 실리콘밸리가 아직 깨닫지 못했기 때문일 수도 있다.

부모 역할과 뒤처지면 안 된다는 압박 사이의 아슬아슬한 곡예

캐서린 잘레스키Katharine Zaleski가 이제까지 자신과 함께 일했던 모든 엄마들에게 공개적으로 사과했다. 첫딸을 출산한 직후였고 생애 첫 스타트업인 파워투플라이PowerToFly를 설립한 직후였다. 파워투플라이는 유연한 근무 시간을 제공하는 IT업계 일자리와 여성들을 연결하는 일에 집중한다. 〈포춘〉의 한 기사에서 잘레스키는 '고해성사'를 했다. 자신이 〈허핑턴 포스트〉와 〈워싱턴 포스트〉에서 디지털 뉴스 부문을 이끌던 시절에 자녀가 있는 여성 직원들의 업무를 부정적으로 평가함으로써 그들을 '은근히 무시해왔다'고 시인했다. 그러면서 조목조목 고해성사를 이어갔다. 그들이 퇴근 후 술자리에 참석할 수 없을 때에 짜증을 냈다, 일에 대한 그들의 헌신을 지속적으로 의심했다, 아이들을 시간에 맞춰 데리러 가기 위해 워킹맘들이 하루 일과를 정리하기 시작할 즈음인 4시 30분에 갑자기 회의 일정을 잡았다, 오직 자신이 일에 더욱 헌신적이라는 사실을 증명하기 위해 야근을 했다 등등. 일부 워킹맘들은 남들보다 일찍 출근해서 일찍 퇴근하고 저녁 식사를 마치고 아이들이 잠든 후에 회사 업무를 봤는데도, 잘레스키는 공식적인 근무 시간 외의 가외 노력은 가치 있게 평가하지 않았다. 잘레스키는 첫아이를 낳아 자신도 엄마가 된 후 그리고 "직장생활이 엄마들에게 아주 불리하다. 비단 워킹맘뿐이 아니라 남성들보다 일을 더 잘해야 한다고 배운 젊은 여성들에게도 직장은 가시밭길이다"라는 사실을 몸소 느낀 후에야 비로소 자신이 그동안 '이 모든 횡포'를 저질러왔음을 깨달았다.

하지만 IT 산업에서는 아빠들도 뒤처지지 않고 버텨내기가 힘들다. 2012년에 업무용 협업 소프트웨어 개발업체인 큅Quip을 창업한 브렛 테일러Bret Taylor가 좋은 예다. 2009년 그는 스물여덟 살의 나이에 페이스북의 식구가 되었고, 조만간 첫아이가 태어날 예정이었다. 시계를 좀 더 뒤로 돌려보자. 테일러는 구글에서 구글 지도 개발에 큰 공헌을 했고, 자신의 스타트업을 창업하기 위해 구글을 퇴사했다. 그리고 소셜 미디어 사이트들에서 최신 소식을 통합하는 프렌드피드FriendFeed라는 스타트업을 세웠다. 마크 저커버그가 프렌드피드를 인수하겠다고 제안했을 때 그것은 테일러에게 일생일대의 기회였다. 테일러는 별다른 고민 없이 제안을 받아들였고 프렌드피드가 페이스북에 인수된 이후 최고기술책임자CTO로 페이스북에 합류했다. 실타래처럼 술술 풀리는 그의 인생에 복병이 하나 나타났다.

테일러는 아이가 태어나서 아빠가 되자마자 "내 일정에 대한 통제력을 잃었습니다. 이제는 내 회사를 운영하는 처지도 아니었고 누군가의 밑에서 일하는 고용인이었죠. 게다가 내 상사는 나보다 어렸고 (당시 저커버그는 스물다섯 살이었다) 아직 아이도 없었습니다. 나는 속이 바짝바짝

타들어 갔습니다"라고 회상했다.

테일러는 구글보다 페이스북의 문화가 더 어렸고 그런 어린 문화에서 유대감을 느끼기가 더 힘들었고 말했다. "아빠로서 가장 어려웠던 점은 암묵적인 것들이었습니다. 물론 그런 것들이 엄마들에게는 훨씬 더 힘들겠지요"라고 페이스북에서 가장 중요한 행사인 해커톤에 참여해야 하는 의무감을 예로 들면서 테일러가 말했다. "이런 식의 고민을 해야 하는 사회적인 양자택일 상황에 놓이게 됩니다. "모두가 참석하는 이런 행사에 참석할 수 없다고 말하다니 나는 정말 못난 사람일까?' 혹은 더 심한 경우도 있습니다. 팔푼이처럼 보이더라도 저녁 시간은 가족과 함께 있어야 하기 때문에 회의에 참석할 수 없다고 상사에게 말해야 할까? 아니면 상사가 하자는 대로 하면서 아내에게 '오늘은 당신이 애들 좀 재워줘'라고 말해야 할까? 다른 어떤 직장에서보다 페이스북에서 이런 상황이 많이 발생했습니다"라고 테일러가 말했다. "혹시라도 마크 저커버그가 저녁 모임을 제안하면 나로서는 거절하기가 매우 곤란했습니다. 뭐 이유야 빤하죠."

테일러는 페이스북의 여성 직원들은 자신보다 훨씬 더 곤란한 양자택일 상황에 처했다고 생각한다. "출산휴가를 갔을 때 복귀할 가능성은 반반이었습니다."

일과 가정생활 사이에 균형을 찾기 위해 고군분투하며 테일러는 저커버그와 샌드버그 둘 다 자신을 도와주기 위해 매우 적극적이라는 것을 알게 되었다. 샌드버그는 "아주 힘든 임신기를 경험했고 아이들에게 신경을 아주 많이 썼습니다"라고 테일러가 말했다. 그리고 저커버그는 언제나 넓은 이해심을 보여주었고, 선천적으로 호기심이 많은 사람답게 테일러의 가족에 대해 이것저것 많은 것을 질문했다. 마침내 첫아이가 태어나고 아빠가 되었을 때, 저커버그는 두 달간 육아휴직을 함으로써 다른 아빠들에게 좋은 역할 모델이 되었을 뿐 아니라 직접 기저귀를 가는 사진을 페이스북에 올리기도 했다. 그러나 아빠들에게 현실은 그리 녹록하지 않다. 대부분의 아빠는 페이스북이나 구글의 직원이 아니고 당연한 권리인 육아휴직을 사용할 수 없다. 2014년 일단의 연구가들이 신생아 자녀가 있는 아빠들을 대상으로 실시한 설문조사에 따르면, 대부분이 겨우 1~2주의 육아휴직을 가졌으며 일보다 가족을 우선시하면 동료들 사이에 '팔불출'이라고 낙인찍히고 반감을 불러올 수 있다고 생각했다.

이것은 결국 여성들에게 더 큰 부담을 준다. 남편이 아니라 아내가 즉 여성 직원들이 육아휴직을 신청하고 그것에 수반되는 위험을 감수하게 하는 것이다. 어떤 직장이든 휴직을 하면 불리한 입장에 놓이지만, 자고 나면 변화하는 산업에서 그 변화에 맞춰 성과를 내야 하는 압박을 받는 IT업계 종사자들에게 휴직이 더욱 불리할 것이다. 스타트업에서는 기회를 하나 놓치는 것이 생사를 가르는 결정적인 요인이 될 수도 있다. 한편 거대 IT기업에서는 놓친 기회 하나가 거대한 시장 하나를 놓치는 결과를 가져올 수도 있다. 요컨대 규모를 떠나 모든 IT기업은 실수할 여지가 거의 없다. 따라서 구글이 세세한 성과 데이터를 추적하고 특정한 수준에 미치지 못하는 직원들을 체계적으로 해고하는 것도 놀랄 일이 아니다.

당연히 그것은 육아휴직을 고려하는 부모들에게 심각한 고민거리를 안겨준다. "육아휴직을 했던 친구들을 보면 상황이 그들에게 별로 좋지 않았어요"라고 한 기술 기업의 여성 고위 임원이 말했다. "실리콘밸리에서는 다른 어떤 곳보다 모든 것이 10배나 빨리 변해요. 따라서 어떤 점에서는 업무에 복귀하기가 정말 어렵죠. 뒤처진 부분을 만회하기 위해 할 일이 태산이기 때문이에요. IT업계 종사자들은 기술의 눈부신 변화 속도로 말미암아 휴직을 했다가 성공적으로 복귀하기가 정말로 힘들어요."

그렇다면 자녀 계획을 나중으로 미루면 어떨까? 경력에서 어느 정도 궤도에 올라 양육비 걱정을 하지 않아도 되고 회사도 당신을 붙잡기 위해 좀 더 유연한 제스처를 보여줄 수 있을 때까지 기다리면 말이다. 그러나 이 선택지에도 문제가 있다. 언제까지라는 기약도 없이 마냥 기다려야 할 수도 있고 그때쯤이면 신체적으로 아이를 갖기에 너무 늦을지도 모른다.

여성 기업가들에게는 일-생활 균형 계산이 훨씬 더 복잡하다. 잘레스키는 투자자들에게 마지막 프레젠테이션을 했을 때 만삭이었다고 말했다. 실리콘밸리에서 여성 기업가가 투자 라운드를 진행하는 것은 결코 쉬운 일이 아니다. 그런데 남산만큼 배가 부른 상태로 투자 라운드를 이끄는 것은 더욱 힘들다. "대개의 경우 아이와 가정이 있는 사람으로서 (회사를) 어떻게 이끌어갈 것인지 대놓고 묻는 벤처캐피털리스트들이 있기 마련이에요"라고 잘레스키가 말했다. "남성들이 투자설명회를 하면 온통 그 사업에만 관심이 집중돼요. 그들에게는 아이들을 어떻게 돌볼 것인지 아무도 묻지 않아요."

업종을 불문하고 워킹맘들은 워킹대디들에 비해 낮은 임금을 받고 능력이 부족하다고 여겨진다는 연구 결과들이 있다. 모성 불이익(motherhood penalty, 아이를 가진 여성이 고용시장 내에서 엄마라는 이유만으로 차별받는 것 -옮긴이)이 회사를 성공시키기 위해 자신의 모든 역량과 힘을 쏟아부을 것으로 기대되는 여성 기업가들에게 특히 가혹할 수 있다. 이것은 내 사견이 아니라 그 증거가 사방에 널려 있다.

"여성 기업가들이 대체로 과소평가되지만 아이가 있는 경우는 특히 심각해요."라고 스마트 모유 유축기를 생산하는 나야 헬스Naya Health의 CEO 재니카 알바레즈Janica Alvarez가 내게 말했다. 알바레즈는 투자자들에게서 세 아들을 어떻게 돌볼 계획인지에 대한 질문을 자주 받는 데에 반해, 나야 헬스의 공동 창업자인 자신의 남편은 그런 질문을 한 번도 받은 적이 없다고 말했다. 예전에 나야 헬스가 투자 유치에 애를 먹었을 때, 알바레즈 부부는 가진 돈을 탈탈 털어 회사에 붓고는 아이들까지 포함해 온 식구가 한 달간 미니밴에서 생활했다. "만약 당신이 충분히 희생할 각오가 되어 있는지 잘 모르겠다는 투자자가 있다면 얼굴에 주먹을 날려주고 싶어요."라고 알바레즈가 말했다.

여성 투자자들도 워킹맘들에 대한 이런 편견으로 괴롭기는 매한가지다. 벤치마크의 유일한 여성 파트너 사라 타벨은 언젠가 내게 아이를 갖고 싶다고 말했다. "엄마가 되는 것이 몹시 두려워요."라고 그녀가 말했다. "그것은 여성 창업자들이 임신한 상태로 투자 유치에 대해 고민할 때 맞닥뜨리는 두려움과 조금도 다르지 않아요. 나는 여성 창업자에게 나를 이사회에 포함시키도록 설득하려고 애써요. 임신도 두렵지만 아이가 태어난 후에 양육하는 것이 더 큰일이잖아요. 물론 그것은 업종을 떠나 경력을 중요시하는 모든 여성이 경험하는 두려움이지만, 우리 업종은 특히

나 임신, 출산, 양육으로 인한 시간 공백이 뼛속까지 느껴지는 분야예요."

일 말고는 다른 어떤 요구에도 방해받지 않는 삶을 사는, 딱 한 부류의 직원들이 있다. 딸린 식구가 없는 젊은 남성들이다. 어떤 창업자가 내게 말하기를, 기술 산업에서 이상적인 신입 직원들은 스물다섯 살에서 서른 살 사이의 청년들이라고 했다. 서른 살이 넘으면 상황이 더욱 복잡하고 어려워질 뿐이라고 그 창업자가 말했다. 결혼했을 수도 있고 아이가 있을 수도 있으며 행동이 굼떠 일을 빠릿빠릿하게 하지 못할지도 모르고 매일 저녁 6시 땡 하면 퇴근할 수도 있다는 것이다. 심지어 가끔 한 번씩 아이들을 병원에 데려가야 할지도 모른다고 했다.

실리콘밸리에는 누가 어떻게 성공할지에 대한 고정관념이 지금도 건재하다. 끼리끼리 무리를 이루어 자신들의 10억 달러짜리 꿈을 실현시키기 위해 손발을 맞춰가며 몇 날 며칠 밤을 새워 해커톤 하는 젊은 독신 남성들이 승자의 트로피를 들어 올릴 가능성이 높다. 가족도 없고 아내도 없으며 사귀는 사람도 없고 사실상 자신들이 만들려는 제품과 꿈 말고는 실질적으로 아무것도 없는 독신 남성들 말이다. 페이스북의 탄생 스토리를 그려서 흥행에 성공한 영화 〈소셜 네트워크〉와 스타트업의 성장 스토리를 그리는 HBO의 인기 시리즈 〈실리콘 밸리〉에서 묘사되었듯, 밤샘 해커톤을 감당하고 실리콘밸리 스타트업의 산실인 음산한 골방과 차고에서 살 수 있는 사람들은 딱 한 부류다. 실제로 그들 젊은 남성은 위대한 것을 이루었다. 페이스북과 구글과 애플을 보라. 하지만 그런 기업들이 성공했다고 해서, 그런 고정관념에 근본적인 오류가 없다거나 다른 방식으로는 그런 성공을 이루지 못했을 거라는 뜻은 아니다. 모든 산업이나 제도가 그렇듯, 기술 산업의 습관과 규범도 그곳에 가장 먼저 도착한 선구자들이 만들었다. 게다가 그런 습관은 바꾸기가 힘들고, 특히 그런 기업들이 수십억, 수백억 달러를 벌어들일 때는 더욱 그렇다. 그러나 만약 기술 산업이 다양한 유형의 사람들에게 기회를 준다면, 지금보다 훨씬 더 많은 성공 스토리가 탄생할 것이 분명하다.

새로운 운영체제를 구축하다

실리콘밸리는 자기 모방을 하는 경향이 있다. "구글이 공짜 식사를 제공하자 모두가 공짜 식사를 제공했고, 구글이 브레인티저 면접을 사용하자 모두가 브레인티저 면접을 실시했습니다"라고 페이스북의 전직 CTO 브렛 테일러가 말했다. "본래는 긍정적이라기보다 비교적 비판적인 내용인데도 영화 〈소셜 네트워크〉를 보고 그것을 그대로 따라 하는 창업자들이 실리콘밸리에 수두룩합니다. 좋은 것이든 나쁜 것이든 거의 맹목적으로 모든 것을 모방합니다. 오늘날 실리콘밸리에 만연한 문화적인 모든 문제가 바로 거기서 비롯합니다. 뿐만 아니라 모방을 통해 그런 문제가 무한 반복되고 있습니다."

페이스북을 퇴사하고 큅을 공동으로 창업했을 때 테일러는 실리콘밸리의 암묵적인 규범을 탈피하기로 다짐했다. 누구도 모방하지 않고 자신만의 방식으로 일하겠다고 결심한 것이다. "큅을 시작했을 때 내 동업자는 갓난아기가 있는 아빠였습니다. 그들 부부의 첫아이였고 그의 아내가 '스타트업을 창업해도 좋아요. 하지만 일과 생활 사이에 균형을 맞춰주어야 해요'라고 조건을 내걸었습니다. 그래서 나는 5시 반에는 꼭 퇴근하겠다고 약속했습니다. 그리고 오늘날까지도 나는 그 약속을 지키고 있습니다." 다른 직원들도 제시간에 퇴근하도록 장려하기 위해 쿱은 공짜 저녁을 제공하지 않았다. "아이들이 잠자리에 든 후 나는 일을 좀 더 합니다. 그러나 퇴근 후에는 사무실이 아니라 집에서만 일합니다. 그건 일종의 비밀입니다. 퇴근 후에는 팀원들에게 메시지도 보내지 않습니다. 그리고 나는 그들도 내게 메시지를 보내지 않길 바랍니다"라고 테일러가 말했다.

테일러는 쿱의 가족친화적인 일정이 훌륭한 직원들을 특히 여성 인재들을 채용하는 데에 도움이 되었다고 생각한다. "나는 (쿱이 다른 IT기업들처럼 일과 생활 사이에) 양자택일을 강요하는 잔인한 문화를 만들지 않은 것이 성비 균형에 도움이 되었을 거라고 생각합니다. 현재 우리 회사의 여성 엔지니어 비율은 35퍼센트인데, 충분하지는 않지만 그런 대로 양호한 수준입니다."

그러나 만약 회사가 성공하려면 직원들이 밤낮없이 하루 종일 일해야 하지 않을까?

"나는 그런 살인적인 일정에 따른 이득이 회사의 성공과 실패를 가를 만큼 대단하다고는 생각하지 않습니다"라고 테일러가 대답했다. 솔직히 말해 직원들이 주당 50시간 이상을 일한 후에 생산성이 감소하기 시작한다는 것을 보여주는 연구 결과도 있다. 뿐만 아니라 과도한 장시간 노동은 당사자와 회사 모두의 생산성에 되레 역효과를 가져올 수 있다고 경고하는 몇몇 연구 결과도 있다. 쿱에서 성공과 실패를 갈랐던 결정적인 변곡점은 업무를 위해 수면 시간을 얼마나 줄여야 하는지와는 전혀 상관없었다고 테일러가 말했다. "일반적으로 볼 때, 무슨 일을 진행하고 무슨 일을 진행하지 않을 것인가를 토대로 자원 배분 결정을 잘했느냐 잘못했느냐에 회사의 성공과 실패가 달려 있습니다. 나는 자원 배분에 관한 결정이 기업들의 성공과 실패를 가른다고 믿어 의심치 않습니다. 타이핑 속도가 얼마나 빠른지는 전혀 상관없습니다." 테일러는 정상 근무 시간만 일하는 것이 큅에 반드시 손해를 끼친다고는 생각하지 않는다. 사실상 2016년 큅은 세일즈포스에 7억5000만 달러로 인수되었고, 인수 후에 테일러는 사장 겸 최고제품책임자CPO, Chief Product Officer가 되었다. 비록 큅이 스타트업 창업자들의 꿈인 10억 달러짜리 유니콘은 되지 못했을지언정 7억5000만 달러도 엄청난 액수다.

이렇게 볼 때 5시 30분 퇴근이 셰릴 샌드버그와 브렛 테일러 그리고 IT 산업의 평범한 '일벌'들에게는 확실히 효과가 있다. 그런데 만약 당신이 새로운 무언가를 만듦으로써 즉 무에서 유를 창조함으로써 세상에 변화를 주고 싶은 초짜 기업가라면 어떻게 될까? 이제까지 우리는 스타트업이 창업자와 초기 직원들에게 무엇을 요구하는지에 대해 알아보았다. 그런데 당신의 스타트업이 생사의 기로에 있을 때도 일-생활의 균형에 신경 쓸 여력이 정말 있을까?

세라 마우스코프Sara Mauskopf는 트위터와 배송 서비스 세상의 우버인 포스트메이츠에서 일한 후 독립해서 생애 첫 스타트업을 창업했다. 육아를 도와주는 위니Winnie였다. 당시는 첫아이를 출산하고 얼마 지나지 않았을 때였고, 초보 엄마의 삶에 적응하랴 스타트업 이끌랴 정신이 없었다. 그런데 창업 직후 꿈에도 예상하지 못한 불행이 닥쳤다. 남편이 갑자기 암 진단을 받은 것이다. 처음에는 마우스코프나 남편이나 암이 얼마나 무서운 병인지 전혀 몰랐다. 마우스코프는 동업자에게 무기한 회사에 출근하지 못할 거라고 말했다(즉 회사 일에서 손을 뗀다는 뜻이었다). "딸아이를 돌볼 수도 없었어요. 아니, 치료를 시작하기 위해 남편의 상태를 정확히 진단받는 것 외에 아무것도 할 수 없었어요. 남편이 암 확진을 받지 않게만 할 수 있다면 총으로 사람들을 쏠 수도 있을 것 같았어요"라고 마우스코프가 당시를 회고했다.

마우스코프 팀은 그녀가 사무실을 비우는 동안 한 번도 그녀를 귀찮게 하지 않았고 그녀 없이도 위니의 첫 제품을 성공적으로 출시했다. 그러는 동안 남편이 항암치료를 시작했고, 그러자 여유 시간이 좀 생겼다. 남편이 항암 화학요법을 받는 동안 하릴없이 바깥에서 기다릴 때도 있었고 진료를 위해 의사를 방문했을 때도 잠깐씩 짬이 생겼다. 마우스코프는 서두르지 않고 천천히 업무에 복귀하기 시작했고, 자신이 없는 동안에 회사가 아주 잘 운영되고 있어서 깜짝 놀랐다.

"딱히 의도했던 것은 아니지만, 어느 순간부터인가 나는 내가 매일 24시간 꼬박 사무실에 나올 필요가 없는 조직 문화를 만들고 있었어요"라고 마우스코프가 말했다. "당시 내가 위니가 아닌 다른 곳에서 일했더라면 일을 그만두어야 했을 거예요." 하지만 위니 덕분에 그녀는 상황에 맞춰 일을 유연하게 할 수 있었고, 다행히 일을 포기하지 않아도 되었다. 그녀는 위니를 주식시장에 상장할 즈음에 딱 맞춰 업무에 공식적으로 복귀했다.

오늘날 마우스코프의 목표는 위니를 '지속 가능한' 회사를 성장시키는 것이다. 그녀는 자신이 오래 열심히 영리하게 일해야 한다고 생각할까? 물론 그녀는 그렇게 생각하지만, 방법을 약간 달리할 필요가 있다고 믿는다. 키스 라보이스와 다른 사람들이 일-생활 균형이 부족한 것이 더 좋다고 주장하는 것에 대해 마우스코프는 블로그에 이런 글을 올렸다. 위니의 직원들은 정상 근무 시간 외에 밤과 주말에는 일하지 않는다. 이는 자신들이 집중하는 문제를 해결하는 데에 아주 오랜 시간이 걸린다는 것을 잘 알고, 따라서 탈진 즉 번아웃burn out 상태가 되고 싶지 않아서다. 또한 마우스코프는 많은 스타트업이 실패하는 명백한 이유가 탈진이라는 견해도 밝혔다. "우리는 우리에게 무슨 일이 닥치든 일에서 완전히 손을 뗄 필요가 없는 방식으로 위니를 경영했어요. 아이가 생기든 치명적인 병에 걸리든 아니면 일상생활의 평범한 장애물을 만나든 위니에서는 일을 그만둘 필요가 없어요"라고 마우스코프가 말했다.

시암 산카르와 마찬가지로 마우스코프도 위대한 목적을 가지고 일하는 것이 좋다고 생각한다. 다만 그녀는 목표가 주당 90시간 노동과 동일시되어야 한다고는 생각하지 않는다. "위니는 부모들의 양육 부담을 덜어주는 기술을 개발해요. 덕분에 부모들은 그저 바쁘기만 할 뿐 중요하지 않은 일들을 줄이고, 대신에 아이들과 보람 있고 귀중한 시간을 더 많이 가질 수 있어요"라고 그녀가 말했다. "그것이 내가 위니를 계속 운영하는 동인이자 목적이에요. 내게는 그것보다 더 큰 동기부여도 더 큰 보상도 없어요."

스타트업 한 곳이라도 향후 10년을 내다보는 장기적인 관점에 초점을 맞추는 대안적인 세상을 떠올려보자. 그리고 마우스코프의 위니처럼 운영되는 기업들이 많아진다면 어쩌면 그런 기업에서 일하고 싶은 여성들이 많아지지 않을까? 마우스코프는 실리콘밸리가 미래를 주도할 제품과 서비스를 발명하고 있다면서, 만약 지금처럼 여성들이 계속해서 기술 산업을 기피하고 여성 기술인들이 부족하다면 비참한 결과를 맞게 될 거라고 주장한다. "오늘날 기술 산업은 여성들을 위해 무언가를 만들지 않아요. 솔루션을 개발할 때 여성들을 고려하지 않아요"라고 마우스코프가 말했다. "기술은 미래예요. 기술 산업에 여성들이 부족하기 때문에 산업 전체가 뒤처지고 있어요."

마우스코프는 위니가 자신이 없어도 생존하는 데에 아무 문제가 없다는 사실을 깨달았지만, 그 사실을 깨달을 수 있었던 것은 남편이 생명에 지장을 주는 심각한 병에 걸렸기 때문이었다. 물론 우리의 일이 중요하지만 우리의 삶에서 일이 가장 중요한 경우는 거의 없다. 직원들이 가족과 저녁 식사를 하거나 잠을 자고 혹은 운동을 하는 데에 쓸 수 있는 20시간을 업무에 추가로 투입하지 않아도 대개의 기업들은 별 탈 없이 잘 굴러간다. IT기업들은 각기 다른 삶과 각기 다른 업무 스타일을 가진 직원들을 채용함으로써 새로운 관점을 생성시키고 창의성을 발휘할 수 있다. 더욱이 그런 기업은 직원들로 하여금 자신만이 아니라 자신이 생산하는 제품을 위해 더욱 장기적인 관점으로 생각할 수 있는 능력을 부여할 것이다.

"기술 업종은 특히 여성과 가정에 매우 우호적이고 좋은 직업이어야 해요"라고 마우스코프가 말했다. "컴퓨터 한 대만 있으면 돼요. 사무실에 매일 출근하지 않아도 괜찮아요. 기술 업종이 본래는 여성들에게 적대적이고 불리해야 할 아무런 이유가 없어요. 며칠 전 나는 목요일과 금요일 이틀을 내리 쉬었어요. 그리고 에릭이 아파서 디즈니 출장을 취소했어요. 또한 딸 때문에 오전 반차^{半次} 휴가를 썼고, 오후에 출근해서는 내 평생 최고의 코드를 작성했죠."

CHAPTER

8

트롤천국에서 탈출하다
: 여성들의 인터넷 구출작전

브리애나 우Brianna Wu는 3년간 인터넷 트롤들의 공격에 시달렸다. 2014년 우가 인터넷 게임 산업의 여성들을 공개적으로 옹호한 것이 발단이었다. 그 일로 우는 게이머게이트(Gamergate, 2014년 여성 게임 개발자 조이 퀸Zoe Quinn에 대한 악의적인 공격에서 시작한 비디오 게임업계 내의 성차별과 진보 문제에 대한 논란으로 퀸스피러시Quinnspiracy라고도 함 –옮긴이)라고 불리는 뜨거운 논쟁의 제물이 되었고, 그녀의 삶이 송두리째 흔들렸다. 온라인상에서 그녀에게 가해지는 강간과 살해 협박이 도를 넘었고, 그런 협박이 너무 무서워 결국 우와 그녀의 남편은 야반도주하듯 집을 떠나야 했다. 오늘날까지도 우 가족은 가명으로 낯선 곳에서 살고 있다. 그러나 가끔은 트롤들이 그녀의 소재지를 용케 찾아내고 온라인 괴롭힘이 오프라인 공격으로 비화되기도 한다.

　"그들이 우리 집 주소를 알아내서는 창문을 깨뜨렸어요. 그들이 던진 벽돌이 창문을 통해 집 안까지 날아온 적도 있어요"라고 2017년 우가 내게 말했다. 당시 나는 그녀가 다른 누구에게도 알려주지 말라고 신신당부한 전화번호로 전화를 걸어 그녀와 통화했다. 우리가 통화한 그날도 창문은 여전히 깨진 상태였다.

우를 괴롭힌 것 같은 온라인 공격은 거의 감시를 받지 않는 인터넷 토론마당 포첸4chan, 트위터, 레딧 같은 사이트들에서 시작되어 세력을 점점 키웠다. 예부터 인터넷을 지탱해온 자유주의적 사상에 발맞춰 표현의 자유에 대한 자유방임적 접근법만이 아니라 익명과 필명 사용을 허용하거나 장려하는 이들 사이트는 수년 동안 자행된 여성들에 대한 온라인 괴롭힘을 묵인해왔다.

포첸, 트위터, 레딧을 포함해 오늘날 가장 사악한 트롤들의 놀이터로 전락한 포럼 사이트 모두가 창업자도 최고경영자도 백인 남성이라는 사실이 별로 놀랍지 않다. 백인 남성은 대체로 가장 악의적인 온라인 괴롭힘의 대상이 아니다. 만약 여성들이 그들 사이트를 창업하고 경영했었대도, 아니 최소한 수적으로 영향력을 행사할 수 있을 만큼 많은 여성 리더가 초창기부터 참여했었대도 지금처럼 여성들에게 악의적일까?

여성 혐오로 돈을 벌다

인터넷 세상을 통틀어 온라인 게임보다 여성 혐오적인 트롤링으로 더 심하게 몸살을 앓고 있는 분야는 거의 없다. 오늘날 젊은 세대를 사로잡으며 폭발적으로 성장하는 모바일 소셜게임, 고전적인 PC 콘솔게임, e스포츠와 가상현실같이 새롭게 부상하는 게임 카테고리를 아우르는 온라인 게임은, 각각이 10억 달러짜리 비즈니스로 영화 한 편보다 더 크고 인기 TV 프로그램 하나에 맞먹는다. 그러나 게임 산업은 여성에 대한 폭력과 여성 비하로 얼룩진 오랜 역사가 있고, 게임 이용자들이 수십 가지의 어두운 환상을 실현하게끔 해주었다. 가령 게임 개발업체 미스티크Mystique가 1982년에 출시한 커스터스 리벤지Custer's Revenge는 강간을 부추기는 초창기 게임 중 하나였다. 게임의 목표는 선인장에 묶인 인디언 여성을 강간하는 것으로, 성기를 한 번 삽입할 때마다 점수가 올라갔다. 그로부터 30년 이상이 흐른 오늘날에도 가장 인기 있는 게임들에 비슷한 장면이 등장한다. 일례로 테이크-투 인터랙티브Take-Tow Interactive의 메가톤급 히트작 그랜드 테프트 오토(Grand Theft Auto, 미국 사법 당국과 언론에서 주로 사용되는 용어로 자동차 절도 범죄를 일컫고 줄여서 GTA라고도 함 - 옮긴이)에서 게이머들은 매춘부와 성관계를 한 다음 그녀를 살해할 수 있다(그랜드 테프트 오토 V는 게임 역사상 최고 베스트셀러 중 하나다). 테이크-투의 CEO 스트라우스 젤닉Strauss Zelnick은 그 게임을 옹호하면서 이렇게 말했다. "그것은 예술이다. 나는 그 예술을 사랑한다. 그것은 아름다운 예술이지만 보기 불편할 만큼 껄끄러운 것도 사실이다."

규모가 훨씬 더 큰 기술 산업과 마찬가지로 게임 산업도 수십 년에 걸쳐 여성들을 체계적으로 배척해왔다. 2016년 국제게임개발자협회International Game Developers Association, IGDA가 발표한 보고서를 보면, 게임 개발자 중에서 여성은 겨우 22퍼센트에 불과하고 프로그래밍, 소프트웨어 엔지니어링, 기술설계 같은 영향력 있는 기술직과 관리직에서 남성의 수가 여성의 수를 크게 압도한다. IGDA의 보고서에서 특히 흥미로운 내용이 하나 있다. 다양성의 중요성에 대한 남녀 게임 개발자들의 인식 차이에 대한 것이다. 여성 개발자들보다 남성 개발자들이 게임 산업과 그 산업의 제품인 게임 모두에서 다양성이 중요하다고 생각할 가능성이 더 낮았다. 솔직히 말해 게임 자체에도 여성 캐릭터를 찾아보기 힘들다. 그 보고서가 무미건조하게 말하듯이 "예부터 여성들은 비디오게임 콘텐츠에서 경멸적으로 묘사되는 것은 물론이고 보편적으로 볼 때 전체 비디오게임 문화에서도 여성들이 보이지 않는다."

따라서 가장 악명 높은 온라인 트롤링 사례가 게임 산업에서 발생했고 그 대상이 여성들이라는 것은 당연하다고 할 수 있다. 게이머게이트는 2014년 게임 산업에서 절대적 소수자인 여성 개발자 중 한 명의 예전 남자 친구였던 에런 조니Eron Gjoni가 이별에 앙심을 품고 옛 애인에 대해 불만에 찬 성토 글을 블로그에 올린 데서 시작되었다. "이 글은 수준 낮은 은유와 격렬한 비난으로 가득 차 있다"고 게임 산업의 코더로 활동하는 조니가 고백했다. "이것은 내 예전 여자 친구에 관한 글이다." 조니는 자신의 옛 애인이자 게임 개발자인 조이 퀸이 자신과 사귀던 중에 게임 산업의 다른 남성들과 바람을 피웠다고 주장했다.

오늘날까지도 다소 납득하기 힘든 이유로 조니의 글은 화산 폭발 같은 증오를 촉발했고, 그 모든 증오의 화살이 단 한 사람을 향했다. 주류 비디오게임에 대한 페미니스트 비평가로 알려진 퀸이었다. 비록 조니는 어떤 것이든 퀸에 대한 적대적인 집단행동을 요구한 적이 없었다. 그러나 특정 하위 집단의 게이머들이 9425개 단어로 '그녀가 내게 몹쓸 짓을 했다'고 주장하는 일명 조니 포스트를 자신들의 성스럽고 남초적인 게임 영역을 보호하기 위해 세력을 결집하는 쟁점으로 이용했다. 그들은 퀸이 개발한 게임이 유치한 소녀 취향에다가 초보적이고 단순하다고 조롱했을 뿐 아니라 좋은 평가를 받기 위해 성 상납을 했다고 비난했다.

마침내 조니의 글이 포첸에 올라왔다(조니는 나중에 자신의 원본 글에 주석을 달아 포첸에 글을 올린 것은 자신이 아니라고 주장했다). 2003년 당시 10대였던 크리스토퍼 풀Christopher Poole이 설립한 온라인 커뮤니티 포첸은 오늘날 매달 방문자가 2000만 명에 이른다고 자랑하고, 방문자의 상당수는 인터넷 세상에서의 파괴 행위 이른바 '넷-반달리즘net-vandalism'에서 기쁨을 얻는 것처럼 보인다. 특히 그들은 퀸을 포함해 게임 산업의 여성들을 공격할 때 더욱 잔인한 이빨을 드러냈다.

포첸의 회원들이 게이머게이트에 동조함에 따라 트위터와 레딧에서 퀸을 공격하기 위한 계정 수가 급격하게 증가했고 #게이머게이트 해시태그를 확산시켰다. 트롤링은 게임은 물론이고 그 게임들이 탄생하는 산실인 스튜디오에서 양성평등을 촉진시킴으로써 게임 산업 전체를 파괴하려는 여성들의 음모가 있다는 전제 아래, 퀸을 넘어 다른 여성 게임개발자들로 대상을 확대했다. 게이머게이트 참가자들이 트롤링 공격 대상 명단을 작성해 퍼뜨렸고, 비디오게임 산업에서의 성차별을 고발함으로써 유명세를 탔던 게임 비평가 아니타 사키시안Anita Sarkeesian도 그 명단에 포함됐다. 심지어 트롤들은 게이머들이 가상의 사키시안 얼굴을 때릴 수 있는 '아니타 사키시안 혼내주기Beat Up Anita Sarkeesian'라는 게임도 만들었다. 그 게임을 만든 개발자들은 "이제까지 게임에서 흠씬 두들겨 맞은 여성들 사이에 역겨울 만큼 엄청난 불균형이 있었다. 이에 균형을 맞추려 한 여성을 추가한다. 그녀는 평등을 원한다고 주장한다. 그렇게 원한다니 평등하게 대해주자"라고 썼다.

분노에 사로잡히자 많은 인터넷 트롤들은 수치심이 없어졌다. 가끔 그들은 누가 가장 잔인해질 수 있는지 서로 경쟁을 펼친다. 퀸과 사키시안이 경험했듯, 그들은 자신들이 점찍은 당사자만 공격하고 협박하는 것이 아니다. 어린아이들까지 포함해 '적'의 가족들에게까지 위협을 가할 것이다. 뿐만 아니라 자신들의 목표물을 옹호하는 사람이라면 누구라도 곧장 득달같이 달려들어 물어뜯을 것이다.

브리애나 우가 그 경우에 해당한다. 조니가 블로그에서 퀸을 공개적으로 비방하고 두 달이 지났을 무렵이었다. 현역 게임 개발자였던 우가 게이머게이트를 공개적으로 비판했고, 트롤들이 여성들의 영향력이 좀 더 강할 수도 있는 게임 산업의 '종말론적인 미래'로부터 모든 사람을 구한다는 냉소적인 밈(meme, 대개 모방의 형태로 인터넷을 통해 사람에서 사람 사이에 전파되는 어떤 생각, 스타일, 행동 따위를 말하며 그림, 하이퍼링크, 동영상, 사진, 웹사이트, 해시태그 등의 형태를 취할 수 있음 -옮긴이)을 트윗했다.

그러자 지옥의 문이 우를 향해 활짝 열렸다. 우가 트위터에서 트롤들에게 반응한 직후 그녀를 향한 폭력적이고 충격적인 협박이 홍수처럼 쏟아졌다. 특히 다음과 같이 끔찍한 일련의 트윗도 있었다. "야, 마녀, 잘 들어. 나는 네가 어디 사는지 알아." "토막 난 네 시체 사진이 내일 제제벨닷컴(jezebel.com, 페미니스트 뉴스 블로그 -옮긴이) 첫 페이지에 등장할 거야." "자식이 있다면 그들도 죽은 목숨이야." 무시무시한 협박이 이어지자 우는 남편과 함께 집을 떠나 친구들의 소파를 전전했고 장기투숙 호텔에 몸을 숨겼다. 우 부부에게는 걱정할 아이들은 없었지만 반려견이 한 마리 있었고, 도망을 다니는 동안 개를 맡기는 데에 상당한 돈을 지출했다. 우는 막다른 골목에 몰렸고 선택을 해야 했다. 옳은 것을 위해 당당히 목소리를 내거나 침묵하거나 둘 중 하나였다. 그녀는 눈에는 눈, 이에는 이 전술을 선택했다.

"나는 화도 났고 무서웠고 공포에 떨었어요. 하지만 그런 혼란의 소용돌이 속에서도 나는 내 내면을 들여다보고 게임 산업을 여성들에게 유리한 방향으로 변화시키기 위해 용기를 내려고 노력했어요"라고 우가 내게 말했다. 그녀는 수일에 걸쳐 자신에 대한 수십 건의 살해 협박 증거를 수집했고 사법기관에 신고했다. 사이버 협박이 극에 달했을 때 우는 가해자들에 대한 정보를 수집하는 데에 도움을 받고자 정식 직원을 채용했고, 그렇게 수집한 정보를 경찰에 제출했다. 하지만 그 정보는 가해자들을 법의 심판대에 세우기에는 충분하지 않았다.

트롤들의 표적이 된 여성은 우만이 아니었다. 퀸을 공개적으로 지지하거나 심지어 트롤 혹은 게임 산업에 대해 가볍게 비판한 사람들까지도 우와 비슷한 사이버 공격을 당했다. 여성 게임 개발자로 오늘날 구글에서 일하는 켈리 산티아고Kellee Santiago는 게이머게이트를 마녀사냥 혹은 집단 돌팔매질에 비유했고 "내가 여성들에 대한 그런 적의가 존재하는 시대와 공간에 살고 있다는 사실에 정말 충격받았어요"라고 내게 말했다.

트롤 군대가 행진하다

나중에 우는 자신이 트롤링 매뉴얼의 희생자였다는 사실을 알게 되었다. 그것은 익명의 소셜 미디어 사용자들이 자신들과 뜻이 맞지 않은 여성들을 침묵시키는 데에 사용되는 아주 효과적인 도구였다. "표적이 될 여성을 찾은 다음 그녀의 신상을 털어서 그녀를 공격할 약점을 찾아라"

가 그들의 작전이었다고 우가 말했다. "동성애자면 그 사실을 공략하고 뚱뚱하다면 그것을 물고 늘어져라. 성 전환자라면 그것에 초점을 맞춰라. 그녀가 가장 취약하다고 생각하는 약점을 찾아 공격하고 불안하게 해 공개적인 발언의 대가가 얼마나 무서운지 뼈저리게 알려줘라."

트롤 매뉴얼을 적용하는 대상은 게임 산업의 팬이나 구성원들에게 국한되지 않는다.

오늘날 온라인 괴롭힘은 전체 인터넷을 병들게 하는 곤란한 문제 중 하나가 되었다. 그런 광범위한 사이버 증오가 나타난 책임을 인간 본성의 어두운 측면 탓으로 돌릴 수 있을까? 인간 본성에 내재된 어두운 측면이 인터넷이라는 도구를 통해 새로운 표출 방법을 찾았을 뿐이라고 말이다. 혹은 인터넷 세상에서 가장 인기 있는 사이트들이 좋은 행동보다 나쁜 행동을 허용하고 심지어 장려하는 방식으로 네트워크를 구축함으로써 사이버 증오를 키웠을까? 만약 후자라면, 이런 네트워크 대부분을 남성들이 만들고 이끌기 때문에 사용자들을 보호하는 데에 거의 관심을 기울이지 않았을까?

브리애나 우에게는 그것이 대답을 두 번 고민할 필요도 없는 질문이었다. "만약 트위터에서 그리고 게임 산업에서 영향력 있는 자리에 여성들이 더 많다면, 게임 산업이 이토록 끔찍한 괴물이 되지는 않았을 거라고 생각해요."

트위터의 공동 창업자로 널리 알려진 〈미디엄〉의 CEO 에번 윌리엄스는 1990년대 후반부터 사람들이 인터넷상에서 자신을 표현하도록 해주는 웹사이트들을 만들고 있다. "예전에 트롤링은 비주류 활동으로 여겨졌습니다"라고 윌리엄스가 내게 말했다. "나를 포함해 이런 시스템의 개발자 중 상당수는 세상에 아주 잔인한 사람들이 많다는 사실에 깜짝 놀랐습니다. 인간성에 약간 실망도 했습니다. 어떤 것이든 심리학적인 피드백이 그들을 부추길 거라고는 아무도 예상하지 못했을 거라고 생각합니다."

나는 트위터의 보안 안전 팀을 이끄는 델 하비Del Harvey에게 트위터를 주로 남성들이 설계했다는 사실이 문제가 되지 않는지 물었다.

"중요한 측면이었을 수도 있어요"라고 그녀가 부분적으로 인정했다. "남성들에게 더 많은 특권과 은신처를 제공하는 측면들이 분명 있어요. 어떤 형태든 만약 당신이 소외된 비주류 커뮤니티의 일원이 아니라면 그런 것들에 대해 생각할 가능성이 낮죠"라고 하비가 말했다. 그러면서 그녀는 행여 오해를 살까 트위터가 증오를 확산시킬 목적으로 개발된 것이 아니라고 서둘러 덧붙였다. "그러나 트위터는 아주 낙천적인 성향의 사람들이 개발했어요. 자신의 제품이 실현시켜줄 아주 즐겁고 긍정적인 일들에 대해 생각하는 유쾌한 사람들이에요. 그들은 '사람들이 살해 협박을 아주 쉽게 전달하도록 해주는 제품을 어떻게 하면 만들 수 있을까?'라고 생각하지 않아요." (사실 델 하비는 그녀의 실명이 아니다. 그녀는 자신의 신원이 노출될 만한 정보는 별로 말하지 않을 것이다. 자신이 트롤링의 표적이 될 위험을 최소화하기 위해서인 것이 분명하다.)

제품 관리자들은 특히 소비자 제품을 설계하는 사람들은 사용자들에게 공감하고 가능한 한 최종 사용자들에 대한 연구를 많이 하려 노력한다고 말할 것이다. 그러나 결국에는 이런 제품을 만들려면 각자의 개인적인 의견을 토대로 선택을 할 수밖에 없다. 기술 산업에서는 이런 선택이 주로 남성들이 하게 된다.

트위터의 초기 투자자인 비잔 사벳은 온라인 괴롭힘의 가능성에 대한 업계의 상대적인 무지는 기술 산업의 성비 불균형과 직접적인 상관관계가 있다고 생각한다. "기술 산업의 남성 종사자들은 그것을 이해하지 못합니다"라고 사벳이 단정적으로 말했다. "그들이 괴롭힘을 당하지 않기 때문입니다."

내가 윌리엄스에게 이것을 물고 늘어지며 계속 압박하자 그도 "우리는 그것에 대해 충분히 생각하지 못했습니다"라고 마지못해 인정했다. "초창기 팀에 여성이 좀 더 많았더라면 그 문제를 좀 더 깊이 생각했을 수도 있었습니다."

2010년 딕 코스톨로Dick Costolo가 트위터의 CEO에 올랐을 즈음 트위터상에서의 악플 문제는 이미 통제 불능 상태였다. 트위터를 주류 사용자들에게 더욱 매력적인 소셜 미디어로 만들라는 특명을 부여받은 코스톨로는 악플을 제재하는 것이 그 목적을 달성하는 주요 방법 중에 하나라고 판단했다. 하지만 결과부터 말하면 그는 별다른 진전이 없었다.

"나는 한동안 벽에 머리를 찧어 박는 소용없는 짓을 되풀이했습니다. 그러다가 다른 일들로 관심을 옮겼습니다"라고 그가 말한다. "트위터에는 악플을 막기 위해 표현의 자유를 억제하는 것이 좋은 방법이 될 수 없는 많은 이유가 있습니다. 나는 예나 지금이나 '우리는 더 많은 것을 금지해야 한다'는 입장이고, 그것 때문에 언제나 반발을 샀습니다."

반발을 샀던 이유는 악플을 방지하기 위한 정책을 시행하려는 시도가 트위터의 설립 근간이 된 원칙들과 상충했기 때문이다. 트위터의 공동 창업자들은 사용자들이 가명을 사용하도록 허용하는 것이 중요하다고 생각했다. 이것은 실명 사용을 의무화하는 페이스북과 트위터를 차별화하기 위한 노력의 일환이었다. 트위터의 네트워크는 누구라도 추적할 수 있는 공개 프로필을 주요 근간으로 삼는 반면, 페이스북은 상호 합의가 필요한 연결을 기반으로 한다. 그러나 이것보다 더 중요한 것이 있었다. 트위터의 공동 창업자들은 트위터를 전 세계에서 활동하는 정치 운동가와 인권 운동가들을 위한 안전한 커뮤니케이션 플랫폼으로 만들고 싶었다고, 윌리엄스가 내게 말했다. 이 원칙이 트위터의 DNA에 깊이 뿌리내리고 있었기 때문에 표현의 자유를 옹호하는 트위터 직원들이 그 자유를 침해하게 될 정책을 시행하려는 경영진의 시도에 격렬히 저항할 수 있었다.

그러나 가명 사용은 동전의 양면 같은 속성이 있다. 표현의 자유를 옹호하는 역할을 하는 동시에, 사용자들이 아무런 대가를 치를 필요 없이 원하는 만큼 마음대로 나쁘게 행동할 수 있는 자유를 주는 것이다. 게다가 트윗은 공개가 원칙이기 때문에, 트위터의 설계 자체가 사실상 괴롭힘을 확대시킬 여지가 충분하다. 가령 당신에게 모욕적인 욕설을 퍼붓는 누군가를 차단시키더라도 다른 사람들이 그런 트윗을 보는 것은 물론이고 트윗을 계속 추가하고 그리하여 순식간에 공격이 재개되도록 만든다. 또한 무엇이 용납되고 무엇이 용납되지 않는지에 대한 트위터의 규정은 그리고 그런 규정을 어떻게 적용할 것인가에 대한 규정은 지금까지 고무줄처럼 끊임없이 오락가락했다.

"만약 시간을 되돌릴 수 있다면 2010년의 어떤 회의로 돌아가고 싶습니다. 회의 참석자들이 내게 뭐라고 말하든 상관하지 않는다고, 미래에는 트위터가 바뀌기를 바란다고 당당히 말하고 싶습니다. 내가 트위터를 위해서 했던 방식을 송두리째 바꾸고 싶습니다"라고 코스톨로가 말했다.

온라인 증오는 언제 무엇 때문에 시작됐을까

트롤링은 새로운 것이 아니다. 오히려 오래전부터 유명하거나 자신의 목소리를 당당히 내는 여성들에게 가해진 위협적인 표현이 새로운 옷을 입은 것에 지나지 않는다. 가령 여성의 투표권을 위해 투쟁했던 유명한 여성 참정권 운동가들은 종종 익명의 남성들에게서 욕설로 가득한 협박 편지를 받았다.

트롤링은 이메일이 인기 있는 비즈니스 수단으로 부상했던 때인 1990년대 후반에 시작된 걸로 알려져 있다. 사람들은 컴퓨터를 통한 커뮤니케이션에는, 거의 모든 대면 만남에서 요구되는 예의 바름과 사회적 규범을 손상시키는 것처럼 보이는 무언가가 있음을 즉각 알아차리기 시작했다. 1984년 〈뉴욕 타임스〉의 한 기사는 '이메일'에서 '감정 분출'이 증가하는 현상을 순서대로 정리했다. "과학자들은 사람들이 컴퓨터를 통해 토론을 할 때 무례함, 욕설, 환희 등등 여러 감정 분출이 놀라울 정도로 확산되는 현상을 문서화하고 설명하려고 애쓴다"라고 〈뉴욕 타임스〉가 말했다. 〈뉴욕 타임스〉의 인터뷰에 응했던 과학자들은 대면 대화와는 달리 전자적 커뮤니케이션은 "직접 대화에서 사회적 피드백을 제공하고 극단적인 행동을 억제할 수도 있는 눈 맞춤, 표정, 억양 같은 비언어적 단서를 하나도 전달하지 못한다"는 사실을 발견했다.

특히 카네기멜론 대학교의 세라 키슬러Sara Kiesler 교수는 '정말 놀랍다'고 그 기사에서 말했다. "관리자들이 보낸 메시지를 조사해보니 -아마도 수천 명의 사람들이 그 메시지를 보았을 것이다- 보통 운동선수들의 라커룸에서나 들을 수 있는 단어들이 사용되고 있었다."

그로부터 30여 년이 지난 오늘날에는 저속하고 외설적인 대화와 폭력에 대한 위협이 주류 소셜 네트워크를 포함해 인터넷 세상에서 가장 유명한 사이트들에서 만연하다. 많은 소셜 미디어 사이트들이 보장하는 익명성 덕분에 가해자들은 대체로 사회적 평판으로나 경제적으로 전혀 불이익을 받지 않는다.

하지만 트롤링과 관련해 더욱 놀라운 사실은 따로 있는 듯하다. 많은 사람들에게는 트롤링이 명성과 힘을 얻는 하나의 수단이었던 것이다. 하나의 예를 들라면 트위터-광인 도널드 트럼프를 따를 자가 없다. MSNBC의 간판 프로그램 중 하나인 〈모닝 조Morning Joe〉의 남녀 진행자로 트럼프 때리기의 선봉에 섰던 조 스카버러Joe Scarborough와 미카 브레진스키Mika Brzezinski와 사사건건 부딪히던 중에 미국의 46대 대통령은 자신이 "저능아에 미친 미카가 성형수술로 피를 질질 흘리는" 것을 목격했다는 트윗을 전송했다. 많은 온라인 트롤들과 마찬가지로 트럼프는 자신의 인신모욕적인 언어 공격 중 하나를 여성을 향해 퍼부었고, 다른 트롤들이 희희낙락하며 그의 발언을 따라 했다.

물론 남성들도 온라인 괴롭힘을 당한다. 그러나 여성들은 강간 협박, 살해 협박, 스토킹 같이 더욱 극단적인 형태의 괴롭힘의 희생양이 된다. 남성들은 자신이 응원하는 스포츠 팀 때문에 조롱받거나 업신여김을 당할 가능성이 높은 반면, 여성들은 오직 여성이라는 이유로 공격당할 가능성이 훨씬 높다는 것을 증명하는 연구 결과들도 있다. 가령 청소년 사이에서도 소녀들이 악플 피해자가 될 가능성이 소년들보다 훨씬 높고, 젊은 여성들은 특히 18세부터 24세 사이 여성들은 동 연령대의 남성보다 온라인에서 성희롱을 당할 가능성이 세 배 높았다. 한 페미니스트 연구가의 말마따나 "강간 협박은 일종의 만국 공통어가 되었다. 그것은 어떤 여성이 말한 것에 동의할 수 없는 남성들의 '단골' 반응이다." 아마도 '단골'이라는 측면이 사법 당국이 그런 위협을 별로 심각하게 여기지 않는 이유일 것이다. 하지만 여성들은 그런 협박을 심각하게 받아들인다. 모욕을 당한 피해 여성의 38퍼센트는 자신의 경험을 '극도로 불쾌'하다고 호소하는 반면 남성들의 경우는 그 절반에도 못 미치는 17퍼센트에 불과하다.

많은 여성의 경우, 특히 대중에게 노출되는 여성들의 경우 자신들에게 쏟아지는 증오는 인터넷 전체가 자신들에게 비우호적이라는 것과 동의어다. 일례로 마리사 메이어는 야후의 CEO로 재직하던 시절 "자신에 관한 너무 부정적인 트윗이 많아" 한 달간 트위터를 끊었다고 내게 말했다. 2016년 여름 〈새터데이 나이트 라이브Saturday Night Live〉의 인기 흑인 코미디언 레슬리 존스Leslie Johns는 1984년 동명 영화를 여성 주인공들을 내세워 리메이크한 영화 〈고스트버스터즈Ghostbusters〉에 출연한 이후 인종차별적이고 성차별적인 사이버 테러를 당한 후에 "나만의 지옥에 있는 기분"이라고 트윗했다. 그녀 역시도 이런 트윗을 마지막으로 트위터 활동을 중단했다. "트위터, 표현의 자유가 있다는 건 알겠어. 하지만 어떤 가이드라인이 있어야지. 어떤 사람들은 프로필만 봐도 토 나오게 미쳤어. 계정 정지로는 부족해. 그들은 신고해야지."

부정적이고 불쾌한 이런 사례들이 말하는 메시지는 명백하다. 여성인 당신은 여기 인터넷에서 환영받지 못한다. 그리고 어떤 식으로든 존재감을 드러내기로 선택한다면 당신에게 닥칠 어떤 수모도 감수하겠다는 각오를 해야 한다.

나도 이 메시지가 무엇인지 너무 잘 안다. 직접 겪어보았기 때문이다.

언론인으로서 나는 내가 작성한 기사와 내가 진행한 인터뷰를 홍보하기 위해 트위터와 페이스북 같은 소셜 미디어 사이트를 자주 사용한다. 그런 사이트는 무언가를 유통시키고 건설적인 피드백을 얻을 수 있는 아주 귀중한 플랫폼이다. 그렇지만 나는 불쾌하고 지저분하고 때로는 모골이 송연해지는 메시지를 종종 받았다. 트위터에서 몇 달간 나를 스토킹했던 한 사용자는 창고로 끌고 가서 '매질'하고 자신의 '품질 좋은 정자'를 먹이고 싶다는 둥의 메시지를 보냈을 뿐 아니라 '항복할 시간'이라는 문구와 함께 극도로 적나라한 포르노 비디오를 전송했다. 뿐만 아니라 내 남편의 이름을 들먹였고 나와 집단섹스를 할 동지를 구한다고 트윗했다. 그 트롤은 "누구라도 좋아. 내가 잡아줄 테니 너는 성기를 삽입하면 돼"라고 썼다. 또한 내가 임신했을 때는 "내게 복종하는 건 좋은 거야. 내 씨를 배에 품은 네 모습처럼 말이야"라고 그가 트윗했다. 최악은 내가 IBM의 CEO 지니 로메티Ginni Rometty를 인터뷰한 후에 그녀를 태그한 트윗에 그 트롤이 너무나도 부적절하게 반응했을 때였다. 로메티도 트위터를 통해 몇몇 '격한 반응'과 함께 경고를 받았다.

나도 직업적 특성상 나름 맷집이 생겼고, 트롤들을 대하는 보편적인 전술을 사용한다. 그냥 무시하는 것이다. 나는 스크롤을 빨리 움직여 트위터 계정에 올라온 독설에 찬 트윗들은 읽지 않고 레딧은 절대로 이용하지 않는다. 내가 애플의 공동 창업자 스티브 워즈니악과 진행한 인터뷰가 레딧에 올라왔을 때 반응이 그야말로 도를 한참 넘었다. (그와 같은 이유로 기술 산업의 많은 여성 종사자는 〈해커 뉴스Hacker News〉를 피한다. 〈해커 뉴스〉는 실리콘밸리의 유명한 스타트업 인큐베이터인 와이콤비네이터YCombinator가 운영하는 공식 게시판으로 처음부터 기술 산업의 주도적인 메시지 게시판이 되었지만, 그곳에도 트롤들이 자주 출몰하기 때문이다.) 가장 중요한 것은 나에 대한 악플러들에게 반응하지 않는 것이다. 이것은 많은 여성 사용자 사이에서 보편적인 대처법이다. 트롤을 상대하는 최악의 방법은 반응을 보이고 자극하는 것이다. 가끔은 나에 대한 악플을 보면 마음이 심란해지지만, 그들에 휘둘려서 언론인으로서나 한 명의 인간으로서 혹은 여성으로서 자기 비하적인 기분을 갖지 않으려고 최선을 다한다.

그러나 인터넷은 나처럼 맷집이 좋은 사람들을 위한 공간이어서는 안된다. 그리고 온라인에서 여성이라는 이유만으로 수시로 성적 공격에 대한 위협에 노출되어서도 안 된다.

2017년 3월 나는 나를 공격한 트롤을 트위터에 신고했다. 그때는 트위터가 자사의 괴롭힘 방지 조치를 개선했다고 또다시 발표한 지 얼마 지나지 않았을 때였다. 그러나 내가 증거와 함께 신고를 하고 딱 12시간이 지난 후에 트위터로부터 이런 메시지를 받았다. "당신의 신고서를 자세히 검토했지만 트위터의 혐오 행위 관련 정책을 위반한 증거는 찾지 못했습니다." 트위터의 '혐오 행위 관련 정책'에는 "타인에게 폭력을 조장하거나, 직접적인 공격을 가하거나, 위협해서는 안 됩니다"라고 적혀 있다. 만약 내게 자신의 '품질 좋은 정액'을 먹으라는 등 나를 창고로 끌고 가서 매질하겠다는 등의 위협이 괴롭힘에 해당하지 않는다면 도대체 무엇이 괴롭힘이란 걸까? 물론 나는 그 트롤의 계정이 내 타임라인이나 알림에 보이지 않도록 뮤트mute시키거나 차단할 수 있다. 하지만 이제까지 그가 보낸 모든 트윗은 여전히 공개되고, 그 트롤은 새로운 계정을 만들어서 나에 대한 공격을 재개할 수 있다. 그런데 내 트롤이 한동안 예전의 계정으로 트윗을 하지 않는 듯하다. 왜 그런지에 대해 트위터에 더 많은 정보를 알려달라고 요청했을 때 트위터는 개별적인 사건에 대해서는 공개하지 않는 것이 원칙이라고 대답했다. 내가 언급했던 이런 모든 공격적인 트윗들이 아직도 온라인에서 버젓이 살아 있다. 마치 트위터가 내게 "그냥 참으세요"라고 혹은 "이것을 고칠 만큼 당신은 가치 있는 사람이 아닙니다"라고 말하는 것 같은 기분이다. 그들에게는 나를 포함해 수많은 여성 사용자가 최소한 극도로 공격적인 사용자 한 명을 고립시킬 만한 가치가 없는 게 분명하다.

트위터의 규정이 얼마나 독단적으로 적용될 수 있는지를 단적으로 보여주는 좋은 사례가 있다. 2017년 10월 배우 로즈 맥고완Rose McGowan의 계정이 갑자기 정지되었다. 할리우드의 거물 제작자 하비 와인스틴에게 성폭행을 당했다고 폭로하는 글을 연신 트윗하던 중이었다. 개별적인 계정에 대한 정보 공개를 금지하는 정책을 이유로 트위터는 맥고완의 계정을 정지시킨 이유에 대해 설명하지 않았고, 그 후에 엄청난 후폭풍을 맞았다. 배우 안나 파퀸Anna Paquin이 여성들에게 트위터를 보이콧하자고 촉구했고, 수많은 여성이 파퀸의 호소에 동조했다.

이런 조직적인 보이콧 반발이 있자, 얼마 후 트위터는 개별적인 계정에 대한 공개적인 발언을 금지하는 조항을 어기고 맥고완의 계정을 정지한 이유를 설명했다. 그녀가 특정 개인의 전화번호를 공개했기 때문에 일시적으로 정지했다는 것이었다. (와인스틴의 회사에 근무하는 사람들도 그의 행동을 알고 있었다는 증거로 맥고완이 이메일 캡처 화면을 트윗했는데, 그 이메일의 서명 부분에 전화번호가 포함되어 있었다.) 맥고완의 계정을 정시시킨 사건은 트위터의 불편한 두 얼굴을 보여주는 단적인 사례다. 괴롭힘을 당한 피해자들을 위해서는 종종 소극적인 태도로 일관하는 것 같은 트위터가 가해자를 고발하려는 피해자를 검열하는 데서는 놀랄 만큼 발 빠르게 반응한 것이다. 어떤 말로도 해명이 안 될 것 같은 이런 결정은 유해 콘텐츠가 일단 신고 된 이후 어떻게 다뤄지는지를 자세히 살펴보면 부분적으로는 설명될지도 모르겠다. 트위터를 포함해 소셜 네트워크들은 대부분의 콘텐츠 관리 업무를 전 세계에 있는 외부 업체들과 계약을 맺고 아웃소싱한다. 인공지능의 도움으로 미래에는 기술이 이런 규칙을 좀 더 일관성 있게 적용할지도 모른다는 희망은 있지만, 지금 당장은 그 일이 오직 인간의 손에 달려 있다. 이런 네트워크들에 게시된 불순한 콘텐츠를 걸러내고 표시를 하는 어려운 일을 하는 외부 업체들은 지속적으로 재교육을 받아야 한다. 그러나 문제는 대개 그들 업체의 수명이 짧다는 점이다. 그런데도 소셜 네트워크들은 그들의 손에 칼자루를 쥐어준다. 그리하여 그들이 '무엇을 살려주고 무엇을 죽일지' 결정하는 것과 관련해 전횡에 가까운 과도한 힘을 휘두른다. 정보에 근거한 것이든 아니든 그들의 결정은 나와 브리애나 우와 레슬리 존스와 로즈 맥고완이 경험했듯이 사람들의 삶에 많은 영향을 준다.

트위터는 맥고완의 계정을 원상 복구시켰고 앞으로는 계정 정지에 관한 결정 과정에 대해 더욱 투명해지겠다고 약속했다. "오늘날에는 스스로 침묵하는 목소리도 있고 공개적으로 말하는 목소리도 있습니다. 이 모든 게 우리가 '아직도' 충분히 신속하게 대응하지 못하기 때문입니다"라고 트위터의 CEO인 잭 도시가 트윗했다.

증오 콘텐츠에 대처하는 유익한 비즈니스 사례

지난 몇 년간 많은 소셜 미디어 경영자는 트롤을 통제하는 것이 회사의 수익에 부정적인 영향을 미칠 수 있다고 생각했을지도 모른다. 표현의 자유를 억압한다고 여겨지는 것은 보이콧과 사이버 공격을 초래하는 집단반발을 불러올 수도 있다. 어쨌건 트롤들의 트래픽도 트래픽인 것은 맞지 않은가. 그런 마당에 누가 사용자들을 몰아내고 싶어 할까? 그러나 우리는 어쩌면 변곡점에 서 있는지도 모른다. 괴롭힘을 퇴치하지 않고 방관하는 것은 기업에 더욱 나쁜 결과를 가져올 가능성이 점점 증가하는 것처럼 보인다.

오늘날 레딧과 트위터는 새로운 사용자는 물론이고 광고주들을 끌어들이기 위해 전쟁을 치른다. 특히 광고주들은 주류가 아닌 콘텐츠와 관련되는 것을 몹시 경계한다. 가장 유명한 사례를 들어보자. 2017년 초 메르세데스-벤츠, 존슨앤드존슨, 버라이즌, JP모건 등을 포함해 거대 기업들은 자사의 일부 유튜브 광고가 신나치와 지하드를 홍보하는 동영상 직후에 방송되는 것을 알게 되었다. 그들 모두는 즉각적으로 유튜브의 모기업인 구글에서 광고를 중단하거나 아예 광고를 뺐다. 그러자 구글은 발등에 불이 떨어졌다. 그들 기업의 광고를 다시 불러오기 위한 특단의 조치가 필요했다. 구글은 그 문제를 해결하기 위해 '(인공지능의 하나인) 기계학습 도구들'을 사용하고 더 많은 인력을 채용함으로써 공격적인 불순한 콘텐츠를 표시하는 일을 크게 개선하는 것을 포함해 실질적인 변화를 보여주었다. 그러자 전부는 아니더라도 대부분의 광고주가 다시 돌아왔다. 구글이 광고 위기를 가까스로 피했지만 시장이 말하는 메시지는 명백했다. 증오는 기업에 나쁘다는 것이었다. 그리고 구글의 행동이 말하는 메시지도 분명했다. 동기가 충분히 부여될 때 기업들도 변할 수 있다는 것을 행동으로 보여주었다.

사용자 수를 늘리기 위한 노력의 일환으로 트위터도 변화를 시도했다. 그러나 그런 시도가 언제나 성공적이지는 않았다. 2015년 코스톨로가 트위터의 CEO에서 물러났고, 트위터의 공동 창업자인 잭 도시가 신임 CEO에 취임했다. 그의 리더십 아래 트위터는 괴롭힘을 줄이기 위한 추가적인 조치들을 시행했다. 트위터는 공격적이거나 위협적인 콘텐츠를 걸러내기 위한 새로운 필터 기능을 도입했고 타인을 괴롭히기 위한 목적으로 생성된 것이 명백한 계정들을 색출하기 위해 더욱 열심히 노력한다고 주장한다. 또한 트위터는 악의적인 발언을 뮤트 처리하고 신고하는 도구들을 추가했고, 폭력적인 트윗을 숨기기 위해 검색 기능을 개선했으며, 부적절한 트윗을 상습적으로 올리는 사용자들을 더욱 엄정히 단속하고 있다고 강조한다. 뿐만 아니라 트위터는 2017년 작년보다 10배가 많은 악성 계정에 대해 조치를 취했다고 발표했다(내 트롤은 그들 중 하나가 아니었던 걸로 보인다).

비록 트위터와 레딧이 상당한 사용자 기반을 확보하고는 있지만, 거대 소셜 네트워크인 페이스북에 비하면 아직도 동네 구멍가게 수준을 벗어나지 못한다. 페이스북이 부분적으로는 사람들의 외모에 대해 등급을 매기는 성차별적인 '핫 오어 낫Hot or Not' 사이트에서 영감을 얻은 것은 사실이다. 그러나 페이스북은 경쟁 업체들에 비해 다양한 사용자들에게 우호적인 소셜 네트워킹 사이트가 되었다. 그 과정에서 페이스북은 20억 명이 넘는 사용자들을 확보했을 뿐 아니라, 사용자가 몰리는 곳에 돈이 따라오는 것은 당연한 이치듯 수십억 달러어치의 광고까지 유치했다.

내 말을 오해하지는 마라. 페이스북이 완벽하다는 것은 절대 아니다. 페이스북도 자사의 메인 사이트에서는 물론이고 자회사 인스타그램에서도 악성 댓글을 해결하려면 갈 길이 아주 멀다. 그러나 악성 댓글은 페이스북과 인스타그램에서보다 레딧과 트위터에서 훨씬 더 심각하고 훨씬 더 가시적인 문제다. 내 페이스북 계정은 비공개이기 때문에 누군가가 나와 상호작용을 하려면 나로부터 '내 친구'로 허락을 받아야 한다. 그렇기 때문에 이제까지 나는 페이스북 계정에서는 불쾌한 글을 거의 본 적이 없다. 심지어 공개로 게시물을 올릴 때도 불쾌한 댓글은 극히 드물다. 어쩌면 이것은 '실명 사용' 정책과 관련이 있을 것이다. 또한 페이스북이 제품과 사업상의 관심사를 균형 맞추는 방식으로 설계된 것과도 무관하지 않다.

페이스북의 직원들은 2008년에 페이스북호에 승선한 셰릴 샌드버그가 어마어마하게 성공한 스타트업을 거대하고 성공적인 글로벌 기업으로 전환시키는 데서 혁혁한 역할을 했다고 입을 모은다. 샌드버그의 공로 중 하나는, 페이스북을 사용자와 광고주 모두에게 안전하고 우호적인 공간으로 만들기 위한 정책들을 개발한 것이다. 페이스북 내부에서 샌드버그의 영향력을 보면, 주요 소셜 미디어 사이트들이 더욱 다양하고 포용적인 리더십을 구축함으로써 혜택을 얻을 수 있을지에 대한 답을 어느 정도 찾을 수 있다.

"저커버그도 동의할 거라고 생각하는데, 샌드버그를 영입한 것은 그의 일생일대 가장 중요한 결정이었고 신의 한 수였어요"라고 페이스북의 모바일 부문 책임자를 지낸 몰리 그레이엄Molly Graham이 내게 말했다. 샌드버그가 합류했던 2008년 페이스북은, 사용자가 겨우 6600만 명에 불과했고 개인정보에 관한 여러 문제로 어려운 시간을 보내고 있었으며 사실상 딱히 사업 모델이라고 부를 만한 것도 없었다.

"페이스북의 성공은 필연적인 것이 아니었어요"라고 그레이엄이 말했다. 샌드버그는 조직 문화에 대한 즉각적인 수술을 단행하도록 돕기 위해 팔을 걷어붙였을 뿐 아니라 사용자의 개인정보 보호를 강력히 주장했다. 마침 그 즈음에 마크 저커버그는 경쟁자인 트위터의 사용자가 급증하는 것에 대해 집착했고, 결과적으로 페이스북이 트위터와는 확연히 다른 경로를 따르도록 만든 일련의 변화를 심각히 고민하고 있었다.

샌드버그가 합류하고 몇 달 동안 '머리에 피도 안 마른' 트위터가 온라인 세상에서 실시간 대화를 지배했고 전 세계적으로 관심을 한 몸에 받고 있었다. "저커버그는 트위터의 성공 원인이 무엇인지 알아내려고 골

머리를 앓고 있었어요"라고 페이스북의 전직 직원이 내게 말했다. "그는 트위터의 개방성에 집착했습니다. 그리고 트위터가 얼마나 많은 사용자 데이터를 보유하고 있는지, 실시간 뉴스를 장악하는 이유가 무엇인지를 알고 싶어 안달했습니다. 솔직히 그는 사람들이 우리가 생각하는 것보다 훨씬 솔직하게 자신의 생각을 기꺼이 공유할 거라는 아이디어에 완전히 꽂혀 있었습니다." 저커버그는 사용자 수를 늘리려면 사용자들이 더욱 솔직하게 자신을 표현할 수 있게 해주어야 한다고 판단했다. 그래서 페이스북을 좀 더 개방적인 플랫폼으로 만들기 위한 몇몇 아이디어를 제안했다.

예를 들어 페이스북이 위치추적 기능을 출시한 후에 사용자들은 자신과 같은 지역에 있는 다른 사용자들에게 태그를 달 수 있었지만, 태그된 사용자는 스스로 태그를 제거할 수 없었다. 말인즉 나는 마크 저커버그가 라스베이거스에 있다고 말할 수 있어도 그는 "아닌데요, 나는 지금 팰로 앨토에 있습니다"라고 말할 수 없었다는 이야기다. 저커버그는 그것과 똑같은 규칙을 사진에도 확대 적용하고 싶어 했다. 만약 누군가가 사진에서 다른 사용자를 태그한다면 이번에도 태그된 사용자는 스스로 태그를 제거할 수 없도록 말이다. 샌드버그와 페이스북의 제품 총책임자 크리스 콕스Chris Cox를 비롯해 몇몇 고위 경영자들이 그런 변화에 반대했고, 일반 사용자들에게는 물론이고 특히 여성들에게 비우호적인 기능이라고 생각했다. "쉬운 예를 하나 들어보죠. 당신이 여성인데, 누군가가 공격적이거나 당신과 관련이 없는 무언가에 당신을 태그해도 당신은 스스로 그 태그를 제거할 수 없다는 것입니다"라고 위에서 말한 전직 직원이 내게 말했다. "회사 내부에서 엄청난 갑론을박이 벌어졌습니다. 얼마나 논쟁이 뜨거웠는지 벽이 무너지는 것 같은 환청이 들릴 정도였습니다." 결과적으로 말해, 사진 태그를 삭제하지 못하게 하자는 저커버그의 제안은 실현되지 못했고, 위치 태그를 제거하지 못하게 막는 기존 기능도 폐기되었다. "예전에는 나쁜 일이 벌어졌을 때, 이상한 결정이 내려졌을 때, 당당히 목소리를 내줄 거라고 기댈 수 있는 사람이 없었습니다"라고 위의 직원이 내게 말했다. "셰릴 샌드버그는 다양한 모든 목소리가 더욱 강력해지도록 만들었습니다. 이제 그들에게는 든든한 비빌 언덕이 생겼기 때문에 용기를 낸 것입니다."

저커버그가 꽉 막힌 사람이라고 오해하기 전에 말할 것이 있다. 비록 경솔하고 무모한 몇몇 아이디어를 제안했을지는 몰라도 저커버그도 다른 사람들의 의견을 기꺼이 들어주었다. "내가 만나본 사람 중에서 저커버그는 배우고 변화하는 능력이 가장 뛰어난 사람입니다. 물론 그도 다른 사람들처럼 많은 단점이 있습니다. 하지만 변화에 대해 저커버그만큼 적극적이고 개방적인 사람은 본 적이 없습니다"라고 페이스북의 전 CTO 브렛 테일러가 내게 말했다. 직원들의 말을 종합해보면, 가장 중요한 것은 샌드버그가 저커버그를 위한 공간을 만든 것만큼이나 저커버그도 샌드버그를 위한 충분한 공간을 만들었다는 사실이다.

저커버그와 샌드버그 둘 다 페이스북을 자유롭되 안전한 커뮤니티로 만들기 위해 상당한 관심을 쏟았지만, 콘텐츠에 관한 어려운 결정에서는 둘의 접근법이 상당히 달랐다. 저커버그는 사안들이 플랫폼으로서의 페이스북에 어떤 영향을 미칠지를 고려할 가능성이 더 컸던 반면, 샌드버그는 직원들이 사용자들에게 미치는 영향에 대해 생각하도록 독려했다. "샌드버그는 좀 더 사용자 개개인의 관점에서 접근했습니다. '이 사람은 어떻게 느낄까?'라고 고민하는 공감적 접근법을 사용했습니다. 어차피 사용자들도 자신의 방에서, 자신의 기숙사에서 자신에게 감정적 트라우마를 야기하는 무언가에 반응하는 인간들입니다"라고 페이스북의 한 전직 고위 임원이 내게 말했다.

샌드버그는 운영 팀이 유대인 대학살을 부인하는 것부터 아랍의 봄(Arab Spring, 2010년 12월 북아프리카 튀니지에서 촉발되어 아랍·중동 국가 및 북아프리카 일대로 확산된 반정부 시위운동 -옮긴이)과 인신공격성 풍자에 이르기까지 다양한 사안에 대한 세부적인 일련의 정책들을 개선하고 조정하는 과정에서 엄격한 매의 눈으로 감독했다. 그런 정책은 결국 매우 복잡한 척도에 의거해 페이스북이 특정 콘텐츠에 대해 어떤 입장을 취할지 – 어떤 콘텐츠를 살리고 어떤 콘텐츠를 죽일지를– 결정하는 기본 토대가 될 터였다. "당시에 여성들을 향한 폭력과 강간을 소재로 하는 농담 같은 두어 가지 콘텐츠 사안들이 있었습니다. 여성들을 겨냥한 것이라면 어떤 종류의 콘텐츠든 샌드버그가 특히 관심을 가지는 주제가 분명합니다"라고 앞서 말한 페이스북의 전직 고위 임원이 내게 말했다. "샌드버그는 페이스북이 그리고 우리가 그 문제에 대해 더 나은 결정을 하도록 돕는 데서 정말로 큰 영향을 미쳤습니다. 셰릴은 자신이 보기에 우리가 그 일을 제대로 하고 있지 않다고 생각될 때 우리의 고삐를 강하게 잡아당기는 역할을 했습니다."

지금도 페이스북은 공격적인 유해 콘텐츠와 힘겨운 싸움을 하고 있다.

페이스북의 영향력이 증가함에 따라 그 문제도 갈수록 커진다. 2017년 페이스북은 콘텐츠를 감시하기 위해 전 세계적으로 3000명을 충원했고, 기존 직원 4500명까지 합쳐 총 7500명이 그 일에 전념하게 되었다. 페이스북이 이처럼 콘텐츠 감시 인력을 대폭 늘린 부분적인 이유는 2015년 서비스를 시작한 동영상 스트리밍 페이스북 라이브Facebook Live를 둘러싼 논란 때문이었다. 페이스북 라이브는 출시되자마자 성폭행, 구타, 자살, 경찰의 과잉진압 같은 강력범죄 동영상을 실시간으로 중계하는 온상이 되었고, 이에 대한 비난이 쏟아지고 대책을 요구하는 목소리가 커진 것이다. 그러나 가장 큰 악재는 그해 말에 터졌다. 러시아인들이 미국 대통령 선거 중에 정치적인 혼란을 야기하려는 목적으로 페이스북에서 수천 개의 정치 광고를 구매한 사실을 페이스북이 스스로 밝힌 것이다. 얼마 지나지 않아 트위터와 구글도 그 스캔들에 연루되었다. 이들 세 기업은 미국 의회 청문회에 불려나가 정치 광고만이 아니라 가짜 계정과 가짜 뉴스에 대한 자사의 정책에 대해 증언해야 했다. 페이스북은 안전과 보안 문제를 개선하기 위해 1만 명을 증원하겠다고 발표했다. 그리고 샌드버그는 정치 전문 온라인 매체 〈엑시오스Axios〉와의 인터뷰에서 미국인들에게 공개적으로 사과했고 표현의 자유에 대한 페이스북의 의지를 다시 한번 천명했으며, 페이스북은 언론사가 아니라 기술 기업이라고 재차 확인했다.

페이스북과 트위터와 구글은 유튜브를 통해 대중이 생산하고 공급하는 콘텐츠로 돈을 번다. 이런 콘텐츠는 혐오스럽거나 폭력적일 수도 있는 유해 게시물부터 가짜 뉴스에 이르기까지 모든 것을 포함한다.

2017년은 사이버 증오와 관련해 전환점이 되었음이 틀림없다. 그들 IT 대기업이 자사가 유통시키는 메시지, 광고, 뉴스의 내용물에 대해 더 큰 책임을 지기 시작한 해이기 때문이다. 페이스북 내부에서 사용자들이 안전하고 자유롭다고 느끼는 온라인 커뮤니티를 어떻게 계속 만들어나갈지에 대한 열띤 토론이 벌어진 것은 분명해 보인다. 문제는 페이스북이 그런 책임을 어떻게 지는가다. 그것은 앞으로 두고 봐야 분명해질 것 같으니 좀 더 인내심을 갖고 지켜보자.

생존을 위한 가해자들의 적반하장

문화가 변한다고 반드시 여성이 조직도의 맨 꼭대기에 올라갈 수 있는 것은 아니다. 소셜 미디어 기업에서 뿌리를 내린 도덕적 기강과 커뮤니티 기준을 변화시키는 것은 특히 어려울 수 있는데, 사용자들이 그 사이트에 대해 소유 의식을 갖기 때문이다. 어차피 그들이 콘텐츠를 생산하므로 그 사이트의 주인이라고 해서 틀린 말도 아니다. 이에 대한 아주 좋은 예가 있다. 엘런 파오가 실리콘밸리에서 맞닥뜨린 두 번째 시련이다. 2014년 KPCB를 상대로 제기한 세기의 성차별 소송에서 패하기 몇 달 전에 파오는 레딧의 임시 CEO에 취임했다. 레딧의 수장이 되자마자 파오는 온라인 괴롭힘을 엄정히 단속하기 위해 발 벗고 나섰지만, 결국에는 사용자들의 격렬한 반발에 부딪혀 권좌에 오른 지 불과 8개월 만에 사임할 수밖에 없었다.

'인터넷의 제1면Front Page of the Internet'을 슬로건으로 내세우는 레딧은 2005년 스티브 허프먼과 알렉시스 오해니언이 공동으로 창업했다. 그들은 '진정성 있는 대화'의 장을 만들기 위해 레딧을 시작했노라고 내게 말했다. 진정성 있는 대화의 장이라는 그들의 주장에 담긴 낙천주의는 트위터가 추구하는 표현의 자유 원칙과 일맥상통하는 부분이 있다. 그리고 레딧과 트위터의 또 다른 공통점도 있다. 사용자들의 가명 사용을 허용하는 것이다. 레딧은 서비스를 시작하고 얼마 지나지 않아 반려동물부터 정치에 이르기까지 온갖 주제에 대한 인기 있는 토론방이 되었고, 오늘 현재 레디터Redditor라고 불리는 활성 사용자가 매달 3억3000만 명이 넘는 세계 최대 온라인 커뮤니티로 성장했다. 그러나 트위터와 마찬가지로 레딧은 사용자들이 여성 혐오, 인종차별, 동성애자 혐오, 외국인 혐오 등 극단적인 증오 감정을 분출하는 지옥이 되었고, 이것은 레딧이 합법적인 비즈니스로 성장하는 데서 커다란 걸림돌이 되었다. 엘런 파오는 레딧을 그리고 인터넷을 '모든 사람을 위한 더 좋은 공간'으로 만들겠다는 일념으로 레딧의 CEO라는 아주 어려운 자리를 수락했다. 또한 2010년 레딧의 경영에서 손을 뗐던 공동 창업자 알렉시스 오해니언도 파오에게 힘을 실어주기 위해 회장이라는 직함으로 레딧에 복귀했다.

파오는 (KPCB와의 소송을 벌이던 중에 트롤들로부터 무수한 온라인 공격에 시달렸었다) 레딧을 '청소'하는 것을 최우선 순위에 두었고, 레딧에서 리벤지 포르노revenge porno를 근절하는 것을 첫 번째 과제로 삼았다. 당사자의 동의나 인지 없이 무단으로 게시되는 성적인 사진이나 영상물을 일컫는 리벤지 포르노는 헤어진 예전 여자 친구들에 대한 노골적인 사진들이 대부분이었다. 또한 파오는 레딧의 가장 악의적인 몇몇 서브레딧subreddit 즉 주제별 포럼을 폐쇄했다. 여기에는 성 전환자에 적대적인 커뮤니티,

반-흑인 커뮤니티, 비만인 사람들을 조롱하는 '팻 피플 헤이트Fat People Hate'라는 커뮤니티 등이 포함되었다.

그러자 레디터들이 반란을 일으켜 파오를 맹공격했고 자신들에게 표현의 자유권을 보장해달라고 주장했다. 표현의 자유에는 사용자들이 품위를 유지한다는 전제가 깔려 있을지 몰라도, 그들의 공격 전술은 정반대였다. 트롤들은 파오에 관한 개인정보 공개 즉 신상 털기를 시도했고 그녀에 대한 살해 협박까지 서슴지 않았다. 특히 파오가 레딧의 인기 있는 직원이자 레딧의 유명한 AMA(Ask Me Anything, '무엇이든 물어보세요') 시리즈를 관리하는 책임자를 해고했을 때 안팎에서 거센 반발에 부딪혔다. 파오의 퇴출을 요구하는 청원서에 20만 명 이상의 사용자가 서명했고, 서브레딧의 자발적 관리자인 모드moderator들이 -AMA의 책임자도 모드였다- 레딧에서 가장 인기 있는 서브레딧들의 문을 닫았다. 이는 사실상 레딧을 볼모로 잡은 것이었다. 그로부터 며칠 후 파오는 CEO 자리에서 물러났다.

"트롤들이 이겼다"라고 파오는 레딧의 CEO에서 사임한 후에 〈워싱턴 포스트〉의 옵에드에서 말했다. "인터넷의 이념적 토대는 표현의 자유였지만, 인터넷 기업 창업자들은 자신들의 창조물이 타인을 괴롭히는 행동을 조장하고 확대하는 매우 효과적인 수단이 되리라고는 꿈에도 몰랐다. 혹은 세상에서 가장 큰 괴롭힘 가해자 집단이 자신들의 몹쓸 행동에 대해 오히려 관심으로 보상받을지 전혀 알지 못했다. 나쁜 것과 비열한 것을 가르는 가장 효과적인 경계선이 어디인지 아무도 모른다. 또는 그런 경계선이 생존 가능한 사업 모델을 지탱할 수 있을지 아무도 장담할 수 없다. 나는 트롤들과 싸우는 인간들을 응원한다. 나는 우리가 승리할 수 있음을 잘 안다."

파오가 물러난 뒤에 레딧의 공동 창업자 스티브 허프먼이 CEO로 복귀했고 오해니언은 회장직을 유지했다. 파오의 사임을 둘러싼 일련의 사태에 따른 충격이 채 가시지 않은 2016년 나는 허프먼과 오해니언을 한꺼번에 인터뷰했다. 나는 파오의 주장에 대해 묻지 않을 수 없었다. 그들은 레딧의 초창기에 자신들이 온라인 괴롭힘 문제를 충분히 심각하게 다루었다고 생각할까? "알렉시스와 나는 사춘기를 겪는 10대 소년 시절 인터넷을 끼고 살았습니다"라고 허프먼이 내게 말했다. "그러다 보니 그런 문제에 약간 둔감해졌습니다." 그의 말을 해석하면, 그들은 온라인 괴롭힘에 너무 익숙해졌다는 것이다. 하지만 파오에게 닥친 일련의 일들을 직접 목격한 후에는 레딧을 영원히 청소하는 데에 이전보다 더욱 전념하게 되었다고 그들은 주장했다.

허프먼의 첫 번째 노력 중 하나는 파오가 시작한 일을 계속하는 것이었다. 그는 증오를 근절하는 회사 정책을 더욱 강화했고 인종차별주의자들의 아지트였던 '쿤타운(Coontown, coon은 흑인을 아주 경멸적으로 부르는 단어임 ―옮긴이)'과 직설적으로 말해 미래 강간범들의 소굴이었던 "레이핑 우먼Raping Women"을 포함해 악의적인 서브레딧 몇 개를 추가로 폐쇄했다. 서브레딧을 폐쇄할 때마다 사용자들이 거세게 반발했고, 개중에는 허프먼을 공격하는 회원들까지 나타났다. "레딧 사용자들이 (파오를 대한 방식이) 비열했다고 생각한다는 말은 수차례 했습니다"라고 허프먼이 말했다. "우리가 레딧 홈페이지에서 시도했던 변화는 온라인 괴롭힘을 다소나마 완화했겠지만, 우리가 그런 변화를 좀 더 일찍 그러니까 몇 년 전에 시작하지 못한 것이 못내 후회스럽습니다."

레딧을 떠난 후에 파오가 내게 말했다. "이미 특정한 방향을 정해 그곳으로 나아가고 있는 하나의 커뮤니티를 변화시키는 것은 매우 어려운 일이에요. 다른 인터넷 기업들도 레딧에서 교훈을 얻길 바라요. 일단 문제가 생기면 그런 문제는 회사와 운명 공동체예요. 다시 말해 회사의 덩치가 커질수록 그런 문제도 갈수록 심화되죠. 지니가 램프를 빠져나온 다음에는 다시 램프에 집어넣기 힘들듯, 이제까지 고수해온 접근법을 고치기가 아주 어려워져요. 인터넷 기업들이 제발 이것을 깨달았으면 좋겠어요." 아직까지는 희망이 아주 없지는 않다.

조지아 공과대학교Georgia Institute of Technology에 소속된 몇몇 연구가들은 파오가 레딧에서 시작한 변화들이 유의미한 차이를 만들었다는 사실을 발견했다. 레딧이 '팻 피플 헤이트'와 '쿤타운' 같은 서브레딧을 폐쇄한 후에 레딧의 전체 사이트에서 예상보다 더 많은 레디터들이 탈퇴했다. 그러자 잔류를 선택한 레디터들에게서 가시적인 변화가 나타났다. 그들의 행동이 개선된 것이다. 특히 증오 발언 횟수가 최소 80퍼센트까지 급감했다. "건전하고 안정적인 서브레딧들의 콘텐츠 감시 정책과 커뮤니티 규범들이 '철재' 사용자들이 예전과 같은 악의적인 행동을 되풀이하지 못하도록 막았을 수도 있다"고 연구가들이 보고서에서 말했다. 당연한 말이지만 일부 사용자들은 단속이 덜 엄격하고 '표현의 자유'가 더 많이 보장되는 다른 사이트들로 우르르 몰려갔다(오늘날에는 '팻 피플 헤이트'와 '쿤타운'을 탈출한 레디터들이 좀 더 최근에 만들어진 서브레딧인 보트Voat

에서 활동하고 있다). 그러나 레딧의 사례는, 만약 기업의 리더들이 그 문제를 이해하고 어려운 결정을 할 의지가 있다면, 기업들도 충분히 변할 수 있다는 증거가 된다.

그렇다면 표현의 자유는 어떻게 될까? 파오는 그것이 논지를 흐리게 하는 훈제 청어(red herring, 훈제 청어로 사냥개를 훈련하던 데서 유래한 표현으로 중요한 문제에서 관심을 다른 데로 돌리게 하는 것을 뜻함 -옮긴이)와 같다고 말한다. "표현의 자유를 보장하는 목적은 모든 사람이 자신의 목소리를 내고 모두가 동등하게 대화에 참여할 수 있게 하는 거예요. 만약 하나의 집단이 다른 모든 사람을 배척하더라도 표현의 자유를 보장하는 플랫폼을 구축할 수는 있어요. 하지만 거기에는 다양한 목소리나 의견이 포함되지 않을 거예요."

파오는 레딧, 페이스북, 트위터 같은 네트워크가 처음 만들어질 때부터 더 많은 여성이 특히 유색 인종 여성들이 참여했더라면 (파오는 자신과 같은 유색 인종 여성들이 온라인상에서 괴롭힘을 당하는 최대 피해자라고 생각한다) 인터넷이 지금과는 확연히 다른 공간이 되었을 것이라고 확신한다. "도구에 더 많이 투자했고, 커뮤니티 관리에 더 많은 노력을 기울였으며, 지금과는 다른 규칙들을 만들었고, 더 많은 콘텐츠를 더욱 신속하게 걸러 내고 더 많은 사람들을 더욱 일관성 있는 방식으로 퇴출시켰을 거라고 생각해요."

듣기만 해도 기분 좋은 시나리오임에는 분명하다. 하지만 그것은 안타깝게도 우리의 상상 속에서나 가능한 대안적인 현실일 뿐이다.

라이엇 게임즈: 온라인 괴롭힘과의 전쟁에서 승리하다

레딧에게 도움이 되었던 개혁적 조치들이 트롤의 천국으로 변질된 온라인 게임 산업에도 유의미한 영향을 가져올 수 있을까?

벤치마크가 투자했고 세상에서 가장 인기 있는 다자참여 온라인 게임 중 하나인 리그 오브 레전드(League of Legends, 이하 LOL)의 개발업체 라이엇 게임즈Riot Games는 게임 사용자들을 고립시키지 않고 온라인 괴롭힘을 근절하기 위해 노력했다.

매달 활성 참여자가 1억 명이라고 자랑하는 LOL에서 게이머 팀들은 온라인 전장arena에서 마법을 사용해 싸움을 벌인다. 많은 다자참여 온라인 게임들이 그렇듯이, LOL에서도 다른 게이머들에 대한 독설에 가득 찬 폭력적이고 여성 혐오적인 코멘트가 오래전부터 문제가 되어왔다. 얼마나 심각하면 여성 게이머들이 남성 게이머보다 부정적인 코멘트를 세 배나 더 많이 받는다는 연구 결과가 있을 정도다. 게임에서 제니 하니버Jenny Haniver라는 가명을 사용하는 여성 게이머가 한 블로그에서 그런 코멘트를 추적했다. 그 블로그에는 "미친년, 주둥이 닥쳐" "내 거시기를 집어넣기 전에 아가리 닥치지" 같은 끔찍한 표제가 포함되었다. 솔직히 여성 게이머의 삶에서 그런 욕설은 기본이요, 예사다.

그러나 2012년 LOL을 만든 개발자들은 그런 적의 가득한 코멘트들 때문에 게임을 포기하는 사용자들이 아주 많다는 사실을 알게 되었다. 그리하여 라이엇 게임즈는 그 문제를 더욱 자세히 검증하기 위해 심리학자와 신경과학자들을 포함하는 '게이머 행동 분석player behavior' 팀을 발족했다.

IT 전문 매체 〈와이어드Wired〉의 기고가 로라 허드슨Laura Hudson은 라이엇 게임즈의 행동분석 팀이 조사한 결과를 보도하면서 이렇게 말했다. "만약 대다수 온라인 폭력이 사회 부적응자인 소수의 트롤들이 저지른다고 생각한다면, 한참 잘못 짚었다. 라이엇의 조사 결과에 따르면, 게임에서 이뤄지는 전체 나쁜 행동 중에서 입버릇이 고약한 부정적인 게이머들의 소행은 13퍼센트 정도에 불과하다고 한다. 나머지 87퍼센트는 거의 악의 없이 유순하고 심지어 긍정적인 것처럼 보였던 게이머들의 책임이었다. 그들이 가끔씩 단발성으로 감정을 분출했을 뿐이지만, 그들의 격앙된 감정은 종종 눈덩이처럼 커뮤니티 전체로 확산되었다. 라이엇의 게이머 행동분석 팀은, 최악의 트롤들을 단속하는 것만으로는 리그 오브 레전드를 청소하기에 역부족일 거라고 결론 내렸다. 커뮤니티 전체의 개혁 말고는 아무것도 완벽히 청소할 수 없다."

라이엇은 채팅 기능을 비활성화한 다음 원하는 게이머들이 그 기능을 활성화하게끔 해주는 방법을 포함해, 커뮤니티 전체를 청소하기 위한 몇몇 방법을 시도했다. 그런 노력의 결과로 부정적인 채팅이 30퍼센트 감소했을 뿐 아니라 긍정적인 채팅은 거의 35퍼센트가 증가했다. 나쁜 행동을 예방하기 위해 아주 작으나 실질적인 장치들을 도입함으로써 라이엇은 나쁜 행동을 극적으로 변화시킬 수 있었다.

또한 라이엇은 부정적인 발언을 한 게이머를 LOL에서 퇴출시킬 때 그들에게 그런 조치를 내린 정확한 이유에 대해 더욱 상세한 정보를 알려주기로 결정했다. 그러자 일단 퇴출되었다가 다시 돌아왔을 때 그의 나쁜 행동 건수가 몰라보게 줄어들었다고 한다. 뿐만 아니라 라이엇은 신고가 접수된 나쁜 행동에 대해 게이머들로 구성된 배심원단이 직접 평결하도록 권한을 부여하는 트리뷰날Tribunal이라는 새로운 시스템도 도입했다. 결과적으로 말하면, 트리뷰날은 더욱 건전한 게임 환경을 조성하는 데서 게이머 각자의 역할에 대한 더 큰 책임감을 부여했다.

라이엇 게임즈는 특정한 제재를 가하는 것이 쌍끌이 효과가 있음을 알게 되었다. 부정적인 행동을 감소시키는 동시에 더욱 긍정적인 행동 규범을 만드는 효과가 있었다는 이야기다. 일각에서는 온라인 괴롭힘이 만연하는 이유 중 하나가 자신의 행동에 대해 책임을 지는 조치가 없기 때문이라는 주장이 있다. 라이엇의 사례는 최소한 그 주장이 전혀 근거 없지 않다는 것을 보여준다. 다시 말해 라이엇에서는 누군가에게 공개적으로 강간이나 살해 협박을 하는 사용자에 대해 대개의 경우 커뮤니티가 그에 상응하는 불이익을 준다.

최소한 LOL의 한 트롤은 모범 시민이 되면 보상이 따라온다는 사실을 깨달았다. 몹시 불쾌한 행동 때문에 경쟁 게임competitive game에서 영원히 퇴출된 한 트롤이 시간이 흐른 후에 이렇게 말했다. "라이엇의 강력한 조치로 나는 소중한 깨달음을 얻었다. 내가 리그 오브 레전드에서만이 아니라 모든 것에 긍정적인 영향을 미칠 수 있다는 깨달음이었다. 그때부터 나는 게임 자체를 더욱 즐기기 시작했고, 이번에는 누구에게도 해를 끼치지 않는다."

인터넷 관리자 중 누구라도 좀 더 설득력 있는 증거가 필요하다면, 이것은 어떨까? 라이엇이 온라인 행동을 재구성하기 위한 자사의 노력을 발표했을 때 LOL은 매달 활성 사용자가 6700만 명이었다. 그로부터

2년 후 월 사용자가 1억 명으로 증가했다. 요컨대 라이엇은 온라인 게임 세상에 만연한 부정성과의 전쟁을 치름으로써 폭발적인 성장이라는 전리품을 얻을 수 있었다.

라이엇의 성공적인 사례는 지난 과거가 반드시 다가올 미래의 서막일 필요가 없다는 사실을 다시 한번 일깨워준다. 인터넷은 인간들이 자신의 내면에서 가장 공격적이고 성적으로 가장 약탈적이되 정서적으로 가장 해로운 충동을 발산할 수 있는 전무후무한 막대한 기회를 만들어냈다. 어쩌면 인터넷 기업의 창업자 중 누구도 처음에는 자신의 창조물에서 이런 일이 벌어질 거라고는 꿈에도 몰랐을 것이다. 그러나 이제 그들은 안다. 그리고 우리는 그들에게 묻고 싶다. '당신들은 사람들이 다른 환경에서 받아들이는 행동 규범들을 인터넷에 주입하거나 장려하고 혹은 재정립하기 위해 충분히 노력하고 있습니까?'

물론 그들이라고 모든 것을 통제할 수는 없다. 언제나 사회적 기대를 무시하는 사람들이 있기 마련이다. 그리고 우리 모두는 컴퓨터 화면과 키보드를 통해 소통하는 것이 사회적 거리감을 생성시킨다는 사실을 안다. 그러나 인터넷을 통한 소통에 기반을 두는 기업들이 상호 존중하고 배려하는 행동을 장려하는 가상현실을 창조하기 위해 할 수 있는 모든 노력을 다하지 않을 때, 이제 그들은 충동적이고 악의적이며 반사회적인 결과에 대해 일부나마 책임을 져야 한다.

그 기업들이 앞으로 어떻게 나아갈지 결정하는 것은 정말로 중요하다. 인터넷 혁명은 이제 막 시작되었을 뿐이기 때문이다. 인터넷이 우리 삶을 점령하는 미래가 우리 눈앞에 다가와 있다. 그리고 얼마 지나지 않아 우리 모두가 일과 놀이 모두를 위해 정교한 가상 세상에서 점점 더 많은 시간을 보내게 될 것은 불을 보듯 뻔하다. 사이버 공간이 근본적으로 재구성되지 않는다면 그런 미래는 암울하고 혼란스러운 세상이 될 것이다.

우리의 가상 미래를 보호하라

2016년 가명으로 활동하는 또 다른 여성 게이머 조던 벨라미어Jordan Belamire는 남편과 함께 시동생을 방문했다가 그가 갖고 있던 새로운 가상현실 게임인 퀴버QuiVr를 우연히 하게 되었다. 눈 덮인 중세가 배경인 궁수게임 퀴버는 게이머들이 화면 속에 표시되는 자신의 손을 조작해 다가오는 좀비와 악마들에게 활을 쏘아 쓰러뜨리는 게임이다. 벨라미어는 헤드셋을 착용하고 한동안 혼자서 게임을 하다가 차차 적응이 되자 다자 참여로 게임 방식을 바꾸었다. 그런데 얼마 지나지 않아 문제가 생겼다. 빅브라더442BigBrother442라는 ID를 쓰는 또 다른 게이머가 자신의 아바타를 통해 그녀의 아바타 가슴 쪽을 만지기 시작한 것이다. 게이머들은 상대의 목소리를 들을 수 있었기 때문에 (게이머의 아바타는 머리에 쓴 투구와 손이 전부라서 성별을 알 수 없지만, 아바타는 게이머의 성별과 동일하므로 빅브라더442가 그녀의 아바타 목소리를 듣고 벨라미어가 여성이라는 사실을 알 수 있었다) 그녀는 "그만둬!"라고 외쳤다. 하지만 그는 멈추지 않았다. 그녀가 자리를 피하자 빅브라더442가 그녀를 계속 쫓아왔고 급기야는 그녀의 아바타 사타구니 쪽으로 손을 뻗어 만지기 시작했다. 나중에 벨라미어는 〈미디엄〉에 올린 글에서 가상현실에서의 성추행이 꼭 진짜처럼 느껴져 정말 소름 끼쳤다고 말했다. "실제로 누군가가 몸을 더듬는 것은 아니다.

그러나 현실에서 성추행을 당하는 것만큼이나 끔찍하다. 가상현실이 갈수록 현실과 가까워지는데, 가상 공간에서의 불쾌한 행동과 실질적인 공격 사이의 경계가 무엇인지 어떻게 결정할 수 있을까?"

벨라미어의 글이 올라오고 얼마 지나지 않아 퀴버의 개발자들인 애런 스탠턴Aaron Stanton과 조너선 솅커Jonathan Schenker는 신속한 대책을 내놓았다. 다른 게이머들이 주변 영역을 침범했을 때 손을 사라지게 하는 기존의 기능을 강화한 새로운 슈퍼파워 기능을 도입했다. 게이머는 자신의 주위에 퍼스널 버블로 보호막을 쳐서 가상의 모든 공격으로부터 자신을 보호할 수 있다. 쉽게 말해 강화된 슈퍼파워 기능은 다른 게이머들을 시야에서 사라지게 할 수 있다. 그러나 게임 산업이 발전함에 따라 모든 개발자가 스탠턴과 솅커같이 공감을 갖고 신속하게 대응할 거라고 누가 장담할 수 있겠는가. 솔직히 일부 개발자들이 그렇게 하지 않을 거라고 생각할 만한 여지가 충분하다.

오늘날 엔지니어들은 가상현실에서 사용자들이 신체 공격을 당할 때 실제 몸으로 느끼게 해주는 햅틱 피드백(haptic feedback, 촉각, 진동, 온도, 물리력의 네 가지 유형이 있음 -옮긴이)을 포함해, 새로운 기술들의 도움으로 가상현실을 실제 현실과 더욱 가깝게 만들기 위해 노력 중이다. 게다가 증강현실은 현실 세상과 온라인 세상을 통합하겠다고 약속한다. 갈수록 우리는 이런 공간들에서 더 많은 시간을 살고 일하고 놀게 될 것이며, 그런 공간이 결국에는 우리에게 신체적·심리적으로 극적인 영향을 끼칠 것이다. 이런 새로운 가상현실과 증강현실에서의 행동 규범은 지금 이 순간에 만들어지고 있다. 따라서 VR 기술과 AR 기술 개발자들이 자신의 제품에 상호 존중과 안전을 주입해야 하는 적기는 바로 지금 이 순간이다.

분명히 말하지만 우리의 공통된 목표가 나쁜 행동이나 증오에 찬 발언 혹은 불안을 야기할 가능성이 높은 시각적 콘텐츠 전부를 인터넷에서 완전히 제거하는 것이 되어서는 안 된다. 그것은 불가능할 뿐만 아니라 바람직하지도 않다. 사람마다 불쾌감의 정의가 다른데, 무엇이 불쾌하다는 것을 누가 객관적으로 결정할 수 있겠는가? 여차하면 연쇄반응의 오류를 저지르기 십상이다. 그렇다면 어떻게 해야 할까? 더욱 합리적인 목표는 현실 속 건강한 도시의 사회적 환경을 대략적으로 반영하는 온라인 사회적 환경을 만드는 것이라고 나는 생각한다. 오늘날 대부분의 도시에는 무례하거나 몹시 불쾌한 행동을 허용하거나 심지어 장려하는 험악한 동네나 스트립 클럽 혹은 허름한 싸구려 술집들이 있다. 그러나 공원, 식당, 박물관, 극장 같은 대부분의 공공장소에서는 당신이나 당신의 아이들이 큰 소리로 언어 공격을 당하거나 위협을 가하는 비열한 사람들에게 쫓기지 않을 거라고 안심해도 될 듯했다. 인터넷을 그처럼 안전하고 우호적인 도시를 닮은 가상의 공간으로 만들기 위해 여성들이 새로운 소셜 네트워크에서부터 가상현실 미래를 구현하는 비디오게임까지 차세대 제품을 개발하는 단계에서부터 참여해야 한다.

브리애나 우는 가상의 세상에서 스토킹을 당하고 협박을 받으며 성추행을 당한 여성들의 사연을 들을 때마다 가슴이 벌렁거린다고 했다. 그녀에게는 비록 현실 세상이 아니라 가상의 세상에서 벌어지는 것일지라도 모든 일이 데자뷔처럼 느껴지는 것이다. 2018년 말에 치러지는 중간선거 때 매사추세츠주 하원의원에 출사표를 던진 브리애나 우는 이 모든 것을 자신의 선거공약에 포함시켰다. 더 많은 여성이 최첨단 산업에 진출하도록 돕고, 사이버상 괴롭힘을 방지하고 안전을 보장하기 위해 더욱 강력한 법안을 제정하겠다고 약속한다. 브리애나 우의 목표는 미래의 인터넷 공간에서 여성들이 과거 인터넷이 저지른 실수의 피해자가 되지 않도록 하는 것이다.

CHAPTER
9

실리콘밸리에 찾아온 두 번째 기회

이 책을 쓰는 것은 마치 지뢰밭을 걷는 것 같았다. 앞으로 나아갈수록 새로운 지뢰가 끊임없이 나타났다. 단 한 달도 조용히 지나가지 않고 기술 산업에서의 성차별이나 성적 괴롭힘에 대한 충격적인 폭로가 언론을 장식했다(하비 와인스틴을 시작으로 할리우드를 뒤흔든 성추문 의혹과 정계와 언론계를 발칵 뒤집은 성희롱 폭로는 두말할 필요도 없다). 대부분은 똑같은 양식으로 진행되었다. 피해자가 분노에 찬 의혹을 제기하면 가해자로 지목된 사람이 먼저 부인하고 그런 다음 공개 사과한다. 한때 공유경제의 총아로 무소불위의 힘을 자랑했던 우버의 트래비스 캘러닉 CEO, 투자의 귀재들인 저스틴 콜드벡, 데이브 매클루어, 크리스 사카, 스티브 저벳슨, 셔빈 피셔버 등을 포함해 실리콘밸리를 주무르던 몇몇 유명 인사들도 줄줄이 사임하거나 해고되고 혹은 대중적인 망신을 사고 명예가 땅에 떨어졌다. 실리콘밸리가 여성들을 어떻게 대할 것인가와 관련해 우리가 전환점에 다다른 것처럼 생각되는 순간들도 있었고, 만약 우리가 아직 밑바닥을 치지 않았다면 그것은 오직 밑바닥이 우리가 생각한 것보다 더 밑에 있어서일 뿐이라고 생각되는 순간들도 있었다.

이런 성추문 스캔들에 대항해 여성들이 분기했다. 2017년 말 트위터의 #미투 해시태그가 들불처럼 번졌고 트위터와 페이스북을 통해 수백만 명의 여성이 성적 괴롭힘과 폭력을 당한 경험을 폭로했다. #미투 운동은 그 문제가 얼마나 크고 얼마나 만연되어 있는지를 드러냈다. 아울러 그런 소셜 미디어 플랫폼이 사람들이 단결해 한목소리를 내고 정의를 구현하는 데에 활용될 수 있음도 보여주었다. "내 경력을 통틀어 오늘날처럼 여성들이 자유롭게 말하는 환경은 일찍이 본 적이 없어요"라고 e베이와 휴렛-패커드에서 CEO를 역임한 메그 휘트먼Meg Whitman이 내게 말했다. "역사에서 가끔 한 번씩 문화를 일신하는 대단한 일이 벌어지죠. 나는 지금 벌어지는 일이 바로 그런 것이길 정말 바라요."

이 책을 쓰는 지금 현재 2018년 초반, 한 가지는 확실하게 말할 수 있다. 기술 산업에서 변화에 대한 사람들의 관심과 불안과 욕구가 더없이 명백하다는 점이다. 여성들이 기술 산업에서 배척당한 역사가 우리가 어떻게 여기까지 왔는지에 대한 이야기의 전부일 필요는 없었다. 그리고 단언컨대 그런 아픈 경험이 우리의 미래일 필요도 없다. 과거에 얽매이지 말고 지금 이 순간을 최대한 활용하자.

내가 지금까지 제기한 질문을 하나로 정리해보자. 변혁적인 기술 산업 초창기부터 여성들이 포함되었더라면 세상이 얼마나 달라졌을까? 이제 마지막 장에 이르러 나는 미래와 관련해 비슷한 일련의 질문들을 하고 싶다. 지금 당장 기술 산업이 한층 성숙해지고 진실로 다양한 배경과 의견을 가진 사람들을 받아들인다면 어떻게 될까? 그렇게 하려면 기술 산업은 어떻게 해야 할까? 근본적인 변화에는 어떤 장점들이 있을까?

남녀 성비가 완벽히 균형을 이루는 실리콘밸리를, 즉 여성들이 실리콘밸리의 전체 일자리 중 절반을 차지하는 세상을 상상해보자. 기업가, 경영자, 벤처캐피털리스트, 이사회는 물론이고 -엔지니어들을 포함하는- 직원들의 절반이 여성인 세상 말이다.

　그 세상이 어떤 모습일지 누구도 정확히 알 수는 없다. 그러나 어떤 사람들은 경험과 지식에 근거해 짐작은 해볼 수 있다. "두 가지 커다란 차이가 있을 거라고 봅니다"라고 오랫동안 기술 산업에 투자했던 로저 맥나미가 내게 말했다. "첫째 실리콘밸리 전체의 수익성이 크게 향상될 거라고 예상합니다. 둘째 완벽히 실패하는 횟수가 몰라보게 줄어들고 그리하여 성공 횟수가 급격하게 증가할 거라고 생각합니다."

　맥나미의 시나리오가 한 개인의 단순한 희망 사항만은 아니다. 어떤 연구 결과를 보면, 고위 직급에 여성들이 더 많은 기업들의 실적이 더 높고 남녀를 불문하고 직원들이 더욱 혁신적이고 근면 성실하며 창의적이라고 한다. 직원 사기가 더 높고 더욱 성공적인 기업이라는 말은, 직원 이직률이 낮고 보유율은 더 높으며 생산성이 더 높다는 말과 동의어다. 이것을 다르게 표현하면, 성 불평등은 값비싼 대가를 요구한다. 왜 그럴까? 직원들을 더욱 불행하게 하고 이직률이 더 높으며 생산성이 더 낮고 직원들을 모집하고 채용하는 데에 더 많은 시간과 돈이 들어가기 때문이다. 요컨대 여성들에게 좋은 것은 남성, 회사, 고객, 제품은 물론이고 우리의 경제 전체와 미래에도 좋다.

　유럽은 이미 비즈니스 세상에서 양성평등을 의무화하는 정책을 시행했고, 벌써 그 효과가 나타나기 시작했다. 노르웨이와 독일 같은 국가들은 기업 이사진에 일정 비율의 여성을 포함해야 여성 할당제를 실시하고, 다른 유럽 국가들의 기업들은 비록 법적인 의무는 아니더라도 더 많은 이사를 임명하라는 요구에 반응을 보이고 있다. 국제통화기금 IMF International Monetary Fund는 유럽에 근거를 두는 200만 곳의 상장기업과 비상장기업에 대한 광범위한 어떤 조사를 진행했고, 고위 직급에 여성들이 더 많은 기업들이 '자산 수익률이 훨씬 높다'는 사실을 발견했다. 평균적으로 볼 때 경영진이나 이사회에서 남성 한 명을 여성으로 대체할 경우 수익성이 3~8퍼센트 증가했다. 특히 기술 분야에서 그 혜택이 훨씬 더 컸다. IMF의 보고서에 따르면, 기술 기업들의 수익성이 크게 증진되었는데 그런 기업이 "대개 다양성으로 얻을 수 있는 창의성과 비판적 사고가 더 많이 필요하기" 때문이라고 결론 내린다.

그 결과를 고려할 때 이런 궁금증이 생길지도 모르겠다. 리더 직급이 오직 여성들로만 구성된 기업의 실적은 어떨까? 더 좋을까? IMF의 조사 결과에서 보면, 고위직에서 여성 비율이 60퍼센트를 넘으면 효과가 줄어들기 시작했다. 따라서 오직 여성 임원들로만 구성된 기업들이 최상의 결과를 달성하는 것이 아니라는 결론이 가능하다. 이는 오직 남성들로만 운영되는 기업들도 마찬가지다. 요컨대 남녀 비율이 적절히 균형을 이루는 기업이 최고의 결과를 달성하는 것처럼 보인다.

실리콘밸리 3.0

실리콘밸리는 예부터 실패를 높이 평가했고 기업가들에게 큰 목표를 세우고 신속하게 실패하며 다시 일어나서 재시도하라고 장려했다. 그런 의미에서 실리콘밸리가 교훈을 얻고 재시도해야 하는 커다란 실패가 하나 더 있다. 실리콘밸리는 여성들을 구성원으로 받아들이는 데서 참담히 실패했다. 이제는 기술 산업이 여성들을 받아들일 차례다. 지금도 벤처 캐피털 회사들이 설립 이후 최초로 (세상에 최초란다!) 여성 파트너들을 채용했다고 박수 받고, 기업들이 엔지니어와 관리자에서 여성의 비율을 한 자릿수 증가시키는 데도 아주 많은 시간이 걸린다. 이런 속도라면 성비가 50대 50에 가까이 다가가는 데는 한 세대 이상 즉 최소 30년 이상이 걸릴 것이다. 이것은 도저히 받아들일 수 없다. 세계 인구의 절반이 여성인 데다가 소비자 구매 활동의 70~80퍼센트를 여성들이 차지하기 때문이다. 기업의 이익만 놓고 보더라도, 신제품을 고안하고 개발하는 과정에서 여성들이 배제되어서는 안 된다.

이것을 기회라고 생각하는 창업자들이 더러 있다. 기술 산업의 모두가 경쟁 우위를 차지하기 위해 눈에 불을 켠다. 그리고 영리하게도 기술 산업의 일부 리더들은 과거의 실패에서 가능성이 큰 경쟁 우위를 발견했다. 지난 30년간 거의 활용되지 못한 인구집단에서 인재는 물론이고 아이디어가 풍부하다는 사실을 깨달은 것이다. 그들의 새로운 여성 포용적인 비즈니스와 직장 문화를 자세히 들여다보면 잠재적인 이득을 실현해 줄 아이디어들을 얻을 수 있다.

2016년 4월 나는 딕 코스톨로를 우연히 만났는데, 그가 트위터의 CEO에서 물러난 지 10개월이 지났을 때였다. 내 예상과는 달리 그는 한창 들떠 있었다. 그리고 지난 20년간 네 번째로 공동 창업한 스타트업 코러스Chorus가 얼마 전에 여성 엔지니어를 또 채용했다고 자랑했다. 코스톨로는 개인 맞춤형 피트니스 서비스를 제공하는 코러스를 창업하는 순간부터 아무리 많은 시간이 걸리더라도 남성 엔지니어 못지않게 여성 엔지니어를 많이 채용하겠다는 목표를 세웠고, 그것에 강박적일 만큼 집중했다. "20명의 엔지니어 중에서 여성 엔지니어가 단 2명인 것처럼, 일단 뒤처지면 따라잡는 것이 사실상 불가능합니다"라고 코스톨로가 내게 말했다. "이런 기업은 너나 할 것 없이 남성이 전체 엔지니어의 90퍼센트를 차지한다는 만성적인 기저 질환을 앓고 있습니다"라고 코스톨로가 말을 이어갔다. "모든 것이 그 질환을 악화시킵니다."

코스톨로의 후임으로 트위터의 CEO에 복귀한 잭 도시도, 자신이 설립한 또 다른 회사로 온라인 전자결제 서비스를 제공하는 스퀘어에서 여성을 위한 환경을 개선하기 위해 혁신적인 접근법을 취하고 있다. 스퀘어는 여성 신입 엔지니어들을 남성으로 구성된 '금녀'의 팀보다는 다른 여성들이 이미 포함되어 있는 '남녀 혼합' 팀에 우선적으로 배정한다. 이렇게 하는 것은 그들이 동지애와 개인적인 네트워킹을 형성할 기회를 주기 위해서다. 아울러 여성 엔지니어가 남성 엔지니어들에게 둘러싸인 홍일점인 상황에서 종종 느끼는 '가면 증후군'을 완화하는 것도 목적 중 하나다. 이런 노력에도 여성 엔지니어의 수가 여전히 제한적이기 때문에, 이 전략을 위해 포기해야 하는 것이 생긴다. 일부 팀들은 영원히 여성 엔지니어를 받지 못하고 남성들로만 운영될 거라는 점이다. 그럼에도 도시는 그 전략이 시도할 가치가 있는 실험적 접근법이라고 생각한다. 스퀘어의 여성 우호적인 정책은 여성 엔지니어에게만 해당하는 것은 아니다. 여성 고위 임원들에게도 지원을 아끼지 않는다. "여성들이 소속감을 느끼도록 하는 것이 중요합니다"라고 도시가 내게 말했다. "또한 여성들이 의사 결정 과정에 기여하도록 하는 것도 역시 중요합니다."

　게다가 그것은 여성 비율을 늘리는 가장 간단명료한 전략이기도 하다. 여성 책임자들이 있으면 자연스럽게 더 많은 여성을 유인한다는 계산이 깔려 있는 것이다. 좋은 예가 있다. 이벤트 검색과 티켓팅 플랫폼 서비스를 제공하는 이벤트브라이트는 남녀 성비가 거의 반반으로 균형을 이룬다. 그 회사의 공동 창업자이자 CEO인 줄리아 하츠는 그것은 딱히 의도했다기보다 아마도 고위직에 강력한 여성 역할 모델들을 포진시킨 덕분에 유기적으로 만들어졌을 거라고 말한다.

　위의 창업자들은 컴퓨터에 대한 전문 지식이 필요하지 않아 누구라도 쉽게 사용할 수 있는 제품을 만들려고 노력한다. 1960년대 말부터 1970년대 초반까지 IBM을 비롯해 여타 기술 기업들의 총애를 한 몸에 받던 전형적인 컴퓨터 너드들을 (사람들을 좋아하지 않고, 친밀한 개인 간 상호작용이 포함되는 활동을 싫어하는 사람들을) 채용하는 것은, 양성 균형을 위한 이런 노력을 무력화하는 재앙이 될 것이 분명하다. 이른바 구글 메모에서 드러난 제임스 다모어의 근거 없는 논리를 따르고 또한 공감 능력보다 체계화 능력이 뛰어날 거라는 막연한 가정에서 남성 위주로 채용하는 것도 너드 우선 정책만큼이나 근시안적인 접근법일 것이다. 이들 기업에 필요한 인재는 사람들의 행동과 상호작용과 선호도에 깊이 공감하고 이해하는 동시에 기술에 정통한 인력이다. 새로운 IT 기술들이 잠재력을 완전히 발휘하려면 선행되어야 하는 조건이 있다. 반드시 다양한 관점을 가진 팀들이 그런 기술을 창조해야 한다.

슬랙 : 다양성 사례 연구

스튜어트 버터필드Stewart Butterfield는 기업용 메신저 회사인 슬랙을 포함해 여러 스타트업을 창업한 기업가다. 사실 그는 본업보다 부업으로 성공한 이색적인 기업가로 유명하다. 어쨌든 그도 다양하고 가족친화적인 작업 환경을 조성하는 것이 성공적인 스타트업을 만드는 핵심이 될 수 있음을 보여주는 또 하나의 증거다. 버터필드의 첫 번째 성공작은 당시 아내였던 카테리나 페이크Caterina Fake와 함께 창업한 사진 공유 회사 플리커Flickr였다. 플리커는 본래 버터필드가 창업한 게임회사 루디 코프Ludicorp가 개발 중이던 웹 게임 '게임 네버엔딩Game Neverending'의 부가 기능으로 사용할 계획이었지만, 당시는 닷컴 거품이 꺼지던 시기라 투자를 받기 힘들어 그 게임은 폐기되었다. 그런데 때마침 게임 대화방에서 사진을 공유하는 그 기능이 인기를 끌면서 차세대 대박 제품으로서의 가능성이 뚜렷해졌다. 야후가 먹잇감을 노리는 맹수처럼 달려들어 2005년 플리커를 인수했고, 매각 대금으로 2000만 달러 이상을 챙긴 버터필드와 페이크는 일약 닷컴 스타가 되었다. 그러나 플리커의 인기는 오래가지 못했다. 플리커에서의 혁신이 야후의 시스템에서 고사했고, 페이스북과 인스타그램이 모바일 사진 공유시장을 잠식했다.

당연한 말이지만 버터필드는 처음부터 다시 시작했다. 이번에도 게임이었다. 그러나 그가 창업한 타이니 스펙Tiny Speck이 개발한 글리치Glitch는 별다른 인기를 얻지 못했고, 2012년에 서비스를 중단했으며 직원 8명만 남기고 모두 해고했다. 그런데 희한하게도 이번 역시 타이니 스펙이 글리치를 위해 개발한 부가 프로젝트가 커다란 가능성을 보여주었다.

버터필드의 직원들은 내부적으로 서로 소통하고 프로젝트를 추적할 수 있는 새로운 프로그램을 개발했다. 게임 개발을 위해 직원들끼리 대화방에서 사용하는 우발적이고 현대적인 기능이 얼마 지나지 않아 실리콘밸리에서 가치 있는 유니콘 중 하나로 성장했다. 그것이 바로 오늘날 슬랙이라고 불리는 서비스다.

겉으로만 보면 슬랙도 성공적인 많은 기술 기업들과 다르지 않았다. 무서운 속도로 성장했고, 20명으로 서비스를 시작하고 단 4년 만에 5개 국으로 사업 영역을 확대해 총 직원이 1000명 이상으로 불어났다. 그러나 내용을 들여다보면 슬랙이 대부분의 기술 기업과 확연히 다른 점이 있었다. 성장 가도를 달리는 중에 많은 여성을 채용한 것이다. 2017년 슬랙이 발표한 보고서에 따르면, 전체 직원의 43.5퍼센트가 여성이었고, 특히 관리자의 48퍼센트가 기술직 직원으로 거의 30퍼센트가 여성이었다. 이런 다양성 성적은 실리콘밸리에서 최상위 우등생에 해당했다. 슬랙은 〈미디엄〉에 올린 글에서 자사의 다양성 노력에 대해 이렇게 말했다. "우리는 직원들이 이제까지 성취할 수 있었던 것과 확고한 의지로 지속적으로 개선해온 것 모두를 자랑스럽게 생각한다. 그 일은 지금도 진행 중이다." 이쯤에서 정말로 중요한 질문을 해야겠다. 도대체 그들은 그것을 어떻게 했을까? 그 대답은 간단하다. 버터필드를 포함해 경영진이 다양성과 포용성을 무조건 최우선하기로 초창기부터 중요한 결단을 내린 덕분이었다.

2016년 12월 나는 샌프란시스코 소마에 위치한 슬랙의 본사에서 버터필드를 만나 실리콘밸리의 경쟁의 장을 공평하게 하려면 무엇을 어떻게 해야 할지에 대한 그의 의견을 물었다. "정말 재미있군요. 지난 11월 7일이었다면 나는 당신의 질문에 전혀 다른 대답을 했을 거예요"라고 도널드 트럼프가 대통령에 당선되기 하루 전날을 언급하며 말했다. "그날까지만 해도 나는 세상이 점점 더 좋은 곳으로 변하고 있다고 생각했습니다. 그런데 하루 만에 그것이 순전히 내 착각이었음이 드러났습니다. 더 나은 곳으로 변하고 있는 것이 아니었습니다."

버터필드는 자신의 정치적인 견해를 밝히는 데 조금도 거리낌이 없다. 그는 낙태를 옹호하는 비영리단체 플랜드 페어런트후드Planned Parenthood 즉 가족계획연맹을 공개적으로 지지하고, 트럼프 대통령이 이슬람교도들을 겨냥해 끝까지 밀어 붙여 논란을 야기했던 여행 금지 행정명령에 반대했다. 또한 2016년에는 마틴 루서 킹 주니어 기념일(1월 셋째 주 월요일 —옮긴이)에 잠시라도 그의 업적과 뜻을 상기하자고 촉구하는 편지를 전체 직원에게 보냈다. "'민권운동'이라는 것이 필요했다는 사실 자체가 얼마나 부끄러운 일인지 한번 생각해보세요"라고 버터필드가 편지에서 주장했다.

내가 버터필드를 만나기 2년 전에 구글의 전직 엔지니어였던 에리카 조이 베이커는 마이클 브라운Michael Brown이라는 흑인 청년이 경찰의 총격으로 사망한 사건에 항의하기 위해 미주리주 퍼거슨Ferguson에서 열린 거리 시위에 참가했다. 그때 버터필드는 베이커에게 "조심하세요"라는 트윗을 전송했다. 베이커는 버터필드의 트위터 페이지를 살펴보다가 그가 자신만큼이나 다양성에 대해 많이 걱정하고 관심을 쏟고 있음을 알게되었다. "그는 의식이 깨어 있는 사람이에요. 나는 그를 위해 일하고 싶다는 생각을 했어요"라고 베이커가 버터필드라는 사람의 됨됨이에 대해 말했다. 2015년 베이커는 당시 슬랙의 엔지니어링 최고책임자였던 놀런 커딜Nolan Caudill이 〈미디엄〉에 올린 인상적인 글을 꼼꼼히 읽은 후에 일말의 망설임도 없이 선임 엔지니어로 슬랙에 합류했다. 커딜은 그 글에서 슬랙의 핵심 가치들을 일목요연하게 설명했다. 슬랙의 핵심 가치는 근면 성실, 호기심, 공감이 포함되었는데, 우버의 초기 핵심 강령인 '경쟁에서 앞서나가라' '수단 방법을 가리지 마라' '능력주의'와는 확연히 달랐다.

"우리 산업은 수십 년 동안 동질 집단이랄 수 있는 사람들이 건설하고 이끌어왔다. 그리고 그 집단에 속하지 않는 사람들이 이룩한 성취는 과소평가됐다"고 커딜이 썼다. "우리는 이것과 관련해 우리의 문제가 무엇인지 깨달았다. 그래서 우리는 슬랙이 무슨 가치를 지지하는지, 우리가 무엇을 만들고 싶은지, 그것을 만들기 위해 우리가 어떤 사람들과 함께 일하고 싶은지 명백히 밝히고 싶었다. 먼저 우리는 우리가 원하는 슬랙을 만드는 데에 집중할 것이다. 그럼으로써 우리가 어떤 방법으로든 기술 산업 전체를 개선할 수 있기를 희망한다."

버터필드는 백인 남성이라는 특권이 애초 그가 CEO 자리에 오르는 데에 도움이 되었다고 거리낌 없이 인정했다. 그는 야후에서 함께 일했다가 각자 기술 산업에서 크게 성공하며 유명 인사가 된 예전 동료들을 떠올리며 말했다. 링크트인의 CEO 제프 와이너Jeff Weiner, 액셀 소속의 벤처캐피털리스트로 슬랙에 투자했던 앤드루 브라시아Andrew Braccia 등등. "그들 모두 남성이죠"라고 버터필드가 말했다. "그건 음모는 아니지만 그렇다고 우연의 일치도 아닙니다."

버터필드는 자신의 인맥이 본인에게는 막대하지만 다른 사람들에게는 다소 불공평한 이점을 준다고 솔직히 인정했다. "만약 당신도 초창기 이베이에서 일했다면, 구글이나 페이스북의 일원이었다면, 오늘날의 에어비앤비, 핀터레스트, 스냅챗, 슬랙 같은 기업에서 일한다면, 나처럼 화려한 인맥을 형성할 수 있었을 겁니다"라고 그가 말했다. "나와 가까운 사람들은 모두가 실리콘밸리의 내로라하는 실력자들입니다. 그래서 나는 내 회사를 매각하고 싶을 때, 투자자가 필요할 때, 파트너십을 맺고 싶을 때, 누군가를 채용하고 싶을 때 등등 도움이 필요할 때면 언제라도 그들에게 의지할 수 있습니다. 물론 모든 사람의 환경이 나와 같지는 않습니다. 만약 당신에게 힘이 되어주는 그런 인맥이 없다면, 기술 산업에서 성공하기가 불가능하지는 않아도 그런 인맥이 있을 때보다 최소한 10배는 더 어렵습니다. 절대로 극복할 수 없는 것은 아닙니다. 그러나 불가능에 도전하는 것만큼 힘이 듭니다." 오늘날 실리콘밸리는 확실히 전환기에 있다. 한편에는 투자를 받을 자격이 충분한 여성 기업가들이 많다. 다른 한편에는 버터필드처럼 막대한 영향력을 행사하고 화려한 인맥을 보유하며 자금을 쉽게 동원할 수 있는 남성들이 투자 받기가 훨씬 용이하다. 슬랙의 직원으로서 경력의 고속도로를 달릴 강력한 엔진을 얻는 여성들은 귀중한 인맥을 등에 업고 더 크게 성공할 수 있을 것이다.

버터필드는 슬랙의 가치가 '인습을 거부하는 반항아의 잠꼬대'처럼 들릴지도 모르겠다고 마지못해 인정한 다음, 정색을 하며 말했다. "성공적인 기업이 되려면 당연히 돈을 벌어야 합니다. 그러나 돈을 번다고 해서 그간의 모든 것이 성공적이고 가치 있었다는 것을 말해주지는 않습니다. 또한 돈이 많다고, 내가 잘 살아왔다는 자부심이 생기는 것도 아닙니다. 물론 나도 수익 창출이 더 나은 비즈니스 성과와 직결된다고 생각합니다. 그렇지만 그것이 돈을 벌어야 하는 가장 중요한 이유라고는 생각하지 않습니다. 내가 돈을 벌고 싶은 진정한 동인은 세상을 위해서 그것이 더 공정하고 더 좋아 보이기 때문입니다." 버터필드는 이미 자신이 꿈꾸었던 것보다 훨씬 더 부자가 되었다고 고백했다. 자신이 부자라서 회사의 수익보다 회사의 가치에 집중하기가 더 쉬운 걸까? 그에게는 회사의 수익과 가치가 똑같이 중요하다. "회사가 돈을 버는 것은 좋은 일입니다. 그 돈으로 모든 것에 재투자할 수 있기 때문입니다. 그러나 회사의 사명에 어느 정도 믿음을 가져야 합니다. 그렇게 하면 처음부터 훨씬 더 효과적으로 행동할 수 있습니다."

슬랙이 5년 전 대학에 지원했던 사람들을 바꿀 수는 없다고 버터필드가 말했다. "그렇다면 우리는 어떻게 영향을 미칠 수 있을까요?"라고 그가 묻더니 스스로 대답했다. "우리는 슬랙을 일하기 좋은 직장으로 만듦으로써 영향을 미칠 수 있습니다. 만약 여성들이 슬랙에서 일한 경험 덕분에 기술 산업을 떠날 가능성이 줄어든다면, 그들은 더 오랜 기간 경험을 쌓을 수 있고, 경력이 늘어날수록 고위직으로 승진할 가능성도 높아집니다. 그리고 결과적으로 미래 언젠가 슬랙이든 다른 어떤 기업에서든 엔지니어링 담당 부사장으로 승진할 수 있는 여성들이 더 많아지게 됩니다."

오늘날 슬랙의 경영 팀은 팀워크와 협업을 촉진하도록 구축된 시스템을 운영한다. 슬랙은 다양한 배경을 가진 구성원들로 팀을 구축했고, 구성원 각자는 다양한 사람들이 기업용 메신저 플랫폼을 만들기 위해 협업할 수 있는 방법에 대해 최소 하나 이상의 무언가를 알고 있다. 그런 팀을 구축해놓고 활용하지 않는다면 절대로 좋은 회사가 아니다. 버터필드는 자신이 어떤 종류의 팀을 구축하고 싶은지 처음부터 잘 알았지만, 그런 팀을 혼자 힘으로 구축할 수 없다는 사실도 확실히 알았다. "솔직하게 말하겠습니다. 슬랙을 좋은 직장으로 만들기 위해 무엇이 필요한지 결정하기에는 나는 한계가 있습니다. 이미 성공한 백인 남성이므로 나는 그런 결정을 할 만한 적절한 경험이 없기 때문입니다. 그래서 나는 항상 여지를 남겨두되, 한 가지만은 철저히 지킵니다. 슬랙을 일하기 좋은 직장을 만드는 데에 초점을 맞춘다는 사실을 명백히 하는 것입니다."

버터필드가 원하는 직장 환경과 기업 문화를 만드는 과정은 결코 쉽지 않았다. 2014년 전체 직원 수가 50명에 불과하고 그나마 직원 대다수가 백인 남성이었을 때 버터필드는 회사 역사상 처음으로 여성 고위 임원을 채용했다. 그녀는 훗날 슬랙의 인적자원 운영과 채용을 총괄하는 앤 토스Anne Toth였다. "화장실에 갔는데 여성이 나 말고 또 있었을 때 기분이 어땠는지 아세요? '세상에! 이럴 수가!'라는 감탄사가 절로 터져 나오는 순간과 비슷했어요"라고 토스가 과거를 회상했다. "버터필드가 슬랙을 어떤 회사로 만들고 싶어 하는지 나는 잘 알았어요. 실리콘밸리에서 보기 드문 매우 독특한 직장으로 만들고 싶어 했죠. 버터필드는 비즈니스의 기본 원칙들이 확고하다는 말을 입버릇처럼 달고 살았어요. 그러나 우리는 우리가 직접 뽑은 사람들을 망쳐서는 안 돼요. 우리는 회사의 문화를 해쳐서는 안 돼요. 사업에서라면 허용될 수 있을지 몰라도 우리는 직원들에 대한 의무와 문화와 관련해서는 실수할 여력이 없어요. 그는 우리가 어떤 사람인지에 대한 열정이 정말 대단했어요."

토스는 버터필드가 원하는 직장 문화를 구축하기 위해 조엘 에머슨Joelle Emerson과 접촉했다. 에머슨은 변호사 출신이자 기술 기업들이 다양성과 포용성 정책을 구축하도록 도와주는 스타트업 패러다임Paradigm을 창업한 기업가이기도 했다. 나는 2016년 3월 샌프란시스코에 위치한 에어비앤비의 활기찬 본사에서 에머슨을 처음 만났다. 에어비앤비도 에머슨의 고객 회사 중 하나였다. 그녀는 속사포처럼 말이 빠르고 한 마디 한 마디 확신이 넘쳤다. 인사를 나누자마자 그녀는 본론으로 직행했다. 여성 직원 비율에서 "이런 기업 모두는 낙제생이에요. 그들 모두 고전하고 있어요." 그로부터 1년 반이 흐른 후 2017년 9월에 다시 만났을 때 에머슨의 생각이 다소 낙관적으로 변해 있었다. "(핀터레스트, 인텔, 에어비앤비 같은) 일부 기업들이 몇몇 영역에서 뚜렷한 진전을 보이고 있어요. 비록 다른 영역들에서는 여전히 제자리걸음을 면치 못하고 있지만요. 지속적으로 진전하는 데는 시간이 걸리기 마련이에요. 기업들이 샴페인을 터뜨리며 자축하지 말아야 한다고 해서 진전이 없다는 뜻은 아니에요. 그저 아직 갈 길이 멀다는 뜻이에요."

에머슨은 기업들이 잠재적 편견에 대한 직원들의 인식을 높이는 데에 더욱 초점을 맞추는 것이 일의 진행을 더디게 하는 장애물의 하나라고 진단했다. 그보다는 잠재적 편견과 싸우기 위해 직원들이 취할 수 있는 행동을 교육하는 것이 더 낫다고 에머슨이 주장했다. "인식을 높이는 데에 초점을 맞추면 아마도 큰 변화를 기대할 수 없을 거예요. 대신에 사람들이 취할 수 있는 행동을 교육한다면 실질적인 큰 효과를 실현할 수 있어요."

그녀의 주장을 뒷받침하는 연구 결과도 있다. 그 연구에 따르면 잠재적 편견에 대한 교육 효과가 복합적이라고 한다. 교육 효과가 단기적일 뿐만 아니라 심지어 반발을 불러올 수 있다는 것이다. 그러나 에머슨은 그것이 잠재적 편견에 대한 교육을 중단하는 것이 아니라 개선해야 하는 이유라고 말한다. 직원들이 특정한 변화가 왜 필요한지 이해하도록 도와주고 그들이 그런 변화에 동참할 수 있는 힘과 권한을 부여하기 위해서 말이다. 에머슨이 편견에 대한 교육을 기업들의 일상적인 구조와 운영 활동에 포함하는 것에 초점을 맞추는 까닭도 바로 여기에 있다. 무엇보다도 CEO와 벤처캐피털리스트들은 다양성이 중요하다는 아이디어를 받아들이고 전체 직원 수가 40~50명을 넘기 전에 인적자원을 관리할 책임자를 채용할 필요가 있다고 에머슨이 강조했다.

에머슨이 이끌고 토스가 실행함으로써 슬랙은 직원들이 최우선 가치인 공감을 포함해 회사의 여러 핵심가치들에 대해 토론하고 명확히 함으로써 다양성의 대장정을 시작했다. 아울러 슬랙은 자사 직원들에 대한 다양성 데이터도 수집하기에 이르렀다.

회사 면접 과정을 재정립하는 것도 에머슨의 다양성 공식에서 중요한 또 다른 요소였다. "면접 과정이 체계적으로 조직화되어 있지 않으면 동전 던지기 같은 요행성 게임이 되기 십상이에요"라고 에머슨이 말했다. "당신이 무엇을 원하는지 명확히 밝히고 그것을 지속적으로 평가해야만 지원자들을 객관적으로 심사하는 면접법을 개발할 수 있어요.”

또한 슬랙은 일명 ‘화이트보드 코딩 면접법’을 중단했다. 그것은 실리콘밸리의 많은 기업에서 사용하는 표준 면접법으로 입사 지원자가 면접관들 앞에서 화이트보드에 코드를 작성하는 과정을 포함한다. “지원자가 평소에 하지 않는 무언가를 하도록 요청을 받고 더군다나 자신을 평가하는 사람 앞에서 그 일을 할 때, 집중력이 떨어져 제 실력을 발휘하지 못할 수 있는 환경이 만들어진다”고 슬랙의 인프라 엔지니어링 부문의 책임자인 줄리아 그레이스Julia Grace가 〈미디엄〉에 올린 글이다.

기업들이 다양성에 입각한 팀을 구축하기 위해 해야 하는 또 다른 일이 있다. 미래 직원들이 회사에 관심을 갖도록 하려면 어떻게 해야 할 것인가를 결정하고 그것에 초점을 맞추는 것이다. 기존 직원의 추천은 채용 과정에서 유유상종의 동질성을 유발하는 은밀한 요소 중 하나일 수 있다. 남성들은 자신과 같은 성별을 가진 사람 즉 남성을 추천할 가능성이 가장 크기 때문이다. 에머슨은 직원들에게 다양한 배경을 가진 후보자들을 추천하도록 공개적으로 요구하라고 권고한다. “조금만 더 열심히 생각하고 그것에 대해 명백한 의도를 갖고 접근하는 것만으로도” 기업들은 놀랄 만큼 빨리 변할 수 있다고 에머슨이 말했다. 에머슨 회사의 또 다른 기업 고객인 핀터레스트는 직원들에게 여성들과 소외된 소수집단 지원자들을 추천하라고 직접적으로 요구하는 것만으로 그런 지원자들의 비율을 현저하게 끌어올릴 수 있었다.

“버터필드는 내가 어떤 CEO에게서도 들어본 적이 없는 말들을 했어요. ‘당신 같은 사람을 좀 추천해주세요. 사람들이 허구한 날 백인 남성만 추천하네요. 당신이라면 다를 것 같습니다'는 식의 말이었어요. 더 많은 사람이 이런 말들을 할 필요가 있어요"라고 흑인 여성으로 슬랙에서 엔지니어링 책임자를 지낸 레슬리 마일리Leslie Miley가 말했다.

솔직히 버터필드가 다양한 직원들을 채용하는 것에 관한 트윗을 올릴 때마다 사내 직원들 사이에서 우스울 만큼 폭발적인 반응이 나타난다고 토스가 말한다.

뿐만 아니라 슬랙은 사내 채용 담당 팀도 다양한 직원들로 구성했다. "우리 회사 채용 팀에서 리크루터의 구성을 보면 60 대 1명, 라틴계 여성 1명, 흑인 여성 2명, 흑인과 아시아계 남성이 각각 1명, 백인 여성이 여럿이에요. 심지어 LGBT 리크루터들은 하도 많아서 정확히 몇 명인지도 모르겠어요"라고 토스가 내게 말했다. 슬랙은 리크루터들에게 어느 직급이든 새로운 자리가 생길 때마다 (전통적으로 흑인 비율이 매우 높은 대학과 미국 남부에 위치한 대학들을 포함해) 아주 다양한 대학들에서 소수집단 출신의 인재들을 찾아오라고 명백한 지침을 주었다. "뿐만 아니라 우리는 상대적으로 나이가 많거나 경력 중반기에 있고 혹은 다른 지역에서 일하다가 샌프란시스코의 기술 산업으로 이직하려는 지원자들에게도 초점을 맞추었어요. 솔직히 그런 지원자는 전형적인 기술 기업들이 관심을 두지 않는 사람들이에요"라고 토스가 말했다. '대장들'은 그런 지원자들을 더 잘 이해하고 더 큰 힘이 되어줄 수 있도록 여성, (유색 인종을 뜻하는) '흙빛 사람들Earthtones', LGBTQ, 퇴역 군인을 포함해 다양한 집단들에서 골고루 채용했다.

심지어 구인 공고문도 수정되었다. 에머슨에 따르면, '록스타'와 '닌자'

같이 남성 편향적인 용어들은 금기시되었고, '총명한' 같은 단어도 개인의 자질이 개발될 수 있다기보다 지능과 재능과 능력이 선천적이라는 뉘앙스를 풍긴다는 이유로 역시 철퇴를 맞았다. 어떤 연구 결과를 보면, 그런 단어를 포함하는 직무 기술서는 전체 지원자 수도 적을뿐더러 특히 여성 지원자 수가 적다고 한다. 또한 슬랙은 인재들을 너무 성급하게 배제하지 않기 위한 노력의 하나로 직무 기술서에서 특정한 학위와 '경력 몇 년 이상' 같은 명백한 자격 요건을 없앴다.

오늘날 슬랙의 구인 공고에는 회사가 다양성에 초점을 맞추고 있음을 명확히 기재한다. "우리는 모두가 우호적이고 상호 존중하며 공감적인 문화에서 일할 자격이 있다고 생각합니다. 우리는 회사의 가치를 준수하고 그런 가치를 근거로 인재를 채용합니다. 슬랙이 지지하는 가치들을 구현하기 위해서는 서로 배울 수 있는 다양성에 입각한 포용적인 작업 환경을 만드는 것이 가장 중요합니다. 우리는 다양한 배경과 경험과 능력과 관점을 가진 지원자들을 환영합니다. 슬랙은 모든 직원에게 동등한 기회를 보장하고 모두가 즐겁게 일할 수 있는 곳입니다. 슬랙에서 인생 최고의 시간을 보내세요."

다양성에 기반하는 채용으로 거둔 작은 성공조차 커다란 보너스가 따라온다. 일단 더 많은 여성과 소수계층 인재들이 문 안으로 들어오고 나면, 더 많은 사람이 들어오고 싶어 한다. "다음 번 채용이 더 쉬워집니다. 결국 채용에서 갈수록 강력해지는 선순환이 만들어집니다"라고 버터필드가 말했다. "오늘날 슬랙은 다양성을 중시한다는 평판을 쌓았기 때문에 그런 평판에 힘입어 채용 과정이 저절로 굴러갑니다."

다양성과 관련해 불식시켜야 하는 중요한 고정관념이 하나 있다. 개중에는 다양성 중심의 채용이 불법이라고 생각하는 사람들이 있다. "나는 그들과 생각이 달라요. 아니 그들이 틀렸다고 생각해요"라고 에머슨이 단호하게 말했다. "일반적으로 볼 때 회사는 '당신과 모든 조건과 자격이 똑같은 지원자가 한 명 더 있습니다. 하지만 당신이 여성이기 때문에 우리는 당신을 채용할 것입니다'라고 말해서는 절대 안 돼요. 그렇지만 다양성을 토대로 지원자들을 균형 맞추기 위한 노력을 기울일 수는 있어요. 솔직히 나는 기업이 그렇게 해야 하는 의무가 있다고 생각해요. 그것은 완전히 합법일뿐더러 당연히 그렇게 해야 하는 거예요."

이것은 이 책의 전반부에서 페이팔 마피아의 일원인 키스 라보이스가 제기했던 논쟁점을 떠올리게 한다. 당신의 '첫 번째 원칙들'에 동의하는 사람들을 채용하는 것이 중요하다고 그가 내게 말했다. 가령 '성장과 수익성 중 어디에 초점을 맞출 것인가?'라는 질문에 당신과 뜻을 같이하거나 회사의 사명과 그것을 달성하기 위한 당신의 접근법에 동의하는 사람들을 뽑는 것이 좋다고 말이다. 라보이스의 주장에도 일리가 있다. 만약 당신의 사명이 사람들이 온라인으로 더 많이 공유하게끔 하는 것이라면, 사람들은 자신의 사생활을 공개하고 싶어 하지 않는다고 생각하는 누군가를 채용해서는 안 된다. 그렇게 하지 않는다면 당신은 논쟁을 하느라 아주 많은 시간을 허비할 것이고 특히 회사를 성장시키기 위해 노력할 때에는 그런 일에 허비할 시간이 없다. 그러나 당신의 사명과 그 사명을 실현시키는 당신의 방법을 지지하는 사람들을 생김새와 행동거지가 당신과 비슷한 사람으로 국한해서는 안 된다. 이처럼 비슷함에 끌리는 유사성의 생리를 거부하기 위해서는 가장 먼저 당신의 첫 번째 원칙이 무엇인지 명백하게 밝혀야 한다. 그런 다음 이제까지 우리가 토론했던 모든 이유로 당신의 첫 번째 원칙에 동의하되 당신과 비슷하지 않은 사람들을 찾기 위해 의도적인 노력을 기울여야 한다. 처음부터 다양성에 초점을 맞춘 팀을 구축하지 않는다면 성장함에 따라 처음과는 비교도 할 수 없을 만큼 그렇게 하기가 더욱 힘들어질 것이기 때문이다.

뽑았으면 유지하라

당연한 말이지만 다양성이란 여성을 채용하는 것만이 아니라 그들을 유지하기 위해 노력하는 것을 아우른다. 직원 유지에 관한 한, 에머슨은 채용만큼이나 직원들의 업무를 평가하고 피드백을 제공하기 위한 표준화된 구조를 구축하는 것이 중요하다고 말한다. 일례로 슬랙은 (가능한 한) 남녀 직원 모두가 승진에서 차별받는 일이 없도록 승진 데이터를 정기적으로 검토한다.

여성들을 유지하는 다음 단계는 아주 간단하다. 동일 노동에 동일 임금을 지급하는 것이다. 각 회사 직원들의 익명 리뷰에 기반하는 직장 및 상사 평가 사이트 글래스도어Glassdoor는 미국 전역과 실리콘밸리의 고용 데이터를 지속적으로 조사한다. 글래스도어에 따르면, 미국에서 남녀 직장인들의 전반적인 조정 임금 격차가 5.4퍼센트라고 한다. 즉 나이와 지역과 경험과 직급 같은 요소들을 감안한 후의 임금 말이다. 그러나 컴퓨터 프로그래밍 분야에서 임금 격차는 평균의 5배가 넘어서 28.3퍼센트다. 이는 여성 프로그래머들은 남성이 1달러를 벌 때 72센트 이하를 번다는 뜻이다(전국적으로 남성이 1달러를 벌 때 여성들이 약 95센트를 버는 것과 엄청난 차이다). 또한 명심할 것은 기술 산업은 임금이 현금과 주식으로 구성된다는 사실이다. 이것이 중요한 이유는, 기업공개 후에 회사의 주가가 크게 오를 경우 주식의 0.1퍼센트도 100만 달러의 차이가 날 수 있기 때문이다.

2015년 슬랙은 임금 체계를 광범위하게 손보았고 오늘날에는 외부 기관에 사내 직원들의 임금 현황을 정기적으로 감시받는다. 또한 슬랙은 자기자본의 1퍼센트를 여성들과 소외된 소수계층을 지원하는 프로그램에 기부한다. 그러나 슬랙은 고위 직급에서 여성과 소수계층 출신 비율이 감소한다면서 아직도 할 일이 많이 남았다고 솔직히 인정한다. 뿐만 아니라 버터필드는 슬랙이 구글과 여타의 기술 기업들의 전철을 밟을까 봐, 즉 규모가 커질수록 여성과 소수계층 직원들의 현재 비율을 유지하기가 더욱 힘들어질까 봐 염려한다. 게다가 외부의 압력도 만만찮다. 마이크로소프트와 페이스북이 기업 시장을 공략하기 위해 자체적으로 직장 내 협업 도구를 출시해 슬랙의 시장을 넘보고 있기 때문에, 슬랙의 앞길에 또 다른 도전이 기다리고 있다. 어떻게 하면 경쟁자들의 도전을 물리치는 동시에 이제까지처럼 다양성과 핵심 가치에 계속해서 초점을 유지할 수 있느냐가 슬랙이 풀어야 하는 다음 숙제다.

슬랙이 다양성을 고려한 현재의 인력 구성을 유지하는 것이 절대적으로 중요한 까닭도 바로 여기에 있다. 내가 토스에게 슬랙에 탁구대가 있는지 물었을 때 그녀는 말도 안 된다는 듯 눈을 치켜뜨며 말했다. "슬랙의 슬로건은 '열심히 일하고 가정으로 돌아가라Work Hard and Go Home'예요"라고 그녀가 대답했다. 그 슬로건이 새겨진 포스터가 슬랙의 사무실 곳곳에 걸려 있고, 대개 오후 6시 30분이 되면 사무실이 텅텅 빈다. "직원들 사이에 '탁구를 치고 싶으면 다른 곳에서 하라'는 공감대가 형성되어 있어요"라고 토스가 말했다. 그 메시지는 명백하다. 슬랙은 열아홉 살짜리 기숙사 같은 페이스북이나 대학원 연구실 같은 구글과는 달리, 다 큰 성인들의 공간이고 많은 성인이 가정이 있다. 심지어 슬랙은 핼러윈이 되면 직원들의 아이들을 초대해 파티를 연다. 큰 회의실을 아이들이 사탕을 얻으러 돌아다니는 '트릭 오어 트릿trick or treat' 놀이를 할 수 있는 공간으로 꾸미고 초콜릿 분수까지 들여놓는다. 그것도 퇴근 후가 아니라 근무 시간에 파티를 한다.

그러나 기술 산업에 다양성의 에덴동산은 없다. 이 책을 마무리할 즈음 토스와 마일리 그리고 베이커 모두가 슬랙을 퇴사했다. 물론 각자의 사정은 달랐다. 그리고 슬랙의 말마따나 슬랙의 이직률이 업계 평균보다 훨씬 낮은 것도 사실이다. 그럼에도 그들을 채용한 것이 여성과 소외된 소수계층에게 우호적인 직장이라는 슬랙의 평판을 드높여준 대형 광고판의 역할을 한 것도 틀림없다. 슬랙의 성공을 측정하는 미래의 진정한 척도는, 슬랙이 과연 구글에 닥쳤던 운명을 피할 수 있을 것인가가 될 것이다.

슬랙을 퇴사하고 몇 달 후 베이커는 슬랙이 여전히 기술 산업 전반에 만연하는 고정관념과 여성 혐오로 어려움을 겪고 있다고 내게 말했다. "분명히 말하지만 슬랙에도 다양성과 관련된 어려움들이 있어요. 게다가 구글의 제임스 다모어 같은 사람이 슬랙이라고 없겠어요?"라고 베이커가 구글의 전직 엔지니어로 기술 산업과 고위 임원에 남성보다 여성의 수가 적은 것은 남녀의 생물학적인 차이 때문이라고 주장했던 다모어를 들먹이며 말했다.

2017년 중반 즈음 베이커가 소프트웨어 개발업자들 사이에 인기 있는 소셜 코드 호스팅 사이트 깃허브에 기술 산업 전반의 다양성과 포용성 '부검보고서'라는 글을 올렸다. 베이커는 그 보고서에서 이렇게 주장했다. "기술 산업이 다양성과 포용성에 초점을 맞춘 지 10주년을 눈앞에 두고 있다. 그간 기술 산업은 다양성과 포용성 노력에 5억 달러 이상을 투자했지만 다양성과 포용성이 향상되었다는 가시적인 증거는 거의 보이지 않는다. 특히 다양성 수치는 거의 제자리걸음이다. 그래서 선언한다. 실패가 여전히 진행 중이다."

실패를 디버그하라

이 책을 마무리할 즈음 나는 〈포춘〉이 주관하고 콜로라도주의 고급 휴양지 애스펀Aspen에서 열리는 2017년 브레인스톰 테크 콘퍼런스 Brainstorm Tech Conference의 한 행사를 진행해달라는 요청을 받았다. 기술 산업의 성 격차 문제를 해결할 방법에 대해 함께 고민하는 공개토론회였다. 회의장은 인맥을 쌓고 새로운 통찰을 얻으려는 기업가, 투자자, 경영자들로 발 디딜 틈이 없었다. 그러나 토론회가 시작되자 수십 명의 남성 참가자가 회의장을 슬그머니 빠져나가는 것이 보였다. 성 격차 문제를 토론하는 것이니 그들로서는 불편한 대화가 이어질 것이 빤했던 까닭이다.

토론회는 감동적이고 열기가 아주 뜨거웠다. 참석자 중에는 저스틴 콜드백의 성희롱 문제를 제일 먼저 공개적으로 폭로한 니니앤 왕도 있었다. 그녀가 마이크를 잡고 벤처캐피털리스트와 기업가의 관계를 감시하고 감독하는 제3의 독립된 조직을 만들자고 제안했다. 아울러 왕은, 지금 당장은 제3자가 언론이라고 말했다. 이는 주도면밀한 중재 없이 성희롱 의혹들이 공개적으로 폭로된다는 뜻이다. 골드먼삭스의 투자자에서 스타트업 기업가로 변신한 니콜 파브는, 실리콘밸리에서 여성이 받는 처우가 월스트리트에서보다 열악하다고 주장했다. 그녀의 메시지는 분명했다. 벤처캐피털리스트들이여, 이제 더는 여성 기업가들에게 아이들에 대한 질문을 하지 마세요!

한 남성 참석자가 일부 여성들이 서로를 지지하기 위해 충분히 노력하지 않는다고 말했을 때였다. 레스토랑 예약 사이트 오픈테이블의 CEO인 크리스타 퀼스가 눈에 띄게 흥분하면서 욕을 뱉었다. 내가 그녀에게 마이크를 건넸을 때 퀼스는 노기등등한 목소리로 몸을 떨면서 말했다. "오늘날 실리콘밸리에는 서로를 지지하고 서로에게 이사회에 참여할 기회에 대해 알려주고 서로에게 사업 아이디어를 제공하는 자매처럼 애정이 돈독한 여성들이 있어요. 잘 들으세요, 자매애가 있어요!"라고 퀼스가 선언하듯 말했다. "성추행 문제에 대해 말해보죠. 각설하고 나도 성추행 피해자예요. 귀가 있고 눈이 있는 사람들이라면 오늘날 벌어지고 있는 일들을 하나부터 열까지 알고 있다고 생각해요. 이런 일이 더 이상 일어나서는 안 됩니다. 이제 멈추어야 합니다."

모두가 각자의 위치에서 해야 하는 역할이 있다. 여성, 남성, 투자자, 창업자, 경영자, 이사회 이사, 부모, 교사 모두 말이다. 가장 변해야 하는 사람이 누구인지 청중에게 공개적으로 질문했을 때였다. 인적자원 관리 소프트웨어를 개발하는 코너스톤 온디맨드Cornerstone OnDemand의 CEO인 애덤 밀러Adam Miller가 자리에서 일어났다. 참고로 그는 백인 남성이다. "대답을 생각할 필요도 없는 질문입니다. 당연히 CEO들입니다. 기술 기업들에 다양성이 있어야 한다고 당당히 요구할 수 있는 사람들이 필요합니다. 그렇지 않으면 다양성 문제는 해결될 수 없습니다"라고 밀러가 목소리를 높였다. "결국에는 맨 꼭대기에서 지시해야 합니다."

나는 밀러의 주장에 전적으로 동감한다. 50 대 50으로 성비 균형을 맞추는 것은 믿을 수 없을 만큼 복잡하고 미묘할 뿐 아니라 세부적인 많은 해결책이 필요하다. 그래서 전면적으로 시행하기까지 수십 년은 족히 걸릴 것이다. 그 과정을 가속화하기 위해서는 맨 꼭대기부터 변화를 시작해야 한다. 스튜어트 버터필드처럼 CEO들은 여성 채용과 유지를 명백한 최우선 순위에 두어야 할 필요가 있다. 게다가 우리 각자가 개인적인 차원에서 그리고 시스템적인 차원에서 노력해야 한다. 아래의 목록은 우리가 그렇게 할 수 있는 가장 기본적인 최소한의 노력을 정리한 것이다.

- 무엇보다 사람들은 서로에게 잘 해야 한다. 각자는 자신과 성별이 다른 사람을 포함해 서로를 존중하고 존엄하게 대해야 한다. 이것은 예외가 없는 단순명료한 원칙이어야 한다.
- 부적절한 행동이 설 자리가 없는 환경을 조성해야 한다. 나쁜 행동에 대해 변명하거나 모른 척 눈감아주는 것을 당장 중단해야 한다.
- CEO들은 성비가 적절히 균형을 이루는 조직을 구축해야 하는 필요성을

반드시 수용하고 지지해야 한다. 또한 그렇게 하기 위해 필요한 포괄적인 계획을 필히 수립해야 한다. 단기적인 것이 아니라 장기적인 것에 초점을 맞춰라. 가령 특정한 일자리에 맞는 유능한 남성을 찾는 데는 3주가 걸린다면 여성을 찾는 데는 3개월이 걸릴지도 모른다. 하지만 장기적으로 보면 그것이 시간을 아끼는 지름길일 수도 있다. 3개월이 다양성을 개선하기 위해 노력하는 미래의 3년을 아껴줄 수도 있으니 말이다. 다양성만이 아니라 포용성에도 투자하라. 비록 회사 규모가 작더라도 모든 것이 중요하다. 다양성과 포용성이 왜 중요한지에 대해 직원들을 교육하는 데에 시간을 투자하라.

- 기업은 이사회에 더 많은 여성을 참여시킬 필요가 있다. 그리고 이사회는 경영진에게 고위 직급을 시작으로 각 직급마다 성비를 반반으로 조화시켜야 하는 책임을 지울 필요가 있다.
- 벤처캐피털 회사들은 더 많은 여성 파트너를 채용할 필요가 있고, 유한 파트너들은 회사가 여성 파트너 채용을 확대하도록 압박하며 최소한 다양성을 위한 그들의 계획이 무엇인지 대답을 요구해야 한다. 남녀를 불문하고 투자자들은 더 많은 여성에게 그리고 다양성 지수가 높은 팀들에게 자금을 투자할 필요가 있다. 아니, 꼭 그래야 한다.
- 유한 파트너들은 더 많은 여성 벤처캐피털리스트에게 자금을 출자하고, 벤처캐피털리스트들은 새로운 문화 규범을 갖춘 새로운 회사를 발전시키는 데에 그 자금을 사용할 수 있다. 끼리끼리 모여 성별과 행동거지가 똑같은 파트너십에 출자하는 것을 중단하라.
- 이제 가장 중요한 행동 원칙이 남았다. 문제에 대해 다른 사람을 비난하

거나 우리가 해결하기에는 너무 어려운 문제인 양 생각하는 것을 당장 중단하라. 이제는 거울에 비친 자신의 모습을 바라볼 시간이다. 어쨌든 기술 산업의 최고 자랑거리는 파괴와 혁신적인 새로운 사고방식이 아닌가. 그런 혁신의 정신과 급진적 변화에 대한 수용성을 유익하게 사용하자. 실리콘밸리에서 더욱 포용적인 기업을 직접 확인한다면, 오늘날 컴퓨터과학을 공부하는 어린 학생과 여성은 더욱 용기를 얻게 될 것이다.

"사람들은 그 뜻을 정확히 이해하지도 못하면서 파이프라인 문제라고 주장합니다"라고 2017년 한 여자고등학교에서 열린 기금모금 행사에서 애플의 CEO 팀 쿡Tim Cook이 내게 말했다. "기술 기업들 스스로가 해야 하는 일이 아주 많습니다. 전체적으로 볼 때 기술 기업 모두 여성 채용만이 아니라 여성 직원을 제대로 유지하지 못한다는 것은 확실합니다." 애플에서 다양성은 중요하다고 쿡 CEO가 말했다. 다양한 배경을 가진 다양한 사람들의 다양한 의견이 반영되지 않는다면 지구상에서 가장 바람직한 제품을 창조하는 것은 불가능하기 때문이라고 했다. 애플의 다양성 데이터가 (매장 직원들까지 포함한다) 실리콘밸리 기준에서 볼 때 평균 수준인 것은 엄연한 사실이다. 세계 전체 직원을 통틀어 여성은 32퍼센트이고 기술직 여성 비율은 23퍼센트다. 그러나 애플은 지난 2년간 여성 채용을 크게 확대했다. 2016년 애플의 신입 직원 중에서 여성 비율은 37퍼센트였다.

"특정 제품에 투입되는 다양성 수준이 아주 높을 때 최고의 작품이 탄생합니다. 다양성은 단순히 성별만을 말하는 것이 아닙니다. 엔지니어와 협업하는 미술가와 음악가도 필요합니다"라고 쿡이 말했다. "당신도 우리처럼 세상을 이롭게 해줄 제품을 만든다면 다양한 관점을 원하지 않을까요?"

기술 산업의 차세대 인재 집단

2017년 여름 어느 금요일 오후, 나는 사람들로 북적이는 샌프란시스코 엠바카데로Embarcadero에 있는 고츠 로드사이드Gott's Roadside라는 레스토랑에서 10대 소녀들과 마주 앉았다. 베이 에이리어 지역에 있는 고등학교에 다니는 학생들로 모두가 걸스 후 코드Girls Who Code, GWC라는 비영리단체에 소속되어 있었다. GWC는 중·고등학교 여학생을 대상으로 학기 중에는 방과 후 클럽을 운영하고 여름방학 기간에는 기술 기업들과 파트너십을 맺은 여름 집중 프로그램을 제공한다. 여학생들은 치킨 텐더와 감자튀김을 먹으면서 GWC의 도움으로 코딩을 배우는 경험에 대해 이야기꽃을 피웠다.

샌 머테이오 고등학교San Mateo High School에 다니는 16세의 아리타 웡Areeta Wong은 방과 후 코딩 클럽에 등록했다. "내가 키보드로 무언가를 입력했는데 그게 마법처럼 컴퓨터 화면에 짠 나타나는 거예요. 그때 깨달았어요. 나도 지금 당장 사용할 수 있는 무언가를 만들 수 있구나. 그건 정말 환상적인 경험이에요"라고 웡이 말했다. 최근에 GWC 프로그램을 수료했고 컴퓨터과학을 전공하던 19세의 여대생 자이나 샤이크Zaynah Shaikh가 말을 이어받았다. "내가 만든 프로그램이 작동하는 걸 보면 어디선가 힘이 막 생기는 것 같은 기분이 들어요. 코딩으로 할 수 있는 일이 아주 많아요." 그런 다음 17세인 리아 타카르Ria Thakkar가 자신의 이야기를 들려주었다. 타카르는 무료 온라인 강좌를 제공하는 비영리 교육 서비스단체 칸 아카데미Khan Academy의 온라인 강좌를 들으며 코딩을 독학으로 배웠고 자신의 학교에서 GWC가 클럽을 창설하도록 도움을 주었다. "(코딩을 배우는 것이) 내게는 아주 힘든 과정이었어요. 그래서 '어떻게 하면 여학생들이 코딩을 좀 더 쉽게 배우게 도와줄 수 있을까?' 고민했어요."

15세인 애슐리 추Ashley Chu는 고등학교 2학년 때 학교에서 제공하는 GWC 클럽에 가입했고 코딩을 배운 지 몇 달 만에 처음으로 해커톤에 참여했다. "문제는 팀원 모두가 남학생이었고 여학생은 저 혼자였다는 거예요. 내가 신입 회원으로 가입했을 때 그들은 이미 AP(Advanced Placement, 미국에서 고등학생이 대학 진학 전에 대학 인정 학점을 취득할 수 있는 고급 학습 과정 -옮긴이) 컴퓨터과학 과정을 이수했고 실제로 코딩을 하고 있었어요. 나는 클럽의 일원이라는 소속감이 들지 않았어요."

하지만 추는 해커톤을 완주했다. "무서웠고 내 코드에 실망스러웠으며 포기하고 싶었어요. 그러나 이를 악물고 해커톤을 끝낼 수 있었어요"라고 추가 말했다. 해커톤이 코딩에 대한 그녀의 열망을 꺾지 못했다. "이제 나는 정말로 큰 꿈을 꿔요. 어릴 적부터 발명가가 되는 게 꿈이었어요."

기술 산업의 차세대 인재 후보들과 그들의 꿈을 알아보자. 스포츠를 좋아하는 샤이크는 자신의 프로그래밍 기술과 스포츠에 대한 사랑을 결합해 더 많은 여자아이가 운동을 즐기도록 동기를 부여해줄 제품을 만드는 것이 꿈이다. 타카르는 비행기에 꽂혀 있고 나중에 항공 관련 애플리케이션을 개발하고 싶어 한다. 한편 디즈니 캐릭터에 열광하는 추는 디즈니의 연구개발 부서인 이매지니어링(Imagineering, imagine과 engineering을 합성한 단어 -옮긴이)에 들어가길 희망한다. 우버에서 벌어진 성차별에 관한 기사들을 읽은 다음 코딩을 접었다고 말하는 줄리 부Julie Vu는 더 많은 여성과 소외된 소수자가 기술 산업에 진출하도록 돕기 위해 기술 기업에서 리크루터로 일하고 싶은 꿈을 키우고 있다(혹은 화장품업계에서 일할지도 모르겠다). 사안비 시리샤Saanvi Shreesha는 창업가가 꿈이고 자신의 스타트업에 필요한 모든 코드를 직접 작성하고 싶어 한다. 노리 클롭-패켈Nory Klop-Packel은 음성언어를 좋아하는데, 언젠가는 음성언어에 대한 사랑과 기계 학습을 결합하는 일을 하고 싶어 한다. 웡은 해커톤을 조직하고 더 많은 여자아이에게 코딩할 기회를 제공하는 교육 제품을 만들기를 희망한다.

그날 나와 마주한 소녀들은 실리콘밸리에 여성이 아주 많이 부족하고 가끔은 부당한 대우를 받는다는 사실을 너무 잘 알고 있었다. "페이스북에서 '기술 산업 여성 종사자Women in Tech'라는 여러 그룹에 가입했어요"라고 자이나 샤이크가 말했다. "회원들은 멘스플레인을 비롯해 자신들이 당하는 온갖 종류의 부당함에 대해 토론해요. 기술 산업이 변했으면 좋겠어요." 그들 모두는 셰릴 샌드버그 같은 여성 역할 모델이 더 많아지기를 희망했다.

어려도 그들의 말이 백번 옳다. 그러나 여학생들은 앞선 세대의 여성들과는 확연히 다른 관점을 갖고, 대견하게도 많은 점에서 각자가 슬기롭게 아주 잘해나가고 있다. 가령 어느 날 웡은 집 근처 도서관에서 열리는 코딩클럽 모임에 참석하러 가던 길에 5학년짜리 남자애를 만났다. 그 소년이 어디 가느냐고 묻기에 웡은 '걸스 후 코드' 모임에 가는 길이라고 대답했다. 그러자 그 소년이 "'가이즈 후 코드Guys Who Code'는 왜 없는 건데?"라고 비웃었다. 웡은 분을 참지 못해 소리쳤다. "온 세상이 다 '가이즈 후 코드'잖아!" 웡은 그런 부당함을 방관하지 않고 바꾸기 위해 스스로 총대를 메는 많은 젊은 여성 중 하나다.

언젠가 웡은 오늘날 자신의 주변 세상에서 벌어지고 있는 일부 문화변화의 혜택을 입게 될 것이다. 물론 아직도 1970년대 여학생들이 받았던 것과 같은 메시지를 받는 여학생들도 간혹 있다. 컴퓨터는 남자애들이 잘한다는 메시지 말이다. 그러나 그런 고정관념이 존재하는 동시에 컴퓨터과학을 가르치는 학교가 갈수록 증가하고 그 수업을 신청하는 여학생도 증가하고 있다. 학생들에게 컴퓨터과학 학습을 독려하기 위해 만들어진 비영리 조직 코드닷오알지Code.org에 따르면, 2017년 AP 컴퓨터과학 시험에 응시한 여학생이 거의 3만 명이었는데 불과 10년 전인 2007년에는 그 시험에 응시한 여학생이 2600명을 약간 넘었을 뿐이라고 한다. 또한 전체 응시자 중에서 여학생 비율도 동 기간 18퍼센트에서 27퍼센트로 증가했다. 2008년부터 6년간 AP 컴퓨터과학 시험에 응시한 여학생 수가 사실상 제자리걸음이었지만, 지난 4년간 해마다 비율이 점점 증가했다.

"유치원부터 고등학교 3학년까지 컴퓨터과학에 대한 관심이 폭발적으로 증가했습니다"라고 코드닷오알지의 공동 설립자 하디 파르토비

Hadi Partovi가 내게 말했다. 이유가 뭘까? 잘은 모르겠지만, 컴퓨터과학이 수학에 초점을 맞추기보다 창의성을 발휘할 수 있는 기회에 점점 더 초점을 맞추고 그리하여 더욱 다양한 집단의 학생들을 유인하는 것도 하나의 이유가 아닐까 싶다. (그러나 아직까지도 컴퓨터과학을 가르치는 교실에는 남학생들이 주를 이루고 교사들 역시도 대부분이 남성이다.)

여학생들은 컴퓨터과학이 심지어 여자아이들에게도 더욱 '쌈박'한 분야가 되고 있다고 인정한다. 2016년 1월 10대 소녀들을 위한 패션 잡지 〈세븐틴Seventeen〉은 '우리는 코딩을 좋아해: 코딩을 잘하는 소녀들을 만나보자'는 제목의 기사를 실었다. 그것은 1967년 〈코스모폴리탄〉이 당시 신종 직업군이었던 컴퓨터 분야에서 여성들이 할 수 있는 역할을 널리 알렸던 '컴퓨터 소녀들' 기사와 다르지 않았다. 하지만 1960년대는 컴퓨터과학 교육의 공급 측면에서 위기가 시작된 시대였다. 당시에는 대학마다 학생들이 컴퓨터과학과로 대거 몰리는 바람에 얼마 지나지 않아 대학이 수용할 수 있는 한계에 도달했다. 1980년대 초반이 되자 컴퓨터과학을 희망하는 학생들은 고등학교 성적이나 컴퓨터와 관련된 경험의 유무에 따라서 합격의 당락이 결정되었고, 이는 기술 산업의 성별 불균형을 심화시켰다. 그런데 오늘날에도 비슷한 현상이 벌어지고 있다. "우리 학교에 컴퓨터과학을 배우고 싶은 학생들은 아주 많은데 가르칠 수 있는 선생님들이 충분하지 않아요"라고 웡이 말했다. 웡은 자신의 학교인 샌 머테이오 고등학교에서 컴퓨터과학 수업을 듣기 위해 대기자 명단에 이름을 올리고 자리가 나기를 기다려야 했다. "모든 엄마 아빠는 자신의 아이가 컴퓨터 수업을 듣길 바라세요. 컴퓨터과학 수요가 지금 최고

조예요."

오랫동안 스탠퍼드에서 컴퓨터과학을 가르치고 있는 에릭 로버츠에게 이런 현상은 기시감을 안겨준다. 사실 이것은 그가 컴퓨터과학의 미래에 대해 품고 있는 여러 두려움 중 하나의 전조다. 예전처럼 일단 대학들이 컴퓨터과학에 대한 폭발적인 수요를 감당할 수 없게 되면, 학생들은 흥미가 있음에도 컴퓨터과학에 발을 담글 기회조차 없을 거라는 두려움이다. 로버츠는 컴퓨터과학에 대한 지금의 흥분은 1980년대 초반 애플이 매킨토시를 출시하고 PC가 널리 보급되었을 때 기술 산업에 불었던 열풍을 닮았다고 어떤 보고서에서 말했다. 당시에는 몰려오는 학생들을 감당할 수가 없어 대학들은 궁여지책으로 고등학교 성적을 토대로 컴퓨터과학 전공자들을 선발하기 시작했다. 그러나 좁은 입학문을 통과한 것으로 끝난 게 아니었다. 경쟁이 심해져 수업은 더욱 어려워졌고, 결과적으로 관련 경험이 있는 학생들이 (대부분은 자기 방 안에 컴퓨터를 들여놓고 컴퓨터를 만지작거리며 성장한 남학생들이었다) 두각을 보일 수 있는 환경이 만들어졌다. 거의 비슷한 시기에 컴퓨터과학 학위를 취득하는 학생 수가 전반적으로 감소했고, 기술 산업에서 여성들의 비율도 감소하기 시작했다. 로버츠는 오늘날 컴퓨터과학을 가르치는 젊은 교수들이 기술 산업을 암울하게 만들었던 흑역사를 알지 못한다고 걱정한다. "우리 사회는 그런 실수를 되풀이할 여력이 없다"고 보고서에서 주장했다.

"남학생들보다 여학생들이 컴퓨터과학 분야에 들어오는 시기가 좀 더 늦어요. 최소한 제가 이제까지 본 바로는 그래요"라고 샤이크가 말했다.

"남학생들은 이래저래 유리한 입장이에요. 어릴 때부터 컴퓨터에 익숙한 데다가 이미 선배들이 잘 닦아놓은 길을 가면 그만이죠. 반면 우리 여학생들은 역할 모델로 본받고 싶은 멘토가 많지 않고 그래서 컴퓨터 산업을 하나의 경력 선택지로 고려하지 않아요. 미래의 주인공이 여성이라는 말을 귀에 딱지가 앉도록 들었는데, 우리가 지금처럼 너무 늦게 컴퓨터 분야에 뛰어든다면 우리 여성이 어떻게 미래의 주인공이 될 수 있겠어요?"

샤이크는 어느 날 수업 중에 한 남학생과 신경전을 벌인 일화를 들려주었다. 그가 여학생들이 컴퓨터에 진심으로 관심이 있어 컴퓨터를 배우는 건지 의심스럽다는 말을 지나가는 투로 내뱉었다. "그날 나는 '걸스후 코드' 티셔츠를 입고 있었어요. '야, 너 그 말은 여기서 적절하지 않은 것 같은데'라고 말했어요. 나도 그렇지만, 꼭 돈을 많이 벌고 싶다는 이유가 아닌 다른 이유로 컴퓨터 산업에서 일하고 싶어 하는 여성이 많아요. 내가 컴퓨터 분야에서 일하고 싶은 이유는 세상에서 차이를 만들고 싶기 때문이에요"라고 샤이크가 야무지게 포부를 밝혔다. "기술 산업에서 변화가 나타나게 하려면 우리가 다음 세대에게 영감을 주어야 해요."

이런 어린 학생들의 꿈을 들으면서도 영감을 받지 않고 희망을 품지 않기란 힘들다. 이미 그들은 브로토피아로 들어가는 문을 열 때 자신들이 맞닥뜨릴 일부 역풍에 대해 아주 잘 알고 있다. 물론 아직 어린 학생들이 모르는 다른 역풍들도 많다. 하지만 나는 굳이 내 입으로 말해주고 싶지 않았다. 얼마 지나지 않아 그들 스스로가 알아낼 것이다. 그들을 보니 적어도 한 가지가 더없이 분명해졌다. 다음 세대가 다가오고 있다. 그들은 기술 산업에서 보람 있는 경력을 갖기를 기대하고, 기술 산업에서 확실한 발자취를 남기기를 꿈꾼다. 기술 산업의 초기 개척자들이 그러했듯이. 그들이 기술 산업의 문을 열 때 그들을 진심으로 환영해주자. 또한 그들을 위해 그리고 우리 모두를 위해 실리콘밸리를 아니 더 넓은 세상을 변화시키자.

감사의 말

  자신의 이야기를 들려준 수백 명의 사람들에게 먼저 깊이 감사한다는
말을 전한다. 비록 이 책에서 그들의 이야기를 전부 담지는 못했지만, 사
연 하나하나가 이 책의 중심 줄거리와 아이디어를 구체화하는 데에 소중
한 도움이 되었다. 특히 나와 인터뷰를 했던 기술 산업의 많은 여성에게
경외감마저 느낀다. 그들의 경력은 도전과 승리로 가득 차 있다. 나는 그
들이 실리콘 천장을 완전히 무너뜨릴 거라고 기대하며 그런 모습을 꼭
보길 간절히 희망한다.

  훌륭한 글쓰기 선생님이자, 내게는 최고의 조력자인 에단 워터스Ethan
Watters에게 가장 고맙다. 기술 산업의 여성차별적인 환경을 폭로하는 이
책의 중요한 의미를 진심으로 이해하고, 처음부터 끝까지 매 단계 아낌
없는 응원으로 용기를 북돋워 주었다. 몇 달 동안 에단은 내가 이 책에서
다루는 매우 까다로운 사안들이 얽히고설킨 정글을 슬기롭게 헤쳐나가
도록 도와주었을 뿐 아니라, 토론하고 경청하면서 조용히 이끌어주었다.
고통으로 가득한 창작의 영역을 완주하고 그 끝에서 아이디어들이 영그
는 것을 보는 일보다 더 큰 성취감을 주는 것은 없다. 그 과정에서 거의

모든 순간에 에단이 나와 함께 있었다.

포트폴리오Portfolio의 통찰력 있는 편집자로 처음부터 이 책의 가치를 믿어주었던 스테파니 프레리치Stephanie Frerich가 없었다면 이 책은 세상의 빛을 보지 못했을 것이다. 경력 초반에 2년간 출판업계를 떠나 한 기술 기업에서 일했던 스테파니는 그때부터 죽 기술 산업의 여성들이 직면하는 어려운 사안들을 세상에 알리는 책이 필요하다고 생각해왔다. 이 책이 탄생하기까지 그녀가 보여준 깊은 헌신에 정말 감사한다. 시계를 조금 더 앞으로 돌려, 내 에이전트인 필라 퀸Pilar Queen이 애초에 스테파니에게 이 책의 아이디어를 설득하지 못했더라면 〈브로토피아〉의 대장정은 시작조차 못 했을 것이다. 필라는 이번 대장정에서 내가 언제라도 기댈 수 있는 든든한 바위 같은 존재였고, 항상 내 곁에서 진심으로 들어주고 용기를 북돋워주며 나 자신에 대한 믿음을 끊임없이 상기시켜 주었다.

이 지면을 빌려 포트폴리오의 모든 팀원에게 감사의 말을 꼭 하고 싶다. 에이드리언 잭하임Adrian Zackheim, 윌 와이저Will Weisser, 마고 스테이머스Margot Stamas, 타라 길브라이드Tara Gilbride, 린다 코언Linda Cowen, 올리비아 펠루소Olivia Peluso. 이들 6명의 꼼꼼한 손길을 거쳐 이 책에 포함된 모든 인용문이 빛을 볼 수 있었다. 또한 주디스 코인Judith Coyne은 내가 500쪽이나 되는 초고를 가히 기록적인 시간 내에 가독성 높은 글로 줄이는 데 혁혁한 도움을 주었다.

데이나 레드야드Dana Ledyard는 이 책이 말하고자 하는 주제에 대해 누구보다 뜨거운 열정을 쏟아부었다. 또한 워킹맘이자 3년간 걸스 후 코드GWC의 총재를 역임한 레드야드는 내가 이 책에서 베일을 벗는 아이디어들을 구체화하도록 귀중한 도움을 주었다. 역시 GWC에서 리더를 지낸 내털리 보니페데Natalie Bonifede는 이번 대장정에서 두 개의 분수령이 되었던 모임을 조직하는 데에 큰 힘이 되었다. 하나는 수전 파울러의 충격적인 블로그 글이 실리콘밸리를 떠들썩하게 만든 이후에 우리 집에 여성 엔지니어들을 초대해 저녁을 함께했을 때였고, 다른 하나는 젊은 여성 코더들과의 만남이었다. 나이대는 달라도 그들은 자신이 마주하는 도전과 야망에 대해 솔직하게 말해주었다. 그들의 이야기를 들은 것이 이 책을 끝까지 포기하지 않을 수 있었던 강력한 동기부여가 되었다. 내털리 존스Natalie Johns에게도 감사 인사를 빼먹을 수 없다. 그녀 덕분에 이 책에 담긴 모든 사실이 타당성과 적절성을 확보할 수 있었다(이는 내 희망이기도 하다).

블룸버그에서 내 동료이자 가장 가까운 친구인 브래드 스톤Brad Stone 은 내가 이 책을 쓰도록 용기를 북돋워주었고 (당연한 말이지만 정신적인 소모가 상당할 거라고 진심 어린 경고도 해주었다) 출판 제안서를 작성할 때에도 도움을 주었다. 뿐만 아니라 스톤은 내가 가장 지독한 '멘붕' 상태에 있을 때마다 슬기롭게 대처해주었다. 내가 난관에 봉착할 때마다 스톤은 내 말을 열심히 듣고 진실한 공감을 보여주었을 뿐 아니라 내가 포기하지 않고 계속 나아가도록 영감을 주었다. 로이 보햇Roy Bohat은 내 소중한 친구이자 사려 깊은 조언자이며 나의 가장 열렬한 −그러면서도 잔인할 만큼 솔직한− 지지자 중 한 명이었다.

나는 블룸버그의 많은 직원에게 특히 고마운 마음을 전하고 싶다. 그들의 도움이 있었기에 내가 진행하는 TV 프로그램인 〈블룸버그 테크놀

감사의 말 | 501

리지〉와 〈블룸버그 스튜디오 1.0〉이 오늘날과 같은 성공을 거둘 수 있었다. 오랫동안 나와 손발을 맞춰온 프로듀서 캔디 쳉Candy Cheng은 언제나 내가 최선을 다하고 내 한계 너머까지 도전하도록 자극하고 이끌어주었다. 또한 우리 프로그램의 편집국장인 대니엘 컬버트슨Danielle Culbertson의 깊은 이해심이 없었다면, 막대한 시간과 노력이 요구되는 작가로서의 생활과 매일 방송되는 프로그램의 진행자로서의 역할을 이토록 성공적으로 해낼 수 없었을 것이다. 케빈 시키Kevin Sheekey, 제이슨 켈리Jason Kelly, 로라 배철러Laura Batchelor, 브리짓 웹Bridgette Webb, 에밀리 하스-갓실Emily Haas-Godsil, 에린 드레시Erin Dresch, 재키 로페즈Jackie Lopez, 코리 존슨Cory Johnson, 에린 블랙Erin Black, 맬러리 아벨하우젠Mallory Abelhouzen, 호세 발렌수엘라Jose Valenzuela, 애슐리 반켄Ashley Bahnken, 앤절라 마틴Angela Martin, 제나 블랜치에티Jenna Blanchietti, 메건 매칸데스Meaganne McCandess 등에게 진심으로 고맙다는 말을 하고 싶다. 이들 외에도 나의 가장 깊은 감사를 받을 두 사람이 또 있다. 내가 블룸버그에서 프로그램들을 진행하는 동시에 이 책을 쓸 수 있도록 허락해준 블룸버그 텔레비전의 글로벌 총책임자 앨 메이어스Al Mayers와 사실상 모든 것을 가능하도록 해준 마이크 블룸버그Mike Bloomberg다.

이 책이 세상에 나온 것은 물론이고 〈블룸버그 테크놀로지〉가 건재할 수 있는 것은 오직 믿을 수 없을 만큼 유능한 기자와 편집자들로 구성된 팀이 있기 때문이다. 올리비아 잘레스키Olivia Zaleski, 세라 맥브라이드Sarah McBride, 세라 프라이어Sarah Frier, 톰 자일스Tom Giles, 엘런 휴엣Ellen Huet, 마크 밀리언Mark Milian, 디나 배스Dina Bass, 에릭 슈커머Eric Newcomer,

리젯 채프먼Lizette Chapman, 마크 버건Mark Bergen, 맥스 채프킨Max Chafkin, 마크 거먼Mark Gurman, 짐 에일리Jim Aley, 앨리스터 바Alistair Barr, 이언 킹 Ian King, 알렉스 웹Alex Webb, 애슐리 밴스Ashlee Vance 등을 포함해 모든 팀원은 언제나 소중한 기사와 시간을 아낌없이 나눠준다.

이 책의 아이디어는 사라베스 버먼Sarabeth Berman과 에번 오스노스Evan Osnos와 저녁을 먹던 중에 착상되었다. 그들은 처음부터 이 책의 주제를 지지할뿐더러 그 주제를 다룰 수 있는 내 능력을 믿어주었다. 책을 쓰는 것은 사랑하는 사람들과 보낼 수도 있는 시간을 앗아간다. 그런 점에서 많은 친구에게 고맙다는 말을 전한다. 그들은 처음부터 끝까지 변함없는 열렬한 지지와 응원을 보내주고 내가 집필 활동에 정신이 팔려 많이 신경을 못 써도 용서해주었으며, 각종 모임에서 이 책의 아이디어에 대한 토론에 기꺼이 시간을 내어주었다. 특히 대라 로슬린Darah Roslyn, 마셜 로슬린Marshall Roslyn, 나이리 하우어다지안Nairi Hourdajian, 넬리 손턴Nellie Thornton, 앨리스터 손턴Alistair Thornton, 레누 마티아스Renu Mathias 등에게 고개 숙여 감사한다.

실리콘밸리 전역에서 자신의 이야기와 조언과 지지를 보내준 용감한 사람들이 있었기에 이 책이 세상의 빛을 볼 수 있었다. 그들 중에서도 특별히 이 지면을 빌려 감사하고픈 사람들이 있다. 에일린 리, 니니앤 왕, 크리스티나 리, 루즈와나 바시르Ruzwana Bashir, 에릭 펑Eric Feng, 셀리나 토바코왈라Selina Tobaccowana, 옴 말릭Om Malik, 수킨더 싱 캐시디, 딕 코스톨로, 마하 이브라힘, 데이비드 커크패트릭David Kirkpatrick, 카트리나 레이크, 제니퍼 하이먼, 크리스 메시나, 에스터 크로퍼드, 지나 비안치니

Gina Bianchini, 로리 그린Laurie Green, 닉 빌턴Nick Bilton, 줄리아 블라이스톤 Jilia Blystone, 앤 콘블러트Anne Kornblut, 리즈 버조이스Liz Bourgeois, 앤다 갠스카Anda Gansca, 애덤 라신스키Adam Lashinsky, 리나 라오Leena Rao, 애나 메디나, 트레이시 처우, 로라 홈스, 레아 버스크Leah Busque, 미이 잉거솔. 이들 외에도 익명을 요청해 비록 이 책에서는 이름을 밝히지는 못했지만 이 책의 귀중한 제보자 역할을 해준 사람들이 더 있다. 자신이 누군지 본 인은 잘 알 것이다. 그들에게도 깊이 감사드린다.

다음으로 내 감사를 받은 사람들은 샌프란시스코 그로토Groto에 소속 된 모든 작가로, 나와 마주칠 때마다 격려와 위로의 말을 아끼지 않았다. 특히 이 책을 쓰는 내내 글쓰기에 조예가 깊은 베테랑 작가 포 브론슨Po Bronson에게서 많은 도움을 받을 수 있어 얼마나 운이 좋았는지 모른다. 표지 디자인에 대해서도 나는 참 운이 좋았다. 안목이 뛰어난 재능 있는 디자이너들인 브루노 버거Bruno Bergher와 캐럴라인 모르치오Caroline Morchio가 인상적인 표지를 디자인해주었다. (브루너 버거와 캐럴라인 모르치 오는 미국 펭귄 랜덤 하우스에서 출판한 원서를 디자인했다. 한국어판 표지는 출판사 미래엔 와이즈베리의 당승근 디자이너가 디자인했다 -한국어판 편집자)

나는 윌리엄 모리스 인데버 엔터테인먼트William Morris Endeavor Entertainment의 스콧 와치스Scott Wachs 헨리 라이시Henry Reisch와 내 변호 사인 닉 대시먼Nick Dashman을 포함해 환상적인 대리인 팀을 꾸렸고, 팀 원 모두 큰 목표를 세우라고 내게 끊임없이 채찍질해주었다. 앞일이야 모르는 일이지만, 되짚어보면 내가 여기까지 올 거라고는 꿈에도 생각하 지 못한 것은 확실하다.

내 삶에 긍정적인 영향을 미친 훌륭한 많은 여성과 엄마들에게 감사의 말을 하고 싶다. 앨리슨 피셔Alison Fisher, 캐리 스폰하이머Carrie Sponheimer, 조애나 에이지나Joanna Agena, 헤더 차일즈Heather Childs, 앨리슨 라인햄Allison Lyneham, 콜린 가건Colleen Gargan, 조 링 켄트Joe Ling Kent, 패니 첸Fannie Chen, 코블 암스트롱Coble Armstrong, 사라 트럭세스Sara Trucksess, 그리고 하와이에서 버널 하이츠Bernal Heights까지 와준 많은 친구에게 감사한다.

그러나 내 든든한 '울타리'가 없었다면 그 누구도 그 무엇도 소용없었을 것이다. 가장 먼저 내 어머니 샌디 창Sandy Chang에게 고마운 마음을 전한다. 나에게 끝을 알 수 없는 깊은 사랑을 주셨는데도 여전히 손자들에게 주실 사랑이 남아 있다는 것은 기적이라는 말밖에 표현할 길이 없다. 엄마, 저와 저희 애들에게 베풀어주신 모든 사랑과 은혜에 깊이 감사드려요. 당신의 일에 대한 당신의 추진력과 헌신은 내게 영감을 주고, 내 삶과 경력에 대한 당신의 변함없는 지지는 내가 매일 앞으로 나아가는 원동력이 돼요. 지금은 고인이 되신 내 아버지 라반 창Laban Chang은 살아생전 우리 가족 사이에서는 예술가이자 작가셨다. 사실 내 졸업논문 주제도 아버지께서 돌아가시기 전에 마지막으로 읽으셨던 작품들 중 하나였고, 아버지께서 내 논문의 여백에 달아주신 촌철살인의 말씀들이 지금도 생생하게 기억난다. 아버지가 살아 계셔서 지금 이 책을 보실 수 있으면 얼마나 좋을까. 그리고 이 책이 아버지의 높은 기준을 충족했기를 바라본다. 이른바 현명함의 '끝판왕'인 내 여동생 사라 창 슈에르레인Sara Chang Scheuerlein이 없었다면 오늘의 나는 없었을 것이다. 나와 동생은 누구도 흉내 낼 수 없는 *끈끈한* 동기애를 나눈다. 사라와 제부인 에릭 슈에르레인Eric Scheuerlein과 조카들은 우리의 두 번째 가족이다.

친할머니와 외할머니에게도 감사하다는 말씀을 꼭 하고 싶다. 에밀리 할머니는 -나는 할머니의 이름을 땄다- 내가 아는 가장 따뜻한 사람이며 사실상 첫 회부터 매일 내 프로그램을 시청하신다. 밀드레드Mildred 할머니는 내게 부지런함과 끈기를 가르쳐주셨다. 내 세상은 언제나 강력한 여성들로 가득했고, 하와이의 호놀룰루에 있는 친척부터 펜실베이니아 필라델피아에 있는 친척들까지 모두가 믿을 수 없을 만큼 훌륭한 분들이 내 삶을 가득 채워주신다. 나는 그런 행운에 깊이 감사한다.

시댁 식구들이 없었다면 지난 2년을 어떻게 버텨냈을지 자신이 없다. 시부모님인 질 스툴Jill Stull과 마크 스툴Mark Stull 그리고 시누이 부부인 휘트니 치우Whitney Chiu와 피터 치우Peter Chiu의 도움이 컸다. 그들은 이 책을 쓰는 동안 우리 아이들을 돌봐주는 것은 물론이고 사실상 고비마다 내 정신적인 지주 역할을 해주었다. 그리고 매일 우리 집이 순조롭게 굴러가게 도와준 가브리엘라 가르시아Gabriella Garcia에게도 고마움을 전한다.

이제 가장 중요한 사람을 소개할 시간이 되었다. 멋진 세 소년에게 진심으로 감사한다. 아무리 늦게 퇴근해도 수많은 주말을 집필 활동에 투자하느라 같이 있어주지 못해도 언제나 내게 환한 미소를 보내주었다. 우리 아들들은 내 공기요 내 심장이다. 내가 이 책의 헌사에서 그들이 차별 없는 포용적인 미래에서 풍요로운 삶을 살길 바란다고 한 말은 가감 없는 진심이다. 가장 힘들고 가장 지치는 날들에도 이 책이 그들의 세상을 더 나은 곳으로 만들어줄 거라는 생각만 하면 그만한 가치가 있다고 보람 있게 느껴졌다.

이제 마지막 내 감사를 받을 사람만 남았다. 남편인 조너선 스툴 Jonathan Stull이다. 가정에서 내 빈자리를 채워주면서도 한 번도 불평한 적이 없다. 남편에게는 '슈퍼-대디'라는 수식어도 부족하지만, 내가 무슨 말을 하고 싶은지 알아줄 걸로 믿는다. 조너선은 지난 몇 달간 내 자리를 채워주었을 뿐 아니라 언제나 나에게 가장 힘이 되는 지지자이자 내가 길을 잃지 않도록 해주는 나침반이며 내 정신을 지탱해주는 지주였다. 또한 내가 우울할 때는 비타민이었고, 내가 속엣말을 털어놓고 싶을 때면 항상 귀를 빌려주었다. 무엇보다 가장 자랑스러운 점은 그가 이 책에 담긴 사안들의 중요성을 진심으로 공감해주었고 매일 자신의 직장에서 그런 사안들을 개선하고 해결하기 위해 노력한다는 사실이다. 조너선 스툴은 내 영원한 파트너이자 내 영원한 사랑이다.

주

이 책은 200명이 넘는 기술 산업 종사자들과의 인터뷰를 엮었다. 내가 블룸버그에서 진행하는 프로그램을 위한 인터뷰도 일부 포함되었지만, 거의 대부분은 오직 이 책을 위해 인터뷰를 진행했고, 세상에 처음 선보인다. 셰릴 샌드버그, 마리사 메이어, 수전 파울러, 니니앤 왕, 엘런 파오, 카트리나 레이크, 리드 호프먼, 에번 윌리엄스, 딕 코스톨로, 맥스 레브친, 스튜어트 버터필드, 존 도어, 익명의 제보자들 등 수많은 사람이 인터뷰에 기꺼이 응해주었다. 그들의 이야기는 이 책의 아이디어들을 구체화하는 데 도움이 되었고 사실상 이 책의 토대가 되었다.

머리말 보이는 것이 다가 아니다 : 실리콘밸리의 원죄

15 레나 쇠데르베리~모델로 데뷔했고 : Lenna Sjööblom, "Swedish Accent," Playboy, Nov. 1972, 138.

15 '미국병'에 걸려 : Ibid., 135

17 아르파(오늘날에는 아르파 앞에 Defense를 추가해 다르파DARPA로 불린다) : "Information Sciences Institute," USC Viterbi Engineer, Fall 2012, https://issuu.com/uscedu/docs/81696.

18 최초의 데이터 세트 : "Information Sciences Institute," USC Viterbi Engineer,

Fall 2012, https://issuu.com/uscedu/docs/81696.

19 레나의 사진은~시험 대상이 되었다 : Corinne Iozzio, "The Playboy Center-
    fold That Helped Create the JPEG," Atlantic, Feb. 9, 2016, https://www.
    theatlantic.com/technology/archive/2016/02/lena-imageprocessing-
    playboy/461970.

19 그녀의 사진이 포함된 새로운 연구 결과 : Ibid

19 저작권 침해와 관련해 깐깐하기로 악명 높은 〈플레이보이〉 : Team Playboy.
    com, "How Lenna, Miss November 1972, Became the First Lady of the
    Internet," Playboy, Aug. 9, 2013, http://www.playboy.com/articles/
    playmate-first-lady-of-the-internet.

19 2013년 〈플레이보이〉는 한 기사에서 : Ibid

19 엔지니어들 사이에서는~우스갯소리가 있을 정도다 : Iozzio, "Playboy Center-
    fold That Helped Create the JPEG."

21 니델과 워드의 논문은~실렸다 : Deanna Needell and Rachel Ward, "Stable
    Image Reconstruction Using Total Variation Minimization," SIAM Journal
    on Imaging Sciences 6, no. 2 (Dec. 2013): 1035–1058, https://doi.org/
    10.1137/120868281.

22 레나의 사진을 출판 금지해달라는 요청 : David Munson, "A Note on Lena,"
    IEEE Transactions on Image Processing 5, no. 1 (Jan. 1996), https://www.
    cs.cmu.edu/~chuck/lennapg/editor.html.

22 전자적 이미지의 역사 : David Zax, "A Playboy Model and Nanoscale Print-
    ing," MIT Technology Review, Aug. 17, 2012, https://www.technolo-
    gyreview.com/s/428928/a-playboy-model-and-nanoscale-printing.

22 "그런 사진을 아주 오랫동안 사용하면" : Iozzio, "Playboy Centerfold That
    Helped Create the JPEG."

25 컴퓨터 분야에도 여성들의 발길이 이어졌다 : Libby Nelson, "In the 1970s,
    Women Were Making Big Gains in Computer Science. Then They Fell
    Behind," Vox, Oct. 21, 2014, https://www.vox.com/xpress/2014/10/21/
    7028161/computer-science-gender-women-majors.

25 여성 대학 졸업자 수가 남성을 앞질렀다 : Nolan Feeney, "Women Are Now
    More Likely to Have College Degree Than Men," Time, Oct. 7, 2015,
    http://time.com/4064665/women-college-degree.

25 오늘날 컴퓨터과학 학위 취득자 중에서 여학생은 겨우 22퍼센트에 불과하고 :

"New Data: Are Women Making Gains in Computing and Engineering?," Change the Equation, Nov. 22, 2016, http://changetheequation.org/blog/new-data-are-women-makinggains-computing-and-engineering.

26 미국에서 여성은 컴퓨팅 관련 전체 종사자의 25퍼센트에 불과하고 : Catherine Ashcraft, Brad McLain, and Elizabeth Eger, "Women in Tech: The Facts," National Center for Women and Information Technology, 2016, https://www.ncwit.org/sites/default/ files/resources/womenintech_facts_fullreport_05132016.pdf.

26 2017년 구글의 전체 직원 중에서 여성의 비율 : "Diversity," Google, last modified Sept. 18, 2017, https://diversity.google.com.

26 전체 직원 중 35퍼센트가 여성이지만 : Maxine Williams, "Facebook Diversity Update: Building a More Diverse, Inclusive Workforce," Facebook Newsroom, Aug. 2, 2017, https://newsroom.fb.com/news/2017/08/ facebook-diversity-update-building-a-more-diverse-inclusive-workforce.

26 통계 수치가 그야말로 참담한 수준이다 : Ashcraft, McLain, and Eger, "Women in Tech."

26 IT와 엔지니어링 분야를 떠나는 여성 : Ibid

26 미국 전체의 노동시장에서 : Mark DeWolf, "12 Stats About Working Women," U.S. Department of Labor Blog, March 1, 2017, https://blog.dol.gov/2017/03/01/12-stats-about-working-women.

26 기업의 비율은 전체의 약 40퍼센트에 달한다 : "The 2016 State of Women-Owned Businesses," American Express OPEN, 2016, http://www.womenable.com/content/userfiles/2016_State_of_Women-Owned_Businesses_Executive_Report.pdf.

27 여성이 경영하는 기업들 : Valentina Zarya, "Venture Capital's Funding Gender Gap Is Actually Getting Worse," Fortune, March 13, 2017, http://fortune.com/2017/03/13/female-founders-venture-capital.

27 전체 벤처캐피털 파트너 중에서 여성은 고작 7퍼센트 : Gené Teare and Ned Desmond, "The First Comprehensive Study on Women in Venture Capital and Their Impact on Female Founders," TechCrunch, April 19, 2016, https:// techcrunch.com/2016/04/19/the-first-comprehensive-study-on-womenin-venture-capital.

27 약 7000곳의 기업들 : Candida G. Brush et al., "Diana Report: Women En-

trepreneurs 2014: Bridging the Gender Gap in Venture Capital," Arthur M. Blank Center for Entrepreneurship, Babson College, Sept. 2014, http://www.babson.edu/Academics/centers/blank-center/ global-research/ diana/Documents/diana-project-executive-summary-2014 .pdf.

27   이 모든 상황이 정말로 안타까운 것은, 여성이 이끄는 기업의 실적이 남성 CEO가 있
      는 기업들보다 뛰어나다는 연구 결과가 있기 때문이다 : "Catalyst Study Reveals
      Financial Performance Is Higher for Companies with More Women at the
      Top," Catalyst, Jan. 15, 2004, http://www.catalyst.org/media/catalyst-
      studyreveals-financial-performance-higher-companies-more-women-
      top.

29   애플이 대대적으로 광고했던 초기 버전의 건강관리 애플리케이션 : Arielle Du-
      haime-Ross, "Apple Promised an Expansive Health App, So Why Can'
      t I Track Menstruation?," Verge, Sept. 25, 2014, https://www.theverge.
      com/2014/9/25/6844021/applepromised-an-expansive-health-app-so-
      why-cant-i-track.

29   2016년 즈음에 만약 : Adam S. Miner et al., "Smartphone-Based Conversa-
      tional Agents and Responses to Questions about Mental Health, Interper-
      sonal Violence, and Physical Health," JAMA Intern Med (2016): 619-625,
      https://doi.org/10.1001/jamainternmed.2016.0400. This oversight has
      subsequently been remedied.

29   온라인 성희롱과 사이버 증오 행위 : "Gender Distinctions in Cyber Bullying,"
      soc101group2, Wikispaces, Providence College, accessed Nov. 20, 2017,
      http://soc101group2.providence.wikispaces.net/ Gender+Distinctions+in
      +Cyber+Bullying; Maeve Duggan, "Part 1: Experiencing Online Harass-
      ment," Pew Research Center, Oct. 22, 2014, https://doi.org/10.2105/
      AJPH.2014.302393.

30   "사타구니를 움켜쥐었다" : "Transcript: Donald Trump's Taped Comments
      About Women," New York Times, Oct. 8, 2016, https://www.nytimes.
      com/ 2016/10/08/us/donald-trump-tape-transcript.html.

32   "수많은 여성 직장인이 강압적인 성적 접근과 추행에 대해 각자 최선을 다해 대처하
      고 있음을 잘 안다." : Sheryl Sandberg, "#metoo. These two simple words
      …" Facebook post, Oct. 16, 2017, https://www.facebook .com/sheryl/
      posts/10159365581865177.

33   "트래비스는 뜨거운 탕 속에서 8~10시간을 거뜬히 버틸 수 있습니다." : Chris Sacca, "Lowercase Capital Founder Chris Sacca: Studio 1.0," interview by author, Bloomberg, June 12, 2015, video, 27:43, https://www.bloomberg.com/news/videos/2015-06-13/ lowercase-capital-founder-chris-sacca-studio-1-0-06-12-.

37   미국의 주요 은행들에서 직원의 약 절반이 여성이다 : Dan Primack, "Wall Street Outpaces Silicon Valley on Gender Equality," Axios, Aug. 8, 2017, https://www .axios.com/wall-street-outpaces-silicon-valley-on-gender-equality- 2470698125.html.

39   "주주 가치에도 부정적인 영향을 미쳐요." : Megan Smith, "Former U.S. CTO on Silicon Valley's Diversity Battle," interview by author, Bloomberg, Aug. 7, 2017, video, 7:09, https://www.bloomberg.com/news/videos/2017-08-07/ ex-u-s-cto-on-silicon-valley-s-diversity-battle-video.

39   "아직 갈 길이 한참 멀고" : Satya Nadella, "Satya Nadella: Bloomberg Studio 1.0 (Full Show)," interview by author, Bloomberg, Sept. 29, 2017, video, 23:40, https://www.bloomberg.com/news/videos/2017-09-29/satyanadella-bloomberg-studio-1-0-full-show-video.

CHAPTER 1 너드부터 브로까지 : 기술은 어떻게 여성들을 배척했을까?

45   월터 아이작슨은 인터넷의 역사를 기록하는 저서 《이노베이터The Innovators》에서 : Walter Isaacson, The Innovators (New York: Simon & Schuster, 2014), 88

46   호퍼는 문제들을~탁월한 능력을 갖췄다 : Ibid., 90.

46   협업적인 접근법을 사용했다 : Ibid., 117.

46   상이한 많은 기계가 이해할 수 있는 언어 : Ibid., 93.

46   기계들이 효율적으로 공동 작업할 수 있어야 한다 : Ibid., 117.

47   고학력 여성들이 수학을 공부하는 것 : Ibid., 88

47   최고책임자도 마거릿 해밀턴이라는 여성이었다 : Robert McMillan, "Her Code Got Humans on the Moon—and Invented Software Itself," Wired, Oct. 13, 2015, https://www.wired.com/2015/10/margaret-hamilton-nasa-apollo.

47　'프로그래머'라는 용어 : Rose Eveleth, "Computer Programming Used to Be Women's Work," Smithsonian, Oct. 7, 2013, https://www .smithsonian-mag.com/smart-news/computer-programming-used-to-bewomens-work-718061.

48　"여성 '선임 시스템 분석가'" : Lois Mandel, "The Computer Girls," Cosmo-politan, April 1967.

48　〈코스모폴리탄〉이 여성에게~촉구하던 바로 그 즈음 :　Ibid.

49　"다리 16개와 떠드는 혀 8개만 있는데" : "What Has Sixteen Legs, Eight Wag-gly Tongues and Costs You at Least $40,000 a Year?," Optical Scanning Corporation, 1968, https://ccs.soic.indiana.edu/files/2017/01/sixteen-legsdatamation1968.jpg.

49　훌륭한 프로그래머가 갖춰야 하는 기술과 성격적 유형 : Nathan Ensmenger, The Computer Boys Take Over: Computers, Programmers, and the Politics of Technical Expertise (Cambridge, MA: MIT Press, 2010).

49　"당대의 많은 사람은" : Nathan Ensmenger, "Letting the 'Computer Boys' Take Over: Technology and the Politics of Organizational Transformation," IRSH 48 (2003): 153 – 80, https://doi.org/10.1017/S0020859003001305.

50　엔스멩어는 1962년 당시~추산한다 : Ensmenger, Computer Boys Take Over, 64.

50　남학생 사교 클럽과 자선단체인 엘크스 클럽 : Brenda D. Frink, "Researcher Reveals How 'Computer Geeks' Replaced 'Computer Girls,' " Clay-man Institute for Gender Research, Stanford University, June 1, 2011, http:// gender.stanford.edu/news/2011/researcher-reveals-how-"computergeeks"-replaced-"computergirls".

50　베일에 싸인 이 직업군 : Thomas J. Misa, ed., Gender Codes: Why Women Are Leaving Computing (New York: Wiley, 2010), 127 – 28.

50　프로그래머 1378명에 대한 프로필을 작성했고 : William M. Cannon and Dal-lis K. Perry, "A Vocational Interest Scale for Computer Programmers," SIGCPR, June 27, 1966.

50　여성 프로그래머는 186명에 불과했다 : Evelyn Randall Grace, "The Relation-ship Between Personality Traits and Vocational Interests in the Choice of Field of Study of Selected Junior College Students," North Texas

State University, Aug. 1969, https://digital.library.unt.edu/ark:/67531/
metadc164347/m2/1/high_res_d/nd_00314.pdf.

50   프로그래머라는 직업에 대한 '만족도'와 궁극적인 성공 : Birgitta Böckeler, "Born
     for It," martinfowler.com, April 20, 2016, https://martinfowler.com/ar-
     ticles/bornfor-it.html.

51   "사람들을 좋아하지 않는다" : Cannon and Perry, "Vocational Interest Scale
     for Computer Programmers."

51   3분의 2가~혼용했고 : Ensmenger, Computer Boys Take Over, 35.

51   그런 검사들을 1980년대까지 사용했다고 추정한다 : Ibid., 79.

52   반사회적인 성격장애는 여성보다 남성이 1 대 3으로 더 많다 : Analucia A. Alegria
     et al., "Sex Difference in Antisocial Personality Disorder: Results from
     the National Epidemiological Survey on Alcohol and Related Conditions,"
     Personality Disorders: Theory, Research, and Treatment 4, no. 3 (2013):
     214 – 22, https://doi.org/10.1037/a0031681.

52   남자아이가 2~7배 더 많다 : Alycia K. Halladay et al., "Sex and Gender
     Differences in Autism Spectrum Disorder: Summarizing Evidence Gaps
     and Identifying Emerging Areas of Priority," Molecular Autism 6, no. 36
     (2015), https://doi.org/10.1186/s13229-015-0019-y.

53   '종종 자기중심적이고 약간 신경증적' : Nathan Ensmenger, " 'Beards, Sandals,
     and Other Signs of Rugged Individualism': Masculine Culture within the
     Computing Professions," Osiris 30, no. 1 (2015): 38 – 65, https://doi.
     org/10.1086/682955.

53   솔직히 말해~'여성들' 혹은 '여성'이라는 단어 : Cannon and Perry, "Vocational
     Interest Scale for Computer Programmers."

53   반사회적인 남성들이 수학이나 컴퓨터를 더 잘한다는 생각을 뒷받침하는 증거는 거
     의 없다 : Gerald E. Evans and Mark G. Simkin, "What Best Predicts Com-
     puter Proficiency?," Communications of the ACM (1989): 1322, https://
     doi.org/10.1145/68814.68817.

53   남성의 수학적 능력이 여성보다 통계적으로 의미를 가질 만큼 뛰어나다는 증거
     는 없었다 : Sara M. Lindberg, Janet Shibley Hyde, and Jennifer L. Pe-
     tersen, "New Trends in Gender and Mathematics Performance: A Meta-
     analysis," Psychological Bulletin 136, no. 6 (2010): 1123 – 35, https://doi.
     org/10.1037/a0021276.

54   메일링 리스트 : "Systers," Anita Borg Institute, accessed Sept. 5, 2017, https://anitaborg.org/systers.

54   "컴퓨터 산업은 반사회적이고 수학적 성향이 강한 남성들을 의도적으로 채용했고" : Ensmenger, Computer Boys Take Over, 78 – 79.

55   "내 모습을 있는 그대로 보여주고 내가 되고 싶은 사람이 되는 게 두려웠어요" : Padmasree Warrior, "NextEV's Padmasree Warrior: Studio 1.0 (Full Show 3/27)," interview by author, Bloomberg, March 27, 2016, video, 23:36, https://www.bloomberg.com/news/videos/2016-03-27/ nextev-s-padmasree-warrior-studio-1-0-full-show.

57   고등학생을 대상으로 진행된 대규모 연구 : Lily Shashaani, "Gender-Based Differences in Attitudes Toward Computers," Computers & Education 20, no. 2 (1993): 169 – 81, https://doi.org/10.1016/0360-1315(93)90085-W.

58   이런 편견과 선입견은 교과과정에 그대로 반영되었고 : Jane Margolis and Allan Fisher, Unlocking the Clubhouse (Cambridge, MA: MIT Press, 2001), 4.

58   컴퓨터과학을 전공하는 여학생들은~의욕이 꺾인다고 항변한다 : Ibid., 61.

58   "덕후 신화" : Ibid., 68.

59   "이런 고정관념은~일치하지 않는다" : Sapna Cheryan et al., "The Stereotypical Computer Scientist: Gendered Media Representations as a Barrier to Inclusion for Women," Sex Roles 69 (2013): 58 – 71, https://doi.org/10.1007/s11199-013-0296-x.

59   셰리언은~들은 말을 그대로 옮겼다 : Sapna Cheryan, Allison Master, and Andrew N. Meltzoff, "Cultural Stereotypes as Gatekeepers: Increasing Girls' Interest in Computer Science and Engineering by Diversifying Stereotypes," Frontiers in Psychology 6, no. 49 (2015), https://doi.org/10.3389/fpsyg.2015.00049.

59   "남자들처럼 코딩하는 것은 생각도 못 해요." : Jane Margolis, Allan Fisher, and Faye Miller, "The Anatomy of Interest: Women in Undergraduate Computer Science," Women's Studies Quarterly 28, no. 1 – 2 (2000): 104 – 27, http://www.jstor.org/stable/40004448.

60   지원자가 너무 많아~뽑기 시작했다 : Eric Roberts, "A History of Capacity Challenges in Computer Science," Stanford University, March 7, 2016, http://cs.stanford.edu/people/eroberts/CSCapacity.

60   전자공학과 컴퓨터공학 : Ibid.

61   **1977년 의대 입학시험인 MCAT** : William C. McGaghie, "Assessing Readiness for Medical Education: Evolution of the Medical College Admission Test," JAMA 288, no. 9 (2002): 1085 - 90, https://jamanetwork.com/journals/ jama/article-abstract/195259.

61   **"1970년대에는 대학들이~학생들을 두 팔 벌려 환영했다"** : Roberts, "History of Capacity Challenges in Computer Science."

67   **그는 대학에서 경제학을 전공했는데** : Govind Dandekar, "Trilogy CEO, Stanford Alum Retraces Path to Success," Stanford Daily, May 28, 1998, https:// stanforddailyarchive.com/cgi-bin/stanford?a=d&d=stanford19980528- 01.2.26.

68   **"당연히 재협상할 수 있습니다. 그러나 가격이 3배로 올랐습니다"** : Sarah E. Henrickson, "Founder of Trilogy Speaks About His Career," Harvard Crimson, Oct. 31, 1997, http://www .thecrimson.com/article/1997/10/31/founder-of-trilogy-speaks-about-his.

68   IBM과 보잉 그리고 프랑스의 전기통신 관련 기업 알카텔 : Ernst & Young, Net Entrepreneurs Only (New York: Wiley, 2000), 50.

72   **"가장 먼저 해야 하는 일"** : Susan Lahey, "Trilogy and the Extraordinary Power of a Great Network," Silicon Hills News, March 15, 2015, http://www .siliconhillsnews.com/2015/03/15/trilogy-and-the-extraordinary-power-ofa-great-network.

73   신입 직원들은 입사하자마자~직무 훈련을 받았다 : Ibid.

73   **"신입 직원들을 한계까지 몰아붙이는"** : Noel Tichy, "No Ordinary Boot Camp," Harvard Business Review, April 2001, https://hbr.org/2001/04/no-ordinary-bootcamp.

74   **"돈, 리크루터, 맥주"** : Lahey, "Trilogy and the Extraordinary Power of a Great Network."

75   연구 결과를 집대성한 논문을 발표했다 : Emily Grijalva et al., "Narcissism and Leadership: A Meta-analytic Review of Linear and Nonlinear Relationships," Personnel Psychology 68, no. 1 (Spring 2015): 1 - 47, http://dx.doi.org/10.1111/peps.12072.

76   **"브레인티저 문제들은 순전히 시간 낭비일 뿐이다"** : Adam Bryant, "In Head-Hunting, Big Data May Not Be Such a Big Deal," New York Times, June 19, 2013, http://www.nytimes.com/2013/06/20/business/in-head-

huntingbig-data-may-not-be-such-a-big-deal.html.

77   **명백한 성취에도** : Pauline Rose Clance and Suzanne Imes, "The Imposter
      Phenomenon in High Achieving Women: Dynamics and Therapeutic In-
      tervention," Psychotherapy Theory, Research, and Practice 15, no. 3 (Fall
      1978): 241 - 47, http://dx.doi.org/10.1037/ h0086006.

77   **한편 여성은 자격 요건이~주장하는 연구 결과도 있다** : Tara Sophia Mohr, "Why
      Women Don't Apply for Jobs Unless They're 100% Qualified," Harvard
      Business Review, Aug. 25, 2014, https://hbr.org/2014/08/why-women-
      dont-applyfor-jobs-unless-theyre-100-qualified.

79   **첫 번째 닷컴버블이 터졌을 때** : Marie Thibault, "The Next Bill Gates,"
      Forbes, Jan. 19, 2010, https://www.forbes.com/2010/01/19/youngtech-
      billionaire-gates-google-yahoo-wealth.html#6257bb713333.

80   **특권 의식과 오만함과~성격적 특징이라는 점에서 볼 때** : Emily Grijalva et al.,
      "Gender Differences in Narcissism: A Meta-analytic Review," Psychologi-
      cal Bulletin 141, no. 2 (March 2015): 261 - 310, https://doi.org/10.1037/
      a0038231.

81   **고도 금융 분야에서 여성들이 좀 더 두드러진 역할** : Meredith Lepore, "Analysts
      Say Having More Female Bankers Could Have Prevented the Financial
      Crisis," Grindstone, Jan. 26, 2012, http://www.thegrindstone.com/
      2012/01/26/office-politics/analysts-say-having-more-female-banker-
      scould-have-prevented-the-financial-crisis-181.

81   **"위험 감수는 작업장에서 필요하고 또한 바람직한 자질이다"** : "Women More
      Than Twice as Likely to Be Cautious About Risk Than Men," Psycho-
      logical Consultancy Ltd., March 16, 2016, http://www.psychological-
      consultancy.com/blog/women-twicelikely-cautious-risk-men.

82   **피터슨 국제경제연구소는~대대적인 연구를 진행했다** : Jenny Anderson, "Huge
      Study Finds That Companies with More Women Leaders Are More Profit-
      able," Quartz, Feb. 8, 2016, https://qz.com/612086/huge-study-find-
      that-companieswith-more-women-leaders-are-more-profitable.

83   **전국교육통계센터가 취합한 데이터에 따르면** : "Table 349: Degrees in Com-
      puter and Information Sciences Conferred by Degree-Granting Insti-
      tutions, by Level of Degree and Sex of Student: 1970 - 71 Through
      2010 - 11," National Center for Education Statistics, July 2012, https://

nces.ed.gov/ programs/digest/d12/tables/dt12_349.asp.

84   지금 현재 IT 산업에서~추산된다 : Jon Swartz, "Businesses Say They Just Can't Find the Right Tech Workers," USA Today, March 28, 2017, https://www .usatoday.com/story/tech/talkingtech/2017/03/28/tech-skills-gap-hugegraduates-survey-says/99587888.

CHAPTER 2 페이팔 마피아와 능력주의 신화

90   "명쾌하고 통찰력 깊게 해부했다" : Derek Thompson, "Peter Thiel's Zero to One Might Be the Best Business Book I've Read," Atlantic, Sept. 25, 2014, https://www.theatlantic.com/business/archive/2014/09/peterthiel-zero-to-one-review/380738.

91   "우리 모두에게 그 문제를 개선할 책임이 있습니다" : Peter Thiel, "Peter Thiel: Bloomberg West (Full Show 4/12)," interview by author, Bloomberg, April 12, 2016, video, 56:52, https://www.bloomberg.com/news/videos/2016-04-13/peterthiel-bloomberg-west-full-show-4-12.

92   《제로 투 원》: Peter Thiel, Zero to One (New York: Crown Business, 2014).

94   틸도 내게 비슷한 말을 했었다 : Peter Thiel, "Venture Capitalist Peter Thiel: Studio 1.0 (12/18) Bloomberg, Dec. 18, 2014, video, 27:34, https://www .bloomberg.com/news/videos/2014-12-19/venture-capitalist-peter-thielstudio-10-1218.

95   스탠퍼드는~그런 움직임에 동참했다 : News release, Stanford News Service, April 22, 1991, https://web.stanford.edu/dept/news/

95   하버드 대학교를 상대로 제기한 집단 민사소송 : Anemona Hartocollis and Stephanie Saul, "Affirmative Action Battle Has a New Focus: Asian-Americans," New York Times, Aug. 2, 2017, https://www.nytimes.com/2017/08/02/us/ affirmative-action-battle-has-a-new-focus-asian-americans.html?_r=0.

96   〈스탠퍼드 리뷰〉는 페미니즘도 정조준했다 : Lisa Koven and David Sacks, "Rape at Stanford," Stanford Review, Jan. 21, 1992.

96   '강간'이라는 단어 : Ibid., 1.

96   "이성애자인 스탠퍼드의 남학생들" : Ibid., 4.

97   "게이 새끼, 에이즈에 걸려 죽어라." : "Officials Condemn Homophobic Inci-

dent; No Prosecution Planned," Stanford News Service, Feb. 12, 1992, https:// news.stanford.edu/pr/92/920212Arc2432.html.

97 동성애자들을 지속적으로 괴롭힌 한 학생을 대학 기숙사에서 강제 퇴소시켰다고 알려졌다 : David Dirks, "Freshman Loses Housing for Insensitive Conduct," Stanford Daily, May 23, 1988, https://stanforddailyarchive.com/cgi-bin/stanford?a=d&d= stanford19880523-01.2.4#.

97 "내가 그런 말을 한 의도는" : Ibid.

98 "스탠퍼드를 명문 대학~비슷한 공간으로 전락시켰다" : David O. Sacks and Peter Thiel, The Diversity Myth (Oakland, CA: Independent Institute, 1998) : 29.

99 2011년 틸은~했다고 후회했다 : George Packer, "No Death, No Taxes," New Yorker, Nov. 28, 2011, https://www.newyorker.com/magazine/2011/11/28/ no-death-no-taxes.

99 "나중에 후회하는 일시적인 유혹" : Sacks and Thiel, Diversity Myth, 144.

99 "20여 년 전" : Ryan Mac and Matt Drange, "Donald Trump Supporter Peter Thiel Apologizes for Past Book Comments on Rape," Forbes, Oct. 25, 2016, https://www.forbes.com/sites/ ryanmac/2016/10/25/peter-thiel-apologizes-for-past-book-comments-onrape-and-race/#7c635d0e4e48.

99 2017년 말 : Andrew Granato, "How Peter Thiel Built a Silicon Valley Empire," Stanford Politics, Nov. 27, 2017, https:// stanfordpolitics.org/2017/11/27/peter-thiel-cover-story.

100 "그것은 20여 년 전에 출간된 책입니다" : Kara Swisher, "Zenefits CEO David Sacks Apologizes for Parts of a 1996 Book He Co-wrote with Peter Thiel That Called Date Rape 'Belated Regret,' " Recode, Oct. 24, 2016, https://www.recode.net/2016/10/24/13395798/ zenefits-ceo-david-sacks-apologizes-1996-book-co-wrote-peter-thiel-daterape-belated-regret.

100 "나는 다양성을 지지하며" : David Sacks, "Zenefits CEO on Closing the Chapter on Compliance Issues," interview by author, Bloomberg, Oct. 18, 2016, video, 12:23, https://www.bloomberg.com/news/videos/2016-10-18/ zenefits-ceo-on-closing-the-chapter-on-compliance-issues.

101 '시원한 에어컨 바람을 맞으며 낮잠을 자기 위해' : Max Levchin, "PayPal

CoFounder Max Levchin: Studio 1.0 (02/05)," interview by author, Bloomberg, Feb. 6, 2015, video, 27:34, https://www.bloomberg. com/news/ videos/2015-02-06/paypal-co-founder-max-levchin- studio-1-0-02-05-.

103   "신속하고 효율적으로 일해야 하고" : Thiel, Zero to One, 122 – 23.

103   딱 한 명 여성 사무실 관리자를 제외하고~전부 남성이었고 : Jodi Kantor, "A Brand New World in Which Men Ruled," New York Times, Dec. 23, 2014, https://www.nytimes.com/interactive/2014/12/23/us/gender- gapsstanford-94.html.

105   "내가 보기에 인간은~습성이 있는 것 같습니다" : Thiel, interview by author, Bloomberg, Dec. 18, 2014.

106   "페이팔의 공동 창업자 6명 중에" : Thiel, Zero to One, 173.

107   "결과적으로는~영입했습니다" : Ibid.

112   '비상계단에서의 섹스' : Rolfe Winkler, "Zenefits Once Told Employees: No Sex in Stairwells," Wall Street Journal, Feb. 22, 2016, https://www .wsj.com/articles/zenefits-once-told-employees-no-sex-in-stairwells- 1456183097.

113   페이팔 마피아의 '왕조적 특권' : Adam Pisoni, "In Defense of Diverse Found- ing Teams," Medium, Jan. 12, 2017, https://medium.com/@ adampi- soni/in-defense-of-diverse-founding-teams-e9f0b5b81f25.

116   성추행 추문에 휩싸여 스퀘어를 사임했고 : Evelyn M. Rusli, "Square Executive Resigns Amid Sexual-Harassment Claims," Wall Street Journal, Jan. 25, 2013, https://www.wsj.com/articles/SB100014241278873245393045782 64153187663828.

121   "만약 능력주의가 지구상의 어딘가에 존재한다면" : Kantor, "A Brand New World in Which Men Ruled."

123   '파산'했을 거라고 : Roger Parloff, "Peter Thiel Disagrees with You," For- tune, Sept. 4, 2014, http://fortune.com/2014/09/04/peter-thielscontrari- an-strategy.

125   "능력에 따라서~타당하다" : Michael Young, "Down with Meritocracy," Guardian, June 28, 2001, https://www.theguardian.com/politics/2001/ jun/29/ comment.

127   "그저 우연의 일치일까?" : "Economic Diversity and Student Outcomes at

Stanford University," New York Times, 2017, https://www .nytimes.com/interactive/projects/college-mobility/stanford-university? mcubz=3.

126 미국 전체 가정의 중위소득 : "Income, Poverty, and Health Insurance Coverage in the United States: 2016," U.S. Census Bureau, Sept. 12, 2017, https://www.census.gov/newsroom/press-releases/2017/incomepoverty.html.

127 어떤 연구 결과를 보면~채택한다면 : Emilio J. Castilla and Stephen Benard, "The Paradox of Meritocracy in Organizations," Administrative Science Quarterly, Dec. 1, 2010, http://hdl.handle.net/1721.1/65884.

127 능력주의 조직이라는 확신이 든다면 : Leah Eichler, "The Problem with Working for a Supposed Meritocracy," Globe and Mail, March 4, 2016, https:// www.theglobeandmail.com/report-on-business/careers/career-advice/lifeat-work/the-problem-with-working-for-a-supposed-meritocracy/ article29033411.

127 "'능력주의'의 핵심적인 가정은~것이다" : Megan Garber, "The Perils of Meritocracy," Atlantic, June 30, 2017, https://www.theatlantic.com/ entertainment/archive/2017/06/the-perils-of-meritocracy/532215.

129 "이제는 자유와 민주주의가 양립할 수 있다는 믿음을 버렸다" : Peter Thiel, "The Education of a Libertarian," Cato Unbound, April 13, 2009, https:// www.cato-unbound.org/ 2009/04/13/peter-thiel/education-libertarian.

130 틸은 자신이 동성애자라고 커밍아웃 : Owen Thomas, "Peter Thiel Is Totally Gay, People," Gawker, Dec. 19, 2007, http://gawker.com/335894/peter-thiel-istotally-gay-people.

131 "내가 어릴 때는" : Will Drabold, "Read Peter Thiel's Speech at the Republican National Convention," Time, July 21, 2016, http://time.com/4417679/republican-convention-peter-thiel-transcript.

131 "우리는 다양성을 매우 중요하게 생각합니다" : Jeff John Roberts, "Mark Zuckerberg Says Trump Supporter Peter Thiel Still Has a Place on Facebook's Board," Fortune, Oct. 19, 2016, http://fortune.com/ 2016/10/19/zuckerberg-thiel.

132 "내 개인적으로는~다양성을 수용해야 한다고 생각합니다" : Melanie Ehrenkranz, "Mark Zuckerberg's Defense of Peter Thiel Reveals a Flawed Understanding of Diversity," Mic, March 14, 2017, http://www.businessinsider.

com/mark-zuckerbergs-defense-ofpeter-thiel-reveals-a-flawed-under-
standing-of-diversity-2017-3.

132   **'구형이든 최신형이든 컴퓨터 자체'** : Jeremy Diamond, "Trump, the Computer and Email Skeptic-in-Chief," CNN, Dec. 30, 2016, http:// www.cnn. com/2016/12/29/politics/donald-trump-computers-internetemail/index. html.

CHAPTER 3 구글 : 좋은 의도만으로 충분하지 않을 때

138   **"사람 보는 눈이~얼마나 좋겠어요"** : Susan Wojcicki, "Studio 1.0: Susan Wojcicki Opens Up About Being a Working Mother in the Tech Industry," interview by author, Bloomberg, Nov. 14, 2016, https://www. bloomberg.com/news/articles/2016-11-14/studio-1-0-susan-wojcicki-opens-upabout-being-a-working-mother-in-the-tech-industry.

139   **구글이 설립 초기~살펴볼 가치가 있다** : Erik Larson, "Google Sued for Allegedly Paying Women Less Than Male Peers," Bloomberg, Sept. 14, 2017, https://www.bloomberg.com/news/articles/2017-09-14/google-sued-bywomen-workers-claiming-gender-discrimination.

142   **구글은 마케팅에 땡전 한 푼도 쓸 여유가 없었다** : Adam Levy, "Susan Wojcicki: From Google Doodles to YouTube CEO," Motley Fool, July 5, 2015, https:// www.fool.com/investing/general/2015/07/05/susan-wojcicki-from-googledoodles-to-youtube-ceo.aspx.

142   **"당신은 콘텐츠를 만들기만 하세요"** : Steven Levy, In the Plex (New York: Simon & Schuster, 2011), 84.

143   **문제의 그날~적었다** : Rachel Hutton, "Meeting Our Campus Celebrities," Stanford Daily, Nov. 9, 1998, https://stanforddailyarchive .com/cgi-bin/stanford?a=d&d=stanford19981109-01.1.4&e=-------en-20-1--txt-txIN-------.

145   **'매력적인 여신'** : Hutton, "Meeting Our Campus Celebrities."

145   **메이어의 주장을 뒷받침하는 연구 결과도 있다** : "Stereotype Threat Widens Achievement Gap," American Psychological Association, July 15, 2006, http://www.apa .org/research/action/stereotype.aspx.

147   **메이어가 처음 맡은 업무 중 하나** : Laura M. Holson, "Putting a Bolder Face

on Google," New York Times, Feb. 28, 2009, http://www.nytimes.com/2009/03/01/business/01marissa.html.

148 　애드센스가 출시된 이듬해인 2004년에는 : U.S. Securities and Exchange Commission, Google Inc. Form 10-K for the Fiscal Year Ended Dec. 31, 2014, Feb. 6, 2015, https://www.sec.gov/Archives/edgar/data/1288776/000128877615000008/goog2014123110-k.htm.

148 　셰릴버그의 첫 번째 임무 : Kashmir Hill, "Sheryl Sandberg to Harvard Biz Grads: 'Find a Rocket Ship,'" Forbes, May 24, 2012, https:// www.forbes.com/sites/kashmirhill/2012/05/24/sheryl-sandberg-toharvard-biz-grads-find-a-rocket-ship.

149 　그런 다음에는~영업 팀을 구축하고 관리했다 : "Facebook Names Sheryl Sandberg Chief Operating Officer," Facebook Newsroom, March 4, 2008, https:// newsroom.fb.com/news/2008/03/facebook-names-sheryl-sandberg-chiefoperating-officer.

153 　"나는 구글의 채용 과정에서 핵심은~봐요" : Wojcicki, interview by author, Bloomberg, Nov. 14, 2016.

160 　"리부트 멜로 드라마에 나오는 소재다" : Reed Albergotti, "Google Reckoning with History of Interoffice Romance by Top Execs," The Information, Nov. 29, 2017, https://www.theinformation.com/googlereckoning-with-history-of-interoffice-romance-by-top-execs.

160 　2013년 유난히 길고 더웠던 여름 : Caroline Graham, "The £5.4 Billion Google Love Rat: How Boss, 58, of Internet Giant Resisting Online Porn Crackdown Has a String of Exotic Lovers in His 'Open Marriage' . . . but DOESN'T Want You to Know About It," Daily Mail, July 20, 2013, http://www.dailymail.co.uk/news/article-2371719/Googles-Eric-Schmidts-openmarriage-string-exotic-lovers.html.

160 　뉴욕에 있는 슈미트의 아파트 : Sam Biddle, "Google Boss Enjoys $15 Mil Manhattan Sex Penthouse," Valleywag, July 25, 2013, http:// valley-wag.gawker.com/google-boss-enjoys-15-mil-manhattan-sexpent-house-909299764.

161 　'미국에서 가장 대범한 CEO' : Ryan Chittum, "Fast Company's Daring 23andMe Cover," Columbia Journalism Review, Nov. 23, 2013, http:// archives.cjr.org/the_audit/fast_companys_daring_23andme_c.php.

161   구글에서 오랫동안 수석 법률자문을 지낸 데이비드 드러먼드 : Albergotti,
       "Google Reckoning with History of Interoffice Romance by Top Execs."

163   고위 임원들이 그녀의 외모에 대해~말했다고 트윗했다 : Shawn Paul Wood,
       "Google Engineer Accused of Sexual Harassment Allegedly Does Noth-
       ing," Adweek, March 9, 2015, http://www.adweek.com/digital/google-
       engineer-accused-ofsexual-harassment-allegedly-does-nothing.

164   안드로이드 운영체제의 '대부'로 불리는 앤디 루빈 : Reed Albergotti, "Android's
       Andy Rubin Left Google After Inquiry Found Inappropriate Relationship,"
       The Information, Nov. 28, 2017, https://www.theinformation.com/
       androidsandy-rubin-left-google-after-inquiry-found-inappropriate-
       relationship.

165   2016년 또 다른 고위 임원 : Barry Schwartz, "Amit Singhal, The Head of
       Google Search, to Leave the Company for Philanthropic Purposes,"
       Search Engine Land, Feb. 3, 2016, https://searchengineland .com/amit-
       singhal-the-head-of-google-search-to-leave-the-company-forphilan-
       thropic-purposes-241707.

165   구글은 업계 표준과 비슷한 다양성 지표를 담은 보고서를 발표했다 : "Google Di-
       versity," Google, 2017.

166   "노동부는~받았습니다" : Sam Levin, "Google Accused of 'Extreme' Gen-
       der Pay Discrimination by US Labor Department," Guardian, April 7,
       2017, https://www.theguardian.com/technology/2017/ apr/07/google-
       pay-disparities-women-labor-department-lawsuit.

166   같은 해 9월에 : Larson, "Google Sued for Allegedly Paying Women Less
       Than Male Peers."

166   "업무의 수준과 승진은 엄정한 채용과 승진 심사위원회를 통해 결정된다" : Ibid.

173   다모어는 구글에서~이유가 있다고 주장했다 : Mike Cernovich, "Full James
       Damore Memo— Uncensored Memo with Charts and Cites," Medium,
       Aug. 8, 2017, https://medium.com/@Cernovich/full-james-damore-
       memo-uncensoredmemo-with-charts-and-cites-339f3d2d05f.

174   그가 인용한 사례들은~위키피디아에서 가져왔다 : Megan Molteni and Adam
       Rogers, "The Actual Science of James Damore's Google Memo," Wired,
       Aug. 15, 2017, https://www.wired.com/story/thepernicious-science-of-
       james-damores-google-memo.

175   어떤 사이트는~마비되었다 : Toni Airaksinen, "Libertarian Site Suffers DDoS Attack After Supporting Google Worker," PJ Media, Aug. 9, 2017, https://pjmedia.com/trending/2017/08/09/libertarian-site-suffers-ddos-attack-after-supporting-google-worker.

175   주류 언론들이 즉각적으로 그 논란을 보도했다 : Jack Nicas and Yoree Koh, "At Google, Memo on Gender and Diversity Sparks Firestorm," Wall Street Journal, Aug. 9, 2017, https://www.wsj.com/articles/memo-sparksfirestorm-at-google-1502246996.

175   피차이는 강경한 어조의 반박문을 발표했다 : Sundar Pichai, "Note to Employees from CEO Sundar Pichai," Google, Aug. 8, 2017, https://www.blog.google/topics/diversity/note-employees-ceo-sundar-pichai.

176   피차이의 사임을 요구하는 옵에드 : David Brooks, "Sundar Pichai Should Resign as Google's C.E.O.," New York Times, Aug. 11, 2017, https://www.nytimes.com/2017/08/11/opinion/sundar-pichai-google-memo-diversity.html.

176   "고위 임원 중 누구도 나를 옹호할 수 없다는 사실이 정말로 부끄럽습니다" : James Damore, "Fired Google Engineer Says Company Executives Smeared Him," interview by author, Bloomberg, Aug. 9, 2017, video, 3:51, https://www.bloomberg.com/news/videos/2017-08-10/fired-google-engineer-says-company-smeared-himvideo.

177   내 생각을 뒷받침해주는 연구 결과도 아주 많다 : Brian A. Nosek et al., "National Differences in Gender-Science Stereotypes Predict National Sex Differences in Science and Math Achievement," PNAS 106, no. 26 (2009): 10593 – 97, https://doi.org/10.1073/pnas.0809921106.

178   통찰력 있는 반응 가운데 하나 : Yonatan Zunger, "So, About This Googler's Manifesto," Medium, Aug. 5, 2017, https://medium.com/@ yonatan-zunger/so-about-this-googlers-manifesto-1e3773ed1788.

179   "진짜 뉴스는 그가~생각했다는 사실이다" : Erica Joy Baker, "I Am Disappointed but Unsurprised . . ." Medium, Aug. 5, 2017, https:// medium.com/projectinclude/i-am-disappointed-but-unsurprised-by- the-news-that-an-anti-diversity-sexist-racist-manifesto-is-5fdafbe19352.

180   '집단행동에 가깝다' : Megan Smith, "Former U.S. CTO on Silicon Valley's Diversity Battle," interview by author, Bloomberg, Aug. 7, 2017, video,

7:09, https://www.bloomberg.com/news/videos/2017-08-07/ex-u-scto-on-silicon-valley-s-diversity-battle-video.

180 "우리는 그 사람과 같은 남성 직원들과 함께 일해보면 안다" : Cate Huston, "We Know Who He Is," Medium, Aug. 6, 2017, https://medium.com/@catehstn/we-knowwho-he-is-596fdd93d7c2.

181 "내 헌신과 능력을 의심하는 시선들이 따라다녔다" : Susan Wojcicki, "Read YouTube CEO Susan Wojcicki's Response to the Controversial Google Anti-diversity Memo," Fortune, Aug. 9, 2017, http://fortune.com/2017/08/09/google-diversitymemo-wojcicki.

181 최근 〈포브스〉는 워치츠키를~선정했다 : "The World's Most Powerful Women In 2016," Forbes, Jun. 6, 2016, https://www.forbes.com/sites/ alixmcnamara/2016/06/06/the-worlds-most-powerful-women-in2016/#54f8fb971c83.

183 "추운 날씨가 좋은 점 하나" : Susan Wojcicki (@SusanWojcicki), "Super cold weather @Davos2016 is it's easy to store breast milk. No freezer required. #moms." Twitter post, Jan. 22, 2016, https://twitter.com/susan-wojcicki/ status/690467560396029952.

183 "사무실에 있을 때" : Susan Wojcicki, interview by author, Bloomberg, Nov. 14, 2016, video, 23:36, https://www.bloomberg.com/news/videos/2016-11-14/susan-wojcicki-bloomberg-studio-1-0-11-13.

184 메이어는 구글에서 성공 가도를 달리다 : Claire Cain Miller, "In Google's Inner Circle, a Falling Number of Women," New York Times, Aug. 22, 2012, http://www.nytimes.com/2012/08/23/technology/in-googles-inner-circle-afalling-number-of-women.html.

186 "야후의 신임 CEO 마리사 메이어" : Jenna Goudreau, "New Yahoo CEO Marissa Mayer Is Pregnant. Does It Matter?," Forbes, July 17, 2012, https://www.forbes.com/sites/jennagoudreau/2012/07/17/new-yahoo-ceomarissa-mayer-is-pregnant-does-it-matter/#7fd59ae9fa00.

186 "임신한 CEO" : LearnVest, "The Pregnant CEO: Should You Hate Marissa Mayer?," Forbes, July 19, 2012, https://www.forbes.com/sites/learnvest/2012/07/19/the-pregnant-ceo-should-you-hate-marissamayer/#5df5db293d14.

186 "마리사 메이어의 짧은 출산휴가" : Katherine Reynolds Lewis, "Marissa May-

er's Brief Maternity Leave: Progress or Workaholism?," Fortune, Oct. 2, 2012, http://fortune.com/2012/10/02/ marissa-mayers-brief-maternity-leave-progress-or-workaholism.

187   한 블로거는 신랄하게 비꼬았다 : Penelope Trunk, "Marissa Mayer Becomes CEO of Yahoo and Proves Women Cannot Have It All," blog.penelop-etrunk .com, July 17, 2012, http://blog.penelopetrunk.com/2012/07/17/ marissamayer-becomes-ceo-of-yahoo-and-proves-women-cannot-have-it-all.

187   나를 만났을 즈음~ 4년이 지났을 때였고 : Marissa Mayer, "Marissa's Tumblr," https://marissamayr.tumblr.com.

189   시대를 역행한다 : Richard Branson and Sheryl Sandberg, "Sheryl Sand-berg and Richard Branson: Balancing Act (04/24)," interview by author, Bloomberg, April 23, 2015, video, 20:53, https://www .bloomberg.com/news/videos/2015-04-25/sheryl-sandberg-richardbranson-balancing-act-04-24-.

192   샌드버그의 지도 아래 페이스북의 매출은~상승했고 : Matt Rosoff, "Look at How Much Sheryl Sandberg Has Done for Facebook," Business Insider, Mar. 23, 2016, http://www.businessinsider.com/sheryl-sandberg-8-yearsat-facebook-2016-3.

193   '뒤로 물러서지 말라' : Sheryl Sandberg, "Why We Have Too Few Women Leaders," TED talk, Dec. 21, 2010, video, 14:58, https://www.ted.com/talks/sheryl_sandberg_why_we_have_too_few_women_leaders.

193   "격려의 뜻을 담은 단어들로 포장했으나" : Anne-Marie Slaughter, "Why Women Still Can't Have It All," Atlantic, July/Aug. 2012, https://www.theatlantic .com/magazine/archive/2012/07/why-women-still-cant-have-it-all/309020.

195   '내가 셰릴 샌드버그를 싫어하는 이유' : Rosa Brooks, "Recline, Don't 'Lean In' (Why I Hate Sheryl Sandberg)," Washington Post, Feb. 25, 2014, https:// www .washingtonpost.com/blogs/she-the-people/wp/2014/02/25/recline-dontlean-in-why-i-hate-sheryl-sandberg/?utm_term=.d6cbcc2012c1.

195   '거짓된 약속이다' : Bryce Covert, "Lean In, Trickle Down: The False Promise of Sheryl Sandberg's Theory of Change," Forbes, Feb. 25, 2013,

https://www.forbes.com/sites/brycecovert/2013/02/25/lean-in-trickle-down-the-false-promise-of-sheryl-sandbergs-theory-of-change/#469c7d5c4256.

195 "내가 린인하지 않으려는 이유" : Vanessa Garcia, "Why I Won't Lean In," Huffington Post, July 19, 2013, https://www.huffingtonpost.com/vanessagarcia/why-i-wont-lean-in_b_3586527.html.

195 "새로운 엄마 전쟁: 메이어와 샌드버그" : Joanne Bamberger, "The New Mommy Wars," USA Today, Feb. 5, 2013, https://www.usatoday.com/story/opinion/ 2013/02/25/the-new-mommy-wars-column/1947589.

195 "다른 여성들을 비난한다" : Maureen Dowd, "Pompom Girl for Feminism," New York Times, Feb. 23, 2013, http://www.nytimes .com/2013/02/24/opinion/sunday/dowd-pompom-girl-for-feminism.html.

196 《린인》에 대한 반발 : Anna Holmes, "Maybe You Should Read the Book: The Sheryl Sandberg Backlash," New Yorker, March 4, 2013, https://www.newyorker.com/books/page-turner/maybe-you-should-readthe-book-the-sheryl-sandberg-backlash.

CHAPTER 4 티핑포인트 : 여성 엔지니어들이 목소리를 내다

204 파울러는 2015년~우버에 입사했고 : Susan J. Fowler, "Reflecting on One Very, Very Strange Year at Uber," www.susanjfowler.com, Feb. 19, 2017, https:// www.susanjfowler.com/blog/2017/2/19/reflecting-on-one-very-strangeyear-at-uber.

204 파울러는 실리콘밸리의 순수 혈통 출신이 아니었다 : Susan J. Fowler, "Twenty Books That Shaped My Unconventional Life," www.susanjfowler.com, Aug. 17, 2016, https://www.susanjfowler.com/blog/2016/8/15/20-unconventional-booksthat-changed-my-life.

205 "회사에서 문제를 일으키지 않으려고 하는데도" : Fowler, "Reflecting on One Very, Very Strange Year at Uber."

211 인신공격성 '비방 모략'이 시작되었다 : Susan Fowler, "Research for the smear campaign has begun. If you are contacted by anyone asking for personal and intimate info about me, please report asap," Twitter post, Feb. 24, 2017, https://twitter.com/susanthesquark/status/

211　우버는 그런 움직임의 배후라는 주장을 일축했다 : Sarah Buhr, "Uber Says It's 'Absolutely Not' Behind a Smear Campaign Against Ex-employee Susan Fowler Rigetti," TechCrunch, Feb. 24, 2017, https://techcrunch.com/2017/02/24/ uber-says-its-absolutely-not-behind-a-smear-campaign-against-exemployee-susan-fowler-rigetti.

211　"맞아요, 우린 그걸 부버라고 부르죠" : Mickey Rapkin, "Uber Cab Confessions," GQ, Feb. 27, 2014, https://www.gq.com/story/uber-cabconfessions.

211　캘러닉이 우버의 한 운전기사와 험악한 말싸움을 벌이는 영상 : Eric Newcomer, "In Video, Uber CEO Argues with Driver over Falling Fares," Bloomberg, Feb. 28, 2017, https://www .bloomberg.com/news/articles/2017-02-28/in-video-uber-ceo-argues-withdriver-over-falling-fares.

211　우버의 신임 엔지니어링 책임자 : Kara Swisher, "Uber's SVP of Engineering Is Out After He Did Not Disclose He Left Google in a Dispute over a Sexual Harassment Allegation," Recode, Feb. 27, 2017, https://www.recode.net/2017/2/27/14745360/amit-singhal-google-uber.

211　여성 접대부가 나오는 단란주점을 갔다고 폭로했다 : Amir Efrati, "Uber Group's Visit to Seoul Escort Bar Sparked HR Complaint," The Information, March 24, 2017, https://www .theinformation.com/uber-groups-visit-to-seoul-escort-bar-sparked-hrcomplaint.

212　'실리콘밸리는 왜 여성들을 그토록 못살게 굴까?' : Liza Mundy, "Why Is Silicon Valley So Awful to Women?," Atlantic, April 2017, https://www .theatlantic.com/magazine/archive/2017/04/why-is-silicon-valley-soawful-to-women/517788.

219　'여성 컴퓨터공학자를 위한 그레이스 호퍼 기념회'에 참석했다 : Sheryl Sandberg et al., "GHC 2013 Keynote Sheryl Sandberg, Maria Klawe, Telle Whitney," Grace Hopper Celebration of Women in Computing, Nov. 9, 2013, https://www.youtube.com/watch?v=362AygQGMGk.

220　처우는 기술 분야의~글을 〈미디엄〉에 올렸다 : Tracy Chou, "Where Are the Numbers?," Medium, Oct. 11, 2013, https://medium.com/@triketora/where-are-the-numbers-cb997a57252.

224　'실리콘밸리의 코끼리'라고 명명된 그 설문조사 : Trae Vassallo et al., "The Elephant in the Valley," www.elephantinthevalley.com, 2017, https://www.elephantinthevalley.com.

225 **"내가 스무 살만 젊었어도"**: Ibid.

226 **설문조사를 통해 수집한 이야기들을 보면**: Ibid.

230 **리디아 페르난데스는 남성의 눈과 여성의 눈으로 기술 산업을 바라본다**: Fernandez, interview by Helena Price, www.techiesproject.com, Feb. 11, 2016, http://www.techiesproject.com/lydia-fernandez.

232 **소프트웨어 공유 사이트 깃허브**: Josh Terrell et al., "Gender Differences and Bias in Open Source: Pull Request Acceptance of Women Versus Men," Peer J, July 26, 2016, https://doi.org/10.7717/peerj-cs.111.

232 **페이스북의 한 전직 엔지니어가 수집한 데이터에 따르면**: Deepa Seetharaman, "Facebook's Female Engineers Claim Gender Bias," Wall Street Journal, May 2, 2017, https://www.wsj.com/articles/facebooks-female-engineers-claim-genderbias-1493737116.

236 **맥고원-헤어는 그런 모습을 보다가 불현듯 몇 달 전 여름 일이 떠올랐다**: Cedric L. Alexander, "Three Days in July: Where Do We Go from Here?," CNN, July 11, 2016, http://www.cnn.com/2016/07/11/opinions/three-days-in-july-cedric-alexander/index.html.

239 **"백인만큼 '좋지'는 않아도"**: Tracy Chou, "The Uncomfortable State of Being Asian in Tech," Medium, Oct. 19, 2015, https://medium.com/littlethoughts/the-uncomfortable-state-of-being-asian-in-tech-ab7db-446c55b.

241 **"끔찍하고 우버가 지향하고 추구하는 모든 가치에 반한다"**: Eric Newcomer, "Uber Investigating Sexual Discrimination Claims by Ex-engineer," Bloomberg, Feb. 20, 2017, https://www.bloomberg.com/news/articles/2017-02-20/ uber-investigating-sexual-discrimination-claims-by-ex-engineer.

242 **동영상이 공개된 후에**: Newcomer, "In Video, Uber CEO Argues with Driver over Falling Fares."

242 **우버가 '똑똑한 멍청이들'을 다시는 채용하지 않을 거라고 선언했다**: Mike Isaac, "Inside Uber's Aggressive, Unrestrained Workplace Culture," New York Times, Feb. 22, 2017, https://www.nytimes.com/2017/02/22/technology/uberworkplace-culture.html.

242 **"우버에 엄청난 성공을 가져다주었던 것"** : Mike Isaac, "Uber Releases Diversity Report and Repudiates Its 'Hard-Charging Attitude,'" New York Times, March 28, 2017, https://www.nytimes.com/2017/03/28/technology/uber-scandaldiversity-report.html.

246 **'이것을 꼭 읽을 것'** : Kara Swisher and Johana Bhuiyan, "Uber CEO Kalanick Advised Employees on Sex Rules for a Company Celebration in 2013 'Miami Letter,'" Recode, June 8, 2017, https://www.recode.net/2017/6/8/15765514/2013-miami-letter-uber-ceo-kalanick-employees-sex-rules-company-celebration.

246 **승객을 성폭행했다** : Eric Newcomer, "Uber Workplace Probe Extends to Handling of India Rape Case," Bloomberg, June 7, 2017, https://www.bloomberg.com/news/articles/2017-06-07/uberworkplace-probe-extends-to-handling-of-india-rape-case.

246 **우버의 아시아 지역 사업을 총괄하던 한 책임자** : Kara Swisher and Johana Bhuiyan, "How Being 'Coin-Operated' at Uber Led to a Top Exec Obtaining the Medical Records of a Rape Victim in India," Recode, June 11, 2017., https://www.recode.net/2017/6/11/15758818/uber-traviskalanick-eric-alexander-india-rape-medical-records.

247 **우버는 마침내~조사 결과를 발표했다** : Mike Isaac, "Uber Fires 20 Amid Investigation into Workplace Culture," New York Times, June 6, 2017, https://www.nytimes.com/2017/06/06/technology/uber-fired.html.

247 **우버의 이사회는~채택했다** : "Uber Report: Eric Holder's Recommendations for Change," New York Times, June 13, 2017, https://www.nytimes.com/2017/06/13/technology/uber-report-eric-holders-recommendationsfor-change.html.

248 **캘러닉이 자신의 '이기적인 목적'에 사로잡혔다** : Mike Isaac, "Uber Investor Sues Travis Kalanick for Fraud," New York Times, Aug. 10, 2017, https://www .nytimes.com/2017/08/10/technology/travis-kalanick-uber-lawsuitbenchmark-capital.html.

248 **캘러닉의 대변인** : Ibid.

251 **메디나는~우버를 고소했다**(아직은 비록 병가 중이었지만 우버의 직원이었다) : Heather Somerville, "Three Women Sue Uber in San Francisco Claiming Unequal Pay, Benefits," Reuters, Oct. 25, 2017, https://www.reuters.com/article/

usuber-lawsuit/three-women-sue-uber-in-san-francisco-claiming-unequalpay-benefits-idUSKBN1CU2Z1.

CHAPTER 5 슈퍼 영웅과 슈퍼 멍청이 : 벤처캐피털리스트들의 두 얼굴

256   모리츠는 자신이~경영 일선에서 물러났지만 : D. D. Gutenplan, "Behind Oxford Donation, a Personal Story," New York Times, July 15, 2012, http://www.nytimes .com/2012/07/16/world/europe/16iht-educside16. html.

257   "우리는 그 책임을 진지하게 여깁니다" : Michael Moritz, "Sir Michael Moritz: Studio 1.0 (Full Show 12/02)," interview by author, Bloomberg, Dec. 2, 2015, video, 30:08, https://www.bloomberg.com/news/videos/2015-12-03/sirmichael-moritz-studio-1-0-full-show-12-02-.

258   "젊은 여성은 잘 들으세요" : Emily Jane Fox, "Silicon Valley V.C. Firm Can't Find Any Women," Vanity Fair, Dec. 3, 2015, https://www.vanityfair. com/ news/2015/12/michael-moritz-sequoia-women-partners-tech.

259   "나는 대학에서 역사를 전공했고" : Moritz, interview by author, Bloomberg, Dec. 2, 2015.

259   내가 모리츠를 인터뷰한 직후 : "The Midas List," Forbes, 2015, https://www.forbes.com/data/midas-interactive-2015.

260   명단에 있는 남성 투자자의 61퍼센트 : Sukhinder Singh Cassidy, "Do You Need a STEM Degree to Be a Successful VC? The Answer Is No," Medium, Dec. 4, 2015, https://medium.com/@sukhindersinghcassidy/do-you-needa-stem-degree-to-be-a-successful-vc-the-answer-is-no-fe974145e6a8.

260   "우리는 여성 채용을 확대하기 위해 더 노력할 필요가 있습니다" : Sequoia Capital, "We need to do better," Twitter post, Dec. 3, 2015, https://twitter. com/sequoia/status/ 672502717131034624.

260   "우리는 소수 집단 우대 정책(프로그램)을 시행하지 않을 계획입니다" : Michael Moritz speaks at the Exploratorium, March 16, 2016.

261   "세상에서~것은 얼토당토않습니다" : Michael Moritz, "The Next Billion-Dollar Idea," Interview by Andrew Ross Sorkin, Vanity Fair New Establishment Summit, Oct. 14, 2016, video, 30:08, https://video.vanityfair.com/

watch/ the-new-establishment-summit-the-next-billion-dollar-idea.

262 **"다양성은 혁신의 동력이에요"** : Beth Comstock, "How Diversity Fuels Innovation," interview by Andrew Ross Sorkin, Vanity Fair New Establishment Summit, Oct. 14, 2016, video, 1:17, https://video .vanityfair.com/ watch/the-new-establishment-summit-how-diversity-fuelsinnovation.

263 **"성 노예로 살았다"** : Connie Loizos, "Longtime VC Michael Goguen Was Just Hit with an Explosive Lawsuit," TechCrunch, March 11, 2016, https://techcrunch.com/2016/03/11/longtime-vc-michael-goguen-wasjust-hit-with-an-explosive-lawsuit/.

263 **고겐은 그녀를 돈을 갈취하려는 '꽃뱀'으로 몰아가며 성 노예 주장을 전면 부인** : Connie Loizos, "Michael Goguen's Countercomplaint Calls Accuser an 'Exotic Dancer' Who Was 'Looking for a Payday,' " TechCrunch, March 14, 2016, https://techcrunch.com/ 2016/03/14/michael-goguens-counter-complaint-calls-accuser-an-exoticdancer-who-was-looking-for-a-payday.

264 **1999년 벤처캐피털 회사들에서 여성 파트너 비율** : Brush et al., "Diana Report: Women's Entrepreneurs 2014: Bridging the Gender Gap in Venture Capital," dianaproject.org, http://www.babson.edu/Academics/centers/ blankcenter/global-research/diana/Documents/diana-project-executivesummary-2014.pdf

267 **"제발, 정말 부탁이니 휴가다운 휴가를 가게나"** : Ellen Pao v. Kleiner Perkins Caufield & Byers, 1 (Cal. 2012), http://s3.documentcloud.org/documents/358553/ pao-complaint.pdf.

268 **파오는 주니어 파트너 아짓 나즈레와 연인 관계였는데** : Heather Somerville, "Timeline: Ellen Pao's Career, Key Moments at Kleiner Perkins," Mercury News, March 27, 2015, http:// www.mercurynews.com/2015/03/27/ timeline-ellen-paos-career-keymoments-at-kleiner-perkins.

268 **결국 파오가 소송 카드를 꺼내게 했다** : Ellen Pao v. Kleiner Perkins Caufield & Byers.

269 **그녀가 낸 자서전** : Reset: Ellen Pao, Reset (New York: Spiegel & Grau, 2017).

269 **'어린 백인 여성들 특히 동유럽 출신'** : Ibid.

269 **'흥을 깬다'** : Ellen Pao v. Kleiner Perkins Caufield & Byers.

269 **첸은 법정에 나와 그런 말을 한 적이 없다고 부인(했지만)** : Nellie Bowles and Liz

Gannes, "All-Male Ski Trip and No Women at Al Gore Dinner: Kleiner's Chien Takes the Stand in Pao Lawsuit," Recode, Feb. 25, 2015, https://www.recode.net/2015/2/25/11559418/all-male-ski-trip-and-no-women-at-al-goredinner-kleiners-chien-takes.

269 첸은 종종~참석하지 못했다고 증언했다 : Beth Winegarner, "Kleiner Partner Held All-Male Al Gore Dinner, Jury Told," Law360, Feb. 25, 2015, https://www.law360.com/articles/625265/kleiner-partner-held-all-male-al-gore-dinner-jurytold.

271 "이의를 제기한 두 사람" : Sam Colt, "Ellen Pao Complained She Had Gotten a 'Demotion' When Kleiner Perkins Downsized in 2012," Business Insider, March 3, 2015, http://www.businessinsider.com/ellen-pao-trialdemotion-2015-3.

273 파오의 패소 소식이 〈뉴욕 타임스〉 1면에 등장 : David Streitfeld, "Ellen Pao Suit Against Kleiner Perkins Heads to Trial, with Big Potential Implications," New York Times, Feb. 22, 2015, https://www.nytimes.com/2015/02/23/technology/ellenpao-suit-against-kleiner-perkins-heads-to-trial-with-big-potentialimplications.html.

273 IT 관련 블로그들이~까발리면서 : David Streitfeld, "Ellen Pao Loses Silicon Valley Bias Case Against Kleiner Perkins," New York Times, March 27, 2015, https://www.nytimes.com/2015/03/28/technology/ellen-pao-kleinerperkins-case-decision.html.

283 총 78명 중 여성은 고작 5명 : Rolfe Winkler, "Secretive, Sprawling Network of 'Scouts' Spreads Money Through Silicon Valley," Wall Street Journal, Nov. 12, 2015, https://www.wsj.com/articles/secretive-sprawling-network-ofscouts-spreads-money-through-silicon-valley-1447381377.

285 솔직히 말해~기업의 92퍼센트가 남성이 경영한다 : Jonathan Sherry, "A Data-Driven Look at Diversity in Venture Capital and Startups," CB Insights, June 15, 2015, https://www.cbinsights.com/research/team-blog/venture-capital-diversitydata.

285 아직 놀라기도 실망하기도 이르다 : Sarah McBride, "At Top VC Firms, More Women Partners Doesn't Mean More Women Funded," Bloomberg, May 31, 2017, https://www.bloomberg.com/news/articles/2017-05-31/attop-vc-firms-more-women-partners-doesn-t-mean-more-women-

funded.

285 **580억 달러를 약간 상회** : Valentina Zarya, "Venture Capital's Funding Gender Gap Is Actually Getting Worse," Fortune, March 13, 2017, http://fortune.com/2017/03/13/female-founders-venture-capital.

289 **〈포브스〉의 기사에 따르면** : Ryan Mac, "Stitch Fix: The $250 Million Startup Playing Fashionista Moneyball," Forbes, June 1, 2016, https:// www.forbes.com/sites/ryanmac/2016/06/01/fashionista-moneyball-stitchfix-katrina-lake/#5445e8fd59a2.

290 **"여성들에게 제발 바라건대~마시길"** : Jolie O'Dell (@jolieodell), "Women: Stop making startups about fashion, shopping, & babies. At least for the next few years. You're embarrassing me," Twitter post, Sept. 13, 2011, https://twitter.com/jolieodell/status/113681946487422976.

290 **2017년에 실시한 대규모 설문조사를 통해** : Gené Teare, "In 2017, Only 17% of Startups Have a Female Founder," TechCrunch, April 19, 2017, https:// techcrunch.com/2017/04/19/in-2017-only-17-of-startups-have-a-femalefounder.

290 **대다수 벤처 자본** : Cory Cox et al., "Global Innovation Report: 2016 Year in Review," Crunchbase, 2016, https:// static.crunchbase.com/reports/annual_2016_yf42a/crunchbase_ annual_2016.pdf.

291 **"첫 번째 문제는 여성들이~스스로 제한적인 관점을 갖는다는 것이다"** : Sharon G. Hadary, "Why Are Women-Owned Firms Smaller Than Men-Owned Ones?," Wall Street Journal, May 17, 2010, https://www.wsj.com/articles/ SB10001424052748704688604575125543191609632.

292 **'젊고 미래가 촉망되는'** : Malin Malmstrom et al., "We Recorded VCs' Conversations and Analyzed How Differently They Talk About Female Entrepreneurs," Harvard Business Review, May 17, 2017, https://hbr.org/2017/05/we-recorded-vcs-conversations-and-analyzed-howdifferently-they-talk-about-female-entrepreneurs.

292 **일단의 연구가들이 흥미로운 실험을 했다** : Alison Wood Brooks et al., "Investors Prefer Entrepreneurial Ventures Pitched by Attractive Men," Proceedings of the National Academy of Sciences of the United States of America, Feb. 20, 2014, https://doi.org/10.1073/pnas.1321202111.

292 **투자자들은 여성 기업가들에 대한 기대치가 낮을 뿐 아니라~경향이 있었다** : Sarah

Thébaud, "Status Beliefs and the Spirit of Capitalism: Accounting for Gender Biases in Entrepreneurship and Innovation," Social Forces 94, no. 1 (2015), https:// doi.org/10.1093/sf/sov042.

293   이 조사 결과가 시사하는 바는 명백하다~기대할 수 있다 : Ibid.

298   연매출 9억7700만 달러 : Stitch Fix Form S-1, U.S. Securities and Exchange Commission, Oct. 19, 2017, https://www.sec.gov/Archives/ edgar/ data/1576942/000119312517313629/d400510ds1.htm.

303   왕은 〈디 인포메이션〉의~콜드벡과의 경험을 털어놓았고 : Reed Albergotti, "Silicon Valley Women Tell of VC's Unwanted Advances," The Information, June 22, 2017, https://www .theinformation.com/silicon-valley-women-tell-of-vcs-unwantedadvances.

304   "모든 의혹을 강하게 부인한다" : Ibid.

304   "몇몇 사례를 확인했다지만" : Ibid.

305   "분노는 어디에 있는가?" : Sarah Lacy, "Binary Capital's Justin Caldbeck Accused of Unwanted Sexual Advances Towards Female Founders. Where's the Outrage?," Pando, June 22, 2017, https://pando.com/2017/06/22/binary-capitals-justin-caldbeck-accused-unwanted-sexualadvances-towards-female-founders-wheres-outrage.

305   "우리가 솔직하게~여성들을 IT세상에서 끌어내는 것이다" : Ellen K. Pao (@ ekp), "Here are VCs who called out Justin Caldbeck's behavior. We drive women out of tech if we don't speak up. Ty @niniane @susan_ ho @leitihsu," Twitter post, June 22, 2017, https://twitter.com/ekp/status/878061184666058752.

305   '여성 기업가들의 인권' : Reid Hoffman, "The Human Rights of Women Entrepreneurs," LinkedIn, June 23, 2017, https://www .linkedin.com/pulse/human-rights-women-entrepreneurs-reid-hoffman.

306   '중대한 판단상의 실수' : Lizette Chapman, "Greylock COO Frangione Leaves VC Firm After 'Lapse of Judgment,'" Bloomberg, Aug. 2, 2017.

307   콜드벡에 대한 의혹이 폭로되고 1주일 후 : Katie Benner, "Women in Tech Speak Frankly on Culture of Harassment," New York Times, June 30, 2017, https://www.nytimes.com/2017/06/30/technology/womenentre-preneurs-speak-out-sexual-harassment.html.

308   "내 말과 행동으로~변명의 여지가 없다" : Chris Sacca, "I Have More Work

to Do," Medium, June 30, 2017, https://medium.com/@sacca/i-have-more-work-to-do- c775c5d56ca1.

308 　여성 기업가 사라 쿤스트 : Benner, "Women in Tech Speak Frankly on Cul-ture of Harassment."

308 　"나는 못난 놈입니다" : Dave McClure, "I'm a Creep. I'm Sorry," Medium, July 1, 2017, https://medium.com/@davemcclure/im-a-creep-i-m-sorryd2c13e996ea0.

309 　"데이브는 내 잔에 위스키를 계속 부었다" : Cheryl Yeoh, "Shedding Light on the 'Black Box of Inappropriateness,'" cherylyeoh.com, July 3, 2017, https:// cherylyeoh.com/2017/07/03/shedding-light-on-the-black-box-ofinappropriateness/.

311 　유명 투자자 셔빈 피셔버 : https://www .bloomberg.com/news/ar-ticles/2017-12-01/uber-investor-shervin-pishevaraccused-of-sexual-misconduct-by-multiple-women.

314 　그의 주장은 순전히 '망상'이라고 일갈했다 : Twitter post, Nov. 6, 2017, https:// twitter.com/Timodc/status/927748124684075008.

315 　"나 자신도 매우 혼란스럽다" : Albergotti, "Silicon Valley Women Tell of VC's Unwanted Advances."

315 　콜드벡의 성추행 스캔들이 정점이었을 때 : Ann Lai vs. Binary Capital Management, LLC (Cal. 2017), https://assets.documentcloud.org/docu-ments/3881456/ Complaint-against-Binary-Capital-by-Ann-Lai.pdf.

316 　"그들은 사무실을~꾸미고 싶어 했어요" : Miranda Agee, "Go Inside Incred-ibly Chic Office Spaces," Architectural Digest, Jan. 21, 2016, https:// www .architecturaldigest.com/gallery/inside-chic-office-spaces.

317 　〈리코드〉는~카트리나 레이크의 이름을 추가했다 : Kara Swisher and Jason Del Rey, "Stitch Fix's CEO Complained About the Behavior of Investor Jus-tin Caldbeck Years Ago," Recode, June 27, 2017, https://www.recode .net/2017/6/27/15880434/stitch-fix-ceo-justin-caldbeck-complaintka-trina-lake-sexual-harassment.

317 　'콜드벡과 관련해 이제까지 드러난 사실로 보건대' : Lightspeed, "4/ In light of what we have learned since, we regret we did not take stronger action. It is clear now that we should have done more," Twitter post, June 27, 2017, https://twitter.com/lightspeedvp/status/879731401242705920.

321 "솔직히 우리가 들어본 중 가장 열정적인 반응이었습니다" : Sarah McBride and Lizette Chapman, "Venture Capital's Secret Code Is Being Tested by Harassment Scandals," Bloomberg, July 27, 2017, https://www.bloomberg.com/news/ articles/2017-07-27/venture-capital-s-secret-code-tested-by-harassmentscandals.

322 2014년부터 2017년까지 미국에서 벤처 투자자들 : Kyle Stanford, "These 16 Charts Illustrate Current Trends in the US VC Industry," PitchBook, July 27, 2017, https://pitchbook.com/news/articles/these-16-charts-illustratecurrent-trends-in-the-us-vc-industry.

325 오늘날 널리 사용되는 '유니콘'이라는 용어 : Aileen Lee, "Welcome to the Unicorn Club: Learning from Billion-Dollar Startups," TechCrunch, Nov. 2, 2013, https://techcrunch.com/2013/11/02/welcome-to-the-unicorn-club.

326 '선셋 크루즈, 해양 스포츠, 프라이빗 디너가 포함된' : Rosewood Hotel: Venture Social Club email message, March 2017.

CHAPTER 6 섹스 앤 더 실리콘밸리 : 남성은 쾌락을, 여성은 돈을 좇다

366 "그는 애인과 개방연애를 하고 있다" : Fowler, "Reflecting on One Very, Very Strange Year at Uber."

367 '끔찍한 기분'을 느꼈다 : Efrati, "Uber Group's Visit to Seoul Escort Bar Sparked an HR Complaint."

372 구글 내부에 집단 성교를 위한 즉석만남 그룹이 존재한다 : Julian Sanction, "The Ins and Outs of Silicon Valley's New Sexual Revolution," Wired, April 4, 2017.

CHAPTER 7 복지혜택이 다가 아니다 : 기술 산업이 가정을 어떻게 파괴할까?

387 "나는 인적자원관리 최고책임자와 그 문제를 의논했고" : Branson and Sandberg, interview by author, Bloomberg, April 23, 2015.

387 얼마 지나지 않아 : Alison DeNisco, "How Egg-Freezing Is Keeping More Women in the Tech Industry," TechRepublic, Aug. 15, 2017, https://

www.techrepublic.com/article/how-egg-freezing-is-keeping-more-womenin-the-tech-industry-the-inside-story/.

388 "세부적인 일들은 회사가 알아서 처리할 테니" : "Benefits and Perks," Drop-box, 2017, https://www.dropbox.com/jobs/perks.

389 '삶의 모든 단계에서' : "Benefits," Facebook, 2017, https://www .facebook.com/careers/benefits.

391 한 연구 결과에 따르면~높다고 한다 : Quora, "Why Women Leave the Tech Industry at a 45% Higher Rate Than Men," Forbes, Feb. 28, 2017, https://www.forbes. com/sites/quora/2017/02/28/why-women-leave-the-tech-industry-at-a-45higher-rate-than-men/#2a6603db4216.

391 2013년 일단의 연구가들이~발표했다 : Jennifer L. Glass et al., "What's So Special About STEM? A Comparison of Women's Retention in STEM and Professional Occupations," PMC, Aug. 21, 2013, https://doi.org/10.1093/sf/sot092.

391 STEM 분야에 종사하는 여성의 80퍼센트 : Sylvia Ann Hewlett and Laura Sherbin, "Athena Factor 2.0: Accelerating Female Talent in Science, Engineering, and Technology," Center for Talent Innovation, 2014, http://www .talentinnovation.org/assets/Athena-2-ExecSummFINAL-CTI.pdf.

391 'STEM이 왜 그토록 특별한가?'라는 광범위한 보고서 : Glass et al., "What's So Special About STEM?"

392 최근의 한 설문조사에 따르면 : Nadya A. Fouad, "Women's Reasons for Leaving the Engineering Field," Frontiers in Psychology, June 30, 2017, https://doi .org/10.3389/fpsyg.2017.00875.

395 창업자 연구소가 실시한 연구 조사 : Adeo Ressi, "Is There a Peak Age for Entrepreneurship?," TechCrunch, May 28, 2011, https://techcrunch .com/2011/05/28/peak-age-entrepreneurship.

393 '주당 90시간 이상 즐겁게 일할 것' : Andy Hertzfeld, "90 Hours a Week and Loving It!," Folklore, Oct. 1983, https://www.folklore.org/StoryView .py?story=90_Hours_A_Week_And_Loving_It.txt.

396 '매우 야심적인 노동인구' : "Is Silicon Valley at Risk of a Brain Drain?," Indeed blog, April 3, 2017, http://blog.indeed.com/2017/04/03/ silicon-valley-tech-job-migration.

397 구글이 유급 출산휴가 기간을 12주에서 18주로 늘렸을 때 : Susan Wojcicki, "Paid

Maternity Leave Is Good for Business," Wall Street Journal, Dec. 16, 2014, https://www.wsj.com/articles/susan-wojcicki-paid-maternity-leaveis-good-for-business-1418773756.

397　페이스북은 남녀 직원 모두에게 최대 4개월의 유급 육아휴직을 보장하고 : Mark Zuckerberg, "When Max was born, I took two months of paternity leave . . ." Facebook post, Aug. 18, 2017, https://www.facebook.com/photo.php?fdib=10103974023786271 &set=a.612287952871.2204760.4&type=3& theater.

398　"당신은 오래 혹은 열심히 혹은 영리하게 일할 수 있습니다" : Jeff Bezos, "Amazon.com Exhibit 99.1," U.S. Securities and Exchange Commission Archives, 1998, https://www.sec.gov/ Archives/edgar/data/1018724/000119312517120198/d373368dex991.htm.

398　"기술 산업에 처음 발을 들였을 때" : Blake Robbins (@blakeir), "When I first got into tech. I thought it was 'cool' to work on the weekends or holidays. I quickly realized that's a recipe for disaster," Twitter post, May 29, 2017, https://twitter.com/blakeir/status/869273958478118913.

399　"친구들과 어울리지 못하는 것은" : Robbins, "Not hanging with friends and family because you're working isn't 'cool.' Burning out isn't 'cool,' " Twitter post, May 29, 2017, https://twitter.com/blakeir/status/

399　"경쟁자들이 이기는 것은~때문이 아니다." : Robbins, "I promise you . . . your competition isn't beating you because they are working more hours than you. It's because they are working smarter," Twitter post, May 29, 2017, https://twitter.com/blakeir/status/869275129712443393.

399　페이팔 마피아 단원 : Keith Rabois (@rabois), "Totally false," Twitter post, May 29, 2017, https://twitter.com/rabois/status/ 869292464120541184.

399　"일론 머스크의 전기를 읽어보라" : Rabois, "Read a bio of Elon. Or about Amazon. Or about the first 4 years of FB. Or PayPal. Or Bill Bellichick," Twitter post, May 29, 2017, https://twitter.com/rabois/status/869293322581401600.

399　트위터 설전은~수면 위로 다시 끌어올렸다 : Shyam Sankar, "The Case Against Work- Life Balance: Owning Your Future," shyamsankar.com, Nov. 16, 2015, http://shyamsankar.com/the-case-against-work-life-balance-owning-yourfuture.

| 401 | **2012년, 한 인터뷰에서** : Sheryl Sandberg, "I Am Leaving Work at 5:30p," Makers, 2012, https://www.makers.com/moments/leaving-work-530pm. |

401 **2012년, 한 인터뷰에서** : Sheryl Sandberg, "I Am Leaving Work at 5:30p," Makers, 2012, https://www.makers.com/moments/leaving-work-530pm.

402 **"이보다 더 언론의 주목을 받지 못했을 것"** : Sarah Frier, "How Sheryl Sandberg's Manifesto Drives Facebook," Bloomberg, April 27, 2017, https://www.bloomberg.com/news/features/2017-04-27/how-sherylsandberg-s-sharing-manifesto-drives-facebook.

402 **"감사합니다. 덕분에 이제 우리도 5시 30분에 퇴근합니다"** : Ibid.

402 자신의 퇴근 시간을 들키지 않으려 : Ibid.

402 **"당연히 아이들이 잠든 후에 업무를 봐요"** : Sheryl Sandberg, "Sheryl Sandberg: Bloomberg Studio 1.0 (Full Show)," interview by author, Bloomberg, Aug. 9, 2017, video, 24:16, https://www.bloomberg.com/news/videos/2017-08-10/sherylsandberg-bloomberg-studio-1-0-full-show-video.

404 **'더 다양한 직원들'** : "Uber Report: Eric Holder's Recommendations for Change."

404 입이 쩍 벌어지게 만드는 몇 가지 구내 시설만 둘러보자 : Steven Levy, "One More Thing: Inside Apple's Insanely Great (or Just Insane) New Mothership," Wired, May 16, 2017, https:// www.wired.com/2017/05/apple-park-new-silicon-valley-campus.

404 **"애플 직원들이 꿈꿀 수 있는 모든 시설을 갖췄다"** : Beth Spotswood, "Apple's Campus Has Everything—Oh, Except Daycare," SFist, May 19, 2017, http://sfist .com/2017/05/19/apples_campus_has_everything_-_oh_e.php.

405 탁아 시설이~이미 증명되었는데도 : Rose Marcario, "Patagonia's CEO Explains How to Make On-Site Child Care Pay for Itself," Fast Company, Aug. 15, 2016, https://www.fastcompany.com/3062792/patagonias-ceoexplains-how-to-make-onsite-child-care-pay-for-itself.

405 그들을 '은근히 무시해왔다' : Katharine Zaleski, "Female Company President: 'I'm Sorry to All the Mothers I Worked With,' " Fortune, March 3, 2015, http://fortune.com/2015/03/03/female-company-president-imsorry-to-all-the-mothers-i-used-to-work-with.

408 **2014년 일단의 연구가들이~실시한 설문조사에 따르면** : Brad Harrington et

al., "The New Dad: Take Your Leave," Boston College Center for Work and Family, 2014, http://www.thenewdad.org/yahoo_site_admin/assets/docs/BCCWF_The_ New_Dad_2014_FINAL.157170735.pdf.

409 업종을 불문하고~여겨진다는 연구 결과들이 있다 : Claire Cain Miller, "The Motherhood Penalty vs. the Fatherhood Bonus," New York Times, Sept. 6, 2014, https://www.nytimes.com/2014/09/07/upshot/a-child-helps-your- career-if-youre-a-man.html.

413 솔직히 말해 직원들이~보여주는 연구 결과도 있다 : John Pencavel, "The Pro-ductivity of Working Hours," IZA, April 2014, http://ftp.iza.org/dp8129.pdf.

413 과도한 장시간 노동은~생산성에 되레 역효과를 가져올 수 있다 : Sarah Green Carmichael, "The Research is Clear: Long Hours Backfire for People and for Companies," Harvard Business Review, Aug. 19 2015, https://hbr.org/2015/08/the-research-is-clear-long-hours-backfire-for-people-and-forcompanies.

416 키스 라보이스와~주장하는 것에 대해 : Sara Mauskopf, "I Actually Agree with Keith Rabois," LinkedIn, May 31, 2017, https://www.linkedin.com/pulse/ i-actually-agree-keith-rabois-sara-mauskopf.

416 또한 마우스코프는~견해도 밝혔다 : "The Top 20 Reasons Startups Fail," CB Insights, Oct. 8, 2014, https://www.cbinsights.com/research/startup-failurereasons-top.

CHAPTER 8 트롤천국에서 탈출하다 : 여성들의 인터넷 구출작전

421 브리애나 우는 3년간 인터넷 트롤들의 공격에 시달렸다 : David Whitford, "Bri-anna Wu vs. the Gamergate Troll Army," Inc., April 2015, https://www.inc.com/ magazine/201504/david-whitford/gamergate-why-would-anyone-want-tokill-brianna-wu.html.

422 온라인 게임은, 각각이 10억 달러짜리 비즈니스 : "Market Brief: Global Games 2017: The Year to Date," Superdata, 2017, https://www .superdatare-search.com/market-data/market-brief-year-in-review.

423 강간을 부추기는 초창기 게임 중 하나였다 : Marcel Klum, "Top Ten Shameful Games," Neowin, Dec. 29, 2002, https://www.neowin.net/ news/top-ten-shameful-games.

423   테이크-투 인터랙티브의 메가톤급 히트작 : Paul Tassi, "Here Are the Five
       Best-Selling Video Games of All Time," Forbes, July 8, 2016, https://
       www .forbes.com/sites/insertcoin/2016/07/08/here-are-the-five-best-
       sellingvideo-games-of-all-time/#28654775926c.

423   "그것은 예술이다" : Strauss Zelnick, " 'Grand Theft Auto' Hits Next Gen
       Platforms," interview by Stephanie Ruhle, Bloomberg, Nov. 18, 2014,
       video, 9:47, https://www.bloomberg.com/news/videos/2014-11-18/
       grandtheft-auto-hits-next-gen-platforms.

423   **2016년 국제게임개발자협회가 발표한 보고서를 보면** : Joanna Weststar et al.,
       "Developer Satisfaction Survey 2014 & 2015," International Game Devel-
       opers Association, June 12, 2016, https://c .ymcdn.com/sites/www.igda.
       org/resource/collection/CB31CE86-F8EE4AE3-B46A-148490336605/
       IGDA_DSS14-15_DiversityReport_ Aug2016_Final.pdf.

424   "이 글은 수준 낮은 은유와 격렬한 비난으로 가득 차 있다" : Eron Gjoni, "Why
       Does This Exist?," Zoe Post, Aug. 16, 2014, https://thezoepost.word-
       press.com.

424   그들은 퀸이 개발한 게임이~조롱했을 뿐 아니라 : "What Is Gamergate?," Red-
       dit, 2014, https://www.reddit.com/r/OutOfTheLoop/comments/2f7g5l/
       what_is_ gamergate/.

425   "이제까지~역겨울 만큼 엄청난 불균형이 있었다" : Bendilin Spurr, "Beat Up
       Anita Sarkeesian," New Grounds, July 5, 2012, https://www .new-
       grounds.com/portal/view/598591.

432   '이메일'에서 '감정 분출' : Erik Eckholm, "Emotional Outbursts Punctuate
       Conversations by Computer," New York Times, Oct. 2, 1984, http://
       www.nytimes.com/1984/10/02/science/ emotional-outbursts-punctu-
       ate-conversations-by-computer.html.

433   "저능아에 미친 미카" : Donald Trump (@realDonaldTrump), "I heard poorly
       rated @Morning_Joe speaks badly of me (don't watch anymore). Then
       how come low I.Q. Crazy Mika, along with Psycho Joe, came," Twit-
       ter post, June 29, 2017, https://twitter.com/realDonaldTrump/ sta-
       tus/880408582310776832.

433   "성형수술로 피를 질질 흘리는" : Donald Trump (@realDonaldTrump), ". . . to
       Mar-a-Lago 3 nights in a row around New Year's Eve, and insisted

on joining me. She was bleeding badly from a face-lift. I said no!" Twitter post, June 29, 2017, https://twitter.com/realDonaldTrump/ status/880410114456465411.

433 남성들은 자신이~증명하는 연구 결과들도 있다 : Nadia Kovacs, "Online Harassment: Halting a Disturbing 'New Normal,' " W. W. Norton, Oct. 10, 2016, https:// community.norton.com/en/blogs/norton-protection-blog/onlineharassment-halting-disturbing-new-normal.

434 소녀들이 악플 피해자가 될 가능성이 소년들보다 훨씬 높고 : Eric Rice et al., "Cyberbullying Perpetration and Victimization Among Middle-School Students," PMC, March 2015, https://doi.org/10.2105/AJPH.2014.302393.

434 특히 18세부터 24세 사이의 여성들 : Maeve Duggan, "Online Harassment," Pew Research Center, Oct. 22, 2014, http://www .pewinternet. org/2014/10/22/online-harassment.

434 "강간 협박은 일종의 만국 공통어가 되었다" : Gillian McNally, "All Feminists Should Be Gang-Raped: Inside the Disturbing World of Online Misogyny," Daily Telegraph, July 30, 2015, http://www.dailytelegraph.com.au/ news/nsw/ why-do-men-threaten-women-with-rape-to-shut-them-up-on-the-web/ news-story/0abd8403e59747a51717f54b81a21b46.

434 모욕을 당한 피해 여성의 38퍼센트 : Asibo, "Gender, Trolls, and Cyber-harassment," Storify, 2014, https://storify.com/asibo/gender-trolls-and-cyberharassment.

434 "나만의 지옥에 있는 기분" : Leslie Jones (@lesdoggg), Twitter post, July 18, 2016, https://twitter.com/lesdoggg/status/ 755261962674696192.

434 "트위터, 표현의 자유가 있다는 건 알겠어" : Anna Silman, "A Timeline of Leslie Jones's Horrific Online Abuse," Cut, Aug. 24, 2016, https://www. thecut .com/2016/08/a-timeline-of-leslie-joness-horrific-online-abuse.html.

436 "타인에게 폭력을 조장하거나~안 됩니다" : "The Twitter Rules," Twitter, 2017, https:// support.twitter.com/articles/18311.

439 거대 기업들은~알게 되었다 : Mark Bergen, "Google Updates Ads Policies Again, Ramps Up AI to Curtail YouTube Crisis," Bloomberg, April 3, 2017, https://www.bloomberg.com/news/articles/2017-04- 03/google-updates-ads-polices-again-ramps-up-ai-to-curtail-youtubecrisis.

440 '기계학습 도구들' : "Introducing Expanded YouTube Partner Program Safeguards to Protect Creators," YouTube Creator Blog, April 6, 2017, https://youtube-creators.googleblog.com/2017/04/introducingexpanded-youtube-partner.html.

440 계정들을 색출하기 위해 더욱 열심히 노력한다고 주장한다 : Deepa Seetharaman, "Twitter Takes More Proactive Approach to Finding Trolls," Wall Street Journal, March 1, 2017, https://www.wsj.com/articles/twitter-takes-more-proactiveapproach-to-finding-trolls-1488394514.

442 사용자가 겨우 6600만 명에 불과했고 : Brad Stone and Miguel Helft, "Facebook Hires Google Executive as No. 2," New York Times, March 4, 2008, http://www .nytimes.com/2008/03/04/technology/04cnd-facebook.html.

446 2017년 페이스북은~충원했고 : Olivia Solon, "Facebook Is Hiring Moderators. But Is the Job Too Gruesome to Handle?," Guardian, May 4, 2017, https:// www.theguardian.com/technology/2017/may/04/facebook-contentmoderators-ptsd-psychological-dangers.

446 〈엑시오스〉와의 인터뷰 : Mike Allen, "Exclusive Interview with Facebook's Sheryl Sandberg," Axios, Oct. 12, 2017, https://www.axios .com/exclusive-interview-facebook-sheryl-sandberg-2495538841.html.

448 '모든 사람을 위한 더 좋은 공간' : Pao, Reset, 166

449 레딧의 인기 있는 직원~해고했을 때 : Mike Isaac, "Details Emerge About Victoria Taylor's Dismissal at Reddit," New York Times, July 13, 2015, https://bits .blogs.nytimes.com/2015/07/13/details-emerge-about-victoria-taylorsdismissal-at-reddit.

449 "트롤들이 이겼다" : Ellen Pao, "Former Reddit CEO Ellen Pao: The Trolls Are Winning the Battle for the Internet," Washington Post, July 16, 2015, https://www.washingtonpost.com/opinions/we-cannot-let-theinternet-trolls-win/2015/07/16/91b1a2d2-2b17-11e5-bd33395c05608059_story.html?utm_term=.9c3c31e3f4ca.

450 "레딧 사용자들이~말은 수차례 했습니다" : Spez, "With So Much Going On in the World, I Thought I'd Share Some Reddit Updates to Distract You All," Reddit, Aug. 2017, https://www.reddit.com/r/announcements/comments/6qptzw/with_so_much_going_on_in_the_world_i_ thought_id.

451   몇몇 연구가들은~사실을 발견했다 : Eshwar Chandrasekharan et al., "You
        Can't Stay Here: The Efficacy of Reddit's 2015 Ban Examined Through
        Hate Speech," Proceedings of the ACM on Human Computer Interaction
        1, no. 2 (Nov. 2017), http://comp.social.gatech.edu/papers/cscw18chand-
        hate.pdf.

453   리그 오브 레전드 : Phil Kollar, "The Past, Present, and Future League of
        Legends Studio Riot Games," Polygon, Sept. 13, 2016, https://www.
        polygon.com/2016/9/13/12891656/the-past-present-and-future-
        ofleague-of-legends-studio-riot-games.

453   세 배나 더 많이 받는다는 연구 결과가 있을 정도다 : Jeffrey H. Kuznekoff and
        Lindsey M. Rose, "Communication in Multiplayer Gaming: Examining
        Player Responses to Gender Cues," New Media & Society 15, no. 4
        (2013), https://doi .org/10.1177/1461444812458271.

453   "미친년, 주둥이 닥쳐" : Jenny Haniver, "Quiet Time," Not in the Kitchen
        Anymore, Sept. 13, 2017, http://www.notinthekitchenanymore .com.

454   "만약 대다수 온라인 폭력이~ 저지른다고 생각한다면" : Laura Hudson, "Curb-
        ing Online Abuse Isn't Impossible. Here's Where We Start," Wired, May
        15, 2014, https://www.wired.com/2014/05/fighting-online-harassment.

454   그런 노력의 결과로 부정적인 채팅이 30퍼센트 감소 : Ibid.

455   "라이엇의 강력한 조치로 나는 소중한 깨달음을 얻었다" : Ibid.

456   월 사용자가 1억 명으로 증가했다 : Kollar, "Past, Present, and Future League
        of Legends Studio Riot Games."

456   그들이라고 모든 것을 통제할 수는 없다 : John Suler, "The Online Disinhibi-
        tion Effect," CyberPsychology & Behavior 7, no. 3 (July 2004): 321-26,
        http:// truecenterpublishing.com/psycyber/disinhibit.html.

457   "실제로 누군가가 몸을 더듬는 것은 아니다" : Jordan Belamire, "My First Real-
        ity Groping," Medium, Oct. 20, 2016, https://mic.com/articles/157415/
        myfirst-virtual-reality-groping-sexual-assault-in-vr-harassment-in-
        techjordan-belamire#.SBtg4xhEG.

458   퀴버의 개발자들 : Julia Carrie Wong, "Sexual Harassment in Virtual Reality
        Feels All Too Real—'It's Creepy Beyond Creepy,' " Guardian, Oct. 26,
        2016, https://www.theguardian.com/technology/2016/oct/26/virtualreal-
        ity-sexual-harassment-online-groping-quivr.

459 하원의원에 출사표를 던진 브리애나 우 : Brianna Wu, "Bold Leadership for Massachusetts," Brianna Wu for Congress, 2017, https://briannawu2018. com/platform.

CHAPTER 9 실리콘밸리에 찾아온 두 번째 기회

464 "내 경력을 통틀어~일찍이 본 적이 없어요" : Meg Whitman, "Meg Whitman Says Sexual Harassment Cases May Change Workplace," interview by author, Bloomberg, Nov. 28, 2017, https://www.bloomberg.com/news/ articles/ 2017-11-28/hpe-s-whitman-says-sexual-harassment-cases- may-changeworkplace.

465 어떤 연구 결과를 보면~기업들의 실적이 더 높고 : Susan Sorenson, "How Em- ployee Engagement Drives Growth," Gallup, June 20, 2013, http://news. gallup .com/businessjournal/163130/employee-engagement-drives- growth.aspx.

465 직원 사기가 더 높고 더욱 성공적인 기업 : Eric G. Lambert, Nancy Lynne Ho- gan, and Shannon M. Barton, "The Impact of Job Satisfaction on Turn- over Intent: A Test of a Structural Measurement Model Using a National Sample of Workers," Social Science Journal 38, no. 2 (Summer 2001): 233-50, https://doi.org/10.1016/S0362-3319(01)00110-0.

465 이것을 다르게 표현하면 : Michael Kimmel, "Why Gender Equality Is Good for Everyone—Men Included," TED talk, May 2015, https:// www.ted. com/talks/michael_kimmel_why_gender_equality_is_good_for_ every- one_men_included.

466 국제통화기금 IMF는~조사를 진행했고 : Lone Christiansen et al., "Gender Diversity in Senior Positions and Firm Performance: Evidence from Europe," IMF, March 2016, https://www.imf.org/external/pubs/ft/ wp/2016/wp1650.pdf.

467 세계 인구의 절반이 여성 : "Statistics About Women," Female Factor, 2016, http://www.thefemalefactor.com/statistics/statistics_about_women .html.

468 "여성들이 소속감을 느끼도록 하는 것이 중요합니다" : Jack Dorsey, "Square' s Dorsey on Earnings, New Growth, Outlook," interview by author, Bloomberg, Aug. 2, 2017, video, 14:00, https://www.youtube.com/

watch?v=Po9XQcAyvTE.

471   "우리는 직원들이~자랑스럽게 생각한다" : "Diversity at Slack," Slack, April 26, 2017, https://slackhq.com/diversity-at-slack-d44aba51d4b6.

472   버터필드는 베이커에게 "조심하세요"라는 트윗을 전송했다 : Stewart Butterfield (@stewart), "@EricaJoy Be safe," Twitter post, Nov. 25, 2014, https://twitter.com/stewart/ status/537433607174770689.

472   "그는 의식이 깨어 있는 사람이에요" : Melody Hahm, "How a Single Tweet Landed Erica Baker a Top Engineering Job at Slack," Yahoo, May 11, 2016, https://finance .yahoo.com/news/slack-senior-engineer-erica-baker-stewart-butterfielddiversity-in-tech-silicon-valley-154010403.html.

473   2015년 베이커는~슬랙에 합류했다 : Erica Joy Baker, "Seeking Happy," Medium, May 11, 2015, https://medium.com/this-is-hard/seeking-happy58a2a375340a.

473   슬랙의 핵심 가치는 근면 성실, 호기심, 공감이 포함되었는데 : Nolan Caudill, "Building the Workplace We Want," Slack, Jan. 12, 2015, https://slack-hq.com/building-the-workplacewe-want-31fff8d6ffe0.

478   연구에 따르면 잠재적 편견에 대한 교육의 효과가 복합적이라고 한다 : Iris Bohnet, What Works (Cambridge, MA: Belknap Press, 2016).

478   에머슨은 그것이~이유라고 말한다 : Joclle Emerson, "Don't Give Up on Unconscious Bias Training—Make It Better," Harvard Business Review, April 28, 2017, https://hbr.org/2017/04/dont-give-up-on-unconscious-bias-training-make-it-better.

479   "지원자가~하도록 요청을 받고" : Julia Grace, "A Walkthrough Guide to Finding an Engineering Job at Slack," Slack, May 4, 2016, https:// slack.engineering/a-walkthrough-guide-to-finding-an-engineering- job-at-slack-dc07dd7b0144.

479   또 다른 기업 고객인 핀터레스트 : Abby Maldonado, "Diversifying Engineering Referrals at Pinterest," Medium, Jan. 15, 2016, https://medium.com/ pinclusion-posts/diversifying-engineering-referrals-at-pinterest-de3978556990.

481   어떤 연구 결과를 보면, 그런 단어를 포함하는 직무 기술서는~적다고 한다 : Emily Peck, "Here Are the Words That May Keep Women from Applying

for Jobs," Huffington Post, June 2, 2015, https://www.huffingtonpost.com/2015/06/02/textio-unitive-biassoftware_n_7493624.html.

481 **"우리는 모두가~자격이 있다고 생각합니다"** :" Career Opportunities," Slack, accessed Nov. 20, 2017, https://slack.com/careers#openings.

483 **직장 및 상사 평가 사이트 글래스도어** : Andrew Chamberlain, "Demystifying the Gender Pay Gap," Glassdoor, March 23, 2016, https://www.glassdoor.com/research/studies/gender-pay-gap/.

483 **컴퓨터 프로그래밍 분야에서** : Andrew Chamberlain, "The Widest Gender Pay Gaps in Tech," Glassdoor, Nov. 15, 2016, https://www.glassdoor.com/research/studies/gender-pay-gap/.

484 **2015년 슬랙은 임금 체계를 광범위하게 손보았고** : "Inclusion and Diversity at Slack," Slack, Sept. 9, 2015, https://slackhq.com/inclusion-and-diversity-at-slacke42f93845732.

484 **또한 슬랙은~기부한다** : "Diversity at Slack," Slack, April 26, 2017, https://slackhq.com/diversity-at-slack-d44aba51d4b6.

486 **2017년 중반 즈음** : Erica Joy Baker, "Tech Diversity and Inclusion Post-mortem," GitHub, June 22, 2017, https://gist.github.com/EricaJoy/f13441a2ec9a014ae00e5e9c1704ea4a.

487 **그녀가 마이크를 잡고** : Niniane Wang, "Brainstorm Tech: Fixing Inequality in Silicon Valley," interview by author, Fortune Brainstorm Tech Town Hall, July 18, 2017, video, 39:08, https://www.youtube.com/watch?v=cWXw_bclArI.

487 **벤처캐피털리스트들이여, 이제 더는 여성 기업가들에게 아이들에 대한 질문을 하지 마세요!** : Nicole Farb, at "Brainstorm Tech: Fixing Inequality in Silicon Valley."

487 **"오늘날 실리콘밸리에는~자매애가 있어요"** : Christa Quarles, at "Brainstorm Tech: Fixing Inequality in Silicon Valley."

488 **"대답을 생각할 필요도 없는 질문입니다"** : Adam Miller, at "Brainstorm Tech: Fixing Inequality in Silicon Valley."

490 **애플의 다양성 데이터** : "Inclusion and Diversity," Apple, accessed Nov. 20, 2017, https://www.apple.com/diversity.

494 **비영리 조직 코드닷오알지에 따르면** : Code.org, "Girls Set AP Computer Science Record . . . Skyrocketing Growth Outpaces Boys," Medium, July

18, 2017, https://medium.com/@codeorg/girls-set-ap-computer-scien-cerecord-skyrocketing-growth-outpaces-boys-41b7c01373a5.

495 그러나 아직까지도 컴퓨터과학을 가르치는 교실에는 : Ibid

495 교사들 역시도 대부분이 남성이다 : Samuel F. Way et al., "Gender, Produc-tivity, and Prestige in Computer Science Faculty Hiring Networks," Pro-ceedings 2016 World Wide Web Conference (2016): 1169-79, https://doi.org/10.1145/2872427.2883073.

495 '우리는 코딩을 좋아해' : "We Love Code: Meet the Awesome Girls Who Own It," Seventeen, Dec./Jan. 2016.

495 하지만 1960년대는~시작된 시대였다 : Roberts, "A History of Capacity Chal-lenges in Computer Science."

496 예전처럼 일단 대학들이~없게 되면 : Ibid.

BROTOPIA

옮긴이 김정혜

한양대학교 화학과를 졸업하고 미국 필라델피아 커뮤니티칼리지에서 SLP 과정을 수료했으며 버지니아의 컬럼비아 칼리지에서 유아교육을 공부했다. 현재 바른번역 소속 번역가로 활동 중이다. 옮긴 책으로는《아마존 웨이》《아마존 웨이 사물인터넷과 플랫폼 전략》《대량살상수학무기》《디자인 유어 라이프》《침대는 어떻게 침대와 세상을 정복했는가》《우리는 왜 위험한 것에 끌리는가》《리더십은 누구의 것인가》《미래 사상가들에게 묻다》《인생의 중요한 순간에 다시 물어야 할 것들》《나폴레온 힐의 성공으로 가는 마법의 사다리》《원소의 세계사》《눈 먼자들의 경제》《화이트칼라의 범죄자들》《왜 그녀는 저런 물건을 돈 주고 살까?》《하버드 인텔리전스》《생각이 차이를 만든다》《위대한 성과의 법칙》《설득의 힘》등이 있다.

브로토피아

초판 1쇄 인쇄 2018년 6월 21일 | 초판 1쇄 발행 2018년 6월 29일

지은이 에밀리 창
옮긴이 김정혜
펴낸이 김영진

사업총괄 나경수 | 본부장 박현미 | 사업실장 백주현
개발팀장 차재호 | 책임편집 이명연 | 교정교열 박소영
디자인팀장 박남희 | 디자인 당승근
마케팅팀장 이용복 | 마케팅 우광일, 김선영, 정유, 박세화
해외콘텐츠전략 강선아, 이아람
출판지원팀장 이주연 | 출판지원 이형배, 양동욱, 강보라, 손성아, 전효정

펴낸곳 (주)미래엔 | 등록 1950년 11월 1일(제16-67호)
주소 06532 서울시 서초구 신반포로 321
미래엔 고객센터 1800-8890
팩스 (02)541-8249 | 이메일 bookfolio@mirae-n.com
홈페이지 www.mirae-n.com

ISBN 979-11-6233-578-9 03300

* 와이즈베리는 ㈜미래엔의 성인 단행본 브랜드입니다.
* 책값은 뒤표지에 있습니다.
* 파본은 구입처에서 교환해 드리며, 관련 법령에 따라 환불해 드립니다.
  다만, 제품 훼손 시 환불이 불가능합니다.

와이즈베리는 참신한 시각, 독창적인 아이디어를 환영합니다.
기획 취지와 개요, 연락처를 bookfolio@mirae-n.com으로 보내주십시오.
와이즈베리와 함께 새로운 문화를 창조할 여러분의 많은 투고를 기다립니다.

「이 도서의 국립중앙도서관 출판시도서목록(CIP)은 서지정보유통지원시스템 홈페이지(http://seoji.nl.go.kr)와 국가자료공동목록시스템(http://www.nl.go.kr/kolisnet)에서 이용하실 수 있습니다. (CIP제어번호: CIP2018018329)」